모던 웹을 위한

위한

HTML5
+CSS3
바이블 3판

모던 웹을 위한 HTML5+CSS3 바이블, 3판

: 웹 표준을 적용한 480개의 코드로 배우는 웹 페이지 제작의 모든 것

초판 1쇄 발행 2012년 9월 24일
3판 1쇄 발행 2019년 5월 1일
3판 6쇄 발행 2022년 7월 25일

지은이 윤인성 / **펴낸이** 김태헌
펴낸곳 한빛미디어(주) / **주소** 서울시 서대문구 연희로2길 62 한빛미디어(주) IT출판부
전화 02-325-5544 / **팩스** 02-336-7124
등록 1999년 6월 24일 제25100-2017-000058호
ISBN 979-11-6224-158-5 94000 / 979-11-6224-182-0(세트) 94000

총괄 전정아 / **책임편집 · 기획** 이미향 / **교정** 김희성
디자인 표지 이아란 내지 박정화 / **전산편집** 김현미
영업 김형진, 김진불, 조유미 / **마케팅** 박상용, 송경석, 한종진, 이행은, 고광일, 성화정 / **제작** 박성우, 김정우

이 책에 대한 의견이나 오탈자 및 잘못된 내용에 대한 수정 정보는 한빛미디어(주)의 홈페이지나 아래 이메일로
알려주십시오. 잘못된 책은 구입하신 서점에서 교환해 드립니다. 책값은 뒤표지에 표시되어 있습니다.

한빛미디어 홈페이지 www.hanbit.co.kr / 이메일 ask@hanbit.co.kr
소스코드 www.hanbit.co.kr/src/10158

지금 하지 않으면 할 수 없는 일이 있습니다.
책으로 펴내고 싶은 아이디어나 원고를 메일(writer@hanbit.co.kr)로 보내주세요.
한빛미디어(주)는 여러분의 소중한 경험과 지식을 기다리고 있습니다.

모던 웹을 위한

위한

윤인성 지음

HTML5
+CSS3
바이블 3판

웹 표준을 적용한 480개의 코드로 배우는 웹 페이지 제작의 모든 것

HB 한빛미디어
Hanbit Media, Inc.

『모던 웹을 위한』 시리즈로 웹 개발을 시작하세요

나무를 보지 말고 숲을 봐야 합니다.

'나무를 보지 말고 숲을 보라'는 격언은 웹 개발에서도 통용됩니다.

웹 개발은 HTML5와 CSS3를 떼었다고 해서 끝나는 것이 아니기 때문입니다.

웹 개발의 큰 그림을 보여줍니다.

〈모던 웹을 위한〉 시리즈는 웹의 입문부터 프론트엔드 웹 개발을 거쳐 백엔드 웹 개발까지 웹 개발의 큰 그림을 보여줍니다. 수많은 독자님으로부터 검증받아 3판 발행까지 이어져 온 〈모던 웹을 위한〉 시리즈가 '바이블'을 붙여 새롭게 출발합니다. 여러분의 모던 웹을 위한 가장 확실한 공부법, 〈모던 웹을 위한〉 시리즈와 함께하세요.

『모던 웹을 위한 HTML5 + CSS3』 1판(2012) - 2판(2015) - 3판(2019)

『모던 웹을 위한 JavaScript + jQuery』 1판(2011) - 2판(2013) - 3판(2017)

『모던 웹을 위한 Node.js 프로그래밍』 1판(2012) - 2판(2013) - 3판(2016)

모던 웹을 위한 HTML5+CSS3 바이블, 3판	모던 웹을 위한 JavaScript+jQuery 프로그래밍, 3판	모던 웹을 위한 Node.js 프로그래밍, 3판

저자 직강의 동영상 강의와 유튜브를 통한 Q/A를 제공합니다.

한빛미디어 홈페이지에서 소스코드를 내려받을 수 있습니다.	동영상 강의를 제공합니다.	궁금한 사항이 있다면 유튜브 동영상 강의에 댓글로 물어보세요.
❶ www.hanbit.co.kr/src/10158	❶ https://youtube.com/c/윤인성	❶ 유튜브 채널(https://youtube.com/c/윤인성)에 들어오세요. ❷ 질문하고 싶은 부분의 동영상에 댓글로 질문을 남겨주세요.

20일에 끝내는 학습계획표

PART 1
—
HTML5+CSS3
기본

PART 2
—
HTML5+CSS3를
사용한 레이아웃 구성

PART 3
—
HTML5+CSS3
심화

1일차	2일차	3일차	4일차	5일차
월 일	월 일	월 일	월 일	월 일
CHAPTER 1 1 ~ 32쪽	CHAPTER 2.1 ~ 2.7 33 ~ 70쪽	CHAPTER 2.8 ~ 2.10 71 ~ 100쪽	CHAPTER 3.1 ~ 3.7 101 ~ 128쪽	CHAPTER 3.8 ~ 3.14 129 ~ 154쪽
6일차	7일차	8일차	9일차	10일차
월 일	월 일	월 일	월 일	월 일
CHAPTER 4.1 ~ 4.5 155 ~ 184쪽	CHAPTER 4.6 ~ 4.8 185 ~ 218쪽	CHAPTER 4.9 ~ 4.13 219 ~ 245쪽	CHAPTER 5 246 ~ 294쪽	CHAPTER 6 295 ~ 336쪽
11일차	12일차	13일차	14일차	15일차
월 일	월 일	월 일	월 일	월 일
CHAPTER 7 337 ~ 366쪽	CHAPTER 8 367 ~ 395쪽	CHAPTER 9 396 ~ 420쪽	CHAPTER 10 421 ~ 450쪽	CHAPTER 11 451 ~ 474쪽
16일차	17일차	18일차	19일차	20일차
월 일	월 일	월 일	월 일	월 일
CHAPTER 12 475 ~ 504쪽	APPENDIX A 505 ~ 536쪽	APPENDIX B 537 ~ 556쪽	APPENDIX C 557 ~ 586쪽	APPENDIX D 587 ~ 606쪽

지은이의 글

『모던 웹 디자인을 위한 HTML5 + CSS3 입문』의 개정 3판을 내게 되었습니다. 책 제목은 『모던 웹을 위한 HTML5 + CSS3 바이블』로 바뀌었습니다.

2011년에 이 책을 처음 집필했을 때는 구 버전 인터넷 익스플로러를 절대 놓을 수 없는 상태였기에, 구 버전 인터넷 익스플로러와 관련된 이야기를 부록으로까지 굉장히 많이 다루었습니다. 하지만 2019년을 기준으로 인터넷 익스플로러 6의 PNG 관련 문제, 인터넷 익스플로러 8 이하에서 사용하는 스타 핵 등은 사용 비율이 많이 줄었기에 해당 내용은 제거했습니다.

이번 3판에서는 내용 업데이트와 함께 처음 HTML을 접하는 분들이 책을 조금 더 쉽게 읽을 수 있도록 많은 부분을 업데이트했습니다. 예를 들어 이전 판까지는 벤더 프리픽스 처리를 세세하게 해주어야 했기 때문에, Prefix Free 플러그인의 사용을 위해 Visual Studio라는 거대한 프로그램을 설치하고, 내장되어 제공되는 서버를 사용해 HTML 파일을 실행했습니다. 물론 이후에는 도움이 될 수 있는 내용이지만, 처음 HTML을 접하는 분들에게는 이 설정들이 힘들었을 것 같습니다. 그러나 이번 3판에서는 더 이상 Prefix Free 플러그인을 사용하지 않기 때문에 Visual Studio와 같은 무거운 프로그램을 설치하지 않아도 됩니다(가벼운 Visual Studio Code를 사용합니다).

책을 개정할 수 있게 도와주신 이미향 님과 송성근 님께 감사의 말씀을 드립니다. 1판, 2판을 진행해주신 이전 담당자 분께도 모두 감사의 말씀 드립니다. 또한 책을 봐주시는 모든 독자 분께도 감사의 말씀을 드립니다.

윤인성

이 책은 HTML5와 CSS3를 처음 공부하는 분을 대상으로 합니다.

이 책은 자바스크립트 코드를 다루지 않고 스타일시트와 관련된 내용을 중점으로 다룹니다. 따라서 스타일시트와 관련된 내용이 머리속에 잘 정리되지 않았다고 생각하는 분, 또한 CSS3 변환과 애니메이션 같은 새로운 내용을 알고 싶은 분도 대상독자에 포함됩니다.

반면 다음 코드의 실행 결과를 알고 있다면 이 책을 읽을 필요가 없다고 생각합니다.

코드 0-1 간단한 코드

```
<!DOCTYPE html>
<html>
<head>
    <title>TEST</title>
    <style>
        header {
            position: absolute;
            left: 0; top: 0; right: 0;
            height: 50px;
            background: black;
        }

        #wheel {
            position: absolute;
            left: 50%; top: 50%;

            transform-style: preserve-3d;
            animation: rint 10s infinite linear;
        }

        .item {
            position:absolute;

            margin-left: -100px; margin-top:-100px;
            width: 190px; height: 190px;
            border: 5px solid black;
            background: green;
        }
        .item:nth-child(1) { transform: rotateY(  0deg) translateZ(-200px); }
```

```
        .item:nth-child(2) { transform: rotateY( 60deg) translateZ(-200px); }
        .item:nth-child(3) { transform: rotateY(120deg) translateZ(-200px); }
        .item:nth-child(4) { transform: rotateY(180deg) translateZ(-200px); }
        .item:nth-child(5) { transform: rotateY(240deg) translateZ(-200px); }
        .item:nth-child(6) { transform: rotateY(300deg) translateZ(-200px); }

        @keyframes rint {
            from {  transform: rotateX(-20deg) rotateY(0deg); }
            to {  transform: rotateX(-20deg)  rotateY(360deg); }
        }
    </style>
</head>
<body>
    <div id="viewport">
        <div id="wheel">
            <div class="item"></div>
            <div class="item"></div>
            <div class="item"></div>
            <div class="item"></div>
            <div class="item"></div>
            <div class="item"></div>
        </div>
    </div>
    <header></header>
</body>
</html>
```

우선 코드를 실행하면 "웹 브라우저에 따라 반응 없이 그냥 검정색 바가 위에 붙어있다" 또는 "회전하는 카드가 나온다"가 정답입니다.

'속았다……!'

어쨌거나 HTML5를 완전히 지원하는 웹 브라우저라면 다음과 같이 나옵니다.

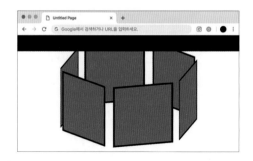

"저는 디자이너인데 자바스크립트를 알아야 하나요?"

HTML5를 공부한다는 것은 다음 3가지를 공부하겠다는 이야기입니다.

> 1) HTML5 기본 태그
> 2) CSS3 선택자 및 속성
> 3) 자바스크립트

이 책은 HTML5 기본 태그와 CSS3 선택자 및 속성과 관련된 내용을 다룹니다. 따라서 이 책을 읽으면서 자바스크립트 책을 함께 공부하기를 추천합니다.

플래시 디자이너 대부분이 액션스크립트를 할 수 있습니다. 마찬가지로 HTML5 디자이너가 되려면 자바스크립트의 기본적인 내용을 알고 있어야 합니다. 또한 HTML5 시대로 오면서 가장 많이 변화한 부분이 자바스크립트 API입니다. 따라서 자바스크립트를 할 수 없다면 HTML5를 할 줄 모른다는 것과 같습니다. 그러니 자바스크립트 공부도 꼭 병행하기 바랍니다.

그럼 이제 이 책과 관련된 공부 방법을 이야기해봅시다. 이 책은 다음과 같이 구성되어 있습니다.

- PART 1. HTML5 + CSS3 기본
  - 1장부터 4장까지의 본문
  - 부록 A

- PART 2. HTML5 + CSS3를 사용한 레이아웃 구성
  - 5장부터 8장까지의 본문
  - 부록 B

- PART 3. HTML5 + CSS3 심화
  - 9장부터 12장까지의 본문
  - 부록 C, D

위에서 아래대로 1장~4장과 부록 A, 5장~8장과 부록 B, 9장~12장과 부록 C와 D 순서로 읽으면 됩니다.

"내용 하나하나 외우려고 애쓰지 마세요."

여러 번 사용하다 보면 점차 익혀지는 내용입니다. 이 책에서 '기억하세요'라는 말이 굉장히 많이 나오는데요. 외우라는 얘기가 아니라 이러한 기능이 있다는 것을 알아두라는 뜻입니다. 이런 기능이 있다는 것을 인지하면 나중에 찾아서 볼 수 있으니까요. 그리고 이 책은 코드가 굉장히 많습니다. 코드를 직접 읽고 분석하고 반드시 입력해보세요.

이번에 책을 집필하면서 인터넷에서 '공부를 잘하는 방법'이라는 기사를 보았습니다. 기사에서는 공부를 잘하는 방법이 호기심과 성실성이라고 했습니다. 이 책은 독자에게 굉장히 많은 호기심을 던져줍니다. 제가 일부러 던진 호기심일 수도 있고, 독자가 보면서 궁금한 내용이 생길 수도 있습니다. 항상 호기심을 갖고 성실하게 문제를 해결해보세요.

호기심을 유튜브 채널(https://youtube.com/c/윤인성)의 관련 강의에 댓글로 달아주세요. 아마 다른 분도 궁금한 내용일 것입니다. 궁금한 내용을 함께 공유하고, 다른 분이 공유한 내용도 보며 함께 공부하면 좋을 것입니다.

2012년에 이 책을 처음 집필했을 때는 HTML5가 완전한 표준을 이루지 못했고, 웹 브라우저도 표준을 제대로 지키지 않고 멋대로 만들어져서 웹 브라우저 버전별로 지원 상태를 표시했었습니다. 하지만 마이크로소프트의 인터넷 익스플로러 강제 업데이트 정책에 의해 2019년에는 인터넷 익스플로러 8 이하의 사용 비율이 급격히 줄어들며, HTML5 표준 정도는 대부분의 웹 브라우저에서 사용할 수 있게 되었습니다. 그래서 이번 버전부터는 지원 상태와 관련된 내용을 제거했습니다.

만약, 인터넷 익스플로러 8 이하를 지원해야 하며, 사용하고자 하는 기능이 해당 브라우저들에서 동작하지 않는다면 https://html5please.com/를 참고해보세요. 정말 동작하지 않는지, 그리고 동작하지 않을 때 어떻게 문제를 해결할 수 있는지 관련된 설명이 나옵니다.

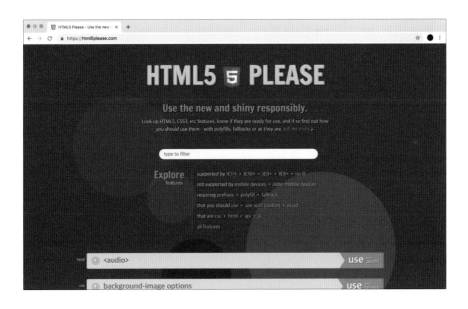

한빛미디어 홈페이지에서 소스코드를 내려받으세요. 그리고 책을 살펴보는 동안 책의 오류, 코드에 문제점이 있으면 한빛미디어에 등록해주세요.

목차

PART 1

HTML5+CSS3 기본

CHAPTER 1 **HTML5 개요**

CHAPTER 2 HTML5 태그 기본

CHAPTER 4 CSS3 스타일 속성 기본

PART 2

HTML5+CSS3를 사용한 레이아웃 구성

CHAPTER 5 웹 페이지 레이아웃

PART 3

HTML5+CSS3 심화

CHAPTER 9 CSS3 변형과 애니메이션

CHAPTER 10 CSS3 변환

CHAPTER **11** **CSS 추가 규칙과 반응형 웹**

CHAPTER **12** **그리드 시스템**

PART

1

HTML5+CSS3 기본

HTML5
개요

이 장에서는 HTML5의 역사와 HTML5가
무엇인지 살펴보고, Visual Studio Code를
설치해 개발 환경을 구축해보겠습니다.

이 장에서는

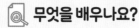 **무엇을 배우나요?**

- ⦿ 웹의 역사를 간단하게 이해합니다.
- ⦿ 최근 웹 트렌드를 이해합니다.
- ⦿ 웹 프로그래밍 개발 환경을 구축합니다.
- ⦿ HTML 페이지를 만들고 실행하는 방법을 이해합니다.

 미리 보기

웹과 관련된 기본적인 역사를 배웁니다. 2019년을 기준으로 현대 웹은 접근하기 어려운 요소가 되었습니다. 따라서 역사와 트렌드를 조금 알아야, 앞으로 어떠한 형태로 공부를 진행할지 이해하기 쉬울 것입니다. 또한, 이번 장에서는 Visual Studio Code라는 개발 환경을 구축합니다.

▲ Visual Studio Code

시작이 반이라는 말처럼, 처음 웹 개발을 공부하는 분들에게 굉장히 중요한 부분이라고 할 수 있습니다. 차근차근 내용을 진행해봅시다.

1.1 웹의 역사

월드 와이드 웹World Wide Web, WWW은 인터넷에 연결된 컴퓨터를 통해 사람들이 정보를 공유할 수 있는 정보 공간을 말합니다. 인터넷은 전 세계를 연결하고 있는 국제 정보 통신망이고 웹은 그 위에서 작동하는 서비스이므로 2가지를 구분해주세요.

월드 와이드 웹은 1991년에 처음 등장했습니다. 20년 조금 넘은 기술이지만 많은 발전이 있었고 많은 이야기가 있습니다. 이 절에서는 월드 와이드 웹과 관련된 역사를 알아봅시다. 웹의 역사를 굉장히 간략하게 설명하므로 생략하는 부분이 많습니다. 재미있다면 해당 내용을 더 찾아보세요.

> NOTE 2019년을 기준으로 대한민국 인터넷 역사가 39년이 되었습니다. 첫 해인 1982년에는 구미 한국전자기술연구소와 서울대학교 컴퓨터 공학과를 연결했습니다. 전 세계에 인터넷이 연결되고 민간인이 인터넷을 사용할 수 있었던 것은 1995년부터이므로 이 절을 읽으면서 혼동 없기 바랍니다.

인터넷의 시작

인터넷이 미국 국방성에서 시작되었다는 이야기는 모두 한 번씩 들어봤을 것입니다. 소련에서 처음으로 인공위성을 발사하는 데 성공하자 미국은 이에 위협을 느껴 새로운 기술을 연구하는 ARPAAdvanced Research Projects Agency 부서를 창설합니다. ARPA는 1969년 현재 웹의 모태가 되는 ARPANET을 개발합니다.

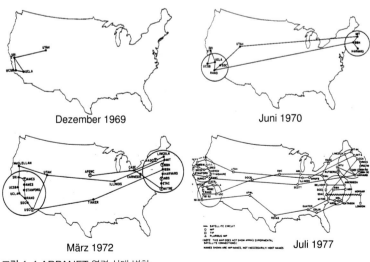

그림 1-1 ARPANET 연결 상태 변화

ARPANET은 핵과 같은 공격에 대비하여 전체 통신 시스템에서 데이터를 안전하게 보관 및 전송할 수 있는 시스템입니다. 초기에 ARPANET은 미국 국방성과 대학교를 연결했습니다. 시간이 지나면서 ARPANET은 민간 연구용의 작은 네트워크와 군사용 MILNET으로 나누어집니다. 여기서 민간 연구용의 ARPANET이 현재 전 세계의 모든 컴퓨터를 연결하고 있는 인터넷으로 발전합니다.

소련의 인공위성 발사부터 핵 공격까지 갑자기 뜬금없는 이야기가 나와 황당할 수도 있겠지만 인터넷은 이렇게 시작했습니다. 그리고 더 뜬금없지만 현재 우리가 웹 브라우저로 보고 있는 웹은 유럽 공동 원자핵 연구소^{CERN}의 팀 버너스리^{Tim Berners-Lee}가 개발합니다.

1989년 팀 버너스리는 인터넷 공간 안에서 문서가 서로 이동할 수 있는 새로운 개념의 방법을 제안합니다. 바로 하이퍼링크라는 특수한 기능을

그림 1-2 월드 와이드 웹 재단

사용하여 문서와 문서 사이를 이동할 수 있는 간단한 문서 개념입니다. 팀 버너스리는 이 아이디어를 바탕으로 월드 와이드 웹^{World Wide Web}을 개발해 1991년 배포합니다. 발표와 동시에 월드 와이드 웹의 사용 인구가 폭발적으로 급증하자 1993년 팀 버너스리는 월드 와이드 웹의 소스 코드를 모든 사람이 사용할 수 있게 공개합니다.

1994년 팀 버너스리는 W3C^{World Wide Web Consortium} 재단을 창설합니다. W3C는 웹 표준을 지정하는 기관이며 HTML 표준을 제정하는 단체입니다.

표 1-1 HTML 버전

버전	발표 연도
HTML1	1991년 10월
HTML2	1995년 11월
HTML3	1997년 1월
HTML4	1997년 12월
HTML5	2014년 10월

※ 소수점 아래 버전은 표기하지 않았습니다.

W3C는 HTML 표준을 제정하지만 표준을 강제하지는 않습니다. 이로 인해 웹 브라우저 전쟁이 시작됩니다.

제1차 웹 브라우저 전쟁

미국 일리노이 공과대학교의 연구 기관 NCSA
는 1993년에 최초의 그래픽 유저 인터페이스
웹 브라우저 '모자이크'를 발표합니다. 모자이
크의 핵심 개발자인 마크 안데르센은 대학 졸업
후 실리콘 밸리로 이동해 모자이크 커뮤니케이

그림 1-3 모자이크 웹 브라우저

션을 세우고 대학에서 만들었던 웹 브라우저를 본떠서 만든 모자이크를 발표합니다.

NCSA는 모자이크 같은 명칭을 사용하는 것에 불만을 표시합니다. 이에 모자이크 커뮤니케이션은
넷스케이프 커뮤니케이션으로 이름을 바꾸고 웹 브라우저도 넷스케이프로 발표합니다.

넷스케이프와 모질라

참고로 넷스케이프의 개발 코드명이 모질라^{Mozilla}입니다. 모질라 이름과 관련해 2가지
설이 있는데요. 하나는 Mosaic + Killer의 줄임 말로 썼다는 설이 있고 Mosaic +
GodZilla의 줄임 말로 썼다는 설이 있습니다(둘 다 모자이크 웹 브라우저를 파괴하겠
다는 이야기입니다).

그림 1-4 모질라 재단

1994년에 넷스케이프는 정식 버전을 발표하고 배포를 시작합니다. 그리고 이 시기와 맞물려 마이크
로소프트는 인터넷 익스플로러를 발표합니다. 두 회사는 W3C 표준을 무시하고 엄청나게 많은 기능
을 추가해 서로의 웹 브라우저를 이기려고 합니다.

하지만 인터넷 익스플로러의 점유율이 넷스케이프를 넘지 못하자, 마이크로소프트는 인터넷 익스플
로러를 윈도 운영체제에 강제로 설치합니다. 또한 애플과 계약을 통해 5년간 매킨토시의 기본 브라
우저를 인터넷 익스플로러로 설정합니다(당시에 있던 모든 일반 컴퓨터에 자사의 웹 브라우저를 기
본으로 설정한 것입니다).

이에 넷스케이프는 마이크로소프트에게 소송을 걸지만 판결이 계속 미루어집니다. 넷스케이프는 극
단의 조치로 웹 브라우저의 소스 코드를 공개하고 모질라 재단을 세워 일반 개발자의 참여를 유도합
니다. 하지만 이미 인터넷 익스플로러의 점유율을 따라잡기는 힘들었습니다.

1998년에 아메리카 온라인^{AOL}은 넷스케이프 커뮤니케이션을 인수합니다. 그 이후, 넷스케이프의 기
술 개발은 하락의 길을 걷게 됩니다. 결과적으로 1998년 마이크로소프트는 넷스케이프의 점유율을
넘고 넷스케이프는 붕괴합니다.

플러그인

웹 브라우저 전쟁 동안 웹은 엄청난 속도로 발전했습니다. 하지만 웹 표준을 지정하는 W3C는 발 빠르게 대응하지 못했습니다. 이에 불만을 느낀 기업들은 플러그인을 만듭니다. 플러그인은 웹 브라우저와 연동되는 특정 프로그램을 사용자 PC에 추가로 설치해 웹 브라우저 기능을 확장하는 방법입니다.

1996년부터 현재 어도비 플래시로 알려진 Future Splash Animator[Future Media]를 포함해 마이크로소프트의 액티브엑스[ActiveX]는 웹을 점점 풍부한 공간으로 만들어주었습니다. 웹 브라우저는 동영상과 음악을 감상할 수 있는 공간은 물론 은행 업무를 처리할 수 있는 공간이 되었습니다.

액티브엑스는 C++를 사용해 개발하고 플래시는 액션 스크립트를 사용해 개발합니다.

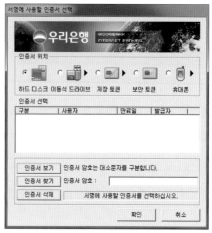

그림 1-5 액티브엑스 애플리케이션

> NOTE 자바스크립트가 현재의 위상을 차지한 것은 얼마 되지 않습니다.

웹 2.0 시대

이제 2000년 초반 상황입니다. 액티브엑스를 기반으로 기업의 웹 애플리케이션이 제작되었습니다. 또한 플래시를 기반으로 일반 사용자를 위한 애니메이션이 만들어지기 시작했습니다. 국내에서도 굉장히 많은 인기를 끌었던 졸라맨, 우비소년, 마시마로 등이 나오기 시작한 때입니다.

그림 1-6 졸라맨

플래시와 액티브엑스는 점점 발전했습니다. 플래시는 자체적으로 사용하는 프로그래밍 언어에 객체지향 개념을 도입하면서 점점 애플리케이션을 쉽게 개발할 수 있는 형태로 발전합니다. 플래시는 이에 힘입어 2004년도에 웹 애플리케이션을 개발할 수 있는 플렉스로 발전합니다.

인터넷은 점점 사용자끼리 뭉쳐 새로운 콘텐츠를 개발할 수 있는 공간으로 발전합니다. 이렇게 서로 다른 사용자가 함께 새로운 콘텐츠를 창조할 수 있게 된 시대를 웹 2.0 시대라고 부릅니다.

> [NOTE] '웹 2.0'이라는 용어는 2004년 O'Reilly Media and Media Live International에서 발표되었습니다.

예를 들어 유튜브는 동영상을 올릴 수 있는 단순한 공간입니다. 하지만 사용자끼리 뭉쳐 거대한 동영상 생태계를 형성했습니다. 또한 위키피디아는 단순히 자신이 알고 있는 정보를 올릴 수 있는 공간이지만 사용자끼리 뭉쳐 하나의 거대한 사전을 창조했습니다.

그림 1-7 위키피디아

WHATWG

전 세계 최고 점유율을 가진 인터넷 익스플로러는 사실상 W3C의 표준 웹 브라우저가 됩니다. 그런데 모든 웹 사이트에 액티브엑스 플러그인이 들어가면서 웹 사이트는 무거워지기 시작했습니다.

이를 막고자 2004년 W3C 회의에서 모질라 재단과 오페라 소프트웨어는 새로운 HTML 표준 제안서를 제출합니다. 하지만 이 제안은 "웹의 혁명을 위한 기존의 지향점에 위배된다"는 이유로 거절당합니다.

이에 인터넷 익스플로러를 제외한 웹 브라우저 제공 기업(애플, 모질라, 오페라 소프트웨어)은 독자적으로 새로운 웹 표준 기관을 설립합니다. 그렇게 2004년 6월에 HTML5 표준을 제정하는 WHATWG가 설립됩니다.

그림 1-8 WHATWG

WHATWG^{Web Hypertext Application Technology Working Group}는 새로운 웹 표준으로 Web Application 1.0 표준을 작성합니다. 그리고 이와 비슷한 시기에 W3C는 XHTML 2.0 표준을 작성합니다. 하지만 XHTML 2.0 표준은 기존의 표준과 너무 동떨어졌습니다. 자연스레 개발자들은 XHTML 2.0 표준을 사용하지 않게 됩니다.

결국 XHTML 2.0 표준은 폐기 상태에 이릅니다. W3C는 새로운 웹 표준으로 WHATWG의 Web Application 1.0 표준을 선택합니다.

NOTE XHTML 2.0 표준은 2009년에 폐기됩니다.

그리고 W3C는 Web Application 1.0 표준을 HTML5 표준으로 변경하고 WHATWG와 함께 HTML W/G를 결성하고 HTML5 표준을 작성합니다. HTML5 표준은 2012년에 초안을 발표하고 2014년 10월에 정식 권고안을 발표했습니다.

제2차 웹 브라우저 전쟁

2010년을 전후로 마이크로소프트와 W3C가 함께한 XHTML 2.0 표준이 붕괴되면서 인터넷 익스플로러의 기능 문제가 대두되었습니다. 다른 웹 브라우저는 모두 최신 표준을 지원하는데 인터넷 익스플로러는 지원하지 못하는 역현상이 발생한 것입니다. 한마디로 지금까지의 웹 브라우저 점유율을 뒤집을 수 있는 기회가 만들어졌습니다.

이 시기를 놓치지 않으려고 모든 웹 브라우저가 빠른 속도로 업데이트하기 시작했습니다. 모질라는 2011년까지 3년에 한 번 하던 버전 업데이트를 2달 단위로, 구글 크롬의 경우는 10주 단위로 버전을 올리기 시작했습니다.

표 1-2 파이어폭스 버전 주기

버전	발표 시기
Mozilla Firefox 1.0	2004년 11월 9일
Mozilla Firefox 2.0	2006년 10월 24일
Mozilla Firefox 3.0	2008년 5월 17일
Mozilla Firefox 4.0	2011년 3월 22일
Mozilla Firefox 5.0	2011년 6월 21일
Mozilla Firefox 6.0	2011년 8월 16일

Mozilla Firefox 7.0	2011년 9월 27일
Mozilla Firefox 8.0	2011년 11월 8일
Mozilla Firefox 9.0	2011년 12월 20일
Mozilla Firefox 10.0	2012년 1월 31일
생략	생략
Mozilla Firefox 20.0	2013년 4월 2일
생략	생략
Mozilla Firefox 67.0	2019년 5월 14일
Mozilla Firefox 68.0	2019년 7월 9일
Mozilla Firefox 69.0	2019년 9월 3일

모든 웹 브라우저 회사가 기술적으로 다른 웹 브라우저를 앞서려고 빠른 속도로 업데이트하고 있습니다. 하지만 기술적인 부분 이외에도 다양한 방법으로 웹 브라우저를 마케팅하고 있습니다.

국내의 경우는 인터넷 익스플로러가 압도적인 점유율을 차지하므로 다른 웹 브라우저 회사가 마케팅하지 않습니다. 그렇지만 옆 나라 일본만 봐도 유명한 캐릭터를 앞세운 다양한 광고를 제작해 유튜브에 올리고 있습니다.

그림 1-9 구글 크롬 일본 광고

크롬 스토어나 파이어폭스 애드온 등에 자사의 웹 브라우저에서만 동작하는 애플리케이션을 만들어 등록하는 것도 장려하고 있습니다.

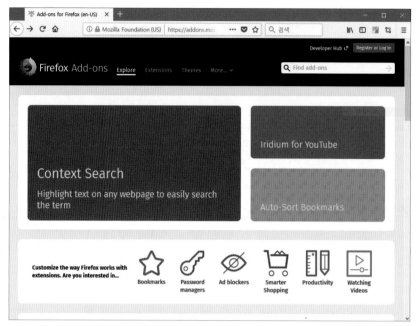

그림 1-10 파이어폭스 마켓 플레이스

제2차 웹 브라우저 전쟁은 2019년을 기준으로 거의 구글 크롬의 승리로 막을 내리고 있습니다.

마이크로소프트의 인터넷 익스플로러 지원 중단

전기자동차가 세상에 나왔다고 해서, 갑자기 세상의 모든 자동차가 전기자동차로 바뀌는 것은 아닙니다. 무언가가 등장하면 그것이 퍼져 상용화되고 지배적인 위치를 차지하기까지 굉장히 오랜 시간이 걸립니다.

HTML5도 마찬가지입니다. 2010년 전후로 논의가 나왔고, 2014년에 본격적으로 제정되었지만, 2015년에도 거의 제대로 사용할 수 없는 수준이었습니다. 컴퓨터에 관심 있는 사람이라면 "인터넷 익스플로러는 보안 면에서 위험하고 성능이 좋지 않다고 들었어"라며 최신 웹 브라우저를 설치해 사용했지만, 대부분의 사람은 컴퓨터에 있는 웹 브라우저를 그대로 사용하는 경우가 많았습니다.

그런데 2016년 1월, 마이크로소프트는 결국 "인터넷 익스플로러 10 이하의 버전 지원을 중단한다"라고 결정 내리고, 자동 업데이트를 통해 인터넷 익스플로러를 11 버전으로 강제 업데이트했습니다. 그리고 그 결과 HTML5를 본격적으로 사용할 수 있는 환경이 구축되었습니다.

이전 버전의 Internet Explorer에 대한 지원이 종료됨

[URL] https://www.microsoft.com/ko-kr/windowsforbusiness/end-of-ie-support

그림 1-11 구 버전의 인터넷 익스플로러 지원 종료

이 책을 개정하는 2019년을 기준으로 수많은 사이트들이 HTML5를 본격적으로 활용해서 개발되고 있습니다. 조금 더 최신 기능을 사용하려는 기업들은 인터넷 익스플로러 11까지 포기하기도 합니다. 드롭박스Dropbox의 문서 작성 기능 페이퍼Paper는 인터넷 익스플로러에서 제대로 출력되지 않을 수 있다는 경고를 띄우며, 노션Notion 등의 문서 작성 웹 애플리케이션은 아예 인터넷 익스플로러에서 들어가지지도 않습니다.

그림 1-12 인터넷 익스플로러 11도 지원하지 않는 사이트

이제 정말 본격적으로 HTML5를 사용해서 개발할 수 있는 시대에 접어들었다고 할 수 있습니다.

 한국의 현재 상황

웹 브라우저는 보안적인 문제로 인해 기본적으로 컴퓨터의 파일에 직접 접근할 수 없습니다. 하지만 국내에서 은행 사이트 등을 이용하려면 "공인 인증서"라는 컴퓨터 파일에 접근해야 하며, 컴퓨터에 있는 프로그램(키보드 보안 프로그램 등)을 강제로 실행해야 합니다. 하지만 최신 웹 브라우저는 보안적인 문제 때문에 이러한 무분별한 파일 접근 등을 원천적으로 막고 있습니다.

그래서 국내의 정부 사이트, 은행 사이트 등을 원활하게 사용하려면, 과거의 웹 브라우저라고 할 수 있는 인터넷 익스플로러를 사용해야 합니다(인터넷 익스플로러만이 플러그인을 통해 컴퓨터의 파일에 마구잡이로 접근할 수 있습니다). 심지어 아직도 대학교 사이트 중에는 "개발자 도구에 들어가서 인터넷 익스플로러 7버전으로 설정한 후 사용해주세요" 같은 메시지를 띄우는 곳도 있습니다.

국내 게임 사이트들도 비슷합니다. 키보드 보안 프로그램을 실행한 뒤, 인터넷 익스플로러가 아니면 게임을 실행할 수 없는 경우가 많습니다.

이로 인해 국내 웹 사이트들은 과거에 머물러 있다고 할 수 있습니다. 필자는 10년 전 일본과 중국 사이트를 봤을 때 "사이트 엄청 못 만든다"라는 생각부터 떠올랐습니다. 하지만 이제는 반대의 상황이 되어 우리나라 사이트를 보고 "언제까지 인터넷 익스플로러가 아니면 들어가지도 못하는 사이트를 봐야 할까?"라는 생각이 떠오릅니다. 다음 판을 집필할 때는 상황이 조금 더 나아지기를 바랍니다.

지금까지 대충 웹과 관련된 역사를 모두 살펴보았습니다. 각각의 부분을 짧게 설명하느라 생략한 내용이 굉장히 많습니다. 각 주제와 관련된 재미있는 내용이 많으니 직접 찾아보세요.

1.2 / HTML5를 공부해야 하는 이유

스마트폰 시대가 되면서 다양한 운영체제가 등장했습니다. 이러한 현상은 스마트폰뿐만 아니라 일반 데스크톱, 태블릿 PC, TV로 이어지고 있습니다. 에릭슨의 CEO 한스 베스트버그^{Hans Vestberg}는 2020년 안에 500억 개의 디바이스가 웹과 연결될 것으로 예측했습니다.

500억 개의 디바이스가 모두 다른 운영체제를 가지고 있다면 각각의 운영체제에 맞는 프로그램을 개발해야 합니다. 하지만 운영체제에 종속된 프로그램이 아니라 웹에서 동작하는 프로그램이라면 이야기가 달라집니다. 웹은 주인도 국적도 없는 모두에게 공개된 기술이므로 모든 디바이스에서 사용할 수 있습니다.

"웹 페이지 따위가 애플리케이션을 만든다고요?"

애플리케이션 수준의 웹 페이지

그림 1-13은 다음 금융과 네이버 뉴스의 웹 페이지입니다. 웹 페이지인데도 충분히 일반 애플리케이션 수준으로 작동합니다.

그림 1-13 모바일 웹 페이지

물론 2019년을 기준으로 보면 그렇게 놀랍지 않을 것입니다. 많은 사람들이 스마트폰을 2~3년 주기로 교체하기 때문에, 스마트폰 웹 사이트는 이전부터 HTML5를 다양하게 활용했습니다. 그래서 이제는 '당연하다'라는 생각이 들 수도 있을 것입니다.

일렉트론

2013년에 GitHub는 아톰^{Atom}이라는 에디터를 만들기 위해 아톰 쉘^{Atom Shell}이라는 HTML5 기반의 데스크톱 애플리케이션 개발 엔진을 개발합니다.[1] 이 엔진은 이후 "일렉트론^{Electron}"이라는 이름으로 변경됩니다.

이 엔진은 이후 마이크로소프트에서 스카이프^{Skype}, 비주얼 스튜디오 코드^{Visual Studio Code} 등을 개발하면서 더 널리 알려졌습니다. 슬랙^{Slack}에서도 데스크톱 애플리케이션을 만들 때 이를 활용했으며, 고스트^{Ghost}와 워드프레스^{WordPress} 블로그 플랫폼의 데스크톱 클라이언트를 만들 때도 활용되었습니다.

그림 1-14 일렉트론으로 개발된 애플리케이션

HTML5를 활용하면 웹을 넘어, 이와 같은 데스크톱 애플리케이션도 만들 수 있습니다.

리액트 네이티브

2012년 전후로 어도비^{Adobe}의 폰갭^{PhoneGap}을 사용해 HTML5로 모바일 애플리케이션을 만드는 시도

---

1 원래 GitHub는 중국 인텔 연구소에서 node-webkit(현재 NW.js 라이브러리) 개발에 참가한 개발자를 영입한 후 이를 기반으로 아톰 에디터를 만들려고 했지만 설계 문제에 직면해서 처음부터 다시 개발하게 되었는데, 이것이 일렉트론입니다.

가 다양하게 이루어졌습니다. 하지만 폰갭은 몇 가지 성능적 이슈를 갖고 있었습니다.

페이스북은 폰갭의 성능에 만족하지 못했고, 모바일 애플리케이션을 만들 수 있게 하는 새로운 엔진을 만들었습니다. 이 엔진이 바로 리액트 네이티브^{React Native}입니다.

리액트 네이티브를 사용하면 HTML5로 개발했을 때 내부적으로 안드로이드와 아이폰에 맞는 네이티브 코드(간단하게 "해당 스마트폰이 가장 만족하는 프로그래밍 언어로 작성된 코드")로 변환됩니다. 이를 통해 성능적인 이슈를 해결했습니다.

2019년을 기준으로 굉장히 유명한 애플리케이션들이 리액트 네이티브로 개발되었습니다. 페이스북, 인스타그램^{Instagram}, 핀터레스트^{Pinterest}, 스카이프, 우버^{Uber}, 텐센트 QQ 등의 애플리케이션이 모두 리액트 네이티브로 개발된 대표적인 애플리케이션입니다.

그림 1-15 리액트 네이티브로 개발된 모바일 애플리케이션

즉 HTML5를 알면, 안드로이드 애플리케이션 개발을 위해 자바^{Java} 또는 코틀린^{Kotlin}을 따로 배우지 않아도 되며, 아이폰 애플리케이션 개발을 위해 오브젝티브-C^{Objective-C} 또는 스위프트^{Swift}를 따로 배우지 않아도 됩니다.

또한 기존에는 안드로이드와 아이폰에 모두 대응하기 위해 각각의 언어로 같은 프로그램을 두 번 만들어야 했습니다. 하지만 리액트 네이티브 등을 사용하면 HTML5로 한 번 개발해 여러 장치에 대응할 수 있습니다. 따라서 개발 비용을 크게 감소시킬 수 있습니다.

1.3 구글 크롬 설치

현재 가장 많은 HTML5 기능을 지원하는 웹 브라우저는 구글 크롬입니다. 따라서 이 책에서는 구글 크롬을 사용하겠습니다. 아마 이 책을 보고 있는 독자라면 구글 크롬이 이미 설치되어 있을 것입니다.

"그렇지 않아!"

그렇다면 간단히 구글 크롬을 설치해봅시다. 우선 https://www.google.com/chrome/에 들어가서 구글 크롬을 내려받습니다.

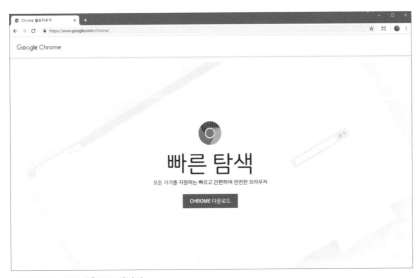

그림 1-16 크롬 다운로드 페이지

〈CHROME 다운로드〉 버튼을 누르면 설치가 끝나므로 자세한 설명은 생략하겠습니다.

1.4 / Visual Studio Code 설치

필자가 처음 프로그래밍을 공부할 때는 일반 텍스트 에디터에서 프로그래밍을 시작했습니다. 간단하게 말하면, 메모장을 켜고 메모장 위에 코드를 작성한 것입니다. 이때는 개발하는 것을 모두 외워야한다는 생각에 공부가 재미없었습니다.

이후에 본격적으로 통합 개발 환경을 사용하면서 개발은 외우는 것이 아니라 이해하고 패턴을 파악하는 것이라고 생각하게 되었습니다. 필자는 독자 여러분들이 이러한 시행 착오를 거치지 않게 하고자 개발 전용 에디터를 사용해 HTML5를 설명하겠습니다.

이 책에서 사용하는 개발 전용 에디터는 Visual Studio Code입니다. 현재 무료로 제공되는 개발 전용 에디터 중에서 가장 널리 사용되는 에디터라고 할 수 있습니다. 우선 https://code.visualstudio.com/에 들어갑니다.

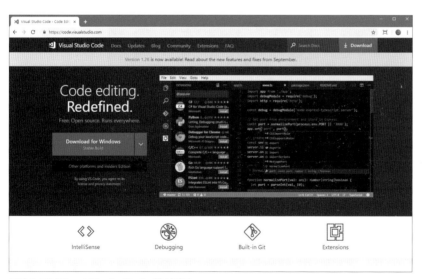

그림 1-17 Visual Studio Code 웹 사이트

Visual Studio Code는 이전에 언급했던 일렉트론으로 개발된 프로그램이라 윈도, macOS, 리눅스 등을 모두 지원합니다. 자신의 운영체제에 맞게 다운로드 링크가 만들어지므로, "Download for Windows" 등을 선택해서 다운로드해주세요.

이어서 다운로드된 파일을 실행하고, [다음(N) >] 버튼을 눌러 설치해주세요. 모두 기본 설정으로 두고 진행해도 상관없습니다.

그림 1-18 Visual Studio Code 설치

설치가 완료되었다면 Visual Studio Code를 실행합니다.

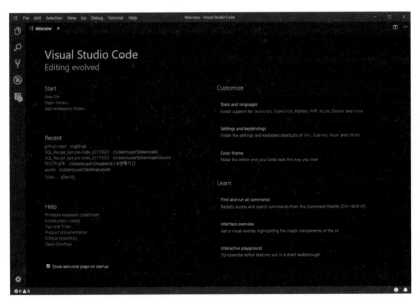

그림 1-19 Visual Studio Code

에디터 설치를 완료했습니다.

한국어 언어 설정하기

Visual Studio Code를 설치했을 때, 한국어로 나오는 분도 있을 것이고 영어로 나오는 분도 있을 것입니다. 이 책은 기초 책이므로 한국어를 사용해서 설명합니다.

한국어로 설정하고 싶다면, 왼쪽 5개의 아이콘 중 5번째에 있는 "확장(Ctrl + Shift + X)"를 선택하고 검색창에 "Korean"이라고 검색한 뒤, "Korean Language Pack for Visual Studio Code"를 선택해 설치합니다.

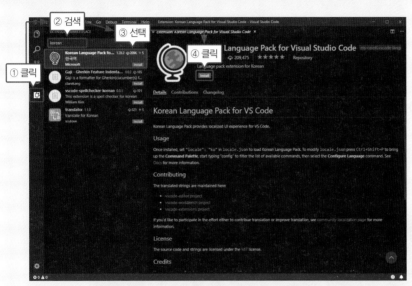

그림 1-20 Korean Language Pack for Visual Studio Code 설치하기

설치가 완료되면 오른쪽 아래에 "새로 시작하겠습니까?"라는 의미의 대화 상자가 나옵니다. 새로 시작하면 다음과 같이 한국어로 출력됩니다.

그림 1-21 한국어로 설정한 Visual Studio Code

1.5 HTML 페이지 생성하고 실행하기

그럼 이제 Visual Studio Code를 사용해서 HTML 페이지를 작성하고 코드를 작성한 뒤, 실행하는 방법에 대해 알아봅시다.

HTML 페이지 생성하기

Visual Studio Code의 메뉴에서 [파일] → [새 파일(Ctrl + N)]을 눌러 새로운 파일을 만들어주세요. 파일을 새로 만드는 경우는 굉장히 많으므로, 단축키를 기억해두면 좋습니다.

그림 1-22 새 파일(Ctrl + N)

이어서 생성된 파일을 곧바로 저장합니다. 메뉴에서 [파일] → [저장(Ctrl + S)]를 눌러서 파일을 저장합니다. 마찬가지로 많이 사용되는 단축키이므로 기억해두는 것이 좋습니다. 메뉴를 누르면 그림 1-23과 같이 파일 저장 대화 상자가 나옵니다. 적당한 위치에 HTMLPage.html이라는 이름으로 저장해주세요.

그림 1-23 저장 대화상자

언어 모드 선택하기

Visual Studio Code는 파일의 확장자(파일 뒤에 붙는 ".html" 등)를 기반으로 해당 파일에 작성해야 하는 언어를 판별하고, 이를 기반으로 다양한 코드 작성 보조 기능을 지원해줍니다. 따라서 지금부터 HTML 파일을 만들 때는 반드시 "○○.html" 형태로 확장자를 붙여주세요.

만약 파일을 저장했는데도 HTML 코드 작성 보조 기능이 동작하지 않는다면, Visual Studio Code 오른쪽 아래에 있는 "'일반 텍스트'"라는 글자를 클릭하고, 언어 모드 선택 검색 창이 나오면 HTML을 찾아 선택해주세요.

그림 1-24 언어 모드 선택하기

TIP

폰트 크기 설정하기

필자는 눈이 안 좋은 편이라서 기본 폰트 크기로는 글자가 잘 안 보이기 때문에, 폰트 크기를 크게 설정하고 사용하는 편입니다. 만약 글자가 잘 안 보인다면 폰트 크기를 크게 해놓고 사용하기 바랍니다.

메뉴에서 [파일] → [기본 설정] → [설정]을 누르면 설정 정보가 나옵니다. 여기에서 [텍스트 편집기] → [글꼴]에 들어가면 글꼴을 설정할 수 있습니다. Font Size(글꼴 크기를 제어합니다)에 적당한 폰트 크기를 입력해주세요.

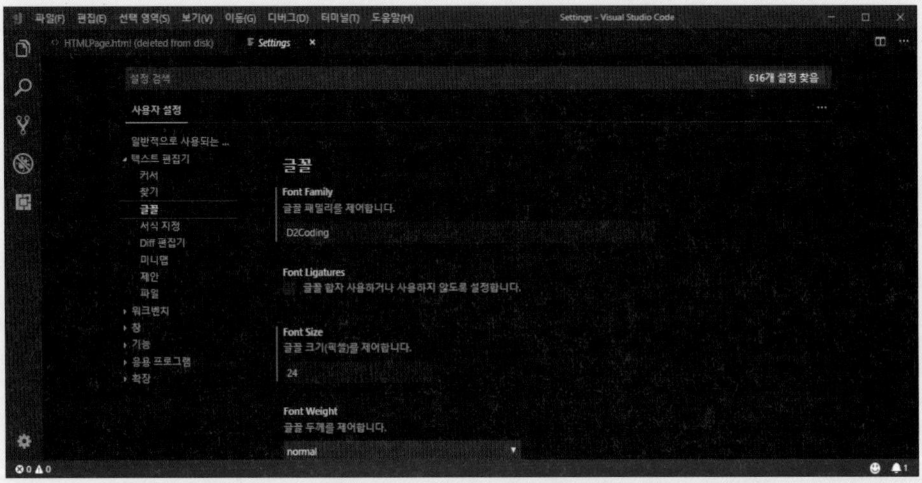

그림 1-25 [파일] → [기본 설정] → [설정]의 [텍스트 편집기] → [글꼴]

이외에도 수 많은 것들을 설정할 수 있으므로, 심심하다면 하나하나 살펴보면서 "이런 설정도 있구나"라고 느껴보면 좋을 것 같습니다.

HTML 페이지 작성하기

이제 HTML 코드를 작성해봅시다. 일단 "html"이라고 입력해주세요. 입력하는 중에 그림 1-26처럼 자동 완성 기능이 나올 것입니다. 키보드의 화살표 위 아래 키를 눌러서 그림과 같은 아이콘을 가진 "HTML : 5"를 선택하고 [Enter] 키를 눌러주세요.

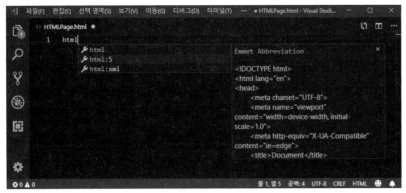

그림 1-26 html을 입력했을 때 뜨는 자동 완성 기능

누르는 순간 그림 1-27과 같은 코드가 만들어집니다(간혹, 코드가 조금 다를 수 있는데, 상관 없습니다).

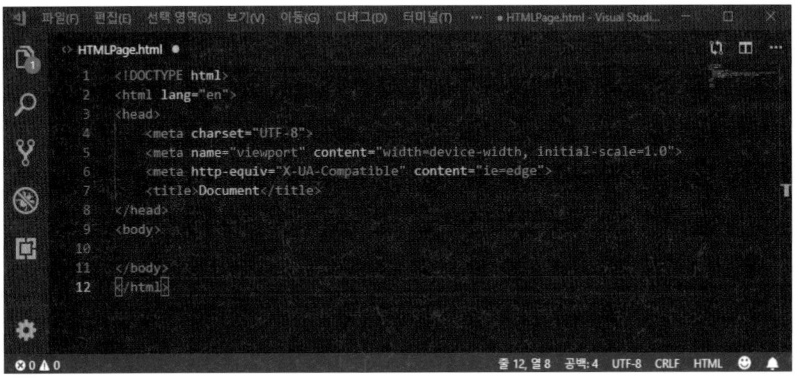

그림 1-27 "HTML : 5"을 선택했을 때 자동 완성되는 코드

HTML 코드의 기본적인 형태가 자동 완성 기능으로 만들어지는 것입니다.

코드 1-1 Visual Studio Code가 만들어주는 기본적인 HTML 문서 구조

```html
<!DOCTYPE html>
<html lang="en">
<head>
    <meta charset="UTF-8">
    <meta name="viewport" content="width=device-width, initial-scale=1.0">
    <meta http-equiv="X-UA-Compatible" content="ie=edge">
    <title>Document</title>
</head>
<body>

</body>
</html>
```

이어서 생성된 HTML 페이지를 코드 1-2처럼 간략하게 만듭니다.

코드 1-2 간략하게 만든 HTML 문서 구조

```
<!DOCTYPE html>
<html lang="en">
<head>
    <meta charset="UTF-8">
    <meta name="viewport" content="width=device-width, initial-scale=1.0">
    <meta http-equiv="X-UA-Compatible" content="ie=edge">
    <title>Document</title>
</head>
<body>

</body>
</html>
```

제거합니다.

코드를 처음 입력하는데 갑자기 많은 코드가 나와서 '이게 대체 뭐지!'라며 당황할 수 있습니다. 이와 관련된 자세한 내용은 이후에 차근차근 풀어 나갈 것입니다.

지금은 간단하게 body 태그 내부에 코드 1-3을 입력합니다.

코드 1-3 Hello HTML5

```
<!DOCTYPE html>
<html>
<head>
    <title>Document</title>
</head>
<body>
    <h1>Hello HTML5...!</h1>
</body>
</html>
```

입력할 때 [tab]을 누르면, 자동으로 띄어쓰기 2~4개가 들어갑니다. 참고적으로 [shift + tab]을 누르면 반대로 앞의 띄어쓰기 2~4개가 제거됩니다.

코드를 모두 입력했다면 파일을 저장합니다. [파일] → [저장]을 누르거나 [Ctrl + S] 단축키를 눌러서 저장해주세요.

HTML 페이지 실행하기

파일을 생성하고 코드도 작성했으므로 이제 코드를 실행해봅시다. 파일이 저장된 폴더로 이동해주세요. 이전에 만든 파일이 들어 있을 것입니다.

그림 1-28 저장된 HTMLPage.html 파일

이를 웹 브라우저에 드래그&드롭해서 놓으면 그림 1-29처럼 출력됩니다.

그림 1-29 웹 브라우저에서 드래그하여 실행한 HTMLPage.html 파일

이처럼 웹 페이지를 한 번 실행하면, 이후에는 코드를 변경하고 저장할 때마다 웹 브라우저를 [새로 고침]해서 변경된 내용을 반영할 수 있습니다.

지금까지 간단한 HTML 페이지를 만들어보았습니다. 코드를 작성하는 방법을 알아야 이후의 공부를 진행할 수 있습니다. 만약 코드 작성 방법을 전혀 모르겠다면 유튜브 강의를 꼭 참고해주세요.

Visual Studio Code는 내부적으로 탐색기와 같은 기능을 수행하는 기능이 있습니다. 화면 왼쪽에 있는 5개의 아이콘 중 가장 위에 있는 아이콘을 클릭하면 [탐색기]라는 것이 나옵니다. 여기에서 [폴더 열기]를 선택하면 파일 대화 상자가 열리며 폴더를 선택해서 열 수 있습니다. 직접 해보면 어떤 느낌인지 쉽게 이해할 수 있을 것입니다.

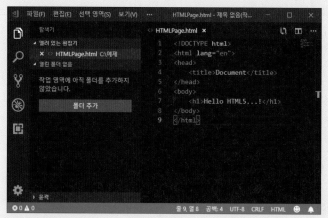

그림 1-30 폴더 열기

에디터의 메뉴에 다양한 기능들이 있으므로, 직접 누르면서 다양하게 에디터를 살펴보기 바랍니다.

일반적으로 책을 보고 공부할 때와 학원 등에서 사람에게 직접 프로그래밍을 배울 때의 가장 큰 차이점은 에디터 사용 등의 부가적인 내용이라고 생각합니다. 어차피 기본적인 지식은 책과 학원 모두 같은 것을 알려줍니다. 하지만 "폴더를 열어서 이렇게 파일을 만들기도 하는구나", "자동 완성 기능을 저렇게 많이 사용하는구나" 등의 부가적인 내용은 책만으로 알기 힘듭니다. 이와 관련된 내용은 동영상 강의를 통해 최대한 제공할 수 있도록 노력하고 있으므로, 책의 앞 부분에 있는 유튜브 강의를 함께 참고해주세요.

자동 완성 기능

HTML5 페이지는 사용자에게 보이는 뷰와 사용자에게 보이지 않는 코드로 나뉩니다. 이 책에서 살펴볼 HTML 태그는 사용자에게 보이는 뷰를 만들 때 사용합니다.

처음 HTML5를 접한다면 앞으로 나올 내용이 많아 모두 외워야 한다는 부담감이 있을 수 있습니다. 하지만 이 책에서 사용하는 Visual Studio Code와 같은 개발 전용 데이터를 사용하면 코드를 입력할 때 그림 1-31처럼 참고할 수 있는 자동 완성 기능이 작동합니다.[2]

---

2 컴퓨터 성능이 좋지 않으면 처음 자동 완성 기능을 불러올 때 시간이 약간 걸릴 수 있습니다. 상황에 따라서는 자동 완성 기능이 자동 으로 뜨지 않을 수도 있습니다. 그럴 경우 코드를 입력하면서 [Ctrl + Space]를 눌러주세요.

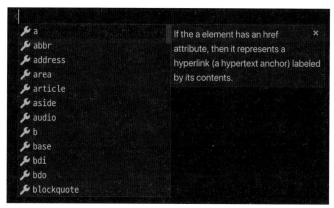

그림 1-31 자동 완성 기능

자동 완성 기능을 최대한 활용해서 이름을 봤을 때 어떤 것인지 떠올릴 수 있을 정도로만 공부합시다. 다양한 예제를 직접 연습해보면 자동으로 외워질 것입니다.

구글 크롬 개발자 도구

구글 크롬 개발자 도구는 HTML 페이지를 개발하는 데 유용한 기능을 제공해주는 도구입니다. 이전에 작성했던 코드 1-3을 크롬으로 실행하고, 그림 1-32처럼 마우스 오른쪽 버튼을 눌러 [검사]를 선택하거나 [Ctrl + Shift + I] 키를 눌러봅시다.

그림 1-32 크롬 개발자 도구 실행하기

크롬 개발자 도구를 실행하면 그림 1-33처럼 나옵니다. 크롬 개발자 도구의 첫 번째 탭을 보면 각각의 태그가 어떤 영역을 차지하고 어떤 스타일을 적용하고 있는지 확인할 수 있습니다.

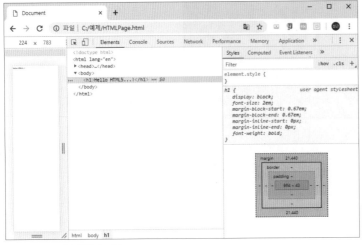

그림 1-33 크롬 개발자 도구

이 책에서는 개발자 도구의 사용 방법을 별도로 설명하지 않습니다만, 각각의 페이지를 실행해보고 직접 페이지를 검사 및 분석해보기 바랍니다. 빠른 속도로 실력이 늘 것입니다.

TIP **Visual Studio Code 색 테마 바꾸기**

25페이지에서 그림 1-27과 코드 1-1의 코드 색상이 왜 다른지 궁금하지 않으셨나요?

이것은 Visual Studio Code의 바탕색을 바꾸었기 때문입니다. 그림 1-27처럼 Visual Studio Code의 기본 설정은 바탕색이 검정색입니다. 검정색이 눈의 피로도를 줄여주기 때문에 그런 것인데요, 그러나 책에서는 바탕색이 검정색이면 코드를 알아보기 어렵기 때문에 코드 1-1처럼 바탕색을 흰색으로 변경한 것입니다.

그럼, 코드 1-1처럼 바탕색을 흰색으로 바꿔보겠습니다.

1. [파일] 메뉴에서 [기본설정 〉 색 테마]를 선택합니다.

2. 색 테마 목록에서 [Light+(default light)]를 택합니다.

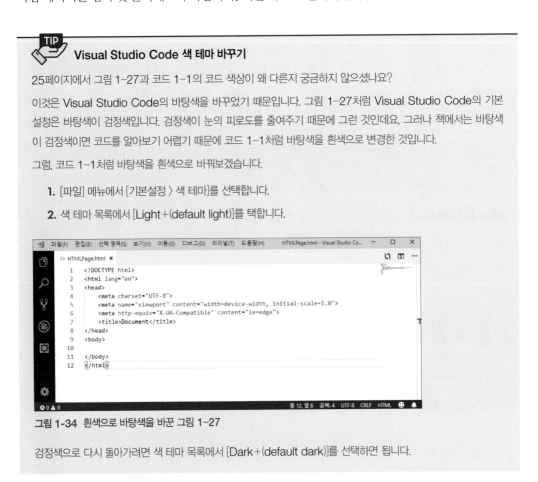

그림 1-34 흰색으로 바탕색을 바꾼 그림 1-27

검정색으로 다시 돌아가려면 색 테마 목록에서 [Dark+(default dark)]를 선택하면 됩니다.

연습 문제

Q1 1989년 팀 버너스 리는 인터넷 공간 안에서 문서가 서로 이동할 수 있는 새로운 개념인 ( )를 제안합니다.

Q2 웹 표준안은 ( )에서 제정합니다.

Q3 W3C와 별도로 HTML5 표준의 모태가 되는 Web Application 1.0 표준은 ( )에서 제정했습니다.

Q4 구글에서 "일렉트론^{Electron}"과 "리액트 네이티브^{React Native}"를 직접 검색해서 어떤 형태로 활용되고 있는지 확인해보세요.

HTML5
태그 기본

HTML5 페이지는 사용자에게 보이는 뷰와 사용자에게 보이지 않는 코드로 나뉩니다. 지금부터 살펴볼 HTML 태그는 사용자에게 보이는 뷰를 만들 때 사용합니다.

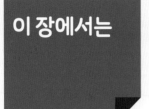

무엇을 배우나요?

◎ 태그^{Tag}, 요소^{Element}, 속성^{Attribute}의 의미를 파악합니다.
◎ HTML5에서 사용할 수 있는 기본적인 태그를 알아봅니다.
◎ 공간 분할 태그와 시멘틱 태그의 용도를 이해합니다.

미리 보기

이번 장에서는 HTML 페이지 위에 객체를 만들어 올리는 방법을 살펴봅니다. 이번 장을 공부하고 나면, HTML 페이지 위에 다음과 같은 비디오도 출력할 수 있을 것입니다.

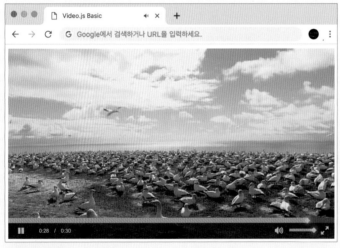

▲ 비디오 출력

이번 장에서 다루는 내용이 굉장히 많은데요. 이전에 언급했던 것처럼 너무 완벽하게 외우려고 하지 말고, 자동 완성 기능으로 이름을 보았을 때 "h1은 큰 제목을 만드는 태그였지?"라고 떠올릴 수 있을 정도로만 기억하기 바랍니다.

HTML5를 공부하려면 기본적으로 '태그Tag', '요소Element', '속성Attribute'이라는 용어를 알아야 합니다. 이 절에서는 이러한 기본 용어를 정리하겠습니다.

태그와 요소

태그는 HTML 페이지에서 객체를 만들 때 사용하는 것입니다. 그리고 태그를 사용해 만들어진 객체를 요소라고 부릅니다. 그림 2-1은 h1 태그를 생성하는 간단한 코드입니다.

<h1>Hello HTML5</h1>
시작 태그   끝 태그

그림 2-1 HTML5 요소 – 시작 태그와 끝 태그를 별도로 입력하는 요소

HTML5는 그림 2-1처럼 시작 태그와 끝 태그를 별도로 입력하는 요소도 있지만 그림 2-2처럼 시작 태그와 끝 태그를 함께 입력하는 요소도 존재합니다. 이렇게 단독으로 사용하는 태그는 HTML5 표기법과 XHTML5 표기법을 사용해 입력합니다.

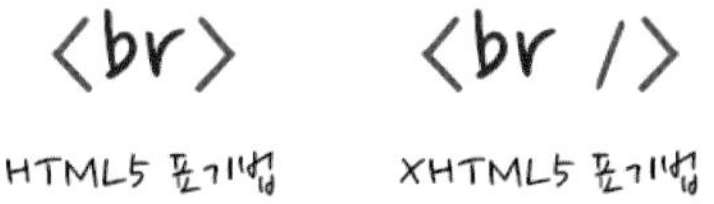

HTML5 표기법   XHTML5 표기법

그림 2-2 HTML5 요소 – 시작 태그와 끝 태그를 함께 입력하는 요소

어떠한 표기 방법을 사용해도 상관없지만 대부분의 개발자는 XHTML5 표기법을 선호합니다. 이 책에서는 XHTML5 표기법을 사용해 코드를 작성합니다.

일부 태그는 태그 내부에 다른 태그를 넣을 수 있습니다. 그림 2-3은 article 태그 내부에 h1 태그와 p 태그를 삽입한 형태입니다. "일부 태그는 태그 내부에 다른 태그를 넣을 수 있습니다"라는 말은 "태그 내부에 다른 태그를 넣지 못할 수도 있다"라는 말과 같은 의미이므로 주의하기 바랍니다.

```
<article>
    <h1>Article Header</h1>
    <P>Lorem ipsum dolor sit amet.</P>
</article>
```

그림 2-3 태그 예시

사용할 수 있는 태그는 모두 W3C 재단에서 미리 정해놓았습니다. 어떠한 태그가 존재하는지는 이번 장에서 살펴볼 것입니다.

> NOTE 대부분 요소와 태그를 구분하지 않습니다. 따라서 "요소를 생성합니다"와 "태그를 생성합니다"는 같은 의미라고 봐도 됩니다.

속성

태그에 추가 정보를 부여할 때는 속성을 사용합니다. 속성은 그림 2-4의 형태로 사용합니다. h1 태 그에 title 속성을 부여하는 간단한 코드입니다.

속성 블록
`<h1 title="header">Hello HTML5</h1>`
속성 이름   속성 값   내부 문자

그림 2-4 HTML5 태그의 데이터 표현 – h1 태그의 title 속성

내부 문자를 갖지 않는 태그도 그림 2-5처럼 속성을 사용합니다. img 태그는 그림을 만들 때 사용하 며, src 속성을 사용해 어떠한 이미지를 출력할지와 관련된 정보를 제공합니다.

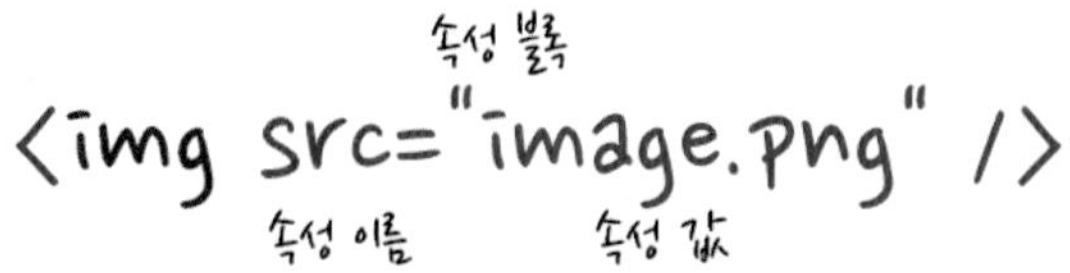

속성 블록
`<img src="image.png" />`
속성 이름   속성 값

그림 2-5 HTML5 태그의 데이터 표현 – img 태그의 src 속성

속성도 마음대로 입력하는 것이 아니라 W3C 재단에서 표준으로 정의해 놓았습니다. 각 태그의 속성 도 이번 장에서 알아보겠습니다.

주석

프로그램의 규모가 커지면 직접 작성한 코드도 어떤 목적으로 작성했는지 알아보기 힘듭니다. 따라서 어떠한 기능을 수행하는 코드인지 설명할 방법이 필요합니다. 프로그래밍 언어에서는 프로그램의 실행에 영향을 미치지 않고 설명을 위한 목적으로 사용하는 코드를 '주석'이라고 부릅니다.

HTML 페이지는 다음과 같은 방법을 사용해 주석을 입력합니다.

```
<!-- 주석 -->
```

다음 예처럼 쉽게 이해할 수 있는 코드에는 주석을 사용할 필요가 없지만, 보통 주석을 얼마나 잘 활용하는지로 프로그래밍 실력을 평가하기도 합니다.

```
<!DOCTYPE html>
<html>
<head>
    <!-- title 태그 -->
    <title>TITLE</title>
</head>
<body>
    <!-- h1 태그 -->
    <h1>Hello HTML5</h1>
</body>
</html>
```

Hello HTML5

그림 2-6 주석 사용 예

2.2 HTML5 페이지 구조

앞 절에서 HTML5 관련 기본 용어를 알아보았다면 이 절에서는 HTML 페이지를 직접 작성하기 위한 사전 공부를 합니다. 아직은 코드를 직접 입력하지 않아 어려워 보이는 내용도 있겠지만, 막상 직접 입력해보면 별로 어려운 내용이 아니므로 겁먹지 마세요.

모든 HTML5 페이지는 다음 코드에서 시작합니다.

코드 2-1 기본적인 HTML5 페이지

```
<!DOCTYPE html>
<html>
<head>
    <title>HTML5 Basic Page</title>
</head>
<body>

</body>
</html>
```

우선 첫 번째 줄의 <!DOCTYPE html> 태그는 웹 브라우저가 현재 웹 페이지가 HTML5 문서임을 인식하게 만들어 줍니다. W3C의 HTML5 명세에 따르면 모든 HTML5 문서는 반드시 <!DOCTYPE html> 태그를 표기해야 합니다. 또한 반드시 문서의 가장 첫 번째 줄에 있어야 합니다.

두 번째 줄의 html 태그는 모든 HTML 페이지의 루트 요소입니다. 모든 HTML 태그는 html 태그의 내부에 작성합니다. html 태그에는 lang 속성을 입력할 수 있습니다.

〈html lang="ko"〉

그림 2-7 html 태그

lang 속성에는 표 2-1의 값을 입력합니다.

표 2-1 lang 속성

국가	속성값	국가	속성값
한국	ko	미국	en
일본	ja	러시아어	ru
중국	zh	독일어	de

lang 속성은 실제 웹 브라우저가 동작하는 데 어떠한 영향도 끼치지 않습니다. 대신 구글과 같은 검색 엔진이 웹 페이지를 탐색할 때 해당 웹 페이지가 어떠한 언어로 만들어져 있는지 쉽게 인식하게 만듭니다. 전 세계적인 데이터 네트워크 구축을 위해서는 lang 속성을 입력하는 것이 좋습니다. 하지만 이 책에서는 간단한 예제를 만들므로 lang 속성을 사용하지 않을 것입니다.

HTML 페이지 안에는 head 태그와 body 태그를 입력합니다. body 태그는 사용자에게 보이는 실제 부분이며, head 태그는 body 태그에서 필요한 스타일시트와 자바스크립트를 제공하는 데 사용합니다.

head 태그 내부에는 다음 태그만 입력할 수 있습니다. 표 2-2 외의 태그를 넣으면 웹 브라우저가 자동으로 해당 태그를 body 태그 내부로 옮깁니다.

표 2-2 head 태그 내부에 넣을 수 있는 태그

태그 이름	설명
meta	웹 페이지에 추가 정보를 전달합니다.
title	웹 페이지의 제목
script	웹 페이지에 스크립트를 추가합니다.
link	웹 페이지에 다른 파일을 추가합니다.
style	웹 페이지에 스타일시트를 추가합니다.
base	웹 페이지의 기본 경로를 지정합니다.

body 태그 내부에 삽입하는 태그는 굉장히 많으므로 차근차근 살펴보겠습니다. 또한 head 태그 내부에 사용하는 태그는 조금 어렵습니다. 따라서 이 책의 전체에 걸쳐 차근차근 살펴보겠습니다.

title 태그는 브라우저에 표시하는 제목을 지정하는 태그입니다. title 태그에 글자를 입력하면 그림 2-8처럼 웹 브라우저의 상단에 표시됩니다.

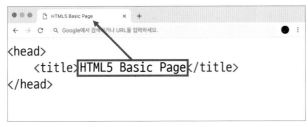

그림 2-8 title 태그

title 태그도 html 태그의 lang 속성처럼 검색 엔진에게 웹 페이지의 제목과 관련된 정보를 주는 데 사용되므로 입력하는 것이 좋습니다.

HTML5 이전의 문서 형식

HTML4에서는 다음과 같은 DOCTYPE을 사용했습니다. 이전 표준보다 DOCTYPE 부분이 굉장히 간단해졌음을 알 수 있죠?

코드 2-2 HTML4 문서 형식

```
<!--HTML4 Frameset -->
<!DOCTYPE HTML PUBLIC "-//W3C//DTD HTML 4.01 Frameset//EN"
"http://www.w3.org/TR/html4/frameset.dtd">

<!--HTML4 Strict -->
<!DOCTYPE HTML PUBLIC "-//W3C//DTD HTML 4.01//EN"
"http://www.w3.org/TR/html4/strict.dtd">

<!--HTML4 Traditional -->
<!DOCTYPE HTML PUBLIC "-//W3C//DTD HTML 4.01 Transitional//EN"
"http://www.w3.org/TR/html4/loose.dtd">
```

2.3 / 글자 태그

글자 태그는 웹 페이지에서 가장 많은 비중을 차지하는 태그입니다. 그림 2-9를 살펴보면 웹 페이지에서 글자가 얼마나 많은 비중을 차지하는 태그인지 한 번에 알 수 있을 것입니다. 글자 태그는 굉장히 많으므로 이 절에서 설명하는 부류를 나누어 기억해주세요.

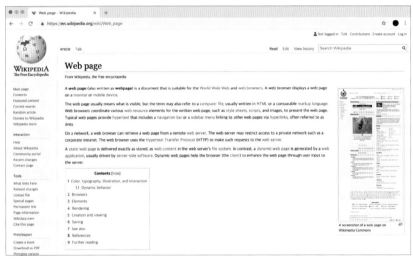

그림 2-9 웹 페이지

제목

HTML5의 대표적인 글자 태그는 제목을 입력할 때 사용하는 제목 글자 태그입니다. HTML5는 표 2-3의 제목 글자 태그를 제공합니다.

표 2-3 제목 글자 태그

태그 이름	설명
h1	첫 번째로 큰 제목 글자 태그
h2	두 번째로 큰 제목 글자 태그
h3	세 번째로 큰 제목 글자 태그
h4	네 번째로 큰 제목 글자 태그
h5	다섯 번째로 큰 제목 글자 태그
h6	여섯 번째로 큰 제목 글자 태그

h1 태그부터 h6 태그의 h는 heading를 의미하며 각각의 숫자는 크기 및 우선 순위를 나타냅니다. 무슨 의미인지 코드 2-3을 직접 입력하고 살펴봅시다.

코드 2-3 제목 글자 태그

```
<!DOCTYPE html>
<html>
<head>
    <title>HTML5 + CSS3 Text</title>
</head>
<body>
    <h1>Heading 1</h1>
    <h2>Heading 2</h2>
    <h3>Heading 3</h3>
    <h4>Heading 4</h4>
    <h5>Heading 5</h5>
    <h6>Heading 6</h6>
</body>
</html>
```

코드를 실행하면 그림 2-10처럼 출력합니다. h1 태그부터 h6 태그가 어떠한 태그인지 알 수 있을 것입니다. h1 태그는 큰 제목을 의미하고 h6 태그는 작은 제목을 의미합니다. 일반적으로 웹 페이지를 만들 때는 h1 태그부터 h3 태그까지 사용합니다.

그림 2-10은 구글 크롬에서 실행한 결과입니다. 다른 웹 브라우저에서 실행했다면 결과는 같지만 폰트가 다를 것입니다. 따라서 실제 웹 페이지를 제작할 때는 모든 브라우저에서 동일한 화면을 볼 수 있게 폰트를 강제로 지정합니다.

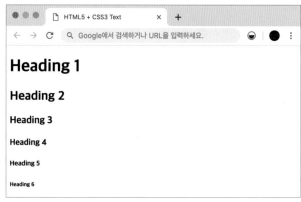

그림 2-10 제목 글자 태그

본문

제목과 관련된 태그를 알아보았으니 이제 본문과 관련된 글자 태그를 알아봅시다. HTML5는 표 2-4의 본문 글자 태그를 제공합니다.

표 2-4 본문 태그(1)

태그 이름	설명
p	본문 글자 태그

p 태그는 paragraph의 줄임말입니다. paragraph는 단락을 의미하므로 p 태그를 사용하면 하나의 단락을 만들 수 있습니다. 코드 2-4를 입력해봅시다.

코드 2-4 본문 태그(1)

```
<!DOCTYPE html>
<html>
<head>
    <title>HTML TEXT Basic Page</title>
</head>
<body>
    <h1>Lorem ipsum</h1>
    <p>Lorem ipsum dolor sit amet, consectetur adipiscing elit.</p>
    <p>Nam commodo mi a lorem congue id rutrum leo venenatis.</p>
</body>
</html>
```

책에 표기를 깔끔하게 하려고 p 태그 안에 내용을 조금만 입력했습니다. p 태그 안에 내용을 잔뜩 입력해주세요. 코드를 실행하면 그림 2-11처럼 단락이 2개 생성됩니다.

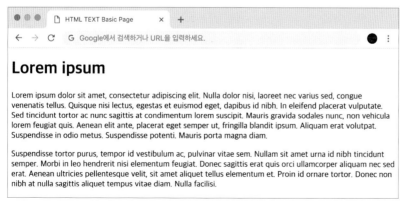

그림 2-11 본문 글자 태그

p 태그를 사용하면 이렇게 한 줄의 글자를 입력할 수 있답니다.

"그런데 코드의 p 태그에는 글자를 조금밖에 안 썼는데 그림에는 많이 나와요!"

방금 언급했듯이 책의 분량 관계상 생략한 것입니다. 이 책에 코드 2-4처럼 Lorem ipsum으로 시작하는 글자를 마음껏 입력하라는 의미입니다.

Lorem ipsum

웹 페이지 디자인과 관련된 글을 읽으면 Lorem ipsum으로 시작하는 글을 굉장히 많이 볼 수 있습니다. 그림 2-11에서도 마찬가지로 Lorem ipsum으로 시작하는 글을 사용했는데요. 이 글자는 라틴어로 키케로가 지은 최고 선악론De finibus bonorum et malorum에 나오는 단어를 마구잡이로 추출하여 만든 글입니다. 의미는 저도 모릅니다.

"
......
"

그림 2-12 사이트에서 그럴듯한 글자를 쉽게 생성할 수 있으며, 웹 페이지를 디자인할 때 많이 사용합니다. 이 책에서도 많이 사용하므로 참고하세요.

그림 2-12 Lorem ipsum(http://lipsum.com/)

---

p 태그 이외에도 HTML5는 표 2-5에서 소개하는 본문 태그를 제공합니다.

표 2-5 본문 태그(2)

태그 이름	설명
br	줄바꿈 태그
hr	수평 줄 태그

각각의 본문 태그를 코드 2-5처럼 사용해봅시다.

코드 2-5 본문 태그(2)

```
<!DOCTYPE html>
<html>
<head>
    <title>HTML TEXT Basic Page</title>
</head>
<body>
    <h1>Lorem ipsum</h1>
    <h2>dolor sit amet</h2>
    <hr />
    <p>Lorem ipsum dolor sit amet, consectetur adipiscing elit.</p>
    <br />
    <p>In porttitor lorem at justo feugiat aliquet.</p>
    <br />
    <p>Nunc id massa at magna semper hendrerit.</p>
    <br />
    <p>Vivamus rhoncus eros vel ante suscipit non facilisis risus rutrum.</p>
</body>
</html>
```

코드를 실행하면 그림 2-13처럼 출력됩니다. hr 태그는 가로로 그어지는 줄을 의미하고 br 태그는 개행을 의미합니다. 직접 코드를 입력하고 어떻게 실행되는지 비교해보세요.

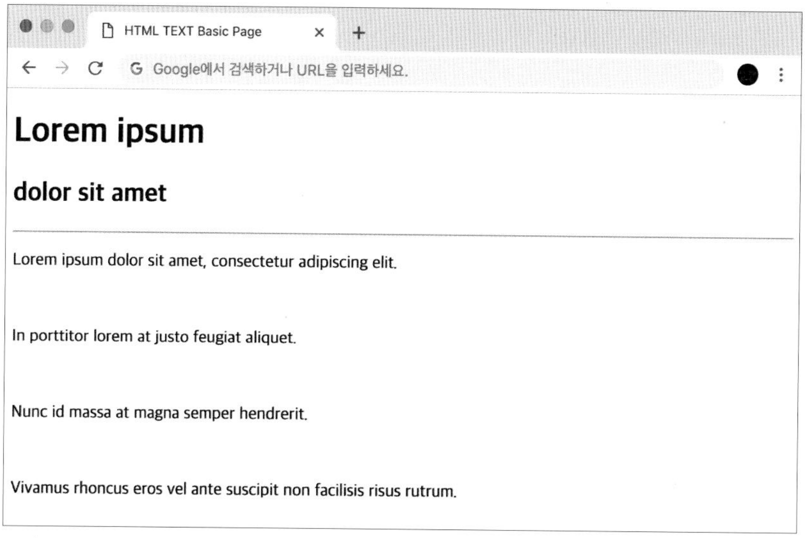

그림 2-13 본문 태그(2)

앵커 태그

HTML^{Hypertext Markup Language}에서 가장 중요한 단어는 H가 의미하는 하이퍼텍스트입니다. 하이퍼텍스트는 사용자의 선택에 따라 특정한 정보와 관련된 부분으로 이동할 수 있게 조직화된 문서를 의미합니다.

HTML 웹 페이지가 이렇게 조직된 문서 형태를 가질 수 있는 이유는 앵커^{Anchor} 태그 때문입니다. 앵커 태그는 서로 다른 웹 페이지 사이를 이동하거나 웹 페이지 내부에서 특정한 위치로 이동할 때 사용하는 태그입니다.

표 2-6 앵커 태그

태그 이름	설명
a	앵커 태그

a 태그만 사용한다고 웹 페이지가 자동으로 원하는 웹 페이지로 이동하지는 않겠죠? 코드 2-6처럼 a 태그의 href 속성을 사용하여 이동하고자 하는 웹 페이지를 지정합니다.

코드 2-6 하이퍼링크 태그

```
<!DOCTYPE html>
<html>
<head>
    <title>HTML TEXT Basic Page</title>
</head>
<body>
    <a href="http://hanbit.co.kr">Hanbit</a><br />
    <a href="https://github.com/">GitHub</a><br />
</body>
</html>
```

코드를 실행하고 a 태그를 클릭하면 지정한 웹 페이지로 이동합니다.

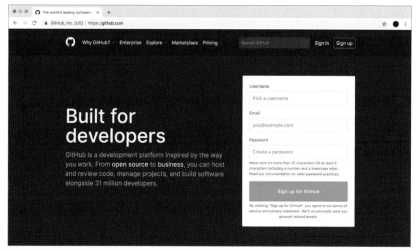

그림 2-14 하이퍼링크 태그

직접 href 속성에 원하는 웹 페이지를 넣어 예제를 만들어보세요.

 빈 링크

a 태그는 본래 가지고 있는 하이퍼링크 기능을 제거하고 사용하는 경우도 있습니다. 하지만 하이퍼링크 기능을 제거해도 웹 표준을 따르려면 a 태그에 href 속성을 반드시 입력해야 합니다. 따라서 웹 표준을 지키면서 이동하지 않는 a 태그를 만들 때는 href 속성에 #을 입력합니다. 그리고 이를 빈 링크라고 부릅니다. 코드 2-7은 네이버 메인 페이지에 있는 코드 부분입니다. a 태그의 href 속성에 #을 입력한 것을 확인할 수 있습니다. 굉장히 자주 사용하는 내용이므로 기억해주세요.

코드 2-7 네이버 메인 페이지의 빈 링크

```
<div class="nctg">
    <a id="news_press_menu" href="#" class="btn_nctg">언론사 전체보기</a>
    <ul id="press_dropdown" class="cpress_lst hide">
        <li><a href="#">언론사 전체보기</a></li>
        <li><a href="#">종합지</a></li>
        <li><a href="#">방송/통신</a></li>
        <li><a href="#">경제지</a></li>
        <li><a href="#">인터넷</a></li>
        <li><a href="#">IT/영자지</a></li>
        <li><a href="#">스포츠/연예</a></li>
        <li><a href="#">매거진/전문지</a></li>
        <li><a href="#">지역지</a></li>
    </ul>
</div>
```

페이지 내부 이동

a 태그를 이용하면 현재 페이지 내부에서 원하는 장소로 이동할 수 있습니다. 이때는 원하는 장소에 **id** 속성을 부여해야 합니다. 코드 2-8처럼 이동하기를 원하는 태그에 **id** 속성을 부여하고 a 태그의 **href** 속성에 #아이디 형태의 문자열을 입력합니다.

코드 2-8 페이지 내부 이동

```
<body>
    <a href="#alpha">Move to Alpha</a>
    <a href="#beta">Move to Beta</a>
    <a href="#gamma">Move to Gamma</a>
    <hr />
    <h1 id="alpha">Alpha</h1>
    <p>Lorem ipsum dolor sit amet, consectetur adipiscing elit.</p>
    <h1 id="beta">Beta</h1>
    <p>Duis nec risus a ante pellentesque rhoncus at et leo.</p>
    <h1 id="gamma">Gamma</h1>
    <p>Nullam porta, felis sit amet porttitor vestibulum.</p>
</body>
```

코드를 실행하면 그림 2-15처럼 웹 페이지가 구성되어 있을 것입니다. 여기서 a 태그 부분을 클릭하면 지정한 **id** 속성이 있는 위치로 스크롤바가 자동으로 이동합니다.

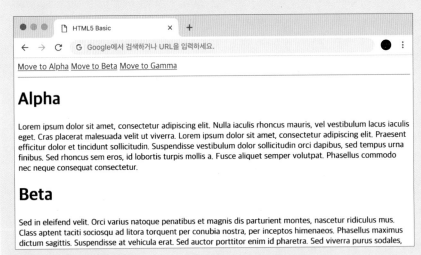

그림 2-15 페이지 내부 이동

단일 웹 페이지에서 많이 사용하는 기능이므로 꼭 기억해주세요.

"id 속성이 중복되면 어떻게 하나요?"

id 속성이 중복되면 먼저 나오는 태그로 이동합니다. 하지만 **id** 속성을 중복해서 사용하는 것은 웹 표준에 어긋나는 행위입니다. 이에 대해서는 CSS3를 다룰 때 한 번 더 언급하겠습니다.

글자 형태

HTML5는 글자 형태 태그를 사용해 웹 페이지의 글자에 형태와 의미를 부여합니다. 각 글자에 형태 및 의미를 부여할 때는 표 2-7의 태그를 사용합니다.

표 2-7 글자 형태 태그

태그 이름	설명
b	굵은 글자 태그
i	기울어진 글자 태그
small	작은 글자 태그
sub	아래에 달라 붙는 글자 태그
sup	위에 달라 붙는 글자 태그
ins	밑줄 글자 태그
del	가운데 줄이 그어진 글자 태그

※ HTML4에 있던 big 태그는 HTML5에서 사라졌습니다.

표 2-7을 보아도 무슨 태그를 의미하는지 알기 힘들 것입니다. 바로 코드 2-9를 입력하고 실행 결과를 살펴봅시다.

코드 2-9 글자 형태 태그

```
<!DOCTYPE html>
<html>
<head>
    <title>HTML TEXT Basic Page</title>
</head>
<body>
    <h1><b>Lorem ipsum dolor sit amet</b></h1>
    <h1><i>Lorem ipsum dolor sit amet</i></h1>
    <h1><small>Lorem ipsum dolor sit amet</small></h1>
    <h1><sub>Lorem ipsum dolor sit amet</sub></h1>
    <h1><sup>Lorem ipsum dolor sit amet</sup></h1>
    <h1><ins>Lorem ipsum dolor sit amet</ins></h1>
    <h1><del>Lorem ipsum dolor sit amet</del></h1>
    <hr />
    <b>Lorem ipsum dolor sit amet</b><br />
    <i>Lorem ipsum dolor sit amet</i><br />
```

```
    <small>Lorem ipsum dolor sit amet</small><br />
    <sub>Lorem ipsum dolor sit amet</sub><br />
    <sup>Lorem ipsum dolor sit amet</sup><br />
    <ins>Lorem ipsum dolor sit amet</ins><br />
    <del>Lorem ipsum dolor sit amet</del><br />
  </body>
</html>
```

코드를 실행하면 그림 2-16처럼 실행됩니다. 각 글자의 모양을 보면 어떤 태그인지 쉽게 알 수 있을 것입니다.

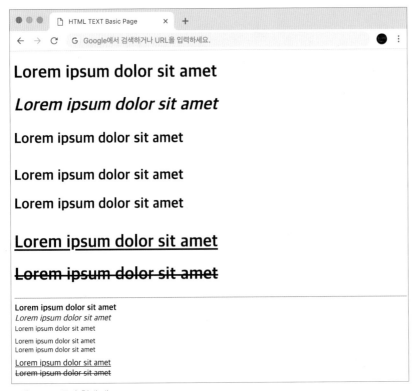

그림 2-16 글자 형태 태그

과거에는 이 절에서 배운 태그를 많이 사용했습니다. 하지만 글자를 기울이거나 굵게 만드는 기능은 모두 스타일시트로 처리하므로 최근에는 잘 사용하지 않습니다.

루비 문자

루비 문자는 일본어에서 자주 사용되는 글자 형식으로 그림 2-17처럼 한자 위에 표시되는 글자를 의미합니다. 일본어에서 자주 사용하지만 한국어도 한자어가 많으므로 사용할 수 있는 태그입니다.

그림 2-17 후리가나

루비 문자는 표 2-8 태그를 사용해서 표시합니다.

표 2-8 루비 태그

태그 이름	설명
ruby	루비 문자 선언 태그
rt	위에 위치하는 작은 문자 태그
rp	ruby 태그를 지원할 경우 출력되지 않는 태그

루비 문자를 생성할 때는 코드 2-10처럼 ruby 태그와 rt 태그를 사용합니다. ruby 태그 안에 있는 span 태그에 원하는 글자를 넣고 그에 대한 설명을 rt 태그 안에 입력합니다.

코드 2-10 루비 태그 기본

```
<body>
    <ruby>
        <span>大韓民國</span>
        <rt>대한민국</rt>
    </ruby>
</body>
```

이렇게 입력하면 루비 태그를 지원하는 웹 브라우저에서는 그림 2-18처럼 출력됩니다.

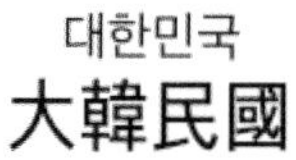

대한민국
大韓民國

그림 2-18 인터넷 익스플로러 및 크롬 실행 결과

반면 루비 태그를 지원하지 않는 일부 웹 브라우저에서는 다음과 같이 출력됩니다.

大韓民國 대한민국

그림 2-19 파이어폭스 실행 결과

ruby 태그를 지원하지 않는 웹 브라우저에서 태그가 정상적으로 출력될 수 있게 만든 태그가 rp 태그입니다. rp 태그는 코드 2-11처럼 사용합니다. 일반적으로 코드 2-11처럼 괄호를 rp 태그 안에 넣습니다.

코드 2-11 모든 웹 브라우저를 위한 루비 태그

```
<body>
    <ruby>
        <span>大韓民國</span>
        <rp>(</rp>
        <rt>대한민국</rt>
        <rp>)</rp>
    </ruby>
</body>
```

rp 태그는 ruby 태그를 지원하는 웹 브라우저에서는 출력되지 않습니다. 하지만 ruby 태그를 지원하지 않는 웹 브라우저에서는 rp 태그를 그림 2-20처럼 출력합니다.

大韓民國 (대한민국)

그림 2-20 rp 태그를 사용한 루비 문자

웹 표준과 실제

코드 2-11을 보면서 이상하게 생각한 독자가 있을 것입니다.

"ruby 태그를 지원하지 않는 웹 브라우저에서 ruby 태그를 쓸 수는 있네?"

웹 브라우저는 유연하게 태그를 해석하므로 자신이 지원하지 않는 태그도 정상적으로 출력합니다. 예를 들어 코드 2-12처럼 food 태그와 rice 태그를 사용해봅시다.

코드 2-12 사용자 정의 태그

```
<body>
    <food>Custom food Tag</food>
    <rice>Custom rice Tag</rice>
</body>
```

food 태그와 rice 태그는 웹 표준에서 정하지 않은 태그입니다. 하지만 코드는 문제없이 실행됩니다. 하지만 인터넷 익스플로러 8 버전 이하에서는 태그 이름을 마음대로 지정할 경우 스타일을 적용할 수 없으니 주의하세요.

2.4 목록 태그

웹 페이지에 빼놓지 않고 등장하는 요소가 있다면 바로 메뉴입니다. 그림 2-21을 보면 상단에 메뉴가 2개 있습니다. 일반적으로 페이지를 이동할 때 사용되는 메뉴를 내비게이션 메뉴라고 부릅니다.

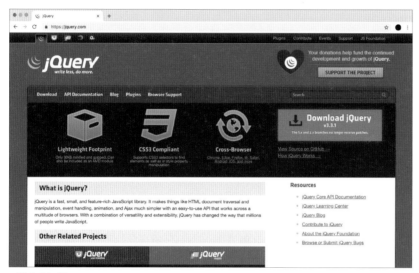

그림 2-21 jQuery

내비게이션 메뉴를 만들 때는 이 절에서 배울 목록 태그를 사용하는 것이 일반적입니다.

기본 목록

기본적인 목록을 만들 때는 표 2-9 목록 태그를 사용합니다.

표 2-9 목록 태그

태그 이름	설명
ul	순서가 없는 목록 태그
ol	순서가 있는 목록 태그
li	목록 요소

처음 HTML5를 공부할 때는 표 2-9 태그가 굉장히 혼동됩니다. ol 태그는 정렬된 목록[ordered list]을 의미하고 ul 태그는 정렬되지 않은 목록[unordered list]을 의미합니다. 마지막으로 li 태그는 목록 요소[list item]를 의미합니다. 이 의미를 생각하면서 코드 2-13을 살펴봅시다.

코드 2-13 기본 목록

```html
<body>
    <h1>ol tag</h1>
    <ol>
        <li>Facebook</li>
        <li>Tweeter</li>
        <li>Linked In</li>
    </ol>
    <h1>ul tag</h1>
    <ul>
        <li>Facebook</li>
        <li>Tweeter</li>
        <li>Linked In</li>
    </ul>
</body>
```

코드를 실행하면 그림 2-22처럼 목록이 생성됩니다. ol 태그를 사용하면 글머리에 숫자가 붙은 목록이 생성되고 ul 태그를 사용하면 글머리에 기호가 붙은 목록이 생성됩니다.

그림 2-22 기본 목록

중첩 목록

중첩해서 목록을 만들고 싶을 때는 li 태그 안에 목록 태그를 코드 2-14처럼 중첩해서 입력합니다.

코드 2-14 중첩된 목록

```html
<body>
    <ul>
        <li>HTML5
        <ol>
            <li>Multimedia Tag</li>
            <li>Connectivity</li>
            <li>Device Access</li>
        </ol>
        </li>
        <li>CSS3
        <ul>
            <li>Animation</li>
            <li>3D Transform</li>
        </ul>
        </li>
    </ul>
</body>
```

코드를 실행하면 그림 2-23처럼 중첩된 목록이 생성됩니다. 연습 삼아서 여러 개의 목록을 더 중첩해보세요.

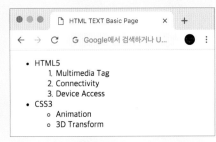

그림 2-23 중첩된 목록

정의 목록

정의 목록은 특정 용어와 그 정의를 표현할 때 사용하는 태그입니다. 그림 2-24처럼 단어를 써놓고 그 정의를 풀이한 목록을 정의 목록이라고 합니다(그림 2-24에서는 용어 설명 부분이 ol 태그로 이루어져 있습니다).

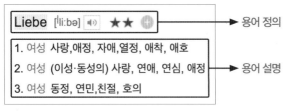

그림 2-24 정의 목록

이러한 정의 목록을 사용할 때는 표 2-10 태그를 사용합니다.

표 2-10 정의 목록

태그 이름	설명
dl	정의 목록 태그
dt	정의 용어 태그
dd	정의 설명 태그

태그 이름이 비슷해서 헷갈리죠? dl 태그는 정의 목록^{definition list}을 의미합니다. dt 태그는 정의 용어 ^{definition term}를, dd 태그는 정의 설명^{definition description}을 뜻합니다. 정의 목록은 기본 목록 태그처럼 코드 2-15를 사용합니다.

코드 2-15 정의 목록

```
<body>
    <dl>
        <dt>HTML5</dt>
        <dd>Multimedia Tag</dd>
        <dd>Connectivity</dd>
        <dd>Device Access</dd>

        <dt>Milk</dt>
        <dd>Animation</dd>
        <dd>3D Transform</dd>
    </dl>
</body>
```

정의 목록은 그림 2-25처럼 생성됩니다.

그림 2-25 정의 목록

웹 표준에 따르면 기본 목록과 정의 목록의 사용 용도가 다르지만 실제 개발할 때는 대부분 용도 구분 없이 사용합니다(하지만 최대한 용도에 맞게 사용합시다).

2.5 테이블 태그

테이블 태그는 HTML 페이지에서 표를 만들 때 사용하는 태그입니다. 과거에는 테이블 태그를 사용해 레이아웃도 구성했습니다. 하지만 현대의 웹 페이지 대부분은 뒤에서 살펴볼 **div** 태그를 사용해 레이아웃을 구성하므로 사용 빈도가 굉장히 줄었습니다.

테이블 태그 기본

표를 만들 때는 **table** 태그를 사용합니다. 코드 2-16처럼 body 태그 내부에 table 태그를 놓아봅시다.

코드 2-16 테이블 태그

```
<body>
    <table>

    </table>
</body>
```

table 태그를 생성하기는 했는데 테이블 안에 무슨 내용이 들어갈지 지정하지 않았습니다. **table** 태그 안에 입력할 수 있는 태그는 많지만 실제로 많이 쓰이는 태그는 표 2-11 태그입니다.

표 2-11 테이블 요소 태그

태그 이름	설명
tr	표 내부의 행 태그
th	행 내부의 제목 셀 태그
td	행 내부의 일반 셀 태그

tr 태그는 table row를 의미합니다. **th** 태그는 table header를 의미하고 **td** 태그는 table data를 의미합니다. 코드 2-17처럼 행 안에 각각의 요소를 넣습니다.

코드 2-17 테이블 요소 태그

```html
<body>
    <table border="1">
        <tr>
            <th>Header 1</th>
            <th>Header 2</th>
        </tr>
        <tr>
            <td>Data 1</td>
            <td>Data 1</td>
        </tr>
        <tr>
            <td>Data 2</td>
            <td>Data 2</td>
        </tr>
    </table>
</body>
```

코드를 실행하면 그림 2-26처럼 출력합니다.

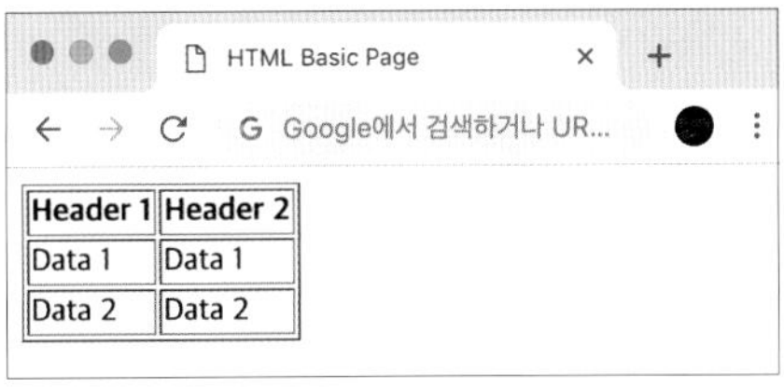

그림 2-26 표

코드 2-17을 실행하고 요소 검사로 살펴보세요. 코드를 입력한 것과 다르게 그림 2-27과 같은 계층 구조를 형성합니다. tbody 태그가 자동으로 생성되었죠?

```html
▼<body>
  ▼<table border="1">
    ▼<tbody>
      ▼<tr>
          <th>Header 1</th>
          <th>Header 2</th>
        </tr>
      ▼<tr>
          <td>Data 1</td>
          <td>Data 1</td>
        </tr>
      ▼<tr>
          <td>Data 2</td>
          <td>Data 2</td>
        </tr>
      </tbody>
    </table>
  </body>
```

그림 2-27 요소 검사를 사용해 살펴본 table 태그

이러한 웹 브라우저의 특성으로 가끔 문제가 발생하는 경우가 있습니다(3장에서 살펴보겠습니다).

테이블 태그가 조금 어려울 수 있습니다. 필자도 처음 HTML을 공부할 때는 잘 기억하지 못하던 태그입니다. 직접 표를 두 번 정도 더 만들어보고 다음 내용을 진행합시다.

 TIP **table 태그 내부에 넣을 수 있는 다른 태그**

많이 사용하지는 않지만 table 태그 내부에는 caption, colgroup, thead, tbody, tfoot 등의 태그도 넣을 수 있습니다. 각 영역을 구분하고자 아직 배우지 않은 style 속성을 잠깐 사용했지만 배경 색상을 적용하는 내용이므로 쉽게 이해할 수 있을 것입니다.

코드 2-18 table 태그 내부에 넣을 수 있는 다른 태그

```
<body>
    <table border="1">
        <caption>Caption</caption>
        <colgroup>
            <col span="2" style="background: red" />
            <col style="background: blue" />
        </colgroup>
        <thead style="background: green">
            <tr>
                <th>Table Header</th>
                <th>Table Header</th>
                <th>Table Header</th>
            </tr>
        </thead>
        <tbody>
            <tr>
                <td>Table Data</td>
                <td>Table Data</td>
                <td>Table Data</td>
            </tr>
            <tr>
                <td>Table Data</td>
                <td>Table Data</td>
                <td>Table Data</td>
            </tr>
            <tr>
                <td>Table Data</td>
                <td>Table Data</td>
                <td>Table Data</td>
            </tr>
        </tbody>
        <tfoot style="background: yellow">
```

```
        <tr>
            <td>Table Data</td>
            <td>Table Data</td>
            <td>Table Data</td>
        </tr>
        </tfoot>
    </table>
</body>
```

코드를 실행하면 그림 2-28처럼 출력합니다. 각 요소를 구분해보세요

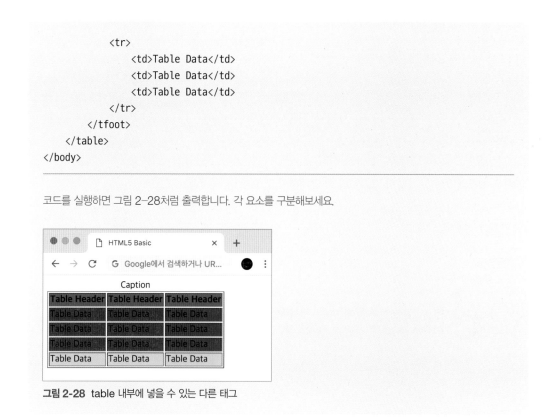

그림 2-28 table 내부에 넣을 수 있는 다른 태그

테이블 태그의 속성

HTML5 이전의 table 태그는 속성이 굉장히 많았습니다. 하지만 HTML5의 table 태그는 표 2-12 속성 하나만 가지고 있습니다. 이전 절에서 간단하게 코드에 입력해보았으므로 별도로 설명하지 않 겠습니다.

표 2-12 table 태그의 속성

속성 이름	설명
border	표의 테두리 두께를 지정

또한 th 태그와 td 태그는 표 2-13과 같은 속성이 있습니다.

표 2-13 th 태그와 td 태그 속성

속성 이름	설명
rowspan	셀의 높이 지정
colspan	셀의 너비 지정

코드 2-19처럼 표 2-29 속성을 사용해보고 어떠한 실행 결과가 나올지 간단하게 생각해봅시다. "아직 배우지도 않았는데 어떻게 알지?"라고 생각하지 말고 그냥 생각해보세요.

코드 2-19 테이블 태그의 속성

```html
<body>
    <table border="1">
        <tr>
            <th colspan="3">Table Data</th>
            <th rowspan="3">Table Data</th>
        </tr>

        <tr>
            <td>Table Data</td>
            <td rowspan="2">Table Data</td>
            <td>Table Data</td>
        </tr>

        <tr>
            <td>Table Data</td>
            <td>Table Data</td>
        </tr>
    </table>
</body>`
```

코드를 실행하면 그림 2-29처럼 출력합니다. rowspan 속성과 colspan 속성을 처음 접하는 경우라면 굉장히 어려울 수 있습니다. 직접 연습해보세요.

그림 2-29 테이블 태그의 속성

2.6 / 이미지 태그

지금까지 검은 글자와 선만 살펴보느라 별로 재미가 없었을 것입니다. 이 절부터는 그림과 음악, 영상을 HTML 페이지 위에 올려봅시다. HTML은 img 태그를 사용해 이미지를 넣습니다. img 태그를 살펴보려면 이미지가 있어야겠죠? 아무 그림이나 복사해 그림 2-30처럼 폴더를 구성합니다.

HTMLPage.html   Penguins.jpg

그림 2-30 폴더 구성

이미지를 생성할 때는 img 태그를 사용합니다. 코드 2-20처럼 img 태그를 입력합니다.

코드 2-20 img 태그

```
<body>
    <img />
</body>
```

img 태그를 입력했지만 어떠한 이미지를 사용할지 지정하지 않았습니다. 어떠한 이미지를 사용할지는 img 태그 속성을 사용해 표시합니다. img 태그는 그림 2-31처럼 속성이 굉장히 많습니다.

```
<img
    accesskey
    alt
    aria-activedescendant
    aria-atomic
    aria-autocomplete
    aria-busy
    aria-checked
    aria-colcount
    aria-colindex
    aria-colspan
    aria-controls
    aria-current
```

그림 2-31 img 태그의 속성

하지만 img 태그에서 가장 중요한 속성은 표 2-14 속성입니다.

표 2-14 img 태그의 속성

속성 이름	설명
src	이미지의 경로 지정
alt	이미지가 없을 때 나오는 글자 지정
width	이미지의 너비 지정
height	이미지의 높이 지정

※ 현대에는 스타일시트를 사용해 입력하는 것이 일반적이므로 width 속성과 height 속성을 잘 사용하지 않습니다.

src 속성에 이미지 경로를 입력하면 이미지가 뜹니다. 코드 2-21처럼 이미지를 넣어봅시다. 두 번째 img 태그에는 일부러 존재하지 않는 이미지 경로를 입력했습니다.

코드 2-21 img 태그의 속성

```
<body>
    <img src="Penguins.jpg" alt="펭귄" width="300" />
    <img src="Nothing" alt="그림이 존재하지 않습니다." width="300" />
</body>
```

코드를 실행하면 그림 2-32처럼 출력합니다. src 속성에 입력한 이미지가 존재할 때는 이미지를 출력하고 이미지가 존재하지 않을 때는 오른쪽 그림처럼 alt 속성에 입력한 글자가 뜹니다.

그림 2-32 img 태그의 속성

TIP placehold.it

웹 페이지를 디자인하다보면 이미지를 아직 완성하지 못해 넣을 수 없는 경우가 있습니다. 이미지 크기는 아는데 아직 이미지가 없을 때 사용할 수 있는 좋은 방법이 있습니다. placehold.it는 원하는 크기의 이미지를 제공해주는 사이트입니다.

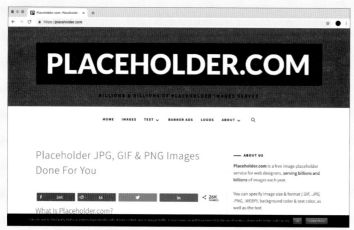

그림 2-33 placehold.it(http://placehold.it/)

코드 2-22처럼 http://placehold.it/너비x높이 형식을 사용하면 손쉽게 원하는 크기의 이미지를 얻을 수 있습니다.

코드 2-22 placehold.it를 사용한 이미지

```
<body>
    <img src="http://placehold.it/300x200" />
    <img src="http://placehold.it/200x150" />
    <img src="http://placehold.it/100x100" />
</body>
```

코드를 실행하면 그림 2-34처럼 원하는 크기의 이미지가 출력됩니다.

그림 2-34 placehold.it를 사용한 이미지

웹 페이지를 디자인할 때 Lorem ipsum 페이지와 함께 많이 사용하므로 기억해주세요. 비슷한 사이트로 http://dummyimage.com/도 있습니다.

2.7 / 오디오 태그

오디오 태그는 웹 브라우저에서 플러그인의 도움 없이 음악을 재생할 수 있게 만들어주는 HTML5 태그입니다. 이 기능은 HTML5에서 추가된 기능이므로 인터넷 익스플로러 8 이하에서는 사용할 수 없습니다.

img 태그와 사용 방법이 굉장히 비슷하므로 쉽게 사용할 수 있을 것입니다. 우선 폴더를 그림 2-35처럼 구성합시다. 윈도에서 기본으로 제공하는 샘플 음악 파일을 HTML 페이지와 같은 폴더 안에 넣어주었습니다.

HTMLPage.html   Kalimba.mp3   Kalimba.ogg

그림 2-35 폴더 구성

> **NOTE** OGG 파일은 예제 사이트에서 제공되는 예제 파일에 첨부했습니다. 예제 파일을 참고하거나 MP3 to OGG 변환 프로그램을 사용해 변환해주세요.

audio 태그

우선 음악을 재생하는 예제를 만들어봅시다. 코드 2-23처럼 audio 태그를 입력합니다.

코드 2-23 audio 태그

```
<body>
    <audio></audio>
</body>
```

audio 태그를 입력했지만 무슨 음악을 어떠한 방식으로 재생할지 정해주지 않았습니다. 이러한 추가적인 정보는 속성을 사용해 제공합니다. audio 태그에는 그림 2-36처럼 많은 속성을 입력할 수 있습니다.

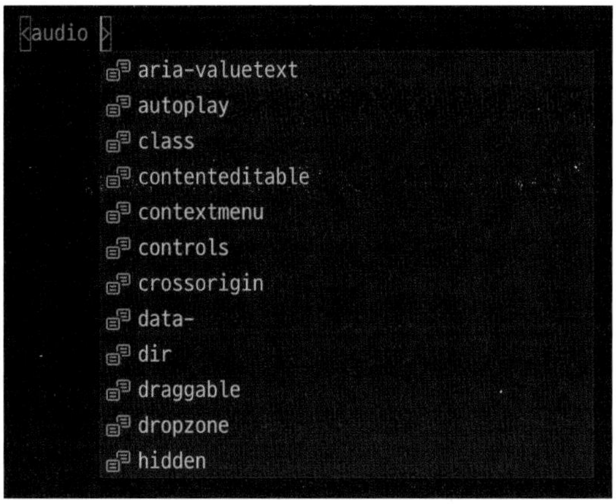

그림 2-36 audio 태그의 속성

속성이 굉장히 많은데요. 이 중에서 **audio** 태그와 관련된 중요한 속성은 표 2-15입니다.

표 2-15 audio 태그의 속성

속성 이름	설명
src	음악 파일의 경로 지정
preload	음악을 재생하기 전에 모두 불러올지 지정
autoplay	음악을 자동 재생할지 지정
loop	음악을 반복할지 지정
controls	음악 재생 도구를 출력할지 지정

설명만 봐도 각각의 속성이 어떠한 기능을 수행하는지 알 수 있을 것입니다. 코드 2-24처럼 입력해서 음악을 재생해봅시다.

코드 2-24 audio 태그의 속성

```
<body>
    <audio src="Kalimba.mp3" controls="controls"></audio>
</body>
```

코드를 실행하면 그림 2-37처럼 음악을 재생할 수 있습니다. 각각 인터넷 익스플로러, 파이어폭스, 크롬, 사파리, 오페라의 실행 결과입니다.

그림 2-37 audio 태그

하지만 지금 만든 예제는 웹 브라우저의 버전에 따라서 정상 작동하지 않을 수 있습니다. 그 이유는 곧바로 이어서 살펴봅시다.

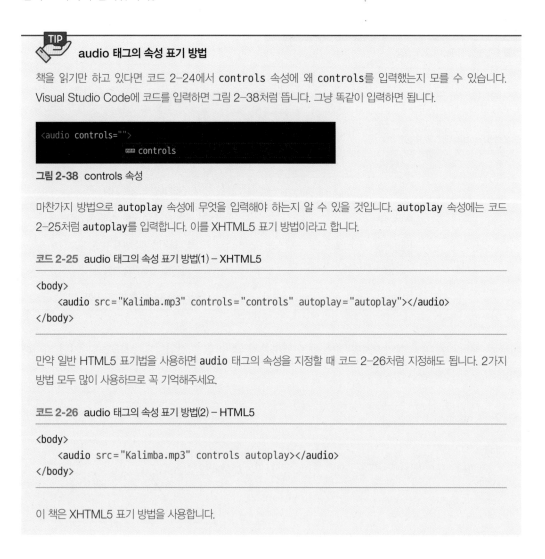

TIP audio 태그의 속성 표기 방법

책을 읽기만 하고 있다면 코드 2-24에서 controls 속성에 왜 controls를 입력했는지 모를 수 있습니다. Visual Studio Code에 코드를 입력하면 그림 2-38처럼 뜹니다. 그냥 똑같이 입력하면 됩니다.

```
<audio controls="">
                    controls
```

그림 2-38 controls 속성

마찬가지 방법으로 autoplay 속성에 무엇을 입력해야 하는지 알 수 있을 것입니다. autoplay 속성에는 코드 2-25처럼 autoplay를 입력합니다. 이를 XHTML5 표기 방법이라고 합니다.

코드 2-25 audio 태그의 속성 표기 방법(1) – XHTML5

```
<body>
    <audio src="Kalimba.mp3" controls="controls" autoplay="autoplay"></audio>
</body>
```

만약 일반 HTML5 표기법을 사용하면 audio 태그의 속성을 지정할 때 코드 2-26처럼 지정해도 됩니다. 2가지 방법 모두 많이 사용하므로 꼭 기억해주세요.

코드 2-26 audio 태그의 속성 표기 방법(2) – HTML5

```
<body>
    <audio src="Kalimba.mp3" controls autoplay></audio>
</body>
```

이 책은 XHTML5 표기 방법을 사용합니다.

source 태그

웹 브라우저 미세 버전에 따라서 코드 2-24가 실행되지 않을 수 있습니다. 브라우저마다 지원하는 확장자 형식이 다르기 때문에 나타나는 현상입니다. 2019년 1월 현재 각 브라우저가 지원하는 음악 파일 확장자는 표 2-16과 같습니다.

표 2-16 웹 브라우저에서 지원하는 음악 파일 형식

	ⓔ	◎	◎	◎	Ⓞ
MP3	O	O	O	O	O
OGG	X	O	O	O	O
WAV	X	O	O	X	O

또한 게임기와 텔레비전에 들어가는 웹 브라우저 모두 지원하는 확장자 형식이 다릅니다. 추가로 MP3 라이선스 문제가 있을 수도 있습니다. 그렇다면 다른 확장자를 사용해야 하는데, 웹 브라우저 마다 지원하는 음악 파일 형식이 미세하게 달라 문제가 됩니다.

이러한 문제를 해결하고자 만들어진 태그가 바로 source 태그입니다. source 태그는 audio 태그 또는 video 태그 안에 입력하는 태그이며 코드 2-27처럼 사용합니다.

코드 2-27 source 태그

```
<body>
    <audio controls="controls">
        <source src="Kalimba.mp3" type="audio/mp3" />
        <source src="Kalimba.ogg" type="audio/ogg" />
    </audio>
</body>
```

표 2-16을 보면 알 수 있듯이 MP3 파일과 OGG 파일을 사용하면 모든 브라우저에서 음악을 재생할 수 있습니다. 각각의 브라우저를 실행해서 음악이 정상적으로 실행되는지 확인해보세요.

"OGG 파일은 어떻게 만드나요?"

포털 사이트 검색 화면에 'MP3 OGG 파일 변환'이라고 검색하면 굉장히 많은 프로그램이 나옵니다. 마음에 드는 프로그램을 내려받아 사용하세요.

TIP **source 태그의 type 속성**

source 태그의 **type** 속성을 입력하지 않아도 상관없습니다. 하지만 **type** 속성을 입력하지 않으면 웹 브라우저가 음악 파일을 내려받은 뒤에 재생 가능한 파일인지 확인하므로 트래픽이 낭비됩니다. 따라서 **type** 속성을 꼭 지정해줍시다.

2.8 / 비디오 태그

비디오 태그는 웹 페이지에서 동영상을 볼 수 있게 만들어줍니다. 원래 HTML5 시대가 오기 전에는 비디오도 윈도 미디어 플레이어 또는 플래시와 같은 플러그인을 사용해서만 볼 수 있었습니다. 하지만 HTML5 시대가 오면서 웹 표준만으로 동영상을 볼 수 있게 되었습니다.

video 태그

동영상을 재생하려면 동영상 파일이 있어야겠죠? 그림 2-39처럼 폴더를 구성합시다. 윈도에 기본으로 내장되어 있는 동영상 파일은 WMV 형식인데 웹 브라우저는 WMV 형식을 지원하지 않습니다. 예제 사이트에서 제공되는 예제 파일을 사용하거나 직접 동영상 변환 프

HTMLPage.html   Wildlife.mp4   Wildlife.webm

그림 2-39 폴더 구성

로그램을 사용해 MP4(H.264 + AAC) 형식과 WebM(VP80 + Vorbis) 형식으로 변환해주세요.

video 태그를 생성할 때는 표 2-17 속성을 사용합니다. audio 태그의 속성과 비슷하죠?

표 2-17 video 태그의 속성

속성 이름	설명
src	비디오 파일의 경로 지정
poster	비디오 준비 중일 때의 이미지 파일 경로 지정
preload	비디오를 재생하기 전에 모두 불러올지 지정
autoplay	비디오를 자동 재생할지 지정
loop	비디오를 반복할지 지정
controls	비디오 재생 도구를 출력할지 지정
width	비디오의 너비 지정
height	비디오의 높이 지정

video 태그도 audio 태그처럼 웹 브라우저마다 지원하는 비디오 형식이 다르므로 source 태그를 사용해야 합니다. 2019년 1월 현재 각 웹 브라우저에서 지원하는 비디오 형식은 표 2-18과 같습니다.

표 2-18 웹 브라우저에서 지원하는 동영상 파일 형식

MP4(H.264 + ACC)	O	O	O	O	O
WebM(VP8+Vorbis)	X	O	O	X	O
OGV(Theora+Vorbis)	X	O	O	X	O

기본적으로는 MP4 형식을 사용하면 됩니다. 만약 라이선스 문제 또는 특별한 웹 브라우저에서 문제가 발생한다면, 코드 2-28처럼 video 태그와 source 태그를 생성하고 각각의 속성을 입력합니다.

코드 2-28 video 태그

```
<body>
    <video controls="controls">
        <source src="Wildlife.mp4" type="video/mp4" />
        <source src="Wildlife.webm" type="video/webm" />
    </video>
</body>
```

코드를 실행하면 그림 2-40처럼 동영상을 재생할 수 있습니다.

그림 2-40 video 태그

표 2-17을 보면 audio 태그에 없던 poster 속성이 있으므로 간단하게 살펴봅시다. poster 속성은

동영상이 대기 상태일 때 표시할 이미지를 의미합니다. 간단하게 placehold.it를 코드 2–29처럼 사용해봅시다.

코드 2-29 video 태그의 poster 속성

```html
<body>
    <video poster="http://placehold.it/640x360"
           width="640" height="360" controls="controls">
        <source src="Wildlife.mp4" type="video/mp4" />
        <source src="Wildlife.webm" type="video/webm" />
    </video>
</body>
```

코드를 실행하면 그림 2–41처럼 재생하기 전에 이미지가 표시됩니다.

그림 2-41 poster 속성

 TIP
video.js 플러그인

웹 브라우저마다 표시되는 video 태그의 형태가 일관되지 않으므로 웹 페이지를 디자인할 때 문제가 될 수 있습니다. 또한 인터넷 익스플로러 8 이하에서는 video 태그가 동작하지 않습니다. 이러한 문제를 해결할 수 있는 간단한 플러그인이 있습니다. 바로 video.js 플러그인입니다.

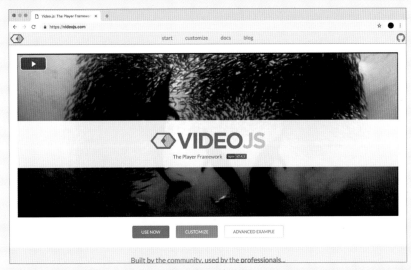

그림 2-42 video.js 플러그인(http://videojs.com/)

플러그인을 다루는 것은 웹 클라이언트 개발에서 어려운 부분에 속하지만 video.js 플러그인은 굉장히 쉽습니다. 우선 코드 2–30처럼 head 태그에 link 태그와 script 태그를 입력합니다. 이는 다른 개발자가 만든 스타일시트와 자바스크립트를 사용하는 방법입니다.

코드 2-30 head 태그 구성

```
<!DOCTYPE html>
<html>
<head>
    <title>Video.js Basic</title>
    <link href="https://vjs.zencdn.net/7.2.3/video-js.css" rel="stylesheet" />
</head>
<body>

</body>
</html>
```

참고로 코드 2–30 link 태그와 script 태그는 video.js 플러그인의 홈페이지에서 복사할 수 있습니다. 이어서 코드 2–31처럼 video 태그를 생성하고 class 속성과 data-setup 속성을 입력하면 끝입니다.

코드 2-31 video.js 플러그인

```
<!DOCTYPE html>
<html>
<head>
  <title>Video.js Basic</title>
  <link href="https://vjs.zencdn.net/7.2.3/video-js.css" rel="stylesheet" />
  <script src="https://vjs.zencdn.net/7.2.3/video.js"></script>
</head>
<body>
  <video controls="controls" width="640" height="360"
        class="video-js" data-setup="{}">
    <source src="Wildlife.mp4" type="video/mp4" />
    <source src="Wildlife.webm" type="video/webm" />
  </video>
</body>
</html>
```

코드를 모든 웹 브라우저에서 실행해보세요. 그림 2–43과 동일한 형태로 표시됩니다. 또한 인터넷 익스플로러 8에서는 자동으로 플래시에 담겨 동영상이 재생됩니다.

그림 2-43 video.js 플러그인 실행 결과

2.9 입력 양식 태그

입력 양식은 사용자에게 입력받는 공간을 의미합니다. 입력 양식 태그는 입력 양식을 만들 때 사용하는 태그입니다. 예를 들어 그림 2-44와 같은 회원 가입 양식이 대표적인 입력 양식입니다.

그림 2-44 입력 양식

사실 입력 양식을 제대로 다루려면 서버와 관련된 기술을 알아야 합니다. 하지만 이 책은 입문 책이므로 서버와 관련된 내용을 다룰 수 없습니다. 따라서 입력 양식과 관련된 기본적인 내용만 살펴보겠습니다.

입력 양식 개요

이번 내용은 `form` 태그를 설명하는 부분입니다. 하지만 서버와 관련된 내용이 있으므로 처음 HTML5를 공부하는 독자가 이해하기 힘들 수 있습니다. 이해가 힘들다면 이 절을 간단하게 읽고 넘어가세요.

입력 양식은 form 태그를 사용해 생성합니다. form 태그는 코드 2-32처럼 생성합니다.

코드 2-32 form 태그

```
<body>
    <form>

    </form>
</body>
```

입력 양식 안에는 input 태그를 입력합니다. input 태그와 관련된 내용은 잠시 후 살펴봅시다.

코드 2-33 간단한 입력 양식

```
<body>
    <form>
        <input type="text" name="search" />
        <input type="submit" />
    </form>
</body>
```

코드를 실행하면 그림 2-45 형태의 입력 양식이 생성됩니다.

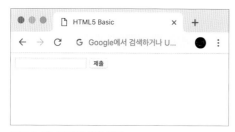

그림 2-45 간단한 입력 양식

입력 양식에 데이터를 입력하고 쿼리 전송 버튼을 누르면 데이터가 지정된 장소에 지정된 방법으로 전달됩니다. 장소와 방법은 form 태그에 표 2-19 속성을 사용해 지정합니다.

표 2-19 form 태그의 속성

속성 이름	설명
action	입력 데이터의 전달 위치를 지정합니다.
method	입력 데이터의 전달 방식을 선택합니다.

갑자기 데이터가 어디로 전달된다는 이야기가 나오니 이해가 되지 않을 수 있습니다. 예를 들어 회원 가입 양식을 생각해봅시다. 개인 정보를 입력하고 회원 가입 버튼을 누르면 정보가 서버로 전달됩니다. 이때 정보는 form 태그에 지정된 action 속성의 장소로 method 속성에 적힌 방식으로 전달됩니다.

더 깊게 들어가면 클라이언트와 관련된 내용이 아니라 서버와 관련된 내용이므로 여기서 끊겠습니다.

"잠깐 그래서 action 속성은 뭐고 method 속성은 뭔데요?"

action 속성은 프로그래밍과 관련된 내용을 알아야 하므로 이 책에서 정말 다룰 수가 없습니다. 간단하게 method 속성만 언급해보겠습니다. method 속성에는 그림 2-46을 입력합니다.

그림 2-46 form 태그의 method 속성

이 중에서 자주 사용되는 method 속성은 GET과 POST입니다. 우선 다음 코드를 입력하고 차이가 무엇인지 알아봅시다.

코드 2-34 GET 요청과 POST 요청

GET 요청	POST 요청
```<body> <form method="text" name="search" /> <input type="submit" /> </form></body>```	```<body> <form method="post"> <input type="text" name="search" /> <input type="submit" /> </form></body>```

```
<body>
  <form method="get">
    <input type="text" name="search" />
    <input type="submit" />
  </form>
</body>
```

```
<body>
  <form method="post">
    <input type="text" name="search" />
    <input type="submit" />
  </form>
</body>
```

각각의 코드를 실행하면 입력 양식이 생성됩니다. 데이터를 입력하고 〈쿼리 전송〉 버튼을 눌러봅시다.

그림 2-47 입력 양식

화면이 한 번 새로고침됩니다. 변화가 없게 느껴질 수 있겠지만 GET 방식의 주소를 살펴보면 변경된 것을 확인할 수 있습니다. rint 데이터를 입력했으므로 http://localhost:포트번호/폴더이름/파일이름?search=rint 형태로 URL이 변경되었을 것입니다. GET 방식은 이렇게 주소에 데이터를 입력해서 보내는 방식입니다.

반면에 POST 방식은 주소가 변경되지 않습니다. GET 방식과 달리 비밀스럽게 데이터를 전달하는 방식입니다. GET 방식은 주소에 데이터를 입력하므로 크기가 한정되어 있습니다. 하지만 POST 방식은 별도로 택배를 붙여 데이터를 전송하는 방식이라 데이터 용량에 제한이 없습니다.

"근데 이거 어디에 써요?"

네이버 검색에 '초콜릿'을 입력하고 검색 버튼을 눌러봅시다. 다음과 같이 URL이 변경되어 이동합니다.

> https://search.naver.com/search.naver?sm=top_hty&fbm=0&ie=utf8&query=%EC%B4%88%EC%BD%9C%EB%A6%BF

주소에 데이터를 입력해서 전달했으므로 GET 방식입니다. 웹과 관련된 상식이므로 간단하게 다루어보았습니다. 이 책은 서버와 관련된 내용을 다루는 책이 아니므로 자세한 설명은 하지 않겠습니다. 입력 양식의 형태와 관련된 내용만 이 책에서 다루며 입력 양식의 사용 방법과 서버에서의 활용 방법은 이어지는 모던 웹 시리즈에서 다룹니다.

기본 input 태그

input 태그는 사용자에게 정보를 입력받는 기능을 수행하는 태그입니다. 방금 살펴보았던 것처럼 사용자에게 글자를 입력받는 것은 물론 비밀번호와 파일을 입력받을 수도 있습니다.

어떠한 식으로 사용자에게 정보를 입력받는지 예제를 만들어봅시다. 코드 2-35를 입력합니다.

코드 2-35 input 태그의 type 속성(1)

```
<body>
    <form>
        <input type="text" name="name" /><br />
        <input type="password" name="password" /><br />
        <input type="file" name="file" /><br />
        <input type="submit" />
    </form>
</body>
```

코드를 실행하면 그림 2-48처럼 출력합니다. 입력 양식의 내용을 직접 입력해보세요.

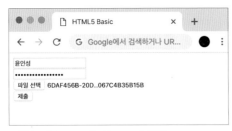

그림 2-48 input 태그의 type 속성(1)

방금 살펴본 것처럼 입력 양식의 형태를 지정할 때는 input 태그의 type 속성을 사용합니다. HTML5
는 표 2-20처럼 input 태그의 기본 type 속성값을 제공합니다.

표 2-20 input 태그의 type 속성값

속성값	설명
button	버튼을 생성합니다.
checkbox	체크박스를 생성합니다.
file	파일 입력 양식을 생성합니다.
hidden	보이지 않습니다.
image	이미지 형태를 생성합니다.
password	비밀번호 입력 양식을 생성합니다.
radio	라디오 버튼을 생성합니다.
reset	초기화 버튼을 생성합니다.
submit	제출 버튼을 생성합니다.
text	글자 입력 양식을 생성합니다

코드 2-36처럼 각각의 type 속성값을 사용해봅시다.

코드 2-36 input 태그의 type 속성(2)

```
<body>
    <form>
        <input type="text" /><br />
        <input type="button" /><br />
        <input type="checkbox" /><br />
```

```
        <input type="file" /><br />
        <input type="hidden" /><br />
        <input type="image" /><br />
        <input type="password" /><br />
        <input type="radio" /><br />
        <input type="reset" /><br />
        <input type="submit" />
    </form>
</body>
```

코드를 실행하면 그림 2-49처럼 출력합니다. input 태그의 내부에 글자를 넣고 싶으면 value 속성
값을 입력합니다.

그림 2-49 input 태그의 type 속성(2)

일반적으로 input 태그는 form 태그 안에 있어야 합니다. 하지만 최근 Ajax 기술의 활성화로 인해
이 규칙을 지키지 않는 경우가 늘고 있습니다.

TIP

label 태그

label 태그는 input 태그를 설명하는 데 사용합니다.

코드 2-37 label 태그

```
<body>
    <form>
        <label>이름</label>
        <input type="text" />
    </form>
</body>
```

---

label 태그는 어떠한 input 태그를 설명하고 있는지 표시해줘야 합니다. input 태그에 id 속성을 입력하고 label 태그에 for 속성을 입력합니다.

코드 2-38 label 태그의 속성

```
<body>
    <form>
        <label for="name">이름</label>
        <input id="name" type="text" />
    </form>
</body>
```

코드를 실행하고 label 태그를 클릭해보세요. 자동으로 input 태그에 초점이 맞춰집니다. 참고로 input 태그가 체크박스나 라디오 버튼일 경우 label 태그를 선택하면 input 태그가 체크됩니다.

HTML5 입력 양식 태그

방금 전에 살펴본 input 태그는 HTML4에서 지원하던 input 태그입니다. HTML5는 표 2-21에서 소개하는 type 속성값을 추가로 지원합니다.

표 2-21 HTML5 입력 양식의 type 속성값

속성값	설명
color	색상 선택 양식을 생성합니다.
date	일 선택 양식을 생성합니다.
datetime	날짜 선택 양식을 생성합니다.
datetime-local	지역 날짜 선택 양식을 생성합니다.
email	이메일 입력 양식을 생성합니다.
month	월 선택 양식을 생성합니다.
number	숫자 생성 양식을 생성합니다.
range	범위 선택 양식을 생성합니다.
search	검색어 입력 양식을 생성합니다.
tel	전화번호 입력 양식을 생성합니다.
time	시간 선택 양식을 생성합니다.
url	URL 주소 입력 양식을 생성합니다.
week	주 선택 양식을 생성합니다.

코드 2-39처럼 각각의 type 속성값을 입력해봅시다.

코드 2-39 HTML5 입력 양식의 type 속성

```
<body>
    <form>
        <input type="color" /><br />
        <input type="date" /><br />
        <input type="datetime" /><br />
        <input type="datetime-local" /><br />
        <input type="email" /><br />
        <input type="month" /><br />
        <input type="number" /><br />
        <input type="range" /><br />
        <input type="search" /><br />
        <input type="tel" /><br />
        <input type="time" /><br />
        <input type="url" /><br />
        <input type="week" />
    </form>
</body>
```

코드를 실행하면 그림 2-50처럼 출력합니다.

그림 2-50 인터넷 익스플로러(좌), 파이어폭스(우)의 실행 결과

"그런데 이거 전부 외워야 하나요?"

저도 못 외웁니다. 개발 환경의 자동 완성 기능을 적절히 활용하고 자주 사용해보세요. 자동으로 익혀질 것입니다.

textarea 태그

input 태그가 아닌 입력 양식이 2개 있습니다. textarea 태그와 select 태그인데요. 우선 textarea 태그부터 살펴봅시다. textarea 태그는 코드 2-40처럼 사용합니다.

코드 2-40 textarea 태그

```
<body>
    <form>
        <textarea></textarea>
    </form>
</body>
```

코드를 실행하면 그림 2-51처럼 textarea 태그를 볼 수 있습니다. 여러 줄의 글자를 입력할 때 사용하는 태그입니다.

그림 2-51 textarea 태그

textarea 태그의 크기를 지정할 때는 표 2-22 속성을 사용합니다.

표 2-22 textarea 태그의 속성

속성 이름	설명
cols	태그의 너비를 지정합니다.
rows	태그의 높이를 지정합니다.

마지막으로 textarea 태그 안에 미리 글자를 입력하고 싶으면 코드 2-41처럼 textarea 태그에 글자를 입력합니다.

코드 2-41 textarea 태그의 내용

```
<body>
    <textarea>TextArea Text</textarea>
</body>
```

textarea 태그와 관련된 주의 사항

textarea 태그에 여러 줄의 글자를 입력할 때 코드를 예쁘게 만들고자 코드 2-42처럼 입력하는 경우가 있습니다. 어떻게 실행될지 예측해보세요.

코드 2-42 textarea 태그와 관련된 주의 사항(1)

```
<body>
    <textarea>
        Hello Textarea
        Hello Textarea
    </textarea>
</body>
```

코드를 실행하면 그림 2-52처럼 실행됩니다.

따라서 textarea 태그에 여러 줄의 글자를 입력할 때는 조금 지저분하지만, 코드 2-43처럼 입력해야 합니다.

코드 2-43 textarea 태그와 관련된 주의 사항(2)

```
<body>
    <textarea>Hello Textarea
Hello Textarea</textarea>
</body>
```

이제 그림 2-53처럼 정상적으로 출력합니다.

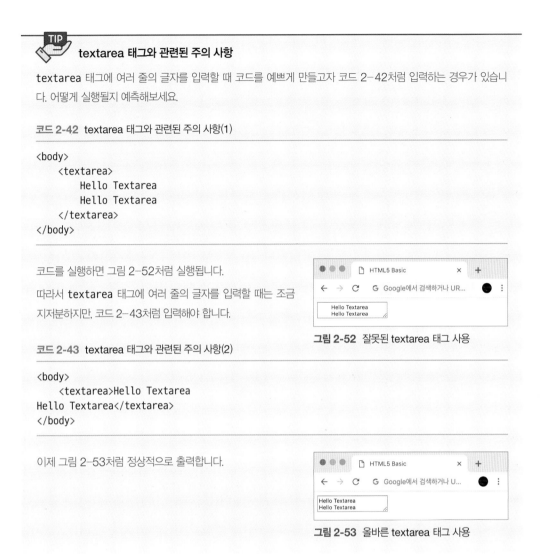

그림 2-52 잘못된 textarea 태그 사용

그림 2-53 올바른 textarea 태그 사용

select 태그

select 태그는 여러 개의 목록에서 몇 가지를 선택할 수 있는 입력 양식 요소입니다. select 태그를 사용할 때는 표 2-23에서 소개하는 태그를 함께 사용합니다.

표 2-23 select 태그

태그 이름	설명
select	선택 양식을 생성합니다.
optgroup	옵션을 그룹화합니다.
option	옵션을 생성합니다.

사용 방법이 굉장히 쉬우므로 바로 코드를 입력해봅시다. 코드 2-44처럼 select 태그를 입력하고 내부에 option 태그를 넣습니다.

코드 2-44 select 태그 기본

```
<body>
    <select>
        <option>김밥</option>
        <option>떡볶이</option>
        <option>순대</option>
        <option>오뎅</option>
    </select>
</body>
```

코드를 실행하면 그림 2-54처럼 옵션을 선택할 수 있는 객체가 생성됩니다. 스마트폰에서 실행할 경우 그림 2-55처럼 스마트폰에 내장되어 있는 옵션 선택 화면을 사용합니다. 스마트폰에 내장된 옵션 선택 화면을 사용하기 싫으면 직접 만들어야 합니다.

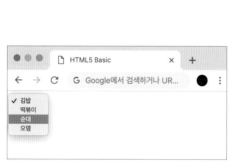

그림 2-54 select 태그 기본

그림 2-55 아이폰에서 실행한 select 태그

그런데 방금 전 예제에서 충격과 공포를 느낀 독자가 많을 것입니다.

"4가지 중에서 하나만 선택해야 한다니!"

그렇습니다. 분식집에서 김밥과 떡볶이, 순대, 오뎅 중에 한 가지만 선택해야 한다면 너무 가혹한 일입니다. 여러 개의 목록을 선택하고 싶을 때는 select 태그의 multiple 속성을 사용합니다.

코드 2-45 select 태그의 multiple 속성

```
<body>
    <select multiple="multiple">
        <option>김밥</option>
        <option>떡볶이</option>
        <option>순대</option>
        <option>오뎅</option>
    </select>
</body>
```

스마트폰에서 코드를 실행하면 그림 2-56처럼 출력합니다.

스마트폰에서는 어느 정도 예쁘게 나오지만 일반 데스크톱에서는 예쁘게 나오지 않습니다. 따라서 데스크톱 웹 페이지에서는 잘 사용하지 않습니다.

optgroup 태그는 선택 옵션을 묶을 때 사용하는 태그입니다. 코드 2-46처럼 사용합니다.

그림 2-56 안드로이드폰에서 실행한 select 태그

코드 2-46 optgroup 태그

```
<body>
    <select>
        <optgroup label="HTML5">
            <option>Multimedia Tag</option>
            <option>Connectivity</option>
            <option>Device Access</option>
        </optgroup>
        <optgroup label="CSS3">
            <option>Animation</option>
            <option>3D Transform</option>
        </optgroup>
    </select>
</body>
```

코드를 실행하면 그림 2-57처럼 출력합니다.

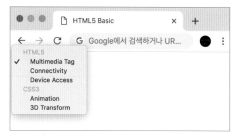

그림 2-57 optgroup 태그를 사용한 select 태그

fieldset 태그와 legend 태그

입력하는 입력 양식과 관련된 태그는 모두 살펴보았습니다. 이 절에서는 입력 양식을 설명하는 태그를 살펴봅시다. 입력 양식을 설명할 때는 `fieldset` 태그와 `legend` 태그를 사용합니다.

두 태그는 코드 2-47처럼 사용합니다. `legend` 태그는 `fieldset` 태그 내부에서만 사용할 수 있습니다. 물론 다른 곳에도 사용할 수는 있지만 아무 효과가 없답니다.

코드 2-47 fieldset 태그와 legend 태그

```html
<body>
    <form>
        <fieldset>
            <legend>입력 양식</legend>
            <table>
                <tr>
                    <td><label for="name">이름</label></td>
                    <td><input id="name" type="text" /></td>
                </tr>
                <tr>
                    <td><label for="mail">이메일</label></td>
                    <td><input id="mail" type="email" /></td>
                </tr>
            </table>
            <input type="submit" />
        </fieldset>
    </form>
</body>
```

코드를 실행하면 그림 2-59처럼 출력합니다.

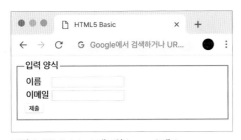

그림 2-59 fieldset 태그와 legend 태그

입력 양식 태그를 모두 살펴보았습니다.

"그런데 입력해도 아무 일이 없는 걸요?"

이전에 설명했듯이 서버와 관련된 내용을 배우지 않는다면 이 절에서 배운 내용을 활용할 수 없습니다. 우선은 이러한 내용이 있고 서버를 배울 때 활용한다는 것만 기억해주세요.

2.10 / 공간 분할 태그

과거의 웹 페이지는 공간 분할을 하지 않았습니다. 하지만 현대 웹 페이지는 공간 분할 태그를 사용하여 웹 페이지를 분할합니다. 가장 대표적인 공간 분할 태그는 div 태그입니다.

"왜 공간을 분할해요?"

공간을 분할해야 3장과 4장에서 배울 CSS를 사용해 우리가 원하는 레이아웃을 구성할 수 있기 때문입니다. 따라서 이 장을 공부해도 어느 곳에 사용하는지 당장 이해하기는 힘들 것입니다.

간단하게 어디에 사용하고 있는지, 네이버 메인 페이지에서 div 태그를 찾아봅시다. 그림 2-60처럼 약 408개의 div 태그를 확인할 수 있습니다.

> **NOTE** 시작 태그와 끝 태그를 합치면 204개 정도로 볼 수 있습니다. 어쨌건 많이 사용합니다.

그림 2-60 네이버 메인 페이지의 div 태그

굉장히 많이 사용하는 태그이므로 이 장의 내용을 확실하게 기억합시다.

div 태그와 span 태그

대표적인 공간 분할 태그는 div 태그와 span 태그입니다.

표 2-24 기본 공간 분할 태그

태그 이름	설명
div	block 형식으로 공간을 분할합니다.
span	inline 형식으로 공간을 분할합니다.

block 형식이나 inline 형식으로 공간을 분할한다니 뭐라고 하는지 잘 모르겠죠? 간단하게 코드와 결과를 살펴보고 이해해봅시다. 우선 코드 2-48은 div 태그를 사용해 공간을 5개로 분할했습니다.

코드 2-48 div 태그

```html
<body>
    <div>Lorem ipsum</div>
    <div>Lorem ipsum</div>
    <div>Lorem ipsum</div>
    <div>Lorem ipsum</div>
    <div>Lorem ipsum</div>
</body>
```

div 태그는 block 형식으로 공간을 분할합니다. block 형식이란 차곡차곡 쌓아 올려지는 형식을 말합니다. 따라서 그림 2-61처럼 글자가 웹 페이지의 너비만큼 차지하면서 쌓아 올려집니다.

그림 2-61 div 태그

반면 span 태그는 inline 형식으로 공간을 분할합니다. 코드 2-49처럼 span 태그를 사용해봅시다.

코드 2-49 span 태그

```
<body>
    <span>Lorem ipsum</span>
    <span>Lorem ipsum</span>
    <span>Lorem ipsum</span>
    <span>Lorem ipsum</span>
    <span>Lorem ipsum</span>
</body>
```

inline 형식은 한 줄 안에 차례차례 위치하는 형식을 말합니다. 그림 2-62처럼 글자가 한 줄에 차례 차례 들어갑니다.

그림 2-62 span 태그

코드와 그림을 살펴보면 쉽게 div 태그와 span 태그의 차이를 알 수 있을 것입니다. block 형식과 inline 형식은 스타일시트에서 굉장히 중요한 비중을 차지하므로 꼭 기억해주세요.

TIP **display 속성**

block 형식과 inline 형식은 일반 태그에도 적용됩니다.

코드 2-50 block 형식과 inline 형식

```
<body>
    <h1>Header - 1 tag</h1>
    <p>Paragraph tag</p>
    <hr />
    <a href="#">Anchor tag</a>
    <i>italic tag</i>
</body>
```

코드 2-50을 실행하면 그림 2-63처럼 출력합니다. h1 태그와 p 태그는 block 형식을 가지고 a 태그와 i 태그는 inline 형식을 가지는 것을 확인할 수 있습니다.

그림 2-63 block 형식과 inline 형식

간단하게 표 2-25처럼 정리할 수 있습니다.

표 2-25 block 형식의 태그와 inline 형식의 태그

block 형식 태그	inline 형식 태그
div 태그	span 태그
h1 태그 ~ h6 태그	a 태그
p 태그	input 태그
목록 태그	글자 형식 태그
테이블 태그	
form 태그	

사실 이 내용은 하나하나 외워도 안 외워집니다. 많이 사용해보는 것이 답이라고 할 수 있겠군요.

"이미지 태그와 멀티미디어 태그가 없네요."

이미지 태그와 멀티미디어 태그는 inline-block 형식을 가지는 태그입니다. 방금 살펴본 구분 방법으로는 inline 형식과 차이점을 알 수 없을 것입니다. 이는 4장에서 다시 살펴봅시다.

HTML5 시멘틱 구조 태그

일반적으로 HTML5 태그의 가장 큰 변화를 시멘틱 태그라고 말합니다. 그리고 이 때문에 일반적으로 HTML5 웹 페이지를 시멘틱 웹 페이지라고 말합니다. 일단 시멘틱semantic은 '의미론적인'이라는 영어 단어입니다.

웹 페이지는 글자로 입력합니다. 스타일시트를 적용하고 사용자가 눈으로 볼 때 "이것은 제목이고, 이것은 본문이다"라는 식으로 구분할 수 있습니다. 예를 들어 그림 2-64를 봅시다. 쉽게 어떤 부분이 제목이고 어떤 부분을 클릭해야 움직이고 어떤 부분이 내용인지 알 수 있습니다.

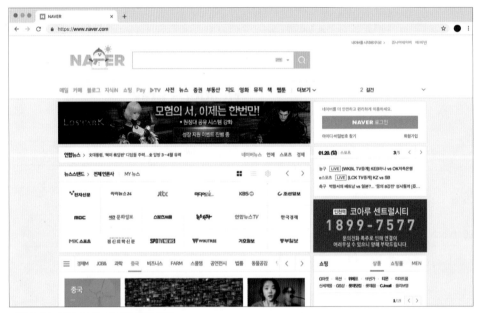

그림 2-64 우리가 보는 네이버 메인 화면

하지만 컴퓨터는 눈이 없으므로 그림 2-65와 같은 코드를 봅니다. 우리는 눈으로 레이아웃을 구분하므로 빠르게 구분할 수 있지만 컴퓨터는 그렇지 않습니다.

따라서 기계적인 검색 엔진은 어떠한 태그가 어떠한 기능을 하는지 분별할 수 없고 웹 페이지에서 데이터를 효율적으로 추출할 수 없습니다. 이를 해결하고자 특정한 태그에 의미를 부여해서 웹 페이지를 만드는 시도가 시작되었습니다. 그리고 이를 시멘틱 웹이라고 표현합니다.

그림 2-65 기계적인 컴퓨터가 보는 네이버 메인 화면

시멘틱 웹을 구현하고자 굉장히 많은 기술이 등장했습니다. HTML5는 시멘틱 태그를 사용해 시멘틱 웹을 구현합니다. 이렇게 시멘틱 웹을 구현하려고 만들어진 태그가 바로 표 2-26 HTML5 시멘틱 구조 태그입니다.

표 2-26 HTML5 시멘틱 구조 태그

태그 이름	설명
header	헤더를 의미
nav	내비게이션을 의미
aside	사이드에 위치하는 공간을 의미
section	여러 중심 내용을 감싸는 공간을 의미
article	글자가 많이 들어가는 부분을 의미
footer	푸터를 의미

※ 이 이외에도 많은 시멘틱 태그가 있지만 너무 많으므로 일단 생략하겠습니다. 책을 진행하면서 차근차근 살펴봅시다.

시멘틱 태그는 모두 div 태그와 같은 기능을 수행하는 태그입니다. 하지만 이전에 언급했던 것처럼 태그는 검색 엔진이나 그 이외의 기계적인 동작들이 웹 페이지를 쉽게 이해할 수 있게 하는 데 의미가 있습니다.

예를 들어 코드 2-51은 HTML5 이전의 레이아웃 구성 방식입니다.

코드 2-51 기존의 공간 분할 방식을 사용한 간단한 웹 페이지

```
<body>
    <div>
        <h1>HTML5 Header</h1>
    </div>
    <div>
        <ul>
            <li><a href="#">Menu - 1</a></li>
            <li><a href="#">Menu - 2</a></li>
            <li><a href="#">Menu - 3</a></li>
        </ul>
    </div>
    <div>
        <div>
            <h1>Lorem ipsum dolor sit amet</h1>
            <p>Lorem ipsum dolor sit amet, consectetur adipiscing elit.</p>
        </div>
        <div>
            <h1>Lorem ipsum dolor sit amet</h1>
            <p>Lorem ipsum dolor sit amet, consectetur adipiscing elit.</p>
        </div>
    </div>
    <div>
        <span>서울특별시 강서구 내발산동</span>
    </div>
</body>
```

반면에 HTML5는 코드 2-52처럼 시멘틱 태그를 사용해 레이아웃을 구성합니다. 사람의 눈으로 보아도 다음 코드가 훨씬 의미를 구분하기 쉽죠?

코드 2-52 HTML5 시멘틱 태그를 사용한 간단한 웹 페이지

```
<body>
    <header>
        <h1>HTML5 Header</h1>
    </header>
    <nav>
        <ul>
            <li><a href="#">Menu - 1</a></li>
            <li><a href="#">Menu - 2</a></li>
            <li><a href="#">Menu - 3</a></li>
        </ul>
    </nav>
    <section>
        <article>
            <h1>Lorem ipsum dolor sit amet</h1>
```

```
            <p>Lorem ipsum dolor sit amet, consectetur adipiscing elit.</p>
        </article>
        <article>
            <h1>Lorem ipsum dolor sit amet</h1>
            <p>Lorem ipsum dolor sit amet, consectetur adipiscing elit.</p>
        </article>
    </section>
    <footer>
        <address>서울특별시 강서구 내발산동</address>
    </footer>
</body>
```

두 코드 모두 실행하면 그림 2-66처럼 출력합니다.

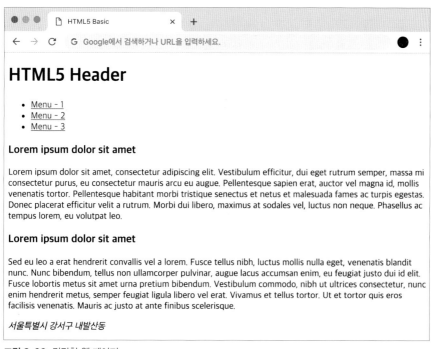

그림 2-66 간단한 웹 페이지

최대한 시멘틱 웹과 관련지어 생각하면 왜 시멘틱 태그가 등장했는지 이해하기 쉽습니다. 시멘틱 웹과 관련된 내용은 위키피디아의 시멘틱 웹 페이지 http://tinyurl.com/y55xwf8w를 참고해보세요.

"저는 별로 시멘틱 태그가 마음에 안 드는데 그냥 div 태그 사용하면 안 되나요?"

해도 됩니다. HTML5 시대가 되어 시멘틱 웹이 되었어도 div 태그는 계속 사용됩니다. 하지만 최대한 시멘틱 웹으로 개발해주는 것이 웹 콘텐츠 확산에 일조할 수 있답니다.

아마 이 장을 진행하면서 다음과 같이 생각한 분이 굉장히 많을 것입니다.

"내가 알고 있는 웹 페이지는 엄청 예쁜데......."

원래 네이버 웹 페이지는 그림 2-67처럼 생겼습니다. 굉장히 투박한 모양이죠? 이 투박한 웹 페이지에 스타일시트를 입력해야 우리가 알고 있는 예쁜 네이버 메인 페이지가 완성됩니다.

그림 2-67 CSS를 적용하지 않은 네이버 메인 페이지

그럼 이제 다음 장부터 웹 페이지를 예쁘게 꾸며주는 기술인 스타일시트를 공부합시다.

연습 문제

Q1 다음 HTML 요소의 속성 이름, 속성값, 태그 이름을 모두 적으시오.

```
<img title="바다" alt="sea" src="sea.png" />
```

Q2 HTML5 기본 페이지의 형태는 다음과 같습니다. 빈칸에 들어갈 알맞은 내용을 적으시오.

```
<①>
<②>
<③>
  <title>HTML5 Basic</title
</③>
<④>
</④>
</②>
```

Q3 select 태그 내부에서 각 항목을 만드는 데 사용하는 태그는?

① li 태그   ② option 태그

③ item 태그   ④ source 태그

Q4 다음 중 가장 큰 제목 태그는?

① h1 태그   ② h6 태그

③ big 태그   ④ head 태그

해답 **Q1**: 태그 이름은 img, 속성 title의 속성값은 "바다", 속성 alt의 속성값은 "sea", 속성 src의 속성값은 "sea. png"입니다.. **Q2**: ① !doctype html ② html ③ head ④ body, **Q3**: ②, **Q4**: ①

연습 문제

Q5 다음 입력 양식을 직접 만들어보세요(형태만 구성해주세요).

이름: [_____]
성별: ○ 남성 ○ 여성
취미: ☐ 운동 ☐ 음악 ☐ 개발
[제출]

해답 **Q5**: 아직 서버와 관련된 내용을 모르므로, 코드를 실행해서 그림과 같이 나오기만 하면 됩니다. 여러 가지 답이 나올 수 있습니다. 가장 간단하게 구성한다면, 다음과 같이 작성할 수 있습니다.

```
이름:
<input />
<br/>
성별:
<input type="radio" />남성
<input type="radio" />여성
<br />
취미:
<input type="checkbox" />운동
<input type="checkbox" />음악
<input type="checkbox" />개발
<br />
<input type="submit" />
```

CSS3
선택자 기본

이 장에서는 HTML 문서 내부의 특정 요소를 선택할 때 사용하는 선택자에 대해 살펴보도록 하겠습니다.

이 장에서는

무엇을 배우나요?

- CSS 블록의 형태를 알아봅니다.
- 다양한 종류의 선택자에 대해 알아봅니다.

미리 보기

이번 장에서는 CSS3의 선택자를 배웁니다. 선택자^{Selector}는 HTML 문서 내부의 특정 요소를 선택하는 방법입니다. 문서 내부의 특정 요소를 선택할 수 있어야 해당 요소에 스타일을 적용하거나 기능을 적용할 수 있습니다.

처음 공부할 때 기억했으면 하는 것은 "선택자에 답은 없다"라는 것입니다. 예를 들어, 중고등학교에서 선생님이 학생에게 문제를 풀게 하기 위해 학생을 선택할 때를 생각해봅시다. "오늘이 13일이니까 13번 나와서 풀어봐", "윤인성 나와서 풀어봐", "오늘이 2번째 주 목요일이니 2번째 줄의 4번째 학생 나와서 풀어봐"와 같이 다양하게 학생을 선택할 수 있습니다. HTML 요소를 선택할 때도 다양한 방법이 있을 수 있으므로, 여러 가지 방법을 생각해보기 바랍니다.

최근에는 다른 프로그래밍 언어에서도 웹의 데이터를 수집할 때 선택자를 많이 사용합니다. 따라서 기억해두면 다른 프로그래밍 언어로 프로그램을 만들 때도 활용할 수 있을 것입니다.

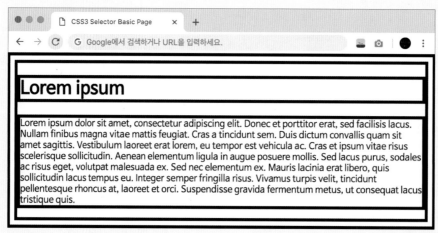

▲ 전체 선택자를 사용해 요소를 선택한 예

3.1 CSS 선택자란?

CSS3 선택자는 특정한 HTML 태그를 선택할 때 사용하는 기능입니다.

"특정한 HTML 태그를 선택해서 뭐하나요?"

선택자를 사용해 특정한 HTML 태그를 선택하면 해당 태그에 우리가 원하는 스타일 또는 기능을 적용할 수 있습니다. 이 책에서는 프로그래밍과 관련된 내용을 다루지 않으므로 HTML 태그를 선택해 스타일을 적용하려고 선택자를 사용합니다.

스타일을 적용할 때 선택자는 그림 3-1 위치에 사용됩니다. 그림 3-1은 선택자를 사용해 h1 태그를 선택하고 color 속성에 red 키워드를 적용하는 예입니다.

h1 { color: red; }
선택자   스타일 속성   스타일 값

그림 3-1 CSS 블록

이러한 코드를 CSS 블록이라고 부르며 코드 3-1처럼 style 태그 내부에 입력해 사용합니다. 이때 style 태그 내부에 입력되는 코드를 스타일시트라고 부릅니다.

코드 3-1 스타일시트 사용 방법

```
<!DOCTYPE html>
<html>
<head>
    <title>CSS3 Selector Basic</title>
    <style>
        h1 {
            color: red;
            background-color: orange;
        }
    </style>
</head>
<body>
    <h1>CSS3 Selector Basic</h1>
</body>
</html>
```

이 장에서는 선택자만 다루고 다음 장에서 스타일 속성과 스타일을 다룹니다. 하지만 다음 장에 익숙해질 수 있게 이 장을 진행하면서 CSS 코드를 읽는 연습을 합시다. 예를 들자면 다음과 같이요.

"h1 태그의 color 속성에 red 키워드를 적용합니다."

CSS3 선택자는 디자인할 때뿐만 아니라 jQuery에서도 사용합니다. 굉장히 많이 활용되는 중요한 내용이므로 이 장의 내용을 꼭 기억합시다.

3.2 선택자 종류 개요

선택자를 하나하나 살펴보기 전에 이 장에서 배울 큰 그림을 살펴봅시다. CSS3는 표 3-1과 같은 선택자가 있습니다. 이 내용을 모두 알고 있다면 바로 다음 장으로 넘어가도 됩니다.

표 3-1 CSS 선택자

선택자 종류	선택자 형태	선택자 예
전체 선택자	*	*
태그 선택자	태그	h1
아이디 선택자	#아이디	#header
클래스 선택자	.클래스	.item
후손 선택자	선택자 선택자	header h1
자손 선택자	선택자 〉선택자	header 〉h1
속성 선택자	선택자[속성=값]	input[type=text]
	선택자[속성~=값]	div[data-role~=row]
	선택자[속성l=값]	div[data-rolel=row]
	선택자[속성^=값]	div[data-role^=row]
	선택자[속성$=값]	div[data-role$=9]
	선택자[속성*=값]	div[data-role*=row]
동위 선택자	선택자 + 선택자	h1 + div
	선택자 ~ 선택자	h1 ~ div
구조 선택자	선택자:first-child	li:first-child
	선택자:last-child	li:last-child
	선택자:nth-child(수열)	li:nth-child(2n+1)
	선택자:nth-last-child(수열)	li:nth-last-child(2n+1)
	선택자:first-of-type	h1:first-of-type
	선택자:last-of-type	h1:last-of-type
	선택자:nth-of-type(수열)	h1:nth-of-type(2n+1)
	선택자:nth-last-of-type(수열)	h1:nth-last-of-type(2n+1)

반응 선택자	선택자:active	div:active
	선택자:hover	div:hover
상태 선택자	:checked	input:checked
	:focus	input:focus
	:enabled	input:enabled
	:disabled	input:disabled
링크 선택자	:link	a:link
	:visited	a:visited
문자 선택자	::first-letter	p::first-letter
	::first-line	p::first-line
	::after	p::after
	::before	p::before
	::selection	p::selection
부정 선택자	선택자:not(선택자)	li:not(.item)

사실 책의 지면을 낭비하면서 이런 식으로 정리하는 것을 싫어하는 편입니다. 하지만 다음과 같은 생각이 들게 만들고자 한 페이지를 차지하는 표를 넣어보았습니다.

"너무 많은데 저걸 다 외워야 하나요?"

매우 많으므로 별도로 외운다는 생각은 하지 맙시다. 실제로 필자도 개발하는 중에 선택자를 잊어서 W3C의 공식 문서(http://www.w3.org/TR/CSS/)를 참고합니다. 본격적으로 공부하기에 앞서 간단하게 정리해본 것 뿐입니다. 모든 선택자는 글로 설명하면 굉장히 어렵습니다. 예제와 함께 살펴보면서 선택자를 차근차근 익혀봅시다.

TIP 가상 클래스 선택자와 가상 요소 선택자

표 3-1에서 구조 선택자나 부정 선택자처럼 : 기호를 사용하는 선택자를 가상 클래스 선택자Pseudo-Class Selector라고 부르고 문자 선택자처럼 :: 기호를 사용하는 선택자를 가상 요소 선택자Pseudo-Element Selector라고 부릅니다.

이 책에서는 구조 가상 클래스 선택자와 문자 가상 요소 선택자라고 부르면 이름이 너무 길어지므로 간단하게 구조 선택자와 문자 선택자라고 부르겠습니다.

3.3 전체 선택자

HTML 문서 안에 있는 모든 태그를 선택할 때는 전체 선택자를 사용합니다.

표 3-2 전체 선택자

선택자 형태	설명
*	HTML 페이지 내부의 모든 태그를 선택합니다.

전체 선택자는 모든 웹 페이지에서 빠지지 않고 사용하는 선택자입니다. 코드 3-2는 전체 선택자를 사용해 모든 태그의 color 속성에 red 키워드를 적용합니다.

코드 3-2 전체 선택자

```
<!DOCTYPE html>
<html>
<head>
    <title>CSS3 Selector Basic Page</title>
    <style>
        /* 모든 태그의 color 속성에 red 키워드를 적용합니다. */
        * { color: red; }
    </style>
</head>
<body>
    <h1>Lorem ipsum</h1>
    <p>Lorem ipsum dolor sit amet, consectetur adipiscing elit.</p>
</body>
</html>
```

코드를 실행하면 모든 글자의 색상이 빨간색으로 변경됩니다.

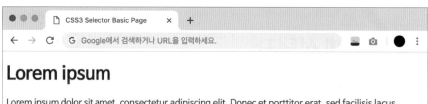

Lorem ipsum

Lorem ipsum dolor sit amet, consectetur adipiscing elit. Donec et porttitor erat, sed facilisis lacus. Nullam finibus magna vitae mattis feugiat. Cras a tincidunt sem. Duis dictum convallis quam sit amet sagittis. Vestibulum laoreet erat lorem, eu tempor est vehicula ac. Cras et ipsum vitae risus scelerisque sollicitudin. Aenean elementum ligula in augue posuere mollis. Sed lacus purus, sodales ac risus eget, volutpat malesuada ex. Sed nec elementum ex. Mauris lacinia erat libero, quis sollicitudin lacus tempus eu. Integer semper fringilla risus. Vivamus turpis velit, tincidunt pellentesque rhoncus at, laoreet et orci. Suspendisse gravida fermentum metus, ut consequat lacus tristique quis.

그림 3-2 전체 선택자

 TIP

전체 선택자 범위

일반적으로 전체 선택자를 사용하면 body 태그 내부에 있는 요소에만 스타일 속성이 적용되는 것처럼 보입니다. 그래서 전체 선택자가 body 태그 내부에 있는 모든 요소를 선택한다고 생각하기 쉬운데요.

하지만 전체 선택자를 사용하면 html 태그를 포함해 head 태그, title 태그, style 태그까지 선택합니다. 다음 예제는 jQuery를 사용해 전체 선택자로 선택된 모든 태그에 스타일을 적용하는 코드입니다.

코드 3-3 전체 선택자 범위

```html
<!DOCTYPE html>
<html>
<head>
    <title>CSS3 Selector Basic Page</title>
    <script src="http://code.jquery.com/jquery-3.3.1.slim.min.js"></script>
    <script>
        /* 웹 페이지가 모두 준비되면 */
        $(document).ready(function () {
            /* 모든 태그의 border 속성에 5px solid black을 적용합니다. */
            $('*').css('border', '5px solid black');
        });
    </script>
</head>
<body>
    <h1>Lorem ipsum</h1>
    <p>Lorem ipsum dolor sit amet, consectetur adipiscing elit.</p>
</body>
</html>
```

코드를 실행하면 그림 3-3처럼 출력합니다. html 태그와 body 태그에도 border 속성이 적용되므로 테두리가 많이 생기는 것입니다.

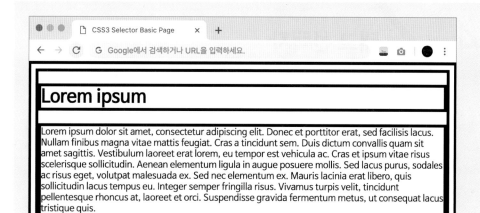

그림 3-3 전체 선택자의 범위

html 태그도 전체 선택자의 적용 대상에 포함된다는 것을 꼭 기억해주세요. 요소 검사를 사용해 살펴보면 다음과 같이 모든 요소에 스타일이 적용된 것을 확인할 수 있습니다.

```html
<!doctype html>
<html style="border: 5px solid black;">
  ▼<head style="border: 5px solid black;">
      <title style="border: 5px solid black;">CSS3 Selector Basic Page</title>
      <script src="http://code.jquery.com/jquery-3.3.1.slim.min.js" style=
      "border: 5px solid black;"></script>
    ▼<script style="border: 5px solid black;">
              /* 웹 페이지가 모두 준비되면 */
              $(document).ready(function () {
                  /* 모든 태그의 border 속성에 5px solid black을 적용합니다. */
                  $('*').css('border', '5px solid black');
              });

      </script>
    </head>
  ▼<body style="border: 5px solid black;">
      <h1 style="border: 5px solid black;">Lorem ipsum</h1>
···  ▶<p style="border: 5px solid black;">…</p> == $0
    </body>
</html>
```

그림 3-4 요소 검사 결과

3.4 / 태그 선택자

태그 선택자는 HTML 페이지 내부에서 특정 종류의 태그를 모두 선택할 때 사용하는 선택자입니다.

표 3-3 태그 선택자

선택자 형태	설명
태그	특정한 태그를 선택합니다.

태그 선택자는 코드 3-4처럼 사용합니다. 다음 코드는 h1 태그의 color 속성에 red 키워드를 적용하고 p 태그의 color 속성에 blue 키워드를 적용합니다.

코드 3-4 태그 선택자

```
<!DOCTYPE html>
<html>
<head>
    <title>CSS3 Selector Basic Page</title>
    <style>
        /* h1 태그의 color 속성에 red 키워드를 적용합니다. */
        h1 { color: red; }

        /* p 태그의 color 속성에 blue 키워드를 적용합니다. */
        p { color: blue; }
    </style>
</head>
<body>
    <h1>Lorem ipsum dolor sit amet</h1>
    <p>Lorem ipsum dolor sit amet, consectetur adipiscing elit.</p>
    <p>Nunc nisl turpis, aliquet et gravida non, facilisis a sem.</p>
</body>
</html>
```

코드를 실행하면 h1 태그에 빨간색이 적용되고 p 태그에는 파란색이 적용됩니다. 간단한 선택자이므로 쉽게 이해했을 것으로 생각합니다.

그림 3-5 태그 선택자

 TIP 여러 개의 선택자 적용

여러 개의 선택자를 한꺼번에 선택해서 스타일 속성을 적용할 때는 쉼표를 사용합니다. 코드 3–5는 여러 개의 태그 선택자를 쉼표로 연결해 `margin` 속성과 `padding` 속성을 적용합니다.

코드 3-5 여러 개의 선택자 적용

```
<style>
    /* body 태그, p 태그, h1 태그, h2 태그, h3 태그, h4 태그, h5 태그, h6 태그의
       margin 속성과 padding 속성에 0을 적용합니다. */
    body, p, h1, h2, h3, h4, h5, h6 { margin: 0; padding: 0; }
</style>
```

태그 선택자 이외에도 지금부터 살펴볼 모든 선택자에 적용 가능한 내용이므로 기억해주세요.

3.5 아이디 선택자와 클래스 선택자

아이디 선택자와 클래스 선택자는 스타일시트에서 가장 많이 사용하는 선택자입니다. 웹 페이지의 레이아웃을 구성하고 디자인을 적용할 때 사용되는 태그이므로 꼭 기억해주세요. 이 절의 내용을 살펴본 이후 부록 A의 부트스트랩 프레임워크와 관련된 내용을 살펴보세요.

아이디 선택자

아이디 선택자는 특정한 id 속성을 가지고 있는 태그를 선택할 때 사용하는 선택자입니다.

표 3-4 아이디 선택자

선택자 형태	설명
#아이디	아이디 속성을 가지고 있는 태그를 선택합니다.

웹 표준에 "id 속성은 웹 페이지 내부에서 중복되면 안 된다"라는 규정이 있으므로 아이디 선택자는 특정한 하나의 태그를 선택할 때 사용합니다. 일반적으로 코드 3-6처럼 공간 분할 태그에 id 속성을 적용하고 레이아웃을 구성합니다.

코드 3-6 아이디 선택자

```
<!DOCTYPE html>
<html>
<head>
    <title>CSS3 Selector Basic Page</title>
    <style>
        /* id 속성값으로 header를 가지는 태그의 스타일을 지정합니다. */
        #header {
            width: 800px; margin: 0 auto;
            background: red;
        }

        /* id 속성값으로 wrap을 가지는 태그의 스타일을 지정합니다. */
        #wrap {
```

```
            width: 800px; margin: 0 auto;
            overflow: hidden;
        }

        /* id 속성값으로 aside를 가지는 태그의 스타일을 지정합니다. */
        #aside {
            width: 200px; float: left;
            background: blue;
        }

        /* id 속성값으로 content를 가지는 태그의 스타일을 지정합니다. */
        #content {
            width: 600px; float: left;
            background: green;
        }
    </style>
</head>
<body>
    <div id="header">
        <h1>Header</h1>
    </div>
    <div id="wrap">
        <div id="aside">
            <h1>Aside</h1>
        </div>
        <div id="content">
            <h1>Content</h1>
        </div>
    </div>
</body>
</html>
```

코드를 실행하면 그림 3-6처럼 레이아웃이 구성됩니다.

그림 3-6 아이디 선택자

TIP **id 속성 중복**

일반적으로 "id 속성은 웹 페이지 내부에서 중복되면 안 된다"라는 말을 들으면 호기심 많은 분은 코드 3-7과 비슷한 코드를 입력해볼 것입니다.

코드 3-7 id 속성 중복

```html
<!DOCTYPE html>
<html>
<head>
    <title>CSS3 Selector Basic Page</title>
    <style>
        /* id 속성값으로 rint를 가지는 태그의 color 속성에 red 키워드를 적용합니다. */
        #rint { color: red; }
    </style>
</head>
<body>
    <h1 id="rint">CSS3 Selector Basic</h1>
    <h2 id="rint">CSS3 Selector Basic</h2>
    <h3 id="rint">CSS3 Selector Basic</h3>
</body>
</html>
```

코드를 실행하면 그림 3-7처럼 특정 **id** 속성을 사용한 모든 태그에 스타일이 적용됩니다.

이렇게 스타일시트에서는 **id** 속성 중복이 문제가 되지 않습니다. 하지만 자바스크립트는 **id** 속성이 중복될 경우 문제가 발생합니다. 따라서 **id** 속성은 웹 페이지 내부에서 중복되지 않게 사용해주세요.

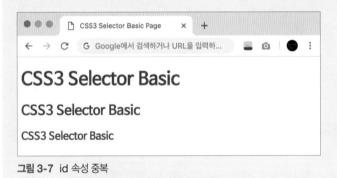

그림 3-7 id 속성 중복

클래스 선택자

클래스 선택자는 특정한 클래스를 가지고 있는 태그를 선택할 때 사용하는 선택자입니다.

표 3-5 클래스 선택자

선택자 형태	설명
.클래스	특정한 클래스를 가지고 있는 태그를 선택합니다.

클래스 선택자는 코드 3-8처럼 사용합니다.

코드 3-8 클래스 선택자

```
<!DOCTYPE html>
<html>
<head>
    <title>CSS3 Selector Basic</title>
    <style>
        /* class 속성값으로 select를 가지는 태그의 color 속성에 red 키워드를 적용합니다. */
        .select { color: red; }
    </style>
</head>
<body>
    <ul>
        <li class="select">Lorem ipsum</li>
        <li>Lorem ipsum</li>
        <li class="select">Lorem ipsum</li>
        <li>Lorem ipsum</li>
    </ul>
</body>
</html>
```

li 태그 2개에 class 속성을 사용했으므로 그림 3-8처럼 출력합니다.

클래스 선택자는 웹 페이지를 개발할 때 가장 많이 사용하는 선택자입니다. 이 절을 마치고 부록 A를 참고하면 클래스 선택자가 얼마나 많이 사용되는지 확인할 수 있을 것입니다.

그림 3-8 클래스 선택자

여러 개의 클래스 선택자 사용

class 속성은 코드 3-9처럼 공백으로 구분해서 여러 클래스를 사용할 수 있습니다. 따라서 코드 3-9의 경우에는 item 클래스와 header 클래스가 함께 사용됩니다.

코드 3-9 여러 개의 클래스 선택자 사용

```html
<!DOCTYPE html>
<html>
<head>
    <title>CSS3 Selector Basic</title>
    <style>
        /* class 속성값으로 item을 가지는 태그의 color 속성을 red 키워드로 적용합니다. */
        .item { color: red; }

        /* class 속성값으로 header를 가지는 태그의
            background-color 속성에 blue 키워드를 적용합니다. */
        .header { background-color: blue; }
    </style>
</head>
<body>
    <h1 class="item header">Lorem ipsum</h1>
</body>
</html>
```

태그 선택자와 클래스 선택자

id 속성은 웹 페이지 내부에서 중복되지 않으므로 상관없지만 class 속성은 중복될 수 있습니다. 만약 class 속성이 서로 다른 태그에 사용된다면 코드 3-10처럼 태그 선택자와 클래스 선택자를 함께 사용해 더 정확하게 태그를 선택할 수 있습니다.

코드 3-10 태그 선택자와 클래스 선택자

```html
<!DOCTYPE html>
<html>
<head>
    <title>CSS3 Selector Basic</title>
    <style>
        /* li 태그 중 class 속성값으로 select를 가지는 태그의
            color 속성를 red 키워드를 적용합니다. */
        li.select { color: red; }
    </style>
</head>
<body>
```

```
    <h1 class="select">Lorem ipsum</h1>
    <ul>
        <li class="select">Lorem ipsum</li>
        <li>Lorem ipsum</li>
        <li>Lorem ipsum</li>
        <li>Lorem ipsum</li>
    </ul>
</body>
</html>
```

코드를 실행하면 그림 3-9처럼 출력합니다.

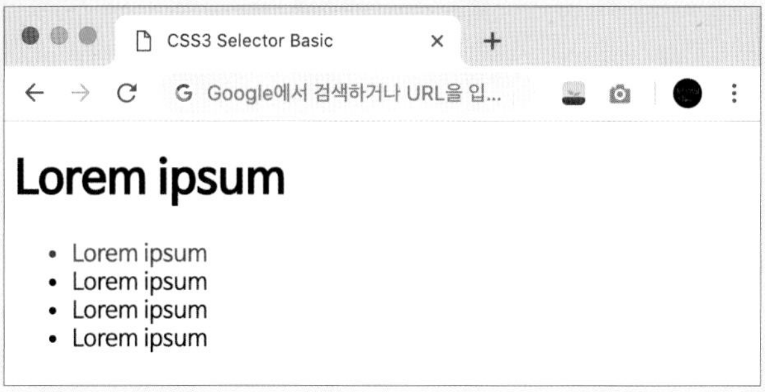

그림 3-9 li.select 선택자

3.6 / 속성 선택자

속성 선택자를 사용하면 특정 속성을 가진 HTML 태그를 선택할 수 있습니다. 속성 선택자는 지금까지 배운 다른 선택자와 함께 사용하는 선택자입니다. 속성 선택자는 기본 속성 선택자와 문자열 속성 선택자로 나눌 수 있으며 기본 속성 선택자는 많이 사용하지만 문자열 속성 선택자는 특별한 경우에만 사용합니다.

기본 속성 선택자

기본 속성 선택자는 표 3-6과 같은 형태입니다. 지금까지 배운 선택자 뒤에 대괄호([ ])를 사용해 속성과 값을 입력합니다.

표 3-6 기본 속성 선택자

선택자 형태	설명
선택자[속성]	특정한 속성이 있는 태그를 선택합니다.
선택자[속성=값][속성=값]	특정한 속성 안의 값이 특정 값과 같은 문서 객체를 선택합니다.

input 태그는 이름이 모두 input이지만 type 속성값에 따라 형태가 달라집니다. 따라서 input 태그를 선택할 때는 기본 속성 선택자를 많이 사용합니다. 코드 3-11은 기본 속성 선택자를 사용해 input 태그를 선택합니다.

코드 3-11 기본 속성 선택자

```
<!DOCTYPE html>
<html>
<head>
    <title>CSS3 Selector Basic Page</title>
    <style>
        /* input 태그 중에서 type 속성값을 text로 가지는 태그의
           background 속성에 red 키워드를 적용합니다. */
        input[type=text] { background: red; }
```

```
            /* input 태그 중에서 type 속성값을 password로 가지는 태그의
               background 속성에 blue 키워드를 적용합니다. */
            input[type=password] { background: blue; }
        </style>
    </head>
    <body>
        <form>
            <input type="text" />
            <input type="password" />
        </form>
    </body>
</html>
```

코드를 실행하면 그림 3-10처럼 type 속성값에 따라 서로 다른 스타일이 적용됩니다.

그림 3-10 기본 속성 선택자

 TIP

기본 속성과 속성 선택자

input 태그를 설명할 때 input 태그에 type 속성을 입력하지 않으면 자동으로 text 속성값을 적용한 형태로 출력된다고 이야기했습니다. 하지만 CSS는 HTML 태그가 기본으로 무엇을 출력하는지는 관심을 갖지 않습니다. 코드 3-12 출력 결과를 한번 예측해봅시다.

코드 3-12 기본 속성과 속성 선택자

```
<!DOCTYPE html>
<html>
<head>
    <title>CSS3 Selector Basic Page</title>
    <style>
        /* input 태그 중에서 type 속성값을 text로 가지는 태그의
           background 속성에 blue 키워드를 적용합니다. */
        input[type=text] { background: blue; }
    </style>
</head>
<body>
    <form>
        <input />
        <input type="text" />
    </form>
</body>
</html>
```

코드를 실행하면 그림 3-11처럼 출력합니다. 두 태그 모두 **type** 속성값이 **text**로 지정된 형태를 나타내지만 속성 선택자는 **type** 속성값을 정확히 **text**로 입력한 태그만 인정합니다.

그림 3-11 기본 속성과 속성 선택자

이러한 원인으로 스타일이 제대로 적용되지 않는 경우가 있으므로 기억하고 넘어갑시다.

문자열 속성 선택자

문자열 속성 선택자는 태그에 지정한 속성의 특정 문자열을 확인합니다.

표 3-7 문자열 속성 선택자

선택자 형태	설명
선택자[속성~=값]	속성 안의 값이 특정 값을 단어로 포함하는 태그를 선택합니다.
선택자[속성ㅣ=값]	속성 안의 값이 특정 값을 단어로 포함하는 태그를 선택합니다.
선택자[속성^=값]	속성 안의 값이 특정 값으로 시작하는 태그를 선택합니다.
선택자[속성$=값]	속성 안의 값이 특정 값으로 끝나는 태그를 선택합니다.
선택자[속성*=값]	속성 안의 값이 특정 값을 포함하는 태그를 선택합니다.

> **NOTE** 선택자[속성~=값]과 선택자[속성ㅣ=값]의 설명이 같은데요. 하이픈(-)이 들어간 단어의 구분 방법이 다릅니다. 예를 들어 ko-kr 글자를 다음과 같이 인식합니다.
>
> 표 3-8 선택재[속성~=값]과 선택재[속성ㅣ=값]의 차이
>
> | 선택자 | 단어 인식 |
> |---|---|
> | 선택재[속성~=값] | ko-kr |
> | 선택재[속성ㅣ=값] | ko와 kr |

문자열 속성 선택자는 거의 사용하지 않지만 파일 형태에 따라 스타일을 적용할 때 가끔 사용합니다. 간단한 예제를 만들어봅시다. 우선 폴더를 그림 3-12처럼 구성합니다. 모두 예제 사이트에서 제공하는 예제 파일에 있는 그림입니다. 아무 그림이나 사용해도 문제는 없지만 확장자가 달라야 합니다.

HTMLPage.html　　　**jajq.png**　　　**node.jpg**　　　**ux.gif**

그림 3-12 폴더 구성

이어서 코드 3-13처럼 입력합니다. 문자열 속성 선택자로 img 태그에 지정한 src 속성의 마지막에 위치한 글자를 사용해 파일 형식을 구분합니다.

코드 3-13 문자열 속성 선택자

```
<!DOCTYPE html>
<html>
<head>
    <title>CSS3 Selector Basic</title>
    <style>
        /* img 태그 중에서 src 속성값이 png로 끝나는 태그의
           border 속성에 3px solid red를 적용합니다. */
        img[src$=png] { border: 3px solid red; }

        /* img 태그 중에서 src 속성값이 jpg로 끝나는 태그의
           border 속성에 3px solid green을 적용합니다. */
        img[src$=jpg] { border: 3px solid green; }

        /* img 태그 중에서 src 속성값이 gif로 끝나는 태그의
           border 속성에 3px solid blue를 적용합니다. */
        img[src$=gif] { border: 3px solid blue; }
    </style>
</head>
<body>
    <img src="jajq.png" width="200" height="250" />
    <img src="node.jpg" width="200" height="250" />
    <img src="ux.gif" width="200" height="250" />
</body>
</html>
```

코드를 실행하면 그림 3-13처럼 파일 형식에 따라 스타일이 적용됩니다.

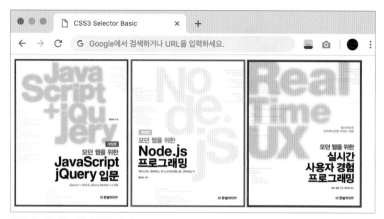

그림 3-13 문자열 속성 선택자

문자열 속성 선택자는 어렵다면 넘어가세요. 자주 사용하지도 않습니다.

　"책인데 그렇게 말해도 되는 것인가요?"

복잡한 CSS 프레임워크를 만들 때나 사용하는 선택자입니다. 나중에 정말 필요한 경우에만 찾아보세요.

후손 선택자와 자손 선택자

후손 선택자와 자손 선택자는 특정 태그의 자손과 후손을 선택할 때 사용합니다.

"자손은 뭐고 후손은 뭔가요?"

말로 설명하면 오히려 복잡하므로 코드를 살펴봅시다. 코드 3-14는 간단한 body 태그입니다.

코드 3-14 간단한 body 태그

```
<body>
    <div>
        <h1>CSS3 Selector Basic</h1>
        <h2>Lorem ipsum</h2>
        <ul>
            <li>universal selector</li>
            <li>type selector</li>
            <li>id & class selector</li>
        </ul>
    </div>
</body>
```

이 body 태그 내부는 그림 3-14처럼 계층 구조로 나타낼 수 있습니다. 이때 div 태그를 기준으로 바로 한 단계 아래에 위치한 태그를 자손이라고 부르고 div 태그 아래에 위치한 모든 태그를 후손이라고 부릅니다.

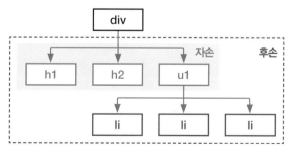

그림 3-14 자손과 후손

가계도를 생각하면 쉽게 이해할 수 있을 것입니다. 자손과 후손의 개념을 이해했다면 이제 각각의 선택자를 살펴봅시다.

후손 선택자

후손 선택자는 특정한 태그 아래에 있는 후손을 선택할 때 사용하는 선택자입니다.

표 3-9 후손 선택자

선택자 형태	설명
선택자A 선택자B	선택자A의 후손에 위치하는 선택자B를 선택합니다.

후손 선택자는 코드 3-15처럼 사용합니다. 후손 선택자를 사용해 h1 태그를 선택하지만 특정 대상의 후손을 선택할 수 있습니다.

코드 3-15 후손 선택자

```
<!DOCTYPE html>
<html>
<head>
    <title>CSS3 Selector Basic</title>
    <style>
        /* id 속성값으로 header를 가지는 태그의 후손 위치에 있는 h1 태그의
           color 속성에 red 키워드를 적용합니다. */
        #header h1  { color: red; }


         /* id 속성값으로 section을 가지는 태그의 후손 위치에 있는 h1 태그의
           color 속성에 orange 키워드를 적용합니다. */
        #section h1 { color: orange; }
    </style>
</head>
<body>
    <div id="header">
        <h1 class="title">Lorem ipsum</h1>
        <div id="nav">
            <h1>Navigation</h1>
        </div>
    </div>
    <div id="section">
        <h1 class="title">Lorem ipsum</h1>
        <p>Lorem ipsum dolor sit amet, consectetur adipiscing elit.</p>
    </div>
</body>
</html>
```

코드를 실행하면 그림 3-15처럼 #header 태그 아래에 위치한 h1 태그에는 빨간색이 적용되고 #section 태그 아래에 위치하는 h1 태그는 주황색이 적용됩니다.

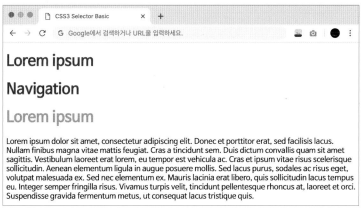

그림 3-15 후손 선택자

후손 선택자와 관련된 주의 사항

여러 개의 선택자를 함께 사용할 때 후손 선택자를 다음과 같이 사용하는 경우가 있습니다. 코드 3-16의 선택자는 어떤 태그에 빨간색을 적용할까요?

코드 3-16 후손 선택자와 관련된 주의 사항(1)

```
<style>
    /* id 속성값이 header인 태그의 후손 위치에 있는 h1 태그와
       h2 태그의 color 속성에 red 키워드를 적용합니다. */
    #header h1, h2 { color: red; }
</style>
```

코드 3-16의 선택자는 #header 태그의 후손에 위치하는 h1 태그를 선택하고 일반적인 h2 태그를 선택합니다. 만약 #header 태그의 후손에 위치하는 h1 태그와 #header 태그의 후손에 위치하는 h2 태그를 선택하고 싶다면 코드 3-17처럼 사용해야 합니다.

코드 3-17 후손 선택자와 관련된 주의 사항(2)

```
<style>
    /* id 속성값이 header인 태그의 후손 위치에 있는 h1 태그와
       id 속성값이 header인 태그의 후손 위치에 있는 h2 태그의
       color 속성에 red 키워드를 적용합니다. */
    #header h1, #header h2 { color: red; }
</style>
```

선택자를 처음 공부할 때 혼란스러운 부분이므로 기억하고 넘어갑시다.

자손 선택자

자손 선택자는 특정 태그 아래에 있는 자손을 선택할 때 사용하는 선택자입니다.

표 3-10 자손 선택자

선택자 형태	설명
선택자A 〉 선택자B	선택자A의 자손에 위치하는 선택자B를 선택합니다.

코드 3-18은 이전에 살펴본 body 태그와 구성이 같지만 #nav 태그 아래에 있는 h1 태그에는 스타일이 적용되지 않습니다. 결과물을 쉽게 예측할 수 있으므로 결과 그림은 따로 제공하지 않겠습니다.

코드 3-18 자손 선택자

```html
<!DOCTYPE html>
<html>
<head>
    <title>CSS3 Selector Basic</title>
    <style>
        /* id 속성값으로 header를 가지는 태그의 자손 위치에 있는 h1 태그의
           color 속성에 red 키워드를 적용합니다. */
        #header > h1  { color: red; }

        /* id 속성값으로 section을 가지는 태그의 자손 위치에 있는 h1 태그의
           color 속성에 orange 키워드를 적용합니다. */
        #section > h1 { color: orange; }
    </style>
</head>
<body>
    <div id="header">
        <h1 class="title">Lorem ipsum</h1>
        <div id="nav">
            <h1>Navigation</h1>
        </div>
    </div>
    <div id="section">
        <h1 class="title">Lorem ipsum</h1>
        <p>Lorem ipsum dolor sit amet, consectetur adipiscing elit.</p>
    </div>
</body>
</html>
```

TIP **table 태그와 자손 선택자 주의 사항**

table 태그의 요소를 선택할 때는 자손 선택자를 사용하는 것이 좋지 않습니다. 코드 3-19를 보고 실행 결과가 어떻게 될지 예측해봅시다.

코드 3-19 table 태그와 자손 선택자 주의 사항

```
<!DOCTYPE html>
<html>
<head>
    <title>CSS3 Selector Basic</title>
    <style>
        /* table 태그 아래의 tr 태그 아래 th 태그의 color 속성에 red 키워드를 적용합니다. */
        table > tr > th {
            color: red;
        }
    </style>
</head>
<body>
    <table border="1">
        <tr>
            <th>Name</th>
            <th>Region</th>
        </tr>
        <tr>
            <td>윤인성</td>
            <td>서울특별시 강서구 내발산동</td>
        </tr>
    </table>
</body>
</html>
```

코드를 실행하면 그림 3-16처럼 실행됩니다. 대부분 th 태그에 빨간색이 적용되는 것을 예상했을 것입니다. 하지만 실제로는 스타일 속성이 적용되지 않습니다.

그림 3-16 table 태그와 자손 선택자 주의 사항

이 문제는 요소 검사를 사용해 HTML 페이지의 계층 구조를 살펴보면 원인을 알 수 있습니다. 그림 3-17을 보면 table 태그에 tbody 태그가 자동으로 추가된 것을 알 수 있습니다. 이렇게 웹 브라우저가 자동으로 tbody 태그를 추가하므로 스타일 속성이 적용되지 않는 것입니다.

```
▼<table border="1">
  ▼<tbody>
    ▼<tr>
        <th>Name</th>
        <th>Region</th>
      </tr>
    ▼<tr>
        <td>윤인성</td>
        <td>서울특별시 강서구 내발산동</td>
      </tr>
    </tbody>
  </table>
```

그림 3-17 요소 검사 결과

따라서 table 〉 tbody 〉 tr 〉 th 선택자를 사용해야 색상을 적용할 수 있습니다. 소스 코드와 실행 결과가 달라 혼동되므로 table 선택자에 스타일을 적용할 때는 자손 선택자를 사용하지 맙시다.

3.8 | 동위 선택자

동위 선택자는 동위 관계에서 뒤에 위치한 태그를 선택할 때 사용하는 선택자입니다. 말이 꽹장히 어려우므로 역시 예제로 살펴봅시다. 코드 3-20은 간단한 body 태그입니다.

코드 3-20은 그림 3-18처럼 계층 구조로 나타낼 수 있습니다. li 태그를 기준으로 할 때 모든 li 태그는 동일한 위치에 있는 동위 상태입니다.

코드 3-20 간단한 body 태그

```
<body>
    <ul>
        <li>CSS3 Selector Basic</li>
        <li>CSS3 Selector Basic</li>
        <li>CSS3 Selector Basic</li>
        <li>CSS3 Selector Basic</li>
        <li>CSS3 Selector Basic</li>
    </ul>
</body>
```

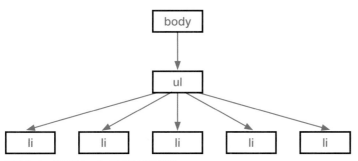

그림 3-18 간단한 body 태그의 계층 구조

동위 선택자를 사용하면 이러한 동위 상태에 있는 태그의 위치 관계를 파악할 수 있습니다. 동위가 무슨 말인지는 알겠는데 그 위치 관계를 파악한다니 어렵습니다. 바로 동위 선택자를 사용해봅시다.

표 3-11 동위 선택자

선택자 형태	설명
선택자A + 선택자B	선택자A 바로 뒤에 위치하는 선택자B를 선택합니다.
선택자A ~ 선택자B	선택자A 뒤에 위치하는 선택자B를 선택합니다.

코드 3-21에서 h1 태그와 모든 h2 태그는 동위 상태에 위치합니다. 이때 h1 태그의 바로 뒤에 위치하는 h2 태그 하나를 선택할 때는 + 선택자를 사용합니다. 비슷하게 h1 태그 뒤에 위치하는 모든 h2 태그를 선택할 때는 ~ 선택자를 사용합니다.

```html
<!DOCTYPE html>
<html>
<head>
    <title>CSS3 Selector Basic</title>
    <style>
        /* h1 태그 바로 뒤에 위치하는 h2 태그의 color 속성에 red 키워드를 적용합니다. */
        h1 + h2 { color: red; }

        /* h1 태그 뒤에 위치하는 h2 태그의
           background-color 속성에 orange 키워드를 적용합니다. */
        h1 ~ h2 { background-color: orange; }
    </style>
</head>
<body>
    <h1>Header - 1</h1>
    <h2>Header - 2</h2>
    <h2>Header - 2</h2>
    <h2>Header - 2</h2>
    <h2>Header - 2</h2>
</body>
</html>
```

말이 어렵지만 코드를 실행하고 분석하면 쉽게 무슨 의미인지 알 수 있을 것입니다.

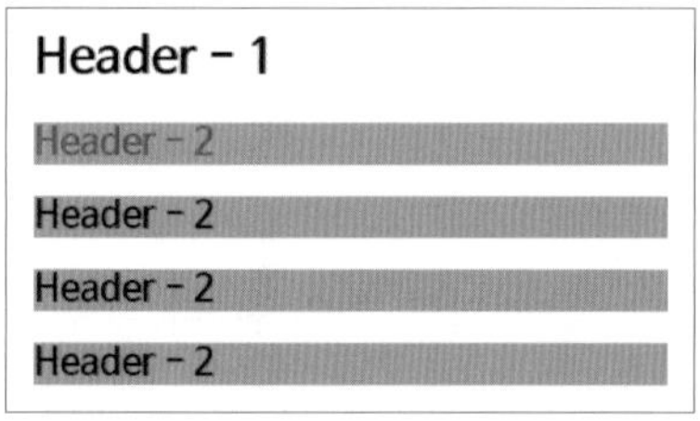

Header - 1

Header - 2

Header - 2

Header - 2

Header - 2

그림 3-19 동위 선택자

지금은 어떠한 곳에 사용하는지 이해가 안 될 수 있겠지만 CSS3 애니메이션을 사용해 동적으로 움직이는 레이아웃을 구성할 때 동위 선택자를 사용합니다. 바로 이어지는 내용과 함께 간단하게 소개할 것이므로 기억하고 넘어갑시다.

3.9 / 반응 선택자

반응 선택자는 사용자의 반응으로 생성되는 특정한 상태를 선택하는 선택자입니다. 사용자가 마우스를 특정한 태그 위에 올리면 hover 상태가 적용되고 클릭하면 active 상태가 적용됩니다.

표 3-12 반응 선택자

선택자 형태	설명
:active	사용자가 마우스로 클릭한 태그를 선택합니다.
:hover	사용자가 마우스를 올린 태그를 선택합니다.

간단하게 코드 3-22처럼 코드를 구성하고 실행해봅시다.

코드 3-22 반응 선택자

```html
<!DOCTYPE html>
<html>
<head>
    <title>CSS3 Selector Basic</title>
    <style>
        /* h1 태그에 마우스를 올릴 경우에
           color 속성에 red 키워드를 적용합니다. */
        h1:hover { color: red; }

        /* h1 태그를 마우스로 클릭할 때
           color 속성에 blue 키워드를 적용합니다. */
        h1:active { color: blue; }
    </style>
</head>
<body>
    <h1>User Action Selector</h1>
</body>
</html>
```

글자 위에 마우스를 올리면 빨간색이 적용되고 마우스로 클릭하면 파란색이 적용됩니다. 쉬운 내용이므로 충분히 이해할 것이라고 생각합니다.

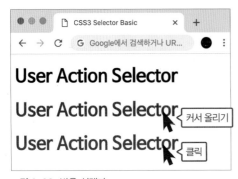

그림 3-20 반응 선택자

3.10 / 상태 선택자

상태 선택자는 입력 양식의 상태를 선택할 때 사용하는 선택자입니다.

표 3-13 상태 선택자

선택자 형태	설명
:checked	체크 상태의 input 태그를 선택합니다.
:focus	초점이 맞추어진 input 태그를 선택합니다.
:enabled	사용 가능한 input 태그를 선택합니다.
:disabled	사용 불가능한 input 태그를 선택합니다.

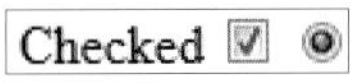

그림 3-21 checked 상태

표 3-13 상태가 어떤 상태인지 알아야 상태 선택자를 쉽게 사용할 수 있습니다. 우선 checked 상태는 type 속성값이 checkbox 또는 radio인 input 태그가 그림 3-21처럼 선택된 상태를 의미합니다.

focus 상태는 그림 3-22처럼 사용자가 초점을 맞추고 있는 입력 양식에 적용되는 상태입니다. 참고로 웹 페이지 하나당 하나의 input 태그에만 초점을 맞출 수 있습니다.

그림 3-22 focus 상태

그림 3-22를 보고 약간 오해할 수 있는데요.

"그림 3-22는 한 웹 페이지의 여러 input 태그에 초점이 맞춰져 있어요."

그림을 합성해서 한 페이지에서 여러 input 태그가 초점이 맞춰져 있는 것처럼 보이게 한 것입니다.

마지막으로 enabled 상태는 input 태그가 사용 가능한 상태를 나타내고 disabled 상태는 input 태그가 사용 불가능한 상태를 나타냅니다. 코드 3-23처럼 input 태그의 disabled 속성을 입력하여 적용할 수 있습니다.

코드 3-23 disabled 속성

```
<body>
    <input value="enabled" />
    <input value="disabled" disabled="disabled" />
</body>
```

상태 선택자는 코드 3-24처럼 사용합니다. 너무 쉬운 내용이므로 별도의 설명은 필요 없을 것으로 생각합니다.

코드 3-24 상태 선택자

```
<!DOCTYPE html>
<html>
<head>
    <title>CSS3 Selector Basic</title>
    <style>
        /* input 태그가 사용 가능할 경우에
           background-color 속성에 white 키워드를 적용합니다. */
        input:enabled { background-color: white; }

        /* input 태그가 사용 불가능할 경우에
           background-color 속성에 gray 키워드를 적용합니다. */
        input:disabled { background-color: gray; }

        /* input 태그에 초점이 맞춰진 경우에
           background-color 속성에 orange 키워드를 적용합니다. */
        input:focus { background-color: orange; }
    </style>
</head>
<body>
    <h2>Enabled</h2>
    <input />
    <h2>Disabled</h2>
    <input disabled="disabled" />
</body>
</html>
```

그럼 이전에 살펴본 동위 선택자를 어떠한 곳에 활용할 수 있는지 약간 어려운 예제를 살펴봅시다. 코드 3-25는 속성 선택자, 상태 선택자, 동위 선택자를 함께 사용해 아코디언 위젯을 생성하는 예제입니다.

```html
<!DOCTYPE html>
<html>
<head>
    <title>CSS3 Selector Basic</title>
    <style>
        /* input 태그의 type 속성값이 checkbox인 태그가 체크되었을 때
           바로 뒤에 위치하는 div 태그의 height 속성에 0픽셀을 적용합니다. */
        input[type=checkbox]:checked + div {
            height: 0px;
        }

        div {
            overflow: hidden;
            width: 650px; height: 300px;

            /* 변환 효과를 적용합니다. */
            -ms-transition-duration: 1s;
            -webkit-transition-duration: 1s;
            -moz-transition-duration: 1s;
            transition-duration: 1s;
        }
    </style>
</head>
<body>
    <input type="checkbox" />
    <div>
        <h1>Lorem ipsum</h1>
        <p>Lorem ipsum dolor sit amet, consectetur adipiscing elit.</p>
    </div>
</body>
</html>
```

코드를 실행하고 input 태그를 클릭하면 체크 상태를 변경할 때마다 글자가 나타났다 사라졌다 할

것입니다.

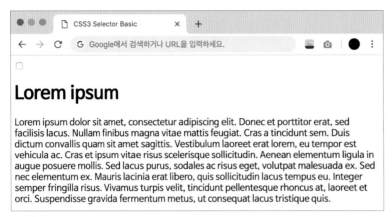

그림 3-23 초기 실행 모습

그림 3-24 input 태그를 checked 상태로 변경하면 p 태그 영역이 서서히 사라집니다.

NOTE 인터넷 익스플로러 8 버전 이하의 웹 브라우저는 동위 선택자를 사용할 수 없으므로 제대로 실행되지 않습니다.

label 태그를 사용해 input 태그를 지정하면 훨씬 멋진 예제로 변경할 수 있습니다. 5장부터 사용하는 내용이므로 어느 정도 기억해주세요.

3.11 / 구조 선택자

구조 선택자는 CSS3부터 지원하는 선택자입니다. 일반적으로 자손 선택자와 병행해서 많이 사용합니다. 개인적으로 CSS3에서 추가된 선택자 중에서 가장 유용하다고 생각합니다.

일반 구조 선택자

일반 구조 선택자는 특정한 위치에 있는 태그를 선택하는 선택자입니다. :first-child 선택자는 CSS 2.1에서 지정한 선택자이므로 인터넷 익스플로러 8 버전에서도 사용할 수 있습니다.

표 3-14 일반 구조 선택자

선택자 형태	설명
:first-child	형제 관계 중에서 첫 번째에 위치하는 태그를 선택합니다.
:last-child	형제 관계 중에서 마지막에 위치하는 태그를 선택합니다.
:nth-child(수열)	형제 관계 중에서 앞에서 수열 번째에 태그를 선택합니다.
:nth-last-child(수열)	형제 관계 중에서 뒤에서 수열 번째에 태그를 선택합니다.

first-child 선택자와 last-child 선택자는 어느 정도 감을 잡을 수 있지만 nth-child 선택자와 nth-last-child 선택자는 괄호 안에 수열을 넣으라니 이해하기 힘들 것입니다. 간단하게 다음 수열을 살펴보면서 이야기해봅시다.

$$2n + 1$$

수열 2n+1은 어떠한 숫자를 나타낼까요? 숫자 0부터 차근차근 숫자를 넣어보세요.

"1, 3, 5, 7, 9...?"

맞습니다. 따라서 :nth-child(2n+1) 선택자를 사용하면 첫 번째, 세 번째, 다섯 번째 등에 위치하는 태그를 선택합니다. 코드 3-26을 살펴보고 실행 결과를 예측해보세요.

코드 3-26 일반 구조 선택자

```
<!DOCTYPE html>
<html>
<head>
    <title>CSS3 Selector Basic</title>
    <style>
        ul { overflow: hidden; }
        li {
            list-style: none;
            float: left; padding: 15px;
        }

        li:first-child { border-radius: 10px 0 0 10px; }
        li:last-child { border-radius: 0 10px 10px 0; }

        li:nth-child(2n) { background-color: #FF0003; }
        li:nth-child(2n+1) { background-color:#800000; }
    </style>
</head>
<body>
    <ul>
        <li>First</li>
        <li>Second</li>
        <li>Third</li>
        <li>Fourth</li>
        <li>Fifth</li>
        <li>Sixth</li>
        <li>Seventh</li>
    </ul>
</body>
</html>
```

코드를 실행하면 그림 3-25처럼 꿈틀이가 생성됩니다. 첫 번째 위치와 마지막 번째 위치를 구분했으며 짝수와 홀수를 구분해서 만들었습니다.

그림 3-25 왕 꿈틀이

간단하지만 유용하게 사용할 수 있는 선택자입니다.

구조 선택자와 관련된 주의 사항

구조 선택자를 사용하면서 자주 실수하는 부분이 있으므로 짚고 넘어갑시다. 일단 코드 3-27의 실행 결과를 예측해보세요.

코드 3-27 구조 선택자와 관련된 주의 사항

```html
<!DOCTYPE html>
<html>
<head>
    <title>CSS3 Selector Basic Page</title>
    <style>
        li > a:first-child { color: red; }
    </style>
</head>
<body>
    <ul>
        <li><a href="#">Condrasa</a></li>
        <li><a href="#">Condrasa</a></li>
        <li><a href="#">Condrasa</a></li>
        <li><a href="#">Condrasa</a></li>
        <li><a href="#">Condrasa</a></li>
    </ul>
</body>
</html>
```

코드를 실행하면 그림 3-26처럼 출력합니다.

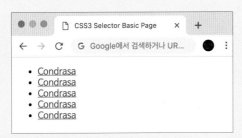

그림 3-26 구조 선택자와 관련된 주의 사항

예상한 실행 결과와 맞았나요? li 태그의 첫 번째 자손에 위치하는 a 태그를 선택했으니 모두 선택된 것입니다. 만약 첫 번째 li 태그의 a 태그를 선택하고자 했다면 코드 3-28처럼 입력해야 합니다.

코드 3-28 해결 방법

```html
<style>
    li:first-child > a { color: red; }
</style>
```

형태 구조 선택자

형태 구조 선택자는 일반 구조 선택자와 비슷하지만 태그 형태를 구분합니다.

표 3-15 형태 구조 선택자

선택자 형태	설명
:first-of-type	형제 관계 중에서 첫 번째로 등장하는 특정 태그를 선택합니다.
:last-of-type	형제 관계 중에서 마지막으로 등장하는 특정 태그를 선택합니다.
:nth-of-type(수열)	형제 관계 중에서 앞에서 수열 번째로 등장하는 특정 태그를 선택합니다.
:nth-last-of-type(수열)	형제 관계 중에서 뒤에서 수열 번째로 등장하는 특정 태그를 선택합니다.

말로 설명하기 굉장히 어려운 선택자이므로 코드와 실행 결과를 보고 직접 이해해보세요.

코드 3-29 형태 구조 선택자(1)

```
<!DOCTYPE html>
<html>
<head>
    <title>CSS3 Selector Basic Page</title>
    <style>
        h1:first-of-type { color: red; }
        h2:first-of-type { color: red; }
        h3:first-of-type { color: red; }
    </style>
</head>
<body>
    <h1>Header - 1</h1>
    <h2>Header - 2</h2>
    <h3>Header - 3</h3>
    <h3>Header - 3</h3>
    <h2>Header - 2</h2>
    <h1>Header - 1</h1>
</body>
</html>
```

코드를 실행하면 그림 3-27처럼 출력합니다. 첫 번째로 등장하는 특정 형태의 태그가 선택됩니다.

그림 3-27 형태 구조 선택자(1)

바로 이해되지 않았다면 한 번 더 코드를 살펴봅시다. 코드 3-30은 body 태그의 자손 중 첫 번째로 등장하는 모든 형태의 태그를 선택하게 했습니다.

코드 3-30 형태 구조 선택자(2)

```
<!DOCTYPE html>
<html>
<head>
    <title>CSS3 Selector Basic Page</title>
    <style>
        body > *:first-of-type { color: red; }
    </style>
</head>
<body>
    <h1>Header - 1</h1>
    <h2>Header - 2</h2>
    <h3>Header - 3</h3>
    <h4>Header - 4</h4>
    <h5>Header - 5</h5>
    <h6>Header - 6</h6>
</body>
</html>
```

body 태그 내부에 모든 태그가 각각 한 번씩 등장합니다. 따라서 그림 3-28처럼 출력합니다.

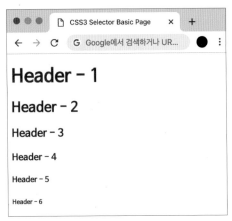

그림 3-28 형태 구조 선택자(2)

만약 이해가 안 되었다면 코드를 보고 조금 더 생각해보세요. 금방 이해할 수 있을 것입니다.

3.12 / 문자 선택자

문자 가상 요소 선택자는 태그 내부 특정 조건의 문자를 선택하는 선택자입니다. 문자 선택자는 가상 요소 선택자Pseudo-Element Selector로 :: 기호를 사용하는 것이 표준이지만 : 기호를 사용해도 정상 작동합니다. 하지만 이 책에서는 표준에 맞게 :: 기호를 사용하겠습니다.

시작 문자 선택자

시작 문자 선택자는 태그 내부의 첫 번째 글자와 첫 번째 줄을 선택할 때 사용하는 선택자입니다.

표 3-16 시작 문자 선택자

선택자 형태	설명
::first-letter	첫 번째 글자를 선택합니다.
::first-line	첫 번째 줄을 선택합니다.

간단한 내용이므로 코드 3-31을 바로 입력하고 실행 결과를 살펴봅시다.

코드 3-31 시작 문자 선택자

```
<!DOCTYPE html>
<html>
<head>
    <title>CSS3 Selector Basic Page</title>
    <style>
        p::first-letter { font-size: 3em; }
        p::first-line { color: red; }
    </style>
</head>
<body>
    <h1>Lorem ipsum dolor sit amet</h1>
    <p>Lorem ipsum dolor sit amet, consectetur adipiscing elit.</p>
    <p>Aenean ac erat et massa vehicula laoreet consequat et sem.</p>
</body>
</html>
```

코드를 실행하면 그림 3-29처럼 첫 번째 글자가 3배 큰 글자로 출력되며 첫 번째 줄이 빨간색으로 출력됩니다.

그림 3-29 시작 문자 선택자

전후 문자 선택자

전후 문자 선택자는 특정 태그의 전후에 위치하는 공간을 선택하는 선택자입니다.

표 3-17 전후 문자 선택자

선택자 형태	설명
::after	태그 뒤에 위치하는 공간을 선택합니다.
::before	태그 앞에 위치하는 공간을 선택합니다.

전후 문자 선택자에는 content 속성을 사용할 수 있습니다(다른 선택자에는 content 속성을 사용할 수 없습니다).

전후 문자 선택자는 코드 3-32처럼 사용합니다. 다른 복잡한 속성을 함께 사용했는데요. 살면서 정말 사용할 일 없는 속성이니 외우지 마세요. 필요한 경우에는 코드 3-32를 보고 사용하세요.

코드 3-32 전후 문자 선택자

```html
<!DOCTYPE html>
<html>
<head>
    <title>CSS3 Selector Basic Page</title>
    <style>
        p { counter-increment: rint; }
        p::before { content: counter(rint) "."; }
        p::after { content: " - " attr(data-page) " page"; }
        p::first-letter { font-size: 3em; }
    </style>
</head>
<body>
    <h1>Lorem ipsum dolor sit amet</h1>
    <p data-page="52">Lorem ipsum dolor sit amet, consectetur adipiscing elit.</p>
    <p data-page="273">Aenean ac erat et massa vehicula laoreet consequat et sem.</p>
</body>
</html>
```

코드를 실행하면 그림 3-30처럼 출력합니다.

그림 3-30 전후 문자 선택자

주의 깊게 살펴볼 부분은 ::first-letter 선택자를 사용해 첫 번째 글자를 선택했을 때 전후 문자
선택자로 생성한 글자도 스타일이 적용되었다는 것입니다.

data 속성

웹 표준에 따르면 각각의 태그에 지정된 속성 이외의 것을 사용하면 안 됩니다. 하지만 속성 앞에 문자열 **data-**를 붙이면 사용자 지정 속성으로 인정해줍니다. 코드 3-32에서는 특정한 정보를 넣기 위해 사용자 지정 속성인 **data-page** 속성을 사용했습니다. 실제로 **data-page** 속성은 웹 표준에 존재하지 않고 필자가 임의로 지정한 것입니다.

웹과 관련된 기술을 접할수록 사용자 지정 속성은 굉장히 많이 사용됩니다. 코드 3-33은 모바일 애플리케이션을 쉽게 만들 수 있게 도와주는 jQuery Mobile 프레임워크를 사용한 코드입니다. jQuery Mobile 프레임워크는 div 태그에 **data-role** 속성을 사용하면 레이아웃을 자동으로 구성해줍니다.

코드 3-33 jQuery Mobile 코드

```html
<!DOCTYPE html>
<html>
<head>
    <title>jQuery Mobile</title>
    <meta name="viewport" content="width=device-width, initial-scale=1" />
    <link rel="stylesheet"
    href="http://code.jquery.com/mobile/1.4.4/jquery.mobile-1.4.4.min.css" />
    <script src="http://code.jquery.com/jquery-1.11.1.min.js"></script>
    <script src="http://code.jquery.com/mobile/1.4.4/jquery.mobile-1.4.4.min.js">
    </script>
</head>
<body>
    <div data-role="page">
        <div data-role="header" data-theme="b">
            <h1>HTML5</h1>
        </div>
        <div data-role="content">
            <ul data-role="listview">
                <li data-role="list-divider">HTML5</li>
                <li>Multimedia</li>
                <li>Connectivity</li>
                <li>Device Access</li>
                <li data-role="list-divider">CSS3</li>
                <li>Animation</li>
                <li>3D Transform</li>
            </ul>
        </div>
    </div>
</body>
</html>
```

그림 3-31처럼 페이지가 자동으로 디자인됩니다. 이러한 프레임워크를 UI 프레임워크라고 부르며 사용자 지정 속성을 굉장히 많이 활용합니다.

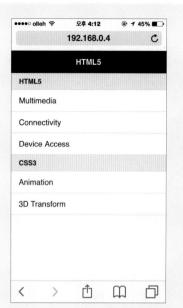

그림 3-31 jQuery Mobile 프레임워크

나중에 jQuery Mobile 프레임워크와 같은 UI 프레임워크를 사용할 때 "data라는 글자는 왜 붙인 것이지"라고 묻지 않으려면 지금 기억하고 넘어갑시다.

반응 문자 선택자

반응 문자 선택자는 사용자가 문자와 반응해서 생기는 영역을 선택하는 선택자입니다.

표 3-18 반응 문자 선택자

선택자 형태	설명
::selection	사용자가 드래그한 글자를 선택합니다.

말이 굉장히 어렵지만 코드 3-34와 실행 결과를 보면 쉽게 이해할 것입니다.

코드 3-34 반응 문자 선택자

```html
<!DOCTYPE html>
<html>
<head>
    <title>CSS3 Selector Basic Page</title>
```

```
    <style>
        p::selection { background: black; color: red; }
    </style>
</head>
<body>
    <h1>Lorem ipsum dolor sit amet</h1>
    <p>Lorem ipsum dolor sit amet, consectetur adipiscing elit.</p>
    <p>Nunc nisl turpis, aliquet et gravida non, facilisis a sem.</p>
</body>
</html>
```

코드를 실행하고 마우스를 사용해 문자를 선택해보세요. 그림 3-32처럼 스타일이 적용됩니다.

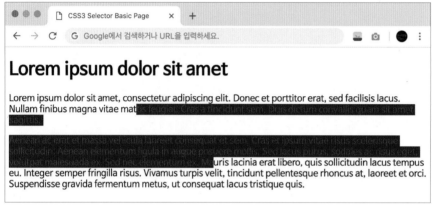

그림 3-32 반응 문자 선택자

3.13 링크 선택자

링크 선택자는 href 속성을 가지고 있는 a 태그에 적용되는 선택자입니다. 인터넷에서 가끔 그림 3-33처럼 이미 한 번 다녀온 링크는 색이 변경되는 것을 볼 수 있는데요. 링크 선택자는 한 번 이상 다녀온 링크를 선택할 수 있는 선택자입니다.

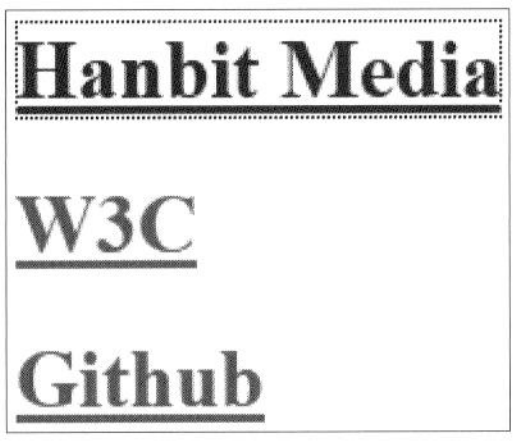

사실 링크 선택자는 살면서 별로 사용할 일이 없지만 간단하게 익혀봅시다.

Hanbit Media

W3C

Github

그림 3-33 링크의 색상 변경 상태

표 3-19 링크 선택자

선택자 형태	설명
:link	href 속성을 가지고 있는 a 태그를 선택합니다.
:visited	방문했던 링크를 가지고 있는 a 태그를 선택합니다.

코드 3-35는 링크 선택자와 문자 선택자를 함께 사용해 href 속성이 적용된 a 태그와 방문된 a 태그에 스타일을 적용합니다.

코드 3-35 링크 선택자

```
<!DOCTYPE html>
<html>
<head>
    <title>CSS3 Selector Basic</title>
    <style>
        a { text-decoration: none; }
        a:visited { color: red; }

        /* href 속성을 가지고 있는 a 태그 뒤의 공간에
           "- (href 속성)"을 추가합니다. */
        a:link::after { content: ' - ' attr(href); }
    </style>
</head>
<body>
    <h1><a>Nothing</a></h1>
    <h1><a href="http://hanbit.co.kr">Hanbit Media</a></h1>
```

```
    <h1><a href="http://www.w3.org/">W3C</a></h1>
    <h1><a href="https://github.com/">Github</a></h1>
</body>
</html>
```

코드를 실행하면 쉽게 link 선택자와 visited 선택자를 알 수 있을 것입니다. 그림 3-34의 첫 번째 a 태그는 href 속성을 적용하지 않았으므로 스타일이 적용되지 않습니다. 두 번째 a 태그부터는 href 속성이 적용되어 있으므로 href 속성을 뒤에 출력합니다.

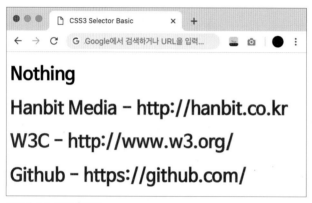

그림 3-34 링크 선택자

3.14 / 부정 선택자

부정 선택자는 지금까지 배운 선택자를 모두 반대로 적용할 수 있게 만드는 선택자입니다.

표 3-20 부정 선택자

선택자 형태	설명
:not(선택자)	선택자를 반대로 적용합니다.

부정 선택자는 코드 3-36처럼 사용합니다. 지금까지 사용하던 모든 선택자와 함께 사용할 수 있습니다.

코드 3-36 부정 선택자

```
<!DOCTYPE html>
<html>
<head>
    <title>CSS3 Selector Basic</title>
    <style>
        /* input 태그 중에서 type 속성값이 password가 아닌 태그의
           background 속성에 red 키워드를 적용합니다. */
        input:not([type=password]) {
            background: red;
        }
    </style>
</head>
<body>
    <input type="password" />
    <input type="text" />
    <input type="password" />
    <input type="text" />
</body>
</html>
```

코드를 실행하면 그림 3-35처럼 출력합니다. input 태그 중 type 속성값이 password인 태그가 아닌 모든 태그가 선택되어 색상이 적용됩니다.

그림 3-35 부정 선택자

간단하게 CSS3 선택자를 모두 살펴보았습니다. 굉장히 많은 선택자를 다루어서 머리가 복잡할 것입니다. 이 장의 목차를 보고 형태만 한 번 복습해본 후 바로 다음 장으로 넘어갑시다. 다음 장에서도 선택자를 여러 번 사용해볼 기회가 있으니까요!

연습 문제

Q1 다음 중 모든 태그를 선택할 때 사용하는 선택자를 고르시오.

① #　　　　　　　　　　　　　　② *

③ @　　　　　　　　　　　　　　④ $

Q2 다음과 같은 코드가 있을 때 표시된 h1 태그를 선택하는 선택자로 알맞은 것을 고르시오.

```
<body>
    <h1 class="item header">Lorem ipsum</h1>
</body>
```

① h1 item header　　　　　　　　② h1.item.header

③ h1 item.header　　　　　　　　④ h1 > .item.header

Q3 다음과 같은 코드가 있을 때 표시된 input 태그만 선택할 수 있는 선택자를 고르시오.

```
<body>
    <label for="email">Email: </label>
    <input type="email"/><br />
    <label for="password">Password: </label>
    <input type="password" /><br />
</body>
```

① input[for=password]　　　　　　② input ~ label

③ input[type=password]　　　　　　④ input.password

연습 문제

Q4 다음과 같은 코드가 있을 때 표시된 div 태그들만 선택할 수 있는 선택자를 고르시오.

```
<body>
    <div class="row">
        <div class="col-12" id="header">Column 12</div>
    </div>
    <div class="row">
        <div class="col-3" id="aside">Column 3</div>
        <div class="col-9" id="section">Column 9</div>
    </div>
    <div class="row">
        <div class="col-12" id="footer">Column 12</div>
    </div>
</body>
```

① div[class|=col]   ② div.start_with(col)
③ div.col   ④ div[col$=class]

Q5 다음 중 사용자가 마우스를 태그 위에 올렸을 때 반응하는 반응 선택자를 고르시오.

① :cursor   ② :hover
③ :active   ④ :overlay

Q6 다음 중 입력 양식의 상태를 선택할 때 사용하는 선택자로 옳지 않은 것을 고르시오.

① :disabled   ② :focus
③ :enabled   ④ :check

해답 **Q4**: ①, **Q5**: ②, **Q6**: ④

CSS3 스타일
속성 기본

이 장에서는 이전 장에서 배운 CSS 선택자로
선택한 HTML 요소에 스타일을 적용하는 방
법에 대해 배웁니다.

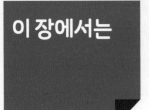
이 장에서는

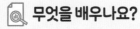
무엇을 배우나요?

- CSS에서 사용하는 단위를 알아봅니다.
- 어떤 스타일 속성을 사용할 수 있는지 알아봅니다.
- 스타일 속성을 활용해서 레이아웃을 잡는 기본적인 방법을 알아봅니다.

미리 보기

이번 장에서는 이전 장에서 배운 선택자로 선택한 요소에 실제로 스타일을 적용해봅니다.

처음 스타일 속성을 보면, "이렇게 많은 걸 어떻게 외우지?"라는 생각이 들 수 있습니다. 결론부터 말하면 "실제로 개발하다 보면 어떻게든 외워진다"라고 할 수 있습니다. 하지만 공부하는 과정에서 이를 모두 외우는 것은 어려운 일입니다. 일단은 "어떠한 것이 있구나"를 빠르게 살펴보고, 자주 사용되는 패턴을 접해보는 것이 좋습니다.

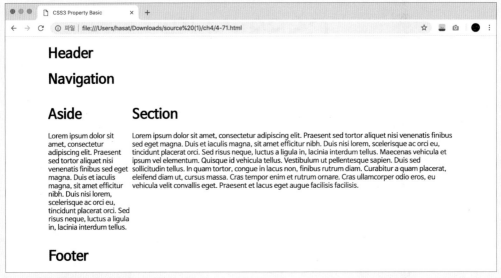

▲ 스타일 속성을 사용한 기본적인 레이아웃 구성

4.1 　스타일 속성을 공부할 때는

3장을 진행하면서 color 속성이나 background-color 속성 등을 간단하게 살펴보았습니다. 이 장에서는 그러한 스타일 속성을 하나하나 살펴볼 것입니다. 스타일 속성은 입력할 때 그림 4-1처럼 확인할 수 있으므로 글자 하나하나 외우려고 하지 마세요.

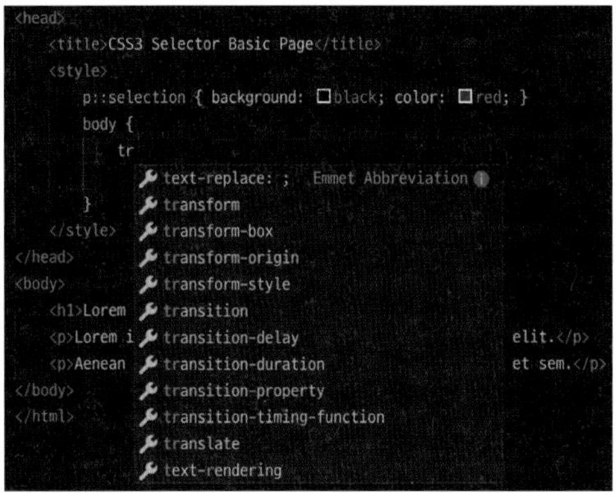

그림 4-1 Visual Studio Code의 자동 완성 기능

스타일 속성이 너무 많으므로 이 책에서 다루지 못하는 스타일 속성도 있습니다. 이 책에서 설명하지 않는 스타일 속성은 실무에서 거의 사용하지 않는 스타일 속성입니다. 하지만 필요하다면 W3Schools를 참고하세요.

그림 4-2 W3Schools(http://w3schools.com/)

W3Schools는 다양한 예제와 함께 스타일 속성을 설명하므로 쉽게 이해할 수 있을 것입니다.

4.2 / CSS3 단위

스타일 속성은 코드 4-1처럼 입력합니다. 이때 오른쪽에 입력하는 값은 특정한 단위를 갖습니다. 이 절에서는 스타일시트에서 사용하는 단위를 알아봅시다.

코드 4-1 스타일시트

```
<style>
    h1 {
        margin: 10px;
        font-size: 200%;
        line-height: 2em;
    }
</style>
```

키워드

키워드는 CSS3에서 가장 쉽게 사용할 수 있는 단위입니다. 각각의 스타일 속성에 따라 별도의 키워드가 존재하므로 모두 설명하는 것은 힘듭니다. 하지만 다행히도 Visual Studio Code 같은 통합 개발 환경은 그림 4-3처럼 특정 속성에 어떠한 키워드가 있는지 알려줍니다.

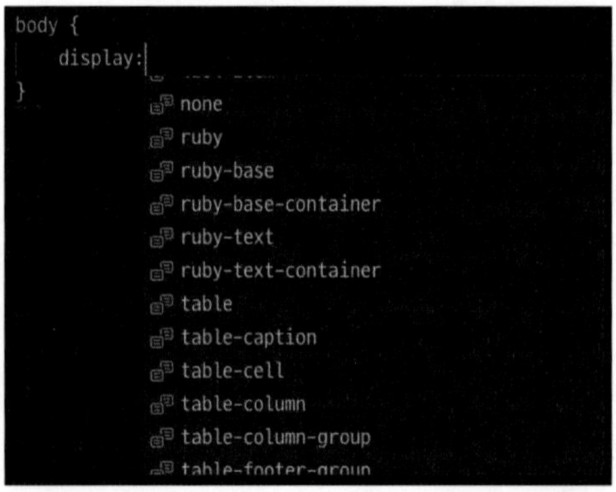

그림 4-3 키워드

키워드는 이 장에서 차근차근 살펴볼 것이므로 지금은 이 정도만 설명하고 넘어가겠습니다.

크기 단위

크기 단위는 CSS3에서 가장 많이 사용하는 단위입니다. CSS3에서 사용하는 크기 단위는 %, em, cm, mm, inch, px입니다. 이 중에서 자주 사용하는 크기 단위는 표 4-1입니다.

표 4-1 크기 단위

단위	설명
%	백분율 단위
em	배수 단위
px	픽셀

크기 단위는 굉장히 간단하므로 예제를 만들면서 알아봅시다. HTML 페이지를 코드 4-2처럼 구성합니다.

코드 4-2 HTML 페이지 구성

```
<!DOCTYPE html>
<html>
<head>
    <title>CSS3 Style Property Basic</title>
    <style>

    </style>
</head>
<body>
    <p>Lorem ipsum dolor sit amet, consectetur adipiscing elit.</p>
    <p>Lorem ipsum dolor sit amet, consectetur adipiscing elit.</p>
    <p>Lorem ipsum dolor sit amet, consectetur adipiscing elit.</p>
    <p>Lorem ipsum dolor sit amet, consectetur adipiscing elit.</p>
</body>
</html>
```

첫 번째로 알아볼 크기 단위는 퍼센트 단위입니다. 퍼센트 단위는 기본 설정된 크기에서 상대적으로 크기를 지정합니다. 참고로 100%가 초기에 설정된 크기입니다.

코드 4-3 퍼센트 단위

```
<style>
    p:nth-child(1) { }
    p:nth-child(2) { font-size: 100%; }
    p:nth-child(3) { font-size: 150%; }
    p:nth-child(4) { font-size: 200%; }
</style>
```

코드 4-3처럼 입력하면 그림 4-4처럼 크기가 적용됩니다.

그림 4-4 퍼센트 크기 단위

두 번째로 알아볼 크기 단위는 em 단위입니다. em 단위는 배수를 나타내는 단위입니다. 1배=1em=
100%이며 1.5배=1.5em=150%입니다. 2가지 예만 들어도 코드 4-4의 실행 결과를 예측할 수 있을
것입니다.

코드 4-4 배수 단위

```
<style>
    p:nth-child(1) { }
    p:nth-child(2) { font-size: 1.0em; }
    p:nth-child(3) { font-size: 1.5em; }
    p:nth-child(4) { font-size: 2.0em; }
</style>
```

실행 결과가 그림 4-4와 같습니다. 지금 살펴본 **%** 단위와 em 단위는 모두 상대적으로 크기를 지정합
니다. 이와 반대로 절대적으로 크기를 지정할 때는 px 단위를 사용합니다.

코드 4-5 픽셀 단위

```
<style>
    p:nth-child(1) { }
    p:nth-child(2) { font-size: 16px; }
    p:nth-child(3) { font-size: 24px; }
    p:nth-child(4) { font-size: 32px; }
</style>
```

p 태그의 기본 font-size 속성이 16픽셀이므로 실행 결과가 그림 4-4와 같습니다.

TIP 크기 단위의 복합 사용

폰트 크기를 지정할 때는 크기 단위를 섞어서 사용하는 경우가 많습니다. 이번에는 크기 단위를 섞어서 사용하는 방법을 살펴봅시다.

코드 4-6은 절대 크기 단위와 상대 크기 단위를 섞어서 폰트 크기를 지정합니다.

코드 4-6 크기 단위의 복합 사용

```html
<!DOCTYPE html>
<html>
<head>
    <title>CSS3 Property Basic</title>
    <style>
        * { font-size: 12px; }

        h1 { font-size: 3.0em; }
        h2 { font-size: 1.5em; }
    </style>
</head>
<body>
    <h1>Lorem ipsum dolor sit amet</h1>
    <h2>consectetur adipiscing elit. Sed nec purus elit, nec cursus dolor.</h2>
    <p>Lorem ipsum dolor sit amet, consectetur adipiscing elit. Sed nec purus elit.</p>
</body>
</html>
```

코드를 실행하면 그림 4-5처럼 출력합니다.

그림 4-5 크기 단위의 복합 사용

전체 폰트 크기에 절대 크기를 지정하고 각각의 태그에 상대 크기를 지정하는 방법은 굉장히 많이 사용합니다. 꼭 기억해주세요.

TIP 제로

크기 단위 0을 입력하는 경우 단위를 입력하지 않아도 됩니다. 개발자의 취향에 따라서 0을 입력하는 경우에도 단위를 표기하는 경우가 있고 표기하지 않는 경우도 있습니다. 독자의 취향에 따라서 마음대로 하세요.

코드 4-7 제로

```
<style>
    * {
        margin: 0;
        padding: 0;
    }
</style>
```

```
<style>
    * {
        margin: 0px;
        padding: 0px;
    }
</style>
```

색상 단위

색상을 입력하는 가장 간단한 방법은 코드 4-8처럼 키워드를 입력하는 것입니다.

코드 4-8 키워드를 사용한 색상 적용

```
<style>
    h1 { background-color: red; }
    h2 { background-color: orange; }
    h3 { background-color: blue; }
    h4 { background-color: green; }
    h5 { background-color: brown; }
    h6 { background-color: purple; }
</style>
```

하지만 단어로 표현할 수 있는 색상은 제한되어 있습니다. 더욱 다양한 색상 표현을 위해 CSS3는 표 4-2 색상 단위를 제공합니다.

표 4-2 색상 단위

단위 형태	설명
#000000	HEX 코드 단위
rgb(red, green, blue)	RGB 색상 단위

rgba(red, green, blue, alpha)	RGBA 색상 단위
hsl(hue, saturation, lightness)	HSL 색상 단위
hsla(hue, saturation, lightness, alpha)	HSLA 색상 단위

 알파 값

표 4-2에서 RGBA와 HSLA의 A는 투명도를 의미하는 알파 값입니다. 알파 값은 0.0부터 1.0 사이의 숫자를 입력합니다. 0.0을 입력할 경우에는 완전히 투명한 상태를 나타내고 1.0을 입력할 경우에는 불투명한 상태를 나타냅니다.

우선 RGB 단위부터 살펴봅시다. RGB 단위는 R(빨간색), G(초록색), B(파란색)의 조합을 사용하여 색상을 표현하는 단위입니다.

RGB 색상은 코드 4-9처럼 사용합니다. 각각의 숫자는 0부터 255까지 입력할 수 있습니다.

코드 4-9 RGB 색상 단위

```
<style>
    h1 { background-color: rgb(255, 255, 255); }
</style>
```

HEX 코드 단위는 RGB 색상 단위를 짧게 입력하는 방법입니다. HEX 코드는 그림 4-6처럼 구성되며 16진수로 RGB 색상 조합을 순서대로 입력합니다.

#000000

그림 4-6 HEX 코드 색상 단위

TIP **16 진수 색상 표현**

16진수를 사용해서 색상을 표현할 때는 각 색상 요소에 00부터 FF까지의 숫자를 입력합니다. 16진수 F는 10진수에서 16을 나타내므로 16 X 16 = 256입니다. 따라서 RGB 색상 단위에서 입력한 숫자를 16진수로 입력하면 됩니다.

"쉽게 사용할 수 없을 것 같아요."

파일 용량을 미세하게 줄일 수 있으므로 RGB 단위보다 HEX 코드 단위를 많이 사용합니다. 하지만 필자도 암산으로 RGB 색상 단위를 HEX 코드 단위로 옮기지 못합니다. 이러한 경우에는 포토샵 또는 http://www.colorpicker.com/과 같은 색상 선택 도구를 사용하세요.

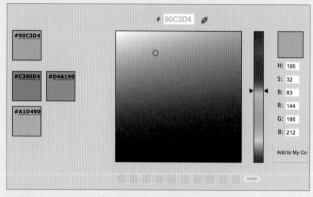

그림 4-7 colorpicker(http://www.colorpicker.com/)

HEX 코드 색상 단위는 코드 4-10처럼 사용합니다.

코드 4-10 HEX 코드 색상 단위

```
<style>
    h1 { background-color: #0094FF; }
</style>
```

이제 마지막으로 남은 색상 단위인 HSL 색상 단위를 살펴봅시다. HSL 색상 단위는 색상^Hue, 채도^Saturation, 명도^Lightness를 사용합니다. http://www.workwithcolor.com/hsl-color-picker-01.htm에 들어가면 그림 4-8처럼 HSL 색상을 선택할 수 있는 도구가 나옵니다. HSL 색상을 직접 선택해보세요.

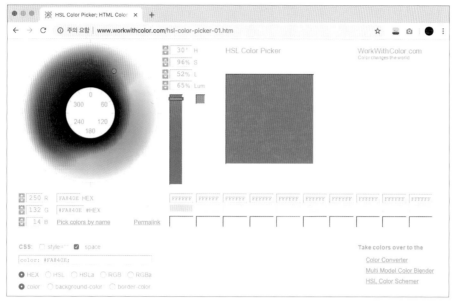

그림 4-8 HSL 색상 선택기

CSS 코드에 HSL 색상 단위를 적용할 때는 코드 4-11처럼 입력합니다.

코드 4-11 HSL 색상 단위

```
<style>
    h1 { background-color: hsl(33, 100%, 50%); }
</style>
```

URL 단위

CSS3에서 이미지 파일이나 폰트 파일을 불러올 때는 URL 단위를 사용합니다. 간단하게 그림 4-9 처럼 폴더를 구성하고 URL 단위를 사용하는 방법을 알아봅시다.

Desert.jpg   HTMLPage.html

그림 4-9 폴더 구성

우선 코드 4-12처럼 HTML 페이지를 구성합니다.

코드 4-12 HTML 페이지 구성

```html
<!DOCTYPE html>
<html>
<head>
    <title>CSS3 Property Basic</title>
    <style>

    </style>
</head>
<body>
    <h1>Lorem ipsum dolor amet.</h1>
    <p>Lorem ipsum dolor sit amet, consectetur adipiscing elit.</p>
</body>
</html>
```

이어서 코드 4-13처럼 background-image 속성에 URL 단위를 입력합니다.

코드 4-13 URL 단위

```html
<style>
    body {
        background-image: url('Desert.jpg');
    }
</style>
```

url() 함수 내부에 경로를 입력하면 됩니다. 쉽게 사용할 수 있겠죠? URL 경로를 입력할 때는 코드 4-14처럼 복잡한 경로를 사용할 수 있습니다.

코드 4-14 URL 경로 표시 방법

```css
/* 현재 폴더의 Desert.jpg */
background-image: url('Desert.jpg');

/* 현재 폴더 내부에 있는 Other 폴더의 Desert.jpg */
background-image: url('Other/Desert.jpg');

/* 루트 폴더의 Desert.jpg */
/* 루트 폴더의 개념은 서버를 알아야 합니다. */
background-image: url('/Desert.jpg');
```

4.3 / 가시 속성

가시 속성은 태그가 화면에 보이는 방식을 지정하는 속성입니다. 예제를 작성하며 알아봅시다. 우선 코드 4-15처럼 HTML 페이지를 구성합시다.

코드 4-15 HTML 페이지 구성

```html
<!DOCTYPE html>
<html>
<head>
    <title>CSS3 Style Property Basic</title>
    <style>

    </style>
</head>
<body>
    <span>Dummy</span>
    <div id="box">
        <span>Lorem ipsum dolor sit amet, consectetur adipiscing elit.</span>
    </div>
    <span>Dummy</span>
</body>
</html>
```

display 속성

HTML5 시대가 되면서 그림 4-10처럼 굉장히 다양한 display 속성이 등장했습니다. 하지만 모든 display 속성을 제대로 지원하는 웹 브라우저가 없습니다.

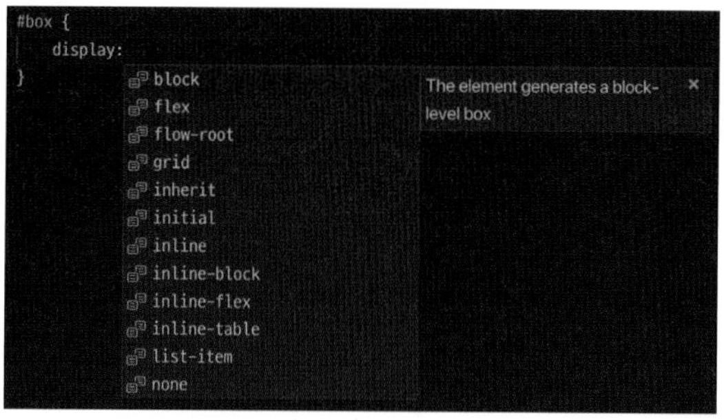

그림 4-10 display 속성에 적용 가능한 키워드

따라서 가장 중요한 display 속성만 살펴봅시다. 표 4-3에서 소개하는 키워드는 굉장히 중요하므로 차이를 확실하게 기억해주세요.

표 4-3 display 속성에 사용 가능한 키워드

키워드 이름	설명
none	태그를 화면에서 보이지 않게 만듭니다.
block	태그를 block 형식으로 지정합니다.
inline	태그를 inline 형식으로 지정합니다.
inline-block	태그를 inline-block 형식으로 지정합니다.

2장에서 공간 분할 태그를 설명하면서 block 형식의 태그와 inline 형식의 태그를 다루었습니다. div 태그는 block 형식을 갖고 span 태그는 inline 형식을 갖는다고 했죠? 이 내용을 기억하고 이번 주제를 살펴보면 도움이 될 것입니다.

우선 none 키워드를 살펴보겠습니다. display 속성에 none 키워드를 적용하면 태그가 화면에서 보이지 않습니다.

코드 4-16 display 속성에 none 키워드 적용

```
<style>
    #box {
        display: none;
    }
</style>
```

코드 4-16처럼 중앙의 div 태그가 화면에서 사라집니다.

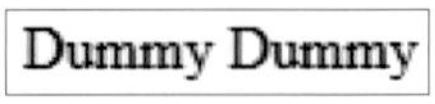

이번에는 block 키워드를 살펴보겠습니다. 코드 4-17처럼 #box 태그의 display 속성에 block 키워드를 적용합니다.

Dummy Dummy

그림 4-11 none 키워드

코드 4-17 display 속성에 block 키워드 적용

```
<style>
    #box {
        display: block;
    }
</style>
```

코드를 실행하면 그림 4-12처럼 출력합니다.

> Dummy
> Lorem ipsum dolor sit amet, consectetur adipiscing elit.
> Dummy

그림 4-12 block 키워드 적용

block 형식 이외에도 inline 형식과 inline-block 형식이 있습니다. 코드 4-18처럼 div 태그의 display 속성에 inline 키워드와 inline-block 키워드를 적용해봅시다.

코드 4-18 display 속성에 inline 키워드와 inline-block 키워드 적용

```
<style>
    #box {
        display: inline;
    }
</style>
```

```
<style>
    #box {
        display: inline-block;
    }
</style>
```

코드를 실행하면 inline 형식과 inline-block 형식 모두 그림 4-13처럼 출력합니다.

> Dummy Lorem ipsum dolor sit amet, consectetur adipiscing elit. Dummy

그림 4-13 inline 키워드와 inline-block 키워드 적용

block 형식과 inline 형식은 2장에서 잠깐 살펴본 적이 있으므로 쉽게 이해할 것입니다.

"그런데 inline 형식과 inline-block 형식은 차이가 없나요?"

차이가 있으니 이름이 다르겠지요? width 속성과 height 속성, margin 속성을 사용할 때 2가지 형식의 차이를 확인할 수 있습니다. 코드 4-19처럼 입력해봅시다.

코드 4-19 inline 키워드와 inline-block 키워드 차이

```
<style>
    #box {
        display: inline;

        background-color: red;
        width: 300px; height: 50px;
        margin: 10px;
    }
</style>
```

```
<style>
    #box {
        display: inline-block;

        background-color: red;
        width: 300px; height: 50px;
        margin: 10px;
    }
</style>
```

inline 키워드를 적용한 코드는 그림 4-14처럼 width 속성과 height 속성이 적용되지 않습니다. 또한 margin 속성이 div 태그의 좌우로만 지정됩니다. 그림 4-13과 비교하면 미세한 차이를 알 수 있을 것입니다.

그림 4-14 inline 키워드 적용

반면에 inline-block 키워드를 적용하면 그림 4-15처럼 width 속성과 height 속성을 적용할 수 있습니다. 또한 margin 속성이 상하좌우로 적용되죠?

그림 4-15 inline-block 키워드 적용

block 형식도 width 속성과 height 속성, margin 속성을 적용할 수 있습니다. inline 형식과 block 형식의 차이를 알 수 있으신가요? 굉장히 중요한 내용이므로 꼭 짚고 넘어갑시다.

visibility 속성

visibility 속성은 대상을 보이거나 보이지 않게 지정하는 스타일 속성입니다. visibility 속성에는 그림 4-16의 키워드를 사용합니다.

```
#box {
    visibility:|
}
        collapse        Table-specific. If used on      ×
        hidden          elements other than rows, row
        inherit         groups, columns, or column groups,
        initial         'collapse' has the same meaning as
        unset           'hidden'.
        visible
```

그림 4-16 visibility 속성에 적용 가능한 키워드

visibility 속성에 사용할 수 있는 키워드는 표 4-4입니다.

표 4-4 visibility 속성에 사용 가능한 키워드

키워드 이름	설명
visible	태그를 보이게 만듭니다.
hidden	태그를 보이지 않게 만듭니다.
collapse	table 태그를 보이지 않게 만듭니다.

그런데 방금 살펴본 display 속성의 none 키워드도 대상을 화면에서 보이지 않게 만들었습니다. 따라서 display 속성의 none 키워드와 visibility 속성의 hidden 키워드의 차이를 아는 것이 중요합니다.

코드 4-20처럼 visibility 속성에 hidden 키워드를 적용해봅시다.

코드 4-20 visibility 속성에 hidden 키워드 적용

```
<style>
    #box {
        visibility: hidden;
    }
</style>
```

코드를 실행하면 그림 4-17처럼 출력합니다.

그림 4-17 visibility 속성에 hidden 키워드 적용

지금 빨리 그림 4-11을 살펴보세요. display 속성을 사용했을 때와 차이점을 알 수 있나요?

"가운데 빈 공간이 생성되네요?"

맞습니다. display 속성을 사용하면 태그가 화면에서 제거되지만 visibility 속성을 사용하면 화면에서 보이지 않을 뿐입니다.

TIP

collapse 키워드

collapse 키워드는 인터넷 익스플로러와 파이어폭스에서만 작동하며 **table** 태그에 사용하는 키워드입니다. 바로 예제와 실행 결과를 살펴봅시다.

코드 4-21 table 태그의 visibility 속성에 collapse 키워드 적용

```html
<!DOCTYPE html>
<html>
<head>
    <title>CSS3 Selector Basic Page</title>
    <style>
        table {
            visibility: collapse;
        }
    </style>
</head>
<body>
    <p>Lorem ipsum dolor sit amet, consectetur adipiscing elit.</p>
    <table>
        <tr><td>Test</td><td>Test</td></tr>
        <tr><td>Test</td><td>Test</td></tr>
        <tr><td>Test</td><td>Test</td></tr>
    </table>
    <p>Lorem ipsum dolor sit amet, consectetur adipiscing elit.</p>
</body>
</html>
```

코드 4-21을 실행하면 그림 4-18처럼 실행됩니다.

Lorem ipsum dolor sit amet, consectetur adipiscing elit.

Lorem ipsum dolor sit amet, consectetur adipiscing elit.

그림 4-18 table 태그의 visibility 속성에 collapse 키워드 적용

참고로 hidden 키워드를 적용했을 경우에는 그림 4-19처럼 출력합니다.

Lorem ipsum dolor sit amet, consectetur adipiscing elit.

Lorem ipsum dolor sit amet, consectetur adipiscing elit.

그림 4-19 table 태그의 visibility 속성에 hidden 키워드 적용

2가지를 비교해보면 차이를 금새 알 수 있을 것입니다. **collapse** 키워드를 적용하면 **table** 태그가 차지하는 영역이 없어져 버립니다. 반면에 **hidden** 키워드를 적용하면 차지하는 영역은 그대로 두고 보이지만 않게 됩니다.

opacity 속성

opacity 속성은 태그의 투명도를 조절하는 스타일 속성입니다. **opacity** 속성에는 0.0부터 1.0 사이의 숫자를 입력할 수 있으며 0.0은 투명한 상태를 나타내고 1.0은 불투명한 상태를 나타냅니다.

예를 들어 코드 4-22처럼 0.2를 적용하면 약간 투명한 상태로 보입니다.

코드 4-22 opacity 속성

```
<style>
    #box {
        background-color: black;
        color: white;

        opacity: 0.2;
    }
</style>
```

코드를 실행하면 그림 4-20처럼 출력합니다.

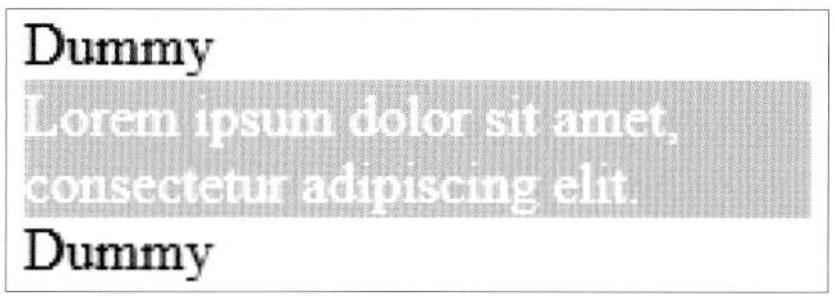

Dummy
Lorem ipsum dolor sit amet,
consectetur adipiscing elit.
Dummy

그림 4-20 opacity 속성

간단하게 **opacity** 속성을 모두 살펴보았습니다.

4.4 / 박스 속성

박스 속성은 웹 페이지의 레이아웃을 구성할 때 가장 중요한 스타일 속성입니다. CSS는 다음과 같은 속성을 모두 합쳐 박스 속성이라고 이야기합니다.

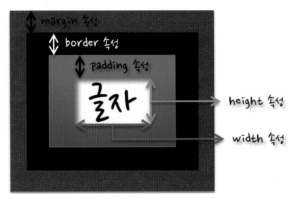

그림 4-21 박스 속성

테두리border 속성은 내용이 많으므로 다음 절에서 다루겠습니다. 이 절에서는 width 속성, height 속성, margin 속성, padding 속성을 알아보겠습니다.

width 속성과 height 속성

width 속성과 height 속성은 글자를 감싸는 영역의 크기를 지정하는 스타일 속성입니다. width 속성과 height 속성은 이름만 들어도 어떠한 스타일 속성인지 알 수 있겠죠? 간단한 속성이니 바로 코드 4-23처럼 입력하고 실행하겠습니다.

코드 4-23 width 속성과 height 속성

```
<!DOCTYPE html>
<html>
<head>
    <title>CSS Property Basic</title>
    <style>
        div {
```

```
            width: 100px; height: 100px;
            background-color: red;
        }
    </style>
</head>
<body>
    <div></div>
</body>
</html>
```

코드를 실행하면 그림 4-22처럼 출력합니다. div 태그의 너비와 높이가 100픽셀로 지정됩니다.

그림 4-22 width 속성과 height 속성

margin 속성과 padding 속성

margin 속성은 마진의 너비를 지정하는 속성이고 padding 속성은 패딩의 너비를 지정하는 속성입니다. 마진과 패딩을 대체할 한국어가 없어서 이해하기 힘들 수 있습니다. 그림 4-21을 참고해보세요.

코드 4-24는 margin 속성에 10픽셀을 적용하고 padding 속성에 30픽셀을 적용했습니다.

코드 4-24 margin 속성과 padding 속성

```
<!DOCTYPE html>
<html>
<head>
    <title>CSS Property Basic</title>
    <style>
        div {
            width: 100px; height: 100px;
            background-color: red;

            border: 20px solid black;
            margin: 10px; padding: 30px;
        }
```

```
    </style>
</head>
<body>
    <div></div>
</body>
</html>
```

코드를 실행하면 그림 4-23처럼 출력합니다.

그림 4-23 margin 속성과 padding 속성

border 속성은 아직 배우지 않았지만 짚고 넘어갈 중요 사항이 있어서 사용했습니다. 요소 검사를
사용해 코드를 분석하면 그림 4-24 왼쪽 그림처럼 출력합니다. 그림 4-24 오른쪽 그림은 margin
속성과 padding 속성을 사용하지 않은 그림입니다.

그림 4-24 width 속성과 height 속성의 사용 범위

그림 4-24를 보면 알 수 있지만 width 속성과 height 속성은 글자가 들어가는 영역의 너비와 높
이를 지정합니다. 따라서 태그 전체의 크기는 다음 공식으로 나타낼 수 있습니다. margin 속성,
border 속성, padding 속성은 양쪽에 2개씩 위치하므로 2를 곱하는 것입니다.

$$전체\ 너비 = width + 2 \times (margin + border + padding)$$
$$전체\ 높이 = height + 2 \times (margin + border + padding)$$

margin 속성과 padding 속성은 왼쪽, 오른쪽, 위쪽, 아래쪽을 각각 지정할 수 있습니다. 그림 4-25 를 보면 어떻게 사용하는지 쉽게 알 수 있을 것입니다.

그림 4-25 각 방향에 margin 속성과 padding 속성 사용

margin 속성만 사용해도 각각의 너비를 별도로 지정할 수 있습니다. 이때 지정하는 형식은 다음과 같습니다.

margin: [margin-top] [margin-right] [margin-bottom] [margin-left]

그리고 코드 4-25처럼 margin 속성과 padding 속성에 2개의 값을 적용하는 경우도 있습니다.

코드 4-25 margin 속성과 padding 속성에 2개의 값 적용

```
<style>
    div {
        width: 100px; height: 100px;
        background-color: red;

        /* margin: 위아래 왼쪽오른쪽 */
        /* padding: 위아래 왼쪽오른쪽 */
        margin: 0 30px; padding: 0 30px;
    }
</style>
```

코드를 실행하면 그림 4-26처럼 출력합니다. 4개의 방향을 2개씩 묶어 지정하는 것이므로 어렵게 생각하지 마세요.

그림 4-26 margin 속성과 padding 속성에 2개의 값 적용

box-sizing 속성

이전에 `width` 속성과 `height` 속성은 글자를 감싸는 영역의 크기를 지정하는 스타일 속성이라고 이야기했습니다. `box-sizing` 속성은 이러한 공식을 변경할 수 있는 CSS3 속성입니다.

`box-sizing` 속성은 `width` 속성과 `height` 속성이 차지하는 범위를 지정합니다. `box-sizing` 속성은 그림 4-27의 키워드를 사용합니다.

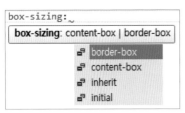

그림 4-27 box-sizing 속성에 사용할 수 있는 키워드

`box-sizing` 속성은 어려운 속성이므로 예제를 만들고 살펴보겠습니다. 코드 4-26처럼 첫 번째 div 태그와 두 번째 div 태그에 `box-sizing` 속성을 사용합니다.

코드 4-26 box-sizing 속성

```
<!DOCTYPE html>
<html>
<head>
    <title>CSS3 Property Basic</title>
    <style>
        div {
            margin: 10px; padding: 10px;
            width: 100px; height: 100px;
            border: 10px solid black;
        }

        div:first-child {
            background: red;
            box-sizing: content-box;
        }

        div:last-child {
            background: orange;
            box-sizing: border-box;
        }
    </style>
</head>
```

```
<body>
    <div></div>
    <div></div>
</body>
</html>
```

코드를 실행하면 그림 4-28처럼 출력합니다.

content-box 키워드는 기본으로 적용되는 키워드입니다. content-box 키워드를 적용하면 width 속성과 height 속성이 글자가 들어가는 영역의 크기를 지정하게 만듭니다. 따라서 그림 4-28 빨간색 사각형의 전체 너비와 높이는 다음과 같은 공식으로 표기할 수 있습니다.

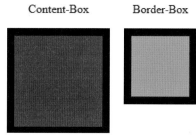

그림 4-28 box-sizing 속성

$$박스\ 너비 = width\ 속성 + 2 \times (margin\ 속성 + border\ 속성 + padding\ 속성)$$
$$박스\ 높이 = height\ 속성 + 2 \times (margin\ 속성 + border\ 속성 + padding\ 속성)$$

border-box 키워드는 width 속성과 height 속성이 테두리를 포함한 영역의 크기를 지정하게 만듭니다. 따라서 그림 4-28 노란색 사각형의 전체 너비와 높이는 다음과 같은 공식으로 표기할 수 있습니다.

$$박스\ 너비 = width\ 속성 + 2 \times margin\ 속성$$
$$박스\ 높이 = height\ 속성 + 2 \times margin\ 속성$$

따라서 빨간색 사각형이 노란색 사각형보다 큰 것입니다. 실행 결과를 분석하면 그림 4-29처럼 분석할 수 있습니다. width 속성과 height 속성의 사용 범위가 padding 속성과 border 속성을 포함하는지 아닌지를 살펴보세요.

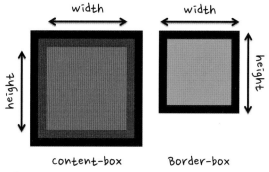

그림 4-29 content-box 키워드와 border-box 키워드

4.5 테두리 속성

테두리 속성은 원래 박스 속성입니다. 하지만 분량이 굉장히 많은 관계로 별도로 분류했습니다. 코드 4-27처럼 전체 코드를 입력하고 테두리 속성을 하나하나 살펴봅시다.

코드 4-27 HTML 페이지 구성

```
<!DOCTYPE html>
<html>
<head>
    <title>CSS3 Property Basic</title>
    <style>
        .box {

        }
    </style>
</head>
<body>
    <div class="box">
        <h1>Lorem ipsum dolor amet</h1>
    </div>
</body>
</html>
```

border-width 속성과 border-style 속성

이번 주제에서는 border-width 속성과 border-style 속성을 살펴보겠습니다. 우선 border-width 속성은 테두리의 너비를 지정하는 스타일 속성입니다. border-width 속성에는 크기 단위 또는 그림 4-30의 키워드를 사용합니다.

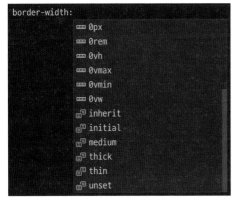

그림 4-30 border-width 속성에 사용 가능한 키워드

border-style 속성은 테두리의 형태를 지정하는 속성입니다. border-style 속성에는 그림 4-31의 키워드를 사용합니다. 각각의 스타일 키워드는 이번 주제를 모두 살펴본 이후에 직접 적용해보세요.

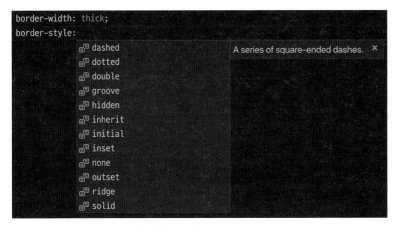

그림 4-31 border-style 속성에 사용 가능한 키워드

테두리를 넣을 때는 border-width 속성, border-style 속성과 border-color 속성을 모두 사용해야 합니다. 코드 4-28처럼 테두리를 입력해봅시다.

코드 4-28 테두리 속성

```
<style>
    .box {
        border-width: thick;
        border-style: dashed;
        border-color: black;
    }
</style>
```

코드를 실행하면 그림 4-32처럼 출력합니다. 두꺼운 dashed 형태의 검정색 테두리가 형성됩니다.

그림 4-32 테두리 속성

방금 살펴본 모든 속성은 그림 4-33처럼 border 속성을 사용해 한 번에 입력할 수 있습니다. 그림 4-33에는 ⟨br-width⟩ || ⟨br-style⟩ || ⟨color⟩라고 나오는데요. 지금까지 살펴본 border-width, border-style, border-color 속성을 띄어쓰기로 구분해서 입력하면 됩니다.

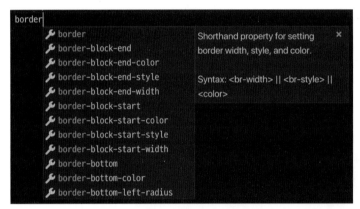

그림 4-33 border 속성

코드 4-28을 한 줄로 입력하면 코드 4-29처럼 입력할 수 있습니다.

코드 4-29 border 속성

```
<style>
    .box {
        border: thick dashed black;
    }
</style>
```

TIP 부분 스타일 지정

border 속성은 margin 속성과 padding 속성처럼 left, top, right, bottom 부분의 값을 적용할 수 있습니다. 그림 4-34를 보면 어떻게 사용하는지 쉽게 이해할 수 있을 것입니다.

```
border-left
  🔧 border-left              Shorthand property for setting    ✕
  🔧 border-left-color        border width, style and color
  🔧 border-left-style
  🔧 border-left-width        Syntax: <br-width> || <br-style> ||
  🔧 border-top-left-radius   <color>
  🔧 border-bottom-left-radius
  🔧 -moz-border-left-colors
```

그림 4-34 각각의 테두리 값 적용

border-radius 속성

border-radius 속성은 CSS3에서 추가된 속성입니다. border-radius 속성을 사용하면 테두리가 둥근 사각형 또는 원을 만들 수 있습니다.

border-radius 속성이 추가되기 이전에는 테두리가 둥근 버튼을 만들 때 그림 4-35처럼 테두리가 둥근 이미지를 만들어서 사용했습니다.

그림 4-35 과거 다음 메인 페이지의 모서리가 둥근 메뉴

하지만 border-radius 속성을 사용하면 테두리가 둥근 버튼을 별도의 이미지 없이 만들 수 있습니다. border-radius 속성에는 코드 4-30처럼 크기 단위를 적용합니다.

코드 4-30 border-radius 속성

```
<style>
    .box {
        border: thick dashed black;
        border-radius: 20px;
    }
</style>
```

코드를 입력하고 실행하면 그림 4-36처럼 테두리가 둥근 사각형이 만들어집니다.

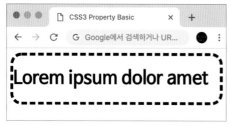

그림 4-36 border-radius 속성

border-radius 속성에는 코드 4-31처럼 4개의 크기 단위를 각각 적용할 수도 있습니다.

코드 4-31 각각의 모서리에 다른 border-radius 속성 사용

```
<style>
    .box {
        border: thick dashed black;

        /* border-radius: 왼쪽위 오른쪽위 오른쪽아래 왼쪽아래 */
        border-radius: 50px 40px 20px 10px;
    }
</style>
```

이렇게 코드를 입력하면 그림 4-37처럼 네 테두리에 서로 다른 크기가 적용됩니다.

그림 4-37 각각의 모서리에 다른 border-radius 속성 사용

4.6 / 배경 속성

배경 속성은 특정 태그의 배경 이미지 또는 색상을 지정하는 스타일 속성입니다.

background-image 속성

background-image 속성은 배경에 넣을 그림을 지정하는 스타일 속성입니다. background-image 속성에는 그림 4-38처럼 URL 단위 또는 그레이디언트 등을 입력합니다.

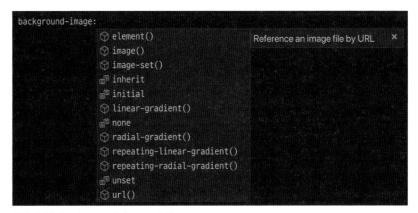

그림 4-38 background-image 속성

그레이디언트는 4.12에서 살펴볼 것입니다. 그러므로 이 절에서는 URL 단위를 사용해봅시다. 우선 폴더를 그림 4-39처럼 구성합니다. 각각의 이미지는 예제 사이트에서 제공하는 예제 파일에 있습니다.

BackgroundBack.png **BackgroundFront.png** **HTMLPage.html**
그림 4-39 폴더 구성

background-image 속성은 코드 4-32처럼 URL 단위를 입력합니다.

```
<!DOCTYPE html>
<html>
<head>
    <title>CSS3 Property Basic</title>
    <style>
        body {
            background-image: url('BackgroundFront.png');
        }
    </style>
</head>
<body>

</body>
</html>
```

코드를 실행하면 그림 4-40처럼 배경 이미지가 적용됩니다.

그림 4-40 background-image 속성

CSS3 이전에는 이렇게 배경 이미지를 1개씩만 적용할 수 있었습니다. 하지만 CSS3부터는 코드 4-33처럼 여러 개의 배경 이미지를 적용할 수 있습니다.

코드 4-33 이미지 중첩 적용

```
<style>
    body {
        background-image: url('BackgroundFront.png'), url('BackgroundBack.png');
    }
</style>
```

여러 개의 배경을 적용할 경우에는 왼쪽에 위치한 이미지가 앞으로 나옵니다. 코드를 실행하면 2개의 이미지가 층을 이루어 그림 4-41처럼 출력합니다.

그림 4-41 이미지 중첩

background-size 속성

방금 전 그림이 인간적으로 너무 크다고 생각할 것입니다. 이제 그림을 조금 작게 만들어봅시다. 그림 크기를 조절할 때는 `background-size` 속성을 사용합니다. `background-size` 스타일 속성은 CSS3에서 추가된 속성이므로 인터넷 익스플로러 8 이하에서는 사용할 수 없습니다.

`background-size` 속성에는 크기 단위 또는 그림 4-42의 키워드를 사용합니다.

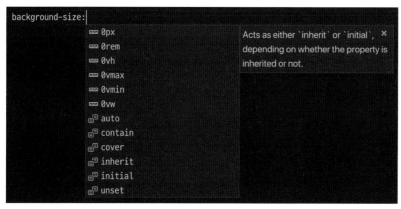

그림 4-42 background-size 속성

background-size 속성은 1개 또는 2개의 크기 단위를 적용하며 각각 너비와 높이를 의미합니다. 코드 4-34처럼 background-size 속성에 하나의 크기 단위를 적용해봅시다.

코드 4-34 background-size 속성의 너비

```
<style>
    body {
        background-image: url('BackgroundFront.png'), url('BackgroundBack.png');
        background-size: 100%;
    }
</style>
```

코드를 실행하면 그림 4-43처럼 너비를 꽉 채우는 배경 이미지를 확인할 수 있습니다.

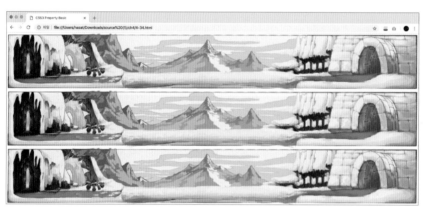

그림 4-43 background-size 속성의 너비

background-size 속성의 두 번째 위치에 크기 단위를 적용하면 이는 높이를 의미합니다.

코드 4-35 background-size 속성의 높이

```
<style>
    body {
        background-image: url('BackgroundFront.png'), url('BackgroundBack.png');
        background-size: 100% 250px;
    }
</style>
```

코드 4-35에서 높이에 250픽셀을 적용했으므로 그림 4-44처럼 높이가 250픽셀로 적용됩니다.

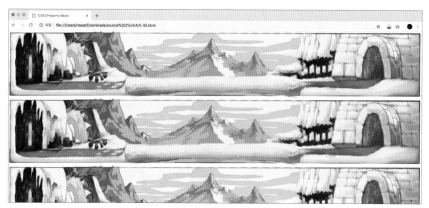

그림 4-44 background-size 속성의 높이

background-size 속성에 숫자를 띄어쓰기로 구분하는 것과 쉼표로 구분하는 것은 다릅니다. 쉼표를 사용하면 각각의 배경에 서로 다른 크기를 적용하는 것으로 인식합니다.

코드 4-36처럼 쉼표를 사용해 크기 단위를 적용하면 BackgroundFront.png 파일은 너비가 100%로 적용되고 BackgroundBack.png 파일은 너비가 200%로 적용됩니다.

코드 4-36 중첩 이미지의 크기 조정

```
<style>
    body {
        background-image: url('BackgroundFront.png'), url('BackgroundBack.png');
        background-size: 100%, 200%;
    }
</style>
```

background-size 속성의 키워드

background-size 속성에는 contain 키워드와 cover 키워드를 적용할 수 있습니다. background-size 속성에 contain 키워드를 적용하면 그림 4-45처럼 출력합니다.

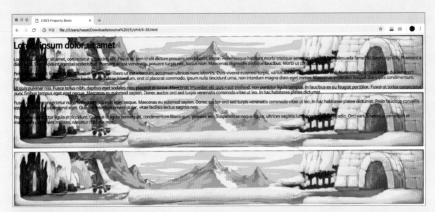

그림 4-45 contain 키워드

그림 4-45를 보면 너비를 100%로 적용한 것과 같은 결과라는 것을 알 수 있을 것입니다. contain 키워드는 이렇게 너비를 100%로 적용한 것과 같은 효과를 냅니다.

반면에 그림 4-46은 cover 키워드를 적용한 결과입니다. 높이를 100%로 적용한 것과 같은 효과를 낸다는 것을 한 눈에 알 수 있을 것입니다.

그림 4-46 cover 키워드

background-repeat 속성

그림 4-44를 살펴보면 그림이 패턴을 이루어 여러 개 출력됩니다. 이는 background-repeat 속성의 기본 키워드가 repeat이므로 나타나는 현상입니다. background-repeat 속성에는 그림 4-47의

키워드를 사용합니다.

```
background-repeat:|
         inherit                    Acts as either `inherit` or `initial`,  ×
         initial                    depending on whether the property is
         no-repeat                  inherited or not.
         repeat
         repeat-x
         repeat-y
         round
         space
         unset
```

그림 4-47 background–repeat 속성

repeat 키워드를 적용하면 이미지가 패턴을 이루고 **repeat-x** 키워드를 적용하면 X축 방향으로 이미지가 반복됩니다. 마찬가지로 **repeat-y** 키워드를 적용하면 Y축 방향으로 이미지가 반복됩니다.

간단하게 코드 4–37처럼 **no-repeat** 키워드를 적용해봅시다.

코드 4-37 background–repeat 속성에 no–repeat 키워드 적용

```
<style>
    body {
        background-image: url('BackgroundFront.png'), url('BackgroundBack.png');
        background-size: 100%;
        background-repeat: no-repeat;
    }
</style>
```

코드를 실행하면 그림 4–48처럼 반복 없이 배경 이미지가 적용됩니다.

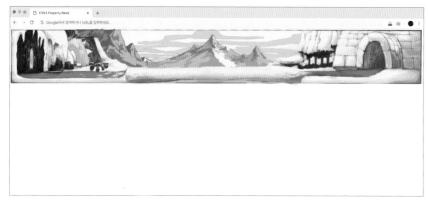

그림 4-48 background–repeat 속성에 no–repeat 키워드 적용

background-attachment 속성

background-attachment 속성은 배경 이미지를 어떠한 방식으로 화면에 붙일 것인지를 지정하는 스타일 속성입니다. background-attachment 속성에는 그림 4-49의 키워드를 사용합니다.

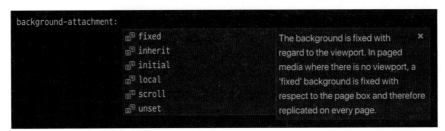

그림 4-49 background-attachment 속성에 사용 가능한 키워드

우선 코드 4-38처럼 HTML 페이지를 만들어봅시다. body 태그 내부에 스크롤을 형성할 수 있을 정도의 글을 입력해주세요.

코드 4-38 background-attachment 속성

```html
<!DOCTYPE html>
<html>
<head>
    <title>CSS3 Property Basic</title>
    <style>
        body {
            background-color: #E7E7E8;
            background-image: url('BackgroundFront.png'), url('BackgroundBack.png');
            background-size: 100%;
            background-repeat: no-repeat;
        }
    </style>
</head>
<body>
    <h1>Lorem ipsum dolor sit amet</h1>
    <p>Lorem ipsum dolor sit amet, consectetur adipiscing elit.</p>
    <p>Pellentesque est velit, laoreet vel rhoncus sit amet.</p>
    <p>Proin vitae elit est, ut accumsan arcu. Sed consectetur.</p>
    <p>Donec molestie massa id lorem hendrerit eu bibendum augue vestibulum.</p>
    <p>Morbi ut lorem in purus facilisis vulputate. Sed purus nibh.</p>
</body>
</html>
```

그럼 이제 코드를 실행해봅시다. 처음 웹 페이지가 실행되면 그림 4-50처럼 출력합니다.

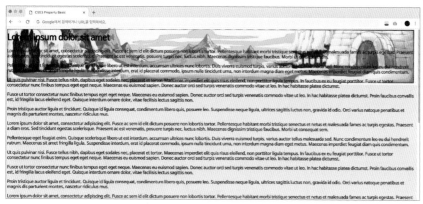

그림 4-50 background-attachment 속성(1)

스크롤을 내리면 배경 이미지가 위로 올라가 사라집니다.

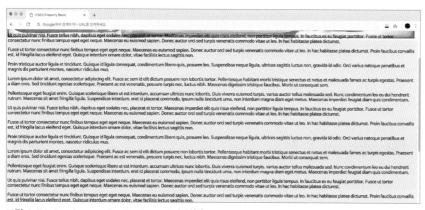

그림 4-51 background-attachment 속성(2)

background-attachment 속성의 기본 키워드는 scroll 키워드입니다. scroll 키워드는 화면 스크롤에 따라 배경 이미지가 함께 이동한다는 것을 적용합니다.

이번에는 코드 4-39처럼 background-attachment 속성에 fixed 키워드를 적용합시다.

코드 4-39 background-attachment 속성에 fixed 키워드 적용

```
<style>
    body {
        background-color: #E7E7E8;
        background-image: url('BackgroundFront.png'), url('BackgroundBack.png');
```

```
        background-size: 100%;
        background-repeat: no-repeat;
        background-attachment: fixed;
    }
</style>
```

이제 스크롤을 내려도 배경 이미지가 고정됩니다.

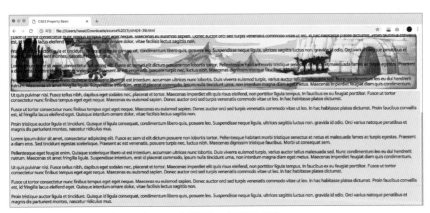

그림 4-52 background-attachment 속성에 fixed 키워드 적용

background-position 속성

이제 마지막으로 background-position 속성을 살펴봅시다. background-position 속성에는 크기 단위 또는 그림 4-53의 키워드를 사용합니다.

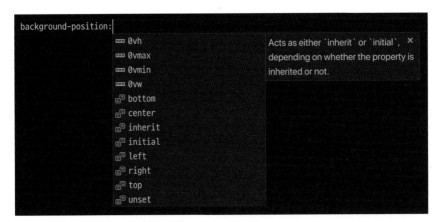

그림 4-53 background-position 속성

background-position 속성에는 다음과 같은 형태로 값을 적용합니다.

- background-position: 키워드;
- background-position: X축크기;
- background-position: X축크기 Y축크기;

예를 들어 코드 4-40은 background-position 속성에 키워드 하나를 적용했습니다.

코드 4-40 background-position 속성에 bottom 키워드 적용

```
<style>
    body {
        background-color: #E7E7E8;
        background-image: url('BackgroundFront.png'), url('BackgroundBack.png');
        background-size: 100%;
        background-repeat: no-repeat;
        background-attachment: fixed;
        background-position: bottom;
    }
</style>
```

코드를 실행하면 배경 이미지가 아래에 붙습니다.

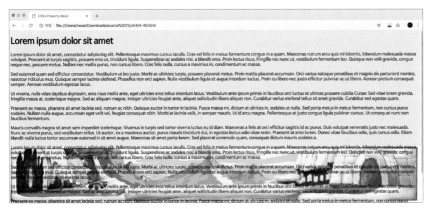

그림 4-54 background-position 속성에 bottom 키워드 적용

2개의 값을 입력하면 각각 X축 위치와 Y축 위치를 적용합니다. 코드 4-41은 X축 위치를 0픽셀로 적용하고 Y축 위치를 50%로 적용하는 코드입니다.

코드 4-41 background-position 속성에 크기 단위 적용

```
<style>
    body {
        background-color: #E7E7E8;
        background-image: url('BackgroundFront.png'), url('BackgroundBack.png');
        background-size: 100%;
        background-repeat: no-repeat;
        background-attachment: fixed;
        background-position: 0px 50%;
    }
</style>
```

간단한 내용이므로 쉽게 이해할 수 있을 것이라 생각합니다. background-position 속성은 스프라이트 이미지를 만들 때 자주 사용합니다. 스프라이트 이미지와 관련된 내용은 6장에서 다루겠습니다.

TIP

background 속성

지금까지 배운 모든 배경 속성은 background 속성에 한 번에 사용할 수 있습니다.

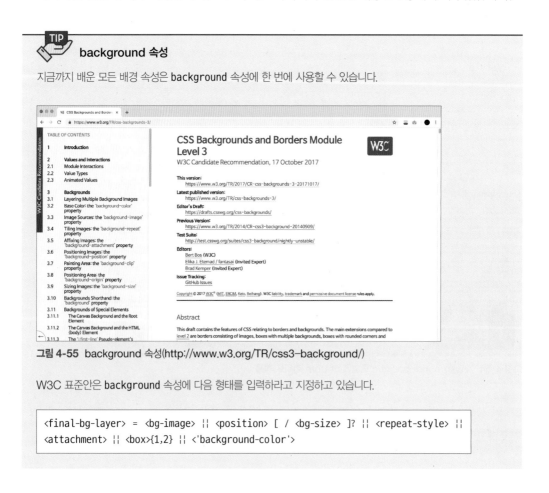

그림 4-55 background 속성(http://www.w3.org/TR/css3-background/)

W3C 표준안은 background 속성에 다음 형태를 입력하라고 지정하고 있습니다.

```
<final-bg-layer> = <bg-image> || <position> [ / <bg-size> ]? || <repeat-style> ||
<attachment> || <box>{1,2} || <'background-color'>
```

지금까지 배운 배경 속성을 정리하면 코드 4–42처럼 정리할 수 있습니다.

코드 4-42 이 절에서 다룬 background 속성

```
background-image: url('BackgroundBack.png');
background-position: bottom;
background-size: 100%;
background-repeat: no-repeat;
background-attachment: fixed;
background-color: #E7E7E8;
```

이를 한 줄로 입력하면 코드 4–43처럼 입력할 수 있습니다.

코드 4-43 background 속성

```
<style>
    body {
        background: url('BackgroundFront.png') bottom / 100% no-repeat fixed,
            url('BackgroundBack.png') bottom / 100% no-repeat fixed #E7E7E8;
    }
</style>
```

개인적인 생각이지만 배경 속성을 한 줄로 쓰면 너무 복잡합니다. 용량을 조금이라도 줄이려는 특별한 목적이 아니라면 그냥 코드 4–42처럼 입력해주세요.

4.7 / 폰트 속성

폰트 속성은 글자와 관련된 스타일 속성을 의미합니다. 원래 HTML 페이지는 대학에서 원격으로 논문을 제출하고 확인하는 용도로 만들어졌습니다. 따라서 HTML 페이지에는 글자와 관련된 속성이 굉장히 많습니다. 이 절에서는 글자와 관련된 속성을 모두 살펴보겠습니다.

font-size 속성

font-size 속성은 글자의 크기를 지정하는 스타일 속성입니다. font-size 속성에는 크기 단위 또는 그림 4-56의 키워드를 사용합니다.

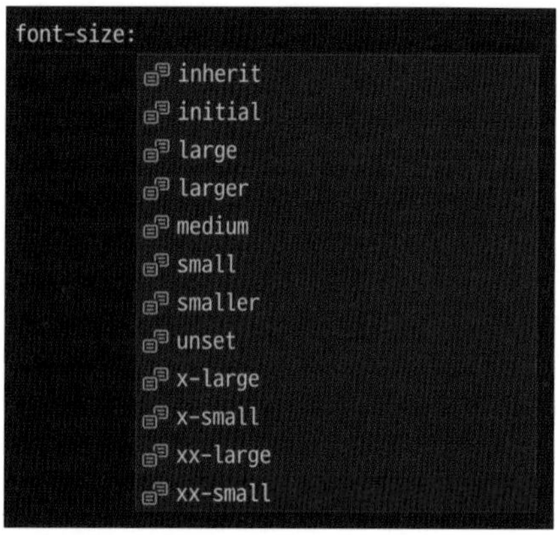

```
font-size:
          inherit
          initial
          large
          larger
          medium
          small
          smaller
          unset
          x-large
          x-small
          xx-large
          xx-small
```

그림 4-56 font-size 속성

간단한 속성이므로 코드 4-44처럼 코드를 입력하고 실행해봅시다.

코드 4-44 font-size 속성

```
<!DOCTYPE html>
<html>
<head>
    <title>CSS3 Font Property</title>
    <style>
        .a { font-size: 32px; }
```

```
        .b { font-size: 2em; }
        .c { font-size: large; }
        .d { font-size: small; }
    </style>
</head>
<body>
    <h1>Lorem ipsum</h1>
    <p class="a">Lorem ipsum</p>
    <p class="b">Lorem ipsum</p>
    <p class="c">Lorem ipsum</p>
    <p class="d">Lorem ipsum</p>
</body>
</html>
```

코드를 실행하면 그림 4-57처럼 출력합니다. 굉장히 쉬운 내용이므로 쉽게 사용할 수 있을 것입니다.

그림 4-57 font-size 속성 사용

참고로 h1 태그의 기본 크기는 32픽셀이고 p 태그의 기본 크기는 16픽셀입니다.

font-family 속성

font-family 속성은 폰트를 지정하는 스타일 속성입니다. font-family 속성에는 그림 4-58처럼 사용자 컴퓨터에 설치된 폰트를 사용합니다.

```
font-family:
            'Courier New', Courier, monospace
            'Franklin Gothic Medium', 'Arial Narrow
            'Gill Sans', 'Gill Sans MT', Calibri, '
            'Lucida Sans', 'Lucida Sans Regular', '
            'Segoe UI', Tahoma, Geneva, Verdana, sa
            'Times New Roman', Times, serif
            'Trebuchet MS', 'Lucida Sans Unicode',
            -apple-system, BlinkMacSystemFont, 'Seg
            Arial, Helvetica, sans-serif
            Cambria, Cochin, Georgia, Times, 'Times
            cursive
            fantasy
```

그림 4-58 font-family 속성

코드 4-45처럼 입력해봅시다. 일반적으로 한 단어로 이루어진 폰트는 따옴표를 사용하지 않습니다. 하지만 두 단어 이상으로 이루어지는 단어는 따옴표를 반드시 사용해야 합니다.

코드 4-45 font-family 속성

```
<!DOCTYPE html>
<html>
<head>
    <title>CSS3 Font Property</title>
    <style>
        .font_arial { font-family: Arial; }
        .font_roman { font-family: 'Times New Roman'; }
    </style>
</head>
<body>
    <h1 class="font_arial">Lorem ipsum</h1>
    <p class="font_roman">Lorem ipsum</p>
</body>
</html>
```

코드를 실행하면 그림 4-59처럼 폰트가 적용됩니다.

그런데 폰트를 적용할 때는 몇 가지 주의할 점이 있습니다. 개발하고 있는 우리의 컴퓨터에는 설치되어 있지만 우리가 개발한 웹 페이지를 사용할 사용자에게는 폰트가 설치되어 있지 않을 수 있습니다.

그림 4-59 font-family 속성 사용

일반적으로 이러한 문제를 예방하고자 코드 4-46처럼 `font-family` 속성을 여러 개 사용합니다.

코드 4-46 여러 개의 font-family 속성 사용

```html
<!DOCTYPE html>
<html>
<head>
    <title>CSS3 Font Property</title>
    <style>
        .font_arial { font-family: '없는 폰트', Arial; }
        .font_roman { font-family: 'Times New Roman', Arial; }
    </style>
</head>
<body>
    <h1 class="font_arial">Lorem ipsum</h1>
    <p class="font_roman">Lorem ipsum</p>
</body>
</html>
```

웹 브라우저는 이렇게 지정한 폰트를 사용자의 컴퓨터에서 차례대로 찾아 출력합니다.

하지만 다국어 웹 페이지를 제공할 경우 사용자에게 무슨 폰트가 있는지 일일이 확인할 수 없습니다. 이러한 문제를 해결하고자 `font-family` 속성의 가장 마지막 폰트에는 Serif 폰트(명조체), Sans-serif 폰트(고딕체), Mono space 폰트(고정폭 글꼴)를 적용합니다.

그림 4-60 여러 개의 font-family 속성 사용

> NOTE 모서리에 돌기가 있는 글자를 Serif 폰트(명조체)라고 부르고 모서리에 돌기가 없는 글자를 Sans-serif 폰트(고딕체)라고 부릅니다. 그림 4-61의 왼쪽이 Serif 폰트이고 오른쪽이 Sans-serif 폰트입니다.
>
> # AaBbCc AaBbCc
>
> **그림 4-61** generic-family 폰트

이 폰트는 웹 브라우저에서 지정하는 폰트로 generic-family 폰트라고 부릅니다. 예를 들어 크롬의 도구에서 폰트 설정을 살펴보면 그림 4-62처럼 설정되어 있습니다. 만약 이러한 웹 브라우저에서 Serif 폰트를 사용하면 Adobe Arabic 폰트의 궁서체를 출력합니다.

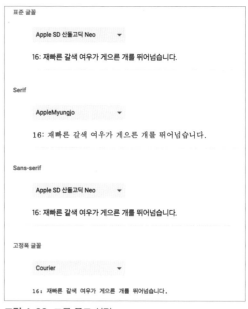

그림 4-62 크롬 폰트 설정

코드를 코드 4-47처럼 입력해봅시다. 일부러 절대 존재하지 않을 이름의 폰트를 적용했습니다.

코드 4-47 generic-family 폰트

```html
<!DOCTYPE html>
<html>
<head>
    <title>CSS3 Font Property</title>
    <style>
        .font_arial { font-family: '없는 폰트', sans-serif; }
        .font_roman { font-family: '없는 폰트', serif; }
    </style>
</head>
<body>
    <h1 class="font_arial">Lorem ipsum</h1>
    <p class="font_roman">Lorem ipsum</p>
</body>
</html>
```

> 인터넷 익스플로러에서는 sans-serif 폰트와 serif 폰트에 따옴표를 적용하면 안 됩니다.

코드를 실행하면 웹 브라우저는 우선 '없는 폰트' 폰트가 있는지 확인합니다. 폰트가 사용자의 컴퓨터에 설치되어 있지 않으므로 그림 4-63처럼 사용자의 웹 브라우저에서 설정된 고유의 폰트를 출력합니다.

그림 4-63 generic-family 폰트 사용

font-style 속성과 font-weight 속성

font-style 속성과 font-weight 속성은 폰트의 기울기 또는 두께를 조정하는 스타일 속성입니다. font-style 속성에는 그림 4-64의 키워드를 사용합니다.

그림 4-64 font-style 속성

font-weight 속성에는 숫자 또는 그림 4-65의 키워드를 사용합니다.

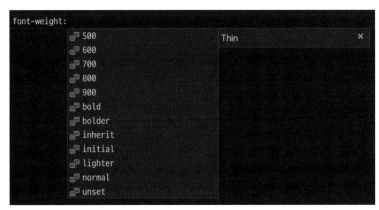

그림 4-65 font-weight 속성

간단한 내용이므로 코드 4-48을 입력하고 실행 결과를 확인해봅시다.

코드 4-48 font-style 속성과 font-weight 속성

```html
<!DOCTYPE html>
<html>
<head>
    <title>CSS3 Font Property</title>
    <style>
        .font_big { font-size: 2em; }
        .font_italic { font-style: italic; }
        .font_bold { font-weight: bold; }
    </style>
```

```
    </head>
    <body>
        <p class="font_big font_italic font_bold">Lorem ipsum dolor amet</p>
    </body>
</html>
```

코드를 실행하면 그림 4-66처럼 굵고 크고 기울어
진 글자를 출력합니다.

참고로 일반 폰트의 두께는 400이고 두꺼운 폰트의
두께는 700입니다. 또한 두께를 지원하지 않는 폰
트는 font-weight 속성을 사용해 두께를 조절할 수
없습니다.

그림 4-66 font-style 속성과 font-weight 속성

line-height 속성

이제 단어 font로 시작하지 않지만 폰트와 관련된 속성을 살펴봅시다. line-height 속성은 글자의
높이를 지정합니다. 현대의 HTML 페이지는 문서 형태보다 애플리케이션 형태로 사용하므로 글자
의 높이를 지정하는 기능보다 글자를 수직 중앙 정렬할 때 사용합니다.

우선 코드 4-49를 살펴봅시다. div 태그를 사용하여 간단한 버튼을 만드는 코드입니다.

코드 4-49 버튼 생성

```
<!DOCTYPE html>
<html>
<head>
    <title>CSS3 Font Property</title>
    <style>
        .font_big { font-size: 2em; }
        .font_italic { font-style: italic; }
        .font_bold { font-weight: bold; }
        .font_center { text-align: center; }

        .button {
            width: 150px;
            height: 70px;
            background-color: #FF6A00;
```

```
                border: 10px solid #FFFFFF;
                border-radius: 30px;
                box-shadow: 5px 5px 5px #A9A9A9;
            }

            .button > a {
                display: block;
            }
        </style>
    </head>
    <body>
        <div class="button">
            <a href="#" class="font_big font_italic font_bold font_center">Click</a>
        </div>
    </body>
</html>
```

코드를 실행하면 그림 4–67처럼 그럴듯한 버튼이 만들어집니다. 글자가 수평으로는 중앙 정렬되지만 수직으로는 중앙 정렬되지 않습니다.

CSS는 block 형식을 가지는 태그를 수직 정렬할 수 있는 스타일 속성이 없습니다. 따라서 대체 방안으로 코드 4–50처럼 line-height 속성을 사용합니다.

그림 4-67 글자가 수직 중앙 정렬되지 않은 버튼

코드 4-50 line-height 속성

```
.button {
    width: 150px;
    height: 70px;
    background-color: #FF6A00;
    border: 10px solid #FFFFFF;
    border-radius: 30px;
    box-shadow: 5px 5px 5px #A9A9A9;
}

.button > a {
    display: block;
    line-height: 70px;
}
```

> 글자를 감싸는 박스의 높이와 같은 크기의 line-height 속성을 사용했습니다.

line-height 속성에 글자를 감싸는 박스의 높이와 같은 크기인 70픽셀을 적용했습니다. 이렇게 하면 그림 4-68처럼 글자가 수직으로 중앙 정렬됩니다.

자주 사용하는 내용이므로 꼭 기억해주세요.

지금까지 살펴본 폰트 속성은 그림 4-69처럼 한꺼번에 사용할 수 있습니다.

그림 4-68 line-height 속성

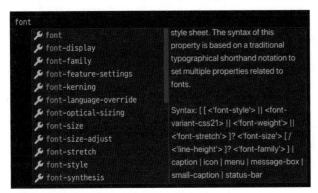

그림 4-69 font 속성

각각의 속성을 font-style font-weight font-size / line-height font-family 형태로 입력합니다. font-size 속성과 line-height 속성 사이에는 '/' 문자를 입력해야 하므로 주의하세요(너무 복잡하니 하나하나 입력하는 것이 쉽습니다).

text-align 속성

이번에 살펴볼 스타일 속성은 text-align 속성입니다. 이름만 보아도 글자의 정렬과 관련된 속성이라는 것을 알 수 있을 것입니다. text-align 속성에는 그림 4-70의 키워드를 사용합니다.

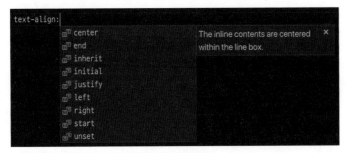

그림 4-70 text-align 속성에 사용 가능한 키워드

간단하게 코드 4-51처럼 코드를 입력하고 실행해봅시다.

코드 4-51 text-align 속성

```
<!DOCTYPE html>
<html>
<head>
    <title>CSS3 Font Property</title>
    <style>
        .font_big { font-size: 2em; }
        .font_italic { font-style: italic; }
        .font_bold { font-weight: bold; }
        .font_center { text-align: center; }
        .font_right { text-align: right; }
    </style>
</head>
<body>
    <p class="font_big font_italic font_bold font_center">Lorem ipsum dolor amet</p>
    <p class="font_bold font_right">2019.02.14</p>
    <p>Lorem ipsum dolor sit amet, consectetur adipiscing elit.</p>
</body>
</html>
```

코드를 실행하면 그림 4-71처럼 글자가 정렬되어 출력됩니다.

그림 4-71 text-align 속성

TIP **text-align 속성과 영역**

text-align 속성과 관련된 질문 중에 가장 많이 들어오는 질문을 다루어 보겠습니다. 우선 다음 코드의 실행 결과부터 예측해봅시다.

코드 4-52 text-align 속성과 영역

```
<!DOCTYPE html>
<html>
<head>
    <title>CSS3 Font Property</title>
    <style>
        .font_center { text-align: center; }
    </style>
</head>
<body>
    <span class="font_center">Lorem ipsum dolor amet</span>
    <p class="font_center">Lorem ipsum dolor amet</p>
</body>
</html>
```

코드를 실행하면 그림 4-72처럼 span 태그의 text-align 속성이 사용되지 않습니다.

Lorem ipsum dolor amet
     Lorem ipsum dolor amet

그림 4-72 text-align 속성과 영역

이유는 굉장히 간단합니다. span 태그는 inline 형식을 가지므로 그림 4-73처럼 너비가 존재하지 않습니다. 따라서 중앙이라는 개념이 없으므로 **text-align** 속성을 사용할 수 없는 것입니다.

Lorem ipsum dolor amet
     Lorem ipsum dolor amet

그림 4-73 text-align 속성과 영역

text-decoration 속성

마지막으로 알아볼 폰트 관련 속성은 text-decoration 속성입니다. a 태그에 href 속성을 사용하면 그림 4-74처럼 글자에 밑줄이 생기고 글자의 색상이 파란색으로 변경됩니다.

그림 4-74 링크 표시

하지만 일반적인 웹 페이지에서는 링크에 밑줄이 없습니다. 바로 코드 4−53처럼 text-decoration 속성을 사용해서 밑줄을 제거했기 때문입니다.

코드 4-53 text−decoration 속성

```html
<!DOCTYPE html>
<html>
<head>
    <title>CSS3 Font Property</title>
    <style>
        a { text-decoration: none; }
    </style>
</head>
<body>
    <h1>
        <a href="#">Lorem ipsum dolor amet</a>
    </h1>
</body>
</html>
```

코드를 실행하면 그림 4−74의 링크가 그림 4−75처럼 변경됩니다. text-decoration 속성으로는 밑줄만 제거되며 색상은 color 속성을 사용해 별도로 적용해야 합니다.

그림 4-75 text−decoration 속성

4.8 / 위치 속성

프로그램을 개발할 때는 요소의 위치를 2가지 방법으로 설정합니다.

- **절대 위치 좌표** 요소의 X 좌표와 Y 좌표를 설정해 절대 위치를 지정합니다.
- **상대 위치 좌표** 요소를 입력한 순서를 통해 상대적으로 위치를 지정합니다.

우리는 지금까지 태그의 X 좌표와 Y 좌표를 직접적으로 설정한 적이 없습니다. 따라서 우리는 지금까지 상대 위치 좌표를 사용해 HTML 페이지를 만든 것입니다. 이 절에서는 절대 위치 좌표를 사용하는 방법을 알아보겠습니다.

> **NOTE** 위치 속성을 처음 접하면 머릿속이 약간 복잡할 것입니다. 일반적인 예를 들어 설명하겠습니다. 절대 위치 좌표는 드래그해서 만들 수 있으므로 상대 위치 좌표보다 개발하기 쉽습니다.
>
> 하지만 상대 위치 좌표가 훨씬 많이 사용됩니다. 예를 들어 안드로이드폰은 다양한 회사에서 만들므로 화면의 해상도가 다양합니다. 따라서 안드로이드는 상대 위치 좌표를 사용해 개발합니다. HTML 페이지도 사용자가 다양한 화면 크기로 실행할 수 있으므로 상대 위치 좌표를 사용합니다.
>
> "그렇다면 HTML 페이지는 절대 위치 좌표를 사용하지 않나요?"
>
> 일반적으로 절대 위치 좌표는 특정 크기의 영역을 지정한 태그 내부에서만 사용합니다. 책을 진행하다보면 어떠한 경우에 사용하는지 알 수 있을 것입니다.

position 속성

HTML 태그의 위치 설정 방법을 변경할 때는 position 속성을 사용합니다. position 속성에는 그림 4-76의 키워드를 사용합니다.

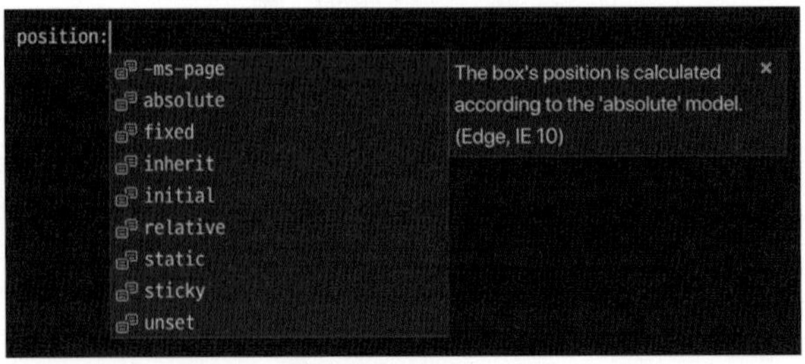

그림 4-76 position 속성에 사용할 수 있는 키워드

상대 위치 좌표를 사용할 때는 position 속성에 static 키워드 또는 relative 키워드를 적용합니다. static 키워드를 적용하면 태그가 "위에서 아래로"와 "왼쪽에서 오른쪽으로" 순서에 맞게 배치됩니다(direction 속성을 사용해 "오른쪽에서 왼쪽"으로 변경할 수 있습니다).

relative 키워드를 적용하면 static 키워드로 초기 위치가 지정된 상태에서 상하좌우로 이동할 수 있습니다. 반면에 절대 위치 좌표를 사용할 때는 position 속성에 absolute 키워드 또는 fixed 키워드를 적용합니다.

표 4-5 position 속성에 사용할 수 있는 키워드

키워드	설명
static	태그가 위에서 아래로 순서대로 배치됩니다.
relative	초기 위치 상태에서 상하좌우로 위치를 이동합니다.
absolute	절대 위치 좌표를 설정합니다.
fixed	화면을 기준으로 절대 위치 좌표를 설정합니다.

이번 소주제에서는 absolute 키워드와 관련된 내용을 알아보겠습니다. 우선 코드 4-54처럼 HTML 페이지를 구성합니다.

코드 4-54 position 속성

```html
<!DOCTYPE html>
<html>
<head>
    <title>CSS3 Property Basic</title>
    <style>
        .box {
            width: 100px; height: 100px;
            position: absolute;
        }
        .red { background-color: red; }
        .green { background-color: green; }
        .blue { background-color: blue; }
    </style>
</head>
<body>
    <div class="box red"></div>
    <div class="box green"></div>
    <div class="box blue"></div>
</body>
</html>
```

box 클래스가 있는 div 태그의 position 속성에 absolute 키워드를 적용했습니다. 코드를 실행하면 브라우저에 따라서 약간 다른 실행 결과를 보여줍니다.

인터넷 익스플로러는 그림 4-77의 왼쪽 그림처럼 출력합니다. 반면에 인터넷 익스플로러를 제외한 모든 웹 브라우저는 오른쪽 그림처럼 출력합니다.

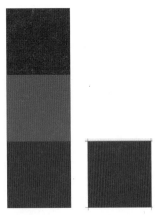

그림 4-77 인터넷 익스플로러의 실행 결과(왼쪽)와 그 외 브라우저의 실행 결과(오른쪽)

모든 브라우저의 출력 방식을 통일하려면 그림 4-78의 스타일 속성을 함께 사용해야 합니다.

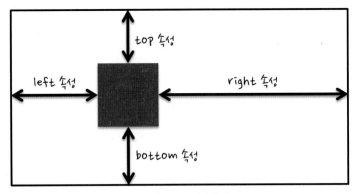

그림 4-78 position 속성과 함께 사용하는 스타일 속성

코드 4-55처럼 선택자에 left 속성과 top 속성을 사용합니다.

코드 4-55 position 속성과 함께 사용하는 스타일 속성

```
<style>
    .box {
        width: 100px; height: 100px;
        position: absolute;
    }
    .red {
        background-color: red;
        left: 10px; top: 10px;
    }
    .green {
        background-color: green;
        left: 50px; top: 50px;
    }
    .blue {
        background-color: blue;
        left: 90px; top: 90px;
    }
</style>
```

코드를 실행하면 그림 4-79처럼 각각의 태그가 위치를 잡습니다.

그림 4-79 position 속성을 사용한 위치 지정

빨간색 상자가 가장 아래에 있고 파란색 상자가 가장 위에 있는 것을 볼 수 있죠? 기본으로 HTML 페이지의 뒤에 입력한 태그가 상위에 올라갑니다.

z-index 속성

그림 4-79에서 뒤에 입력한 파란색 사각형이 위로 올라옵니다. 이러한 순서를 변경하고 싶을 때는 z-index 속성을 사용합니다. z-index 속성에는 숫자를 적용하며 숫자가 클수록 앞에 위치합니다.

코드 4-56은 각각의 태그 z-index 속성에 100, 10, 1을 적용했습니다.

코드 4-56 z-index 속성

```html
<style>
    .box {
        width: 100px; height: 100px;
        position: absolute;
    }
    .box:nth-child(1) {
        background-color: red;
        left: 10px; top: 10px;

        z-index: 100;
    }
    .box:nth-child(2) {
        background-color: green;
        left: 50px; top: 50px;

        z-index: 10;
    }
    .box:nth-child(3) {
        background-color: blue;
        left: 90px; top: 90px;

        z-index: 1;
    }
</style>
```

코드를 실행하면 그림 4-80처럼 z-index 속성이 큰 태그가 앞으로 올라옵니다.

그림 4-80 z-index 속성

일반적으로 "너는 반드시 앞에 있어야 한다!"라는 태그라면 z-index 속성을 9999 등 터무니 없게 적용하면 됩니다(정말 너무 크게 적용하면 웹 브라우저가 인식하지 못할 수 있습니다).

위치 속성과 관련된 공식

위치 속성을 사용할 때는 몇 가지 공식이 있습니다. 이 절에서는 그러한 공식을 살펴보겠습니다. 굉장히 중요한 공식이므로 별도로 적어서 기억해도 좋습니다.

지금 만들고 있는 예제의 body 태그에 코드 4-57처럼 h1 태그와 div 태그를 추가합니다.

코드 4-57 body 태그 구성

```
<body>
    <h1>Lorem ipsum dolor amet</h1>
    <div>
        <div class="box"></div>
        <div class="box"></div>
        <div class="box"></div>
    </div>
    <h1>Lorem ipsum dolor amet</h1>
</body>
```

코드를 실행하면 그림 4-81처럼 출력합니다.

그런데 그림 4-81에는 다음 2가지 문제가 있습니다.

1. h1 태그 2개가 붙어 있습니다(div 태그가 영역을 차지하지 않습니다).
2. 색상이 적용된 상자가 자신의 부모를 기준으로 위치를 잡지 않습니다.

그림 4-81 실행 결과

이것은 굉장히 중요한 내용입니다. position 속성에 absolute 키워드를 적용하면 부모 태그가 영역을 차지하지 않습니다. 따라서 자손의 position 속성에 absolute 키워드를 적용할 경우는 부모 태그에 몇 가지 처리를 해야 합니다.

첫 번째 문제를 해결할 때는 다음 공식을 사용합니다.

> **"자손의 position 속성에 absolute 키워드를 적용하면 부모는 height 속성을 사용합니다."**

이렇게 하면 부모 태그가 영역을 차지하게 만들 수 있습니다. 코드 4-58처럼 width 속성과 height 속성을 사용합니다.

코드 4-58 div 태그에 width 속성과 height 속성 사용

```
body > div {
    width: 400px; height: 100px;
    border: 3px solid black;
}
```

두 번째 문제를 해결할 때는 다음 공식을 사용합니다.

> **"자손의 position 속성에 absolute 키워드를 적용하면 부모의 position 속성에 relative 키워드를 적용합니다."**

이 책에서 가장 많이 등장하는 문장입니다. 이렇게 하면 자손 태그가 부모의 위치를 기준으로 절대 좌표를 설정합니다. 이 공식에 따라서 코드 4–59처럼 div 태그에 position 속성을 사용합니다.

코드 4-59 position 속성에 relative 키워드 적용

```
body > div {
    width: 400px; height: 100px;
    border: 3px solid black;

    position: relative;
}
```

2가지 공식을 사용하고 코드를 실행하면 그림 4–82처럼 출력합니다.

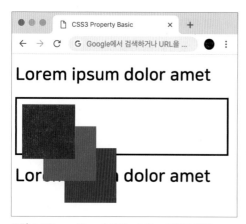

그림 4-82 position 속성에 relative 키워드 적용

overflow 속성

overflow 속성은 내부의 요소가 부모의 범위를 벗어날 때 어떻게 처리할지 지정하는 속성입니다. overflow 속성에는 표 4-6의 키워드를 사용합니다.

표 4-6 overflow 속성에 사용 가능한 키워드

키워드 이름	설명
hidden	영역을 벗어나는 부분을 보이지 않게 만듭니다.
scroll	영역을 벗어나는 부분을 스크롤로 만듭니다.

현재 그림 4-82를 보면 색상이 적용된 사각형이 부모의 범위를 벗어나 있습니다. 이러한 div 태그의 overflow 속성에 코드 4-60처럼 hidden 키워드를 적용합니다.

코드 4-60 overflow 속성에 hidden 키워드 적용

```
body > div {
    width: 400px; height: 100px;
    border: 3px solid black;

    position: relative;
    overflow: hidden;
}
```

코드를 실행하면 그림 4-83처럼 부모의 영역을 벗어난 부분이 모두 숨겨집니다.

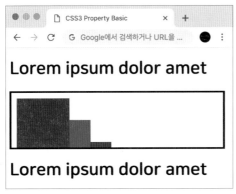

그림 4-83 overflow 속성에 hidden 키워드 적용

이번에는 overflow 속성에 scroll 키워드를 적용합니다.

코드 4-61 overflow 속성에 scroll 키워드 적용

```
body > div {
    width: 400px; height: 100px;
    border: 3px solid black;

    position: relative;
    overflow: scroll;
}
```

코드를 실행하면 그림 4-84처럼 div 태그에 스크롤이 생깁니다. 범위를 벗어나는 부분은 스크롤을 사용해볼 수 있습니다.

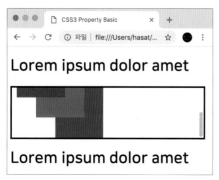

그림 4-84 overflow 속성에 scroll 키워드 적용

overflow 속성에 scroll 키워드를 적용하면 무조건 모든 축에 스크롤이 생성됩니다. 만약 특정한 방향으로만 스크롤을 생성할 때는 overflow-x 속성과 overflow-y 속성을 사용합니다.

코드 4-62 overflow-x 속성과 overflow-y 속성

```
body > div {
    width: 400px; height: 100px;
    border: 3px solid black;

    position: relative;
    overflow-y: scroll;
}
```

방금 다룬 것은 overflow 속성의 기본 사용 방법입니다. 프로그래밍 요소를 사용해 애니메이션을 구현할 때 많이 사용합니다. 원래 overflow 속성은 이러한 목적을 위해 만들어졌지만 다음 절에서 배울 float 속성과 함께 다른 용도로 쓰이는 경우가 더 많습니다.

4.9 / float 속성

이 절에서는 float 속성을 배웁니다. 웹 페이지를 만들 때 가장 많이 사용하는 스타일 속성입니다. 조금 어려운 내용이지만 정말 중요하므로 차근차근 살펴봅시다.

float 속성에는 그림 4-85의 키워드를 사용합니다.

그림 4-85 float 속성에 사용 가능한 키워드

키워드를 정리해보면 표 4-7과 같습니다.

표 4-7 float 속성에 사용 가능한 키워드

키워드	설명
left	태그를 왼쪽에 붙입니다.
right	태그를 오른쪽에 붙입니다.

float 속성 개요

float 속성은 부유하는 대상을 만들 때 사용하는 스타일 속성입니다. 코드 4-63을 살펴봅시다.

코드 4-63 HTML 페이지 구성

```html
<!DOCTYPE html>
<html>
<head>
    <title>Float Style Property</title>
    <style>

    </style>
</head>
<body>
    <img src="hanbit.jpg" />
    <p>Lorem ipsum dolor sit amet, consectetur adipiscing elit.</p>
    <p>In hac habitasse platea dictumst. Donec lobortis augue a metus.</p>
</body>
</html>
```

코드를 실행하면 그림 4-86처럼 출력합니다. img 태그는 inline 형식의 태그이고 p 태그는 block 형식의 태그이므로 그림과 글자를 분리하여 출력합니다.

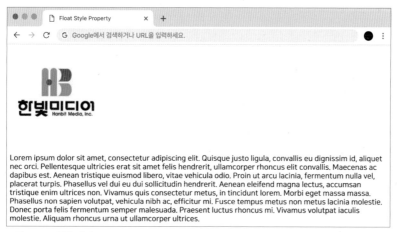

그림 4-86 실행 결과

처음 float 속성을 개발했을 때는 img 태그에 사용하는 것을 기본으로 했습니다.

코드 4-64 float 속성

```css
<style>
    img {
        float: left;
    }
</style>
```

`img` 태그에 `float` 속성을 사용하면 그림 4-87처럼 출력합니다. 이미지가 글자 위에 부유하고 있습니다.

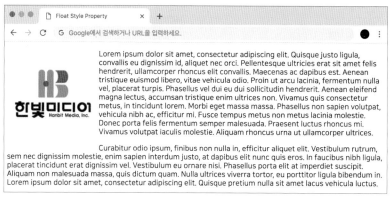

그림 4-87 float 속성

`float` 속성을 사용하면 이렇게 그림을 글자 위에 띄울 수 있습니다. 원래 `float` 속성은 이러한 목적으로 만들어졌지만 현대에는 웹 페이지의 레이아웃을 만들 때 더 많이 사용합니다. 이제부터 레이아웃을 만들 때 사용하는 `float` 속성을 살펴보겠습니다.

float 속성을 사용한 수평 정렬

`float` 속성을 사용하면 태그를 수평으로 정렬할 수 있습니다. `float` 속성을 사용해 수평 정렬할 때는 주의할 점이 있으므로 코드 4-65처럼 `div` 태그에 각각의 태그를 구분할 수 있는 숫자를 입력합니다.

코드 4-65 body 태그 구성

```
<body>
    <div class="box">1</div>
    <div class="box">2</div>
</body>
```

스타일시트에는 코드 4-66처럼 `float` 속성에 각각의 키워드를 적용합니다.

코드 4-66 float 속성에 적용 가능한 키워드

```
<style>
    .box {
        width: 100px; height: 100px;
        background-color: red;
        margin: 10px; padding: 10px;

        /* 태그를 왼쪽으로 붙입니다. */
        float: left;
    }
</style>
```

```
<style>
    .box {
        width: 100px; height: 100px;
        background-color: red;
        margin: 10px; padding: 10px;

        /* 태그를 오른쪽으로 붙입니다. */
        float: right;
    }
</style>
```

코드를 실행해보겠습니다. 그림 4-88은 float 속성에 left 키워드를 적용한 결과입니다.

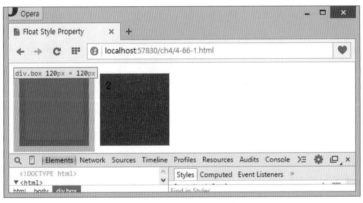

그림 4-88 float 속성에 left 키워드 적용

첫 번째에 위치한 div 태그가 왼쪽에 붙습니다. 이어서 두 번째에 위치한 div 태그가 왼쪽에 붙습니다. 순서대로 왼쪽에 붙었으므로 수평 정렬됩니다.

그림 4-89는 float 속성에 right 키워드를 적용한 실행 결과입니다. "오른쪽에 달라붙어 수평 정렬되었구나!"로 끝나면 안 됩니다. 각각의 div 태그를 구분하려고 입력한 숫자를 살펴보세요. 1번 div 태그가 오른쪽에 위치했습니다.

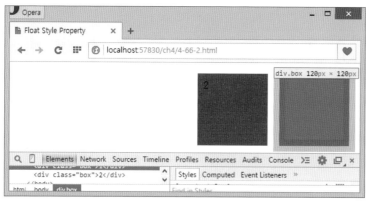

그림 4-89 float 속성에 right 키워드 적용

첫 번째에 위치한 div 태그가 오른쪽에 붙고 두 번째에 위치한 div 태그가 오른쪽에 이어서 붙은 것입니다. 이렇게 여러 태그의 float 속성에 right 키워드를 적용하는 경우는 주의하세요.

float 속성을 사용한 레이아웃 구성

이제 float 속성을 사용해 레이아웃을 구성해보겠습니다. 우선 앞으로 수십 번 등장하는 공식부터 알아봅시다.

"자손에 float 속성을 적용하면 부모의 overflow 속성에 hidden 키워드를 적용합니다."

레이아웃을 구성할 때 가장 많이 사용하는 공식입니다. 이제부터 그림 4-90의 레이아웃을 만들며 왜 그런지 살펴봅시다.

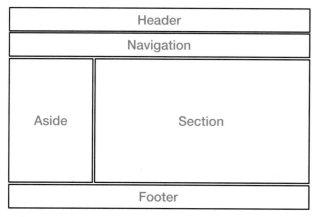

그림 4-90 레이아웃 구성

우선 그림 4-90을 코드 4-67처럼 입력합니다.

코드 4-67 HTML 페이지 구성

```
<!DOCTYPE html>
<html>
<head>
    <title>CSS3 Property Basic</title>
    <style>

    </style>
</head>
<body>
    <div id="header"></div>
    <div id="navigation"></div>
    <div id="wrap">
        <div id="aside"></div>
        <div id="section"></div>
    </div>
    <div id="footer"></div>
</body>
</html>
```

이어서 코드 4-68처럼 내용을 입력합니다.

코드 4-68 레이아웃의 내용 입력

```
<body>
    <div id="header"><h1>Header</h1></div>
    <div id="navigation"><h1>Navigation</h1></div>
    <div id="wrap">
        <div id="aside">
            <h1>Aside</h1>
            <p>Lorem ipsum dolor sit amet, consectetur adipiscing elit.</p>
        </div>
        <div id="section">
            <h1>Section</h1>
            <p>Lorem ipsum dolor sit amet, consectetur adipiscing elit.</p>
        </div>
    </div>
    <div id="footer"><h1>Footer</h1></div>
</body>
```

코드를 실행하면 그림 4-91처럼 출력합니다.

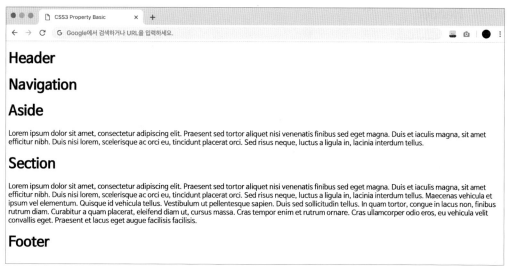

그림 4-91 실행 결과

이제 스타일을 사용하겠습니다. 코드 4-69처럼 입력합니다. 태그에 `width` 속성을 사용하고 `margin-left` 속성과 `margin-right` 속성에 `auto` 키워드를 적용하면 자동으로 중앙 정렬됩니다.

코드 4-69 body 태그 중앙 정렬

```
<style>
    /* body 태그를 중앙 정렬합니다. */
    body {
        width: 960px;
        margin: 0 auto;
    }
</style>
```

코드를 실행하면 그림 4-92처럼 중앙 정렬된 웹 페이지를 출력합니다.

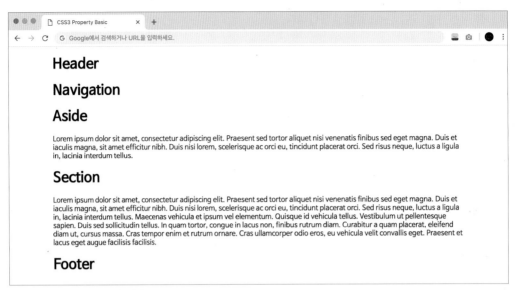

그림 4-92 body 태그 중앙 정렬

#wrap 태그 내부의 영역은 왼쪽과 오른쪽으로 구분되므로 코드 4-70처럼 입력합니다. #aside와
#section 태그에 width 속성과 float 속성을 사용합니다.

코드 4-70 중앙 정렬 및 float 속성 사용

```
<style>
    /* body 태그를 중앙 정렬합니다. */
    body {
        width: 960px;
        margin: 0 auto;
    }

    #aside {
        width: 200px;
        float: left;
    }

    #section {
        width: 760px;
        float: left;
    }
</style>
```

코드를 실행하면 그림 4-93처럼 #aside 태그와 #section 태그가 정렬됩니다.

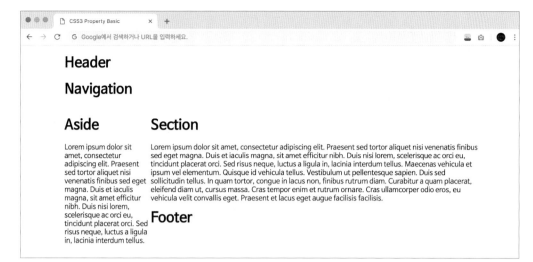

그림 4-93 #footer 태그 영역 문제 발생

그런데 이상한 태그가 하나 보이지 않나요? 그림 4-93에서 #footer 태그가 #section 태그 아래에 붙어 있는 것을 볼 수 있습니다. 원래 float 속성은 이미지를 글자 위에 띄우기 위해 만들어진 스타일 속성이라고 언급했습니다.

현재 예제에서는 #wrap 태그 내부의 요소(#aside와 #section 태그)에 float 속성을 사용했습니다. img 태그에 float 속성을 사용해 이미지가 부유했던 것처럼 #footer 태그의 글자 위에 #wrap 태그 내부의 요소가 부유하는 것입니다.

이러한 부유를 막을 때는 코드 4-71처럼 float 속성을 사용한 태그의 부모에 overflow 속성을 사용하고 hidden 키워드를 적용합니다.

코드 4-71 #wrap 태그의 overflow 속성에 hidden 키워드 적용

```
<style>
    /* body 태그를 중앙 정렬합니다. */
    body {
        width: 960px;
        margin: 0 auto;
    }

    #aside {
        width: 200px;
        float: left;
    }

    #section {
```

```
        width: 760px;
        float: left;
    }

    #wrap { overflow: hidden; }
</style>
```

코드를 실행하면 그림 4-94처럼 레이아웃을 형성하는 것을 볼 수 있습니다.

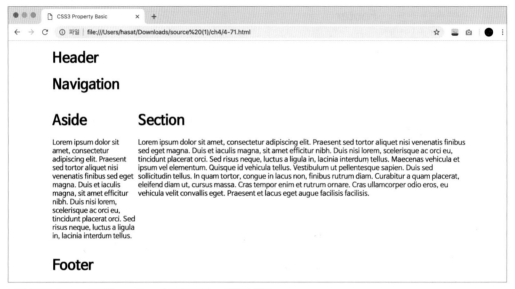

그림 4-94 #wrap 태그의 overflow 속성에 hidden 키워드 적용

#footer 태그의 clear 속성에 both 키워드를 적용해도 마찬가지 기능을 수행할 수 있습니다. 하지만 현대에는 overflow 속성을 더 많이 사용합니다.

이 방법을 One True Layout 방식이라고 부릅니다. One True Layout 방식은 다음 장부터 굉장히 많이 사용하므로 기억하기 바랍니다.

4.10 clear: both를 사용한 레이아웃

이 책에서는 레이아웃을 만들 때 대부분 overflow: hidden을 사용하고 있습니다. 그 외에도 많이 사용되는 레이아웃 구성 방법으로 clear: both가 있습니다. clear: both를 사용하면 float으로 일 그러진 레이아웃을 쉽게 초기화할 수 있습니다.

이전과 비슷한 방법이므로 어떤 형태로 사용하는지 알아봅시다. 이번에도 그림 4-95와 같은 레이아 웃을 만들어봅니다.

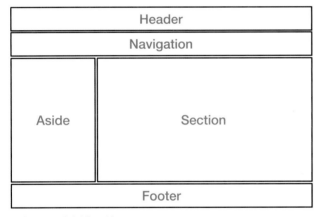

그림 4-95 레이아웃 구성

이어서 코드 4-72처럼 div 태그의 형태를 잡아줍니다. 이전의 코드 4-67과의 차이점이라면 #aside 태그와 #section 태그를 따로 감싸주지 않았다는 것입니다. clear: both를 사용해 레이아웃을 잡 을 때는 이처럼 사용할 수 있습니다.

코드 4-72 HTML 페이지 구성

```
<!DOCTYPE html>
<html>
<head>
    <title>CSS3 Property Basic</title>
    <style>

    </style>
</head>
```

```
<body>
    <div id="header"></div>
    <div id="navigation"></div>
    <div id="aside"></div>
    <div id="section"></div>
    <div id="footer"></div>
</body>
</html>
```

이어서 가로로 자를 수 있는 부분에 `<div class="clear"></div>`를 넣어줍니다.

이 태그들에 `clear: both`를 적용해볼 텐데요. 이전에 언급했던 것처럼 실제로 `clear: both`는 `float`으로 일그러진 레이아웃을 초기화할 때 사용하기 때문에 `float`을 적용할 대상들 뒤에만 적어주면 됩니다. 하지만 코드를 조금 더 일관성 있게 볼 수 있도록 가로로 자를 수 있는 부분에 모두 넣어보았습니다.

코드 4-73 자를 부분 자르기

```
<body>
    <div id="header"></div>
    <div id="navigation"></div>
    <div class="clear"></div>  •————————  사용하지 않아도 문제 없습니다.

    <div id="aside"></div>
    <div id="section"></div>
    <div class="clear"></div>

    <div id="footer"></div>
    <div class="clear"></div>  •————————  사용하지 않아도 문제 없습니다.
</body>
```

div 태그를 사용해 간단한 레이아웃 배치를 끝냈으니 이제 내용을 입력합니다.

코드 4-74 내용 입력하기

```
<body>
    <div id="header"><h1>Header</h1></div>
    <div id="navigation"><h1>Navigation</h1></div>
    <div class="clear"></div>

    <div id="aside">
```

```
        <h1>Aside</h1>
        <p>Lorem ipsum dolor sit amet, consectetur adipiscing elit.</p>
    </div>
    <div id="section">
        <h1>Section</h1>
        <p>Lorem ipsum dolor sit amet, consectetur adipiscing elit.</p>
    </div>
    <div class="clear"></div>

    <div id="footer"><h1>Footer</h1></div>
    <div class="clear"></div>
</body>
```

이제 이번 절의 주제라고 할 수 있는 clear: both를 적용해볼 차례입니다. 레이아웃의 일그러짐을 초기화할 부분(<div class="clear"></div>)에 clear: both를 적용한다는 것이 포인트입니다.

다른 요소들에는 너비 지정, 왼쪽으로 붙이기, 오른쪽으로 붙이기 정도만 적용해주었습니다.

코드 4-75 스타일 적용하기

```
<style>
    body {
        width: 960px;
        margin: 0 auto;
    }

    .clear {
        clear: both;                          clear: both를 적용합니다.
    }

    #aside {
        float: left;
        width: 260px;
    }

    #section {
        float: right;
        width: 700px;
    }
</style>
```

이렇게 코드를 입력한 뒤 실행하면, 이전과 마찬가지로 다음과 같은 형태로 레이아웃이 잡히는 것을 볼 수 있습니다.

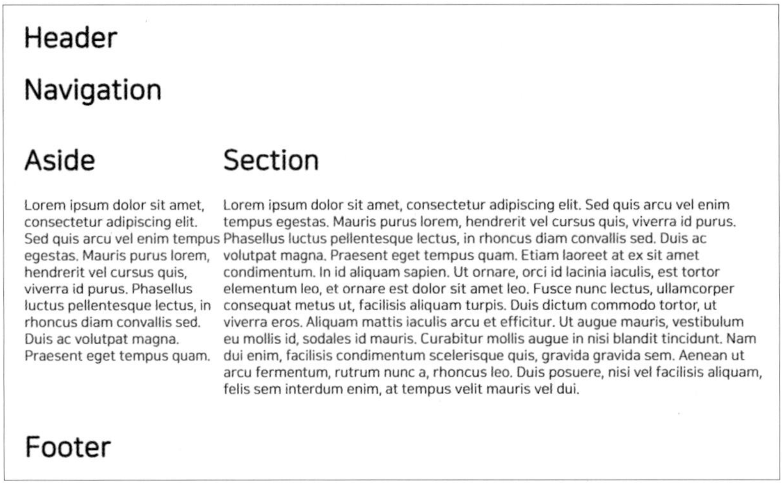

Header

Navigation

Aside　　　　**Section**

Lorem ipsum dolor sit amet, consectetur adipiscing elit. Sed quis arcu vel enim tempus egestas. Mauris purus lorem, hendrerit vel cursus quis, viverra id purus. Phasellus luctus pellentesque lectus, in rhoncus diam convallis sed. Duis ac volutpat magna. Praesent eget tempus quam.

Lorem ipsum dolor sit amet, consectetur adipiscing elit. Sed quis arcu vel enim tempus egestas. Mauris purus lorem, hendrerit vel cursus quis, viverra id purus. Phasellus luctus pellentesque lectus, in rhoncus diam convallis sed. Duis ac volutpat magna. Praesent eget tempus quam. Etiam laoreet at ex sit amet condimentum. In id aliquam sapien. Ut ornare, orci id lacinia iaculis, est tortor elementum leo, et ornare est dolor sit amet leo. Fusce nunc lectus, ullamcorper consequat metus ut, facilisis aliquam turpis. Duis dictum commodo tortor, ut viverra eros. Aliquam mattis iaculis arcu et efficitur. Ut augue mauris, vestibulum eu mollis id, sodales id mauris. Curabitur mollis augue in nisi blandit tincidunt. Nam dui enim, facilisis condimentum scelerisque quis, gravida gravida sem. Aenean ut arcu fermentum, rutrum nunc a, rhoncus leo. Duis posuere, nisi vel facilisis aliquam, felis sem interdum enim, at tempus velit mauris vel dui.

Footer

그림 4-96 레이아웃 구성 완료

이전 방법에 비해 이 방법이 훨씬 쉽다고 느낄 분도 많을 것이라 생각합니다. 두 가지 방법 모두 많이 사용되니 어느 정도 기억해두면 좋을 것입니다(일단 지금은 "이러한 것이 있다"라고만 알아두고 필요할 때마다 찾아보세요).

4.11 그림자 속성

그림자 속성은 태그에 그림자를 부여해주는 스타일 속성입니다.

text-shadow 속성

text-shadow 속성은 글자에 그림자를 부여하는 스타일 속성입니다. 그림 4-97 형태로 값을 적용합니다.

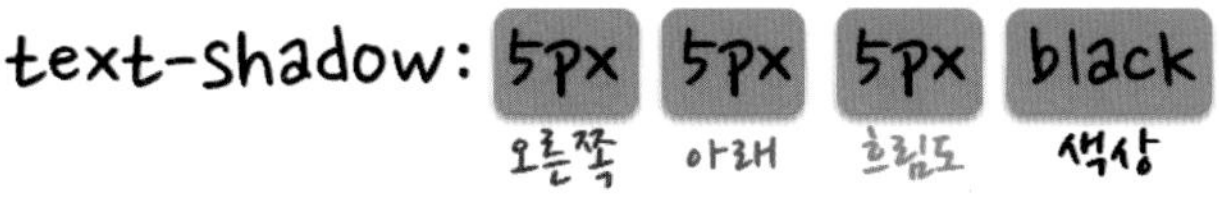

text-shadow: 5px 5px 5px black
오른쪽 아래 흐림도 색상

그림 4-97 text-shadow 속성

간단하게 코드 4-76처럼 입력해서 글자에 그림자를 만들어보겠습니다.

코드 4-76 text-shadow 속성

```
<!DOCTYPE html>
<html>
<head>
    <title>CSS3 Property Basic</title>
    <style>
        h1 {
            text-shadow: 5px 5px 5px black;
        }
    </style>
</head>
<body>
    <h1>Lorem ipsum dolor amet</h1>
</body>
</html>
```

코드를 실행하면 그림 4-98처럼 출력합니다.

그림 4-98 text–shadow 속성 사용

box-shadow 속성

box-shadow 속성은 박스에 그림자를 부여하는 속성입니다. 그림 4–99 형태로 값을 적용합니다.

box-shadow: **5px** **5px** **5px** **black**
오른쪽   아래   흐림도   색상

그림 4-99 box–shadow 속성

> **NOTE** 흐림도와 색상 사이에 inset 키워드를 적용하면 그림자가 태그 안쪽에 생성됩니다. 잠시 후에 살펴보는 CSS3 Generator를 사용하면 쉽게 생성할 수 있습니다.

코드 4–77처럼 box-shadow 속성을 사용합니다.

코드 4-77 box–shadow 속성

```
<!DOCTYPE html>
<html>
<head>
    <title>CSS3 Property Basic</title>
    <style>
        div {
            border: 3px solid black;
            box-shadow: 10px 10px 30px black;
            text-shadow: 5px 5px 5px black;
        }
    </style>
</head>
<body>
    <div>
        <h1>Lorem ipsum dolor amet</h1>
```

```
        </div>
    </body>
</html>
```

코드를 실행하면 그림 4-100처럼 출력합니다.

그림 4-100 box-shadow 속성 사용

 **중첩 그림자**

그림자 속성은 쉼표를 사용해 여러 개의 그림자 키워드를 사용할 수 있습니다. 코드 4-78처럼 각각의 글자와 박스에 그림자를 3개씩 적용해봅시다.

코드 4-78 중첩 그림자

```
<style>
    .box {
        border: 3px solid black;

        box-shadow: 10px 10px 10px black, 10px 10px 20px orange, 10px 10px 30px red;
        text-shadow: 10px 10px 10px black, 10px 10px 20px orange, 10px 10px 30px red;
    }
</style>
```

코드를 실행하면 그림 4-101처럼 삼중 그림자가 생성됩니다.

그림 4-101 중첩 그림자

그림자 속성을 사용하는 방법을 간단하게 살펴보았습니다. 자주 사용할 수 있는 스타일 속성이지만 약간 복잡합니다. 구구단을 초등학교 4학년에 외운 필자의 기억력으로는 너무 어렵습니다.

"바보군요."

너무 어려우니 CSS3 Generator라는 툴을 사용해봅시다. 웹 브라우저를 실행하고 http:// css3generator.com/에 들어갑니다. 이를 사용하면 box-shadow와 text-shadow 속성을 쉽게 생성할 수 있습니다.

그림 4-102 CSS3 Generator(http://css3generator.com/)

원하는 형태의 스타일을 정하고 생성된 코드를 복사해 스타일시트에 붙여 넣으면 됩니다.

4.12 그레이디언트

그레이디언트는 2가지 이상의 색상을 혼합해서 채색하는 기능입니다. 예를 들어 그림 4-103의 네이버 메인 화면 메뉴를 살펴봅시다. 위 부분은 밝은 초록색이고 아래 부분은 어두운 초록색으로 색이 혼합되어 있습니다. 이를 그레이디언트라고 부릅니다.

그림 4-103 네이버 메인 메뉴

포토샵 같은 그래픽 툴이라면 그레이디언트 기능을 사용해 간단하게 만들 수 있습니다. 하지만 CSS3 이전의 웹은 그레이디언트를 지원하지 않았으므로 그림 4-104의 그림을 그려 배경 이미지로 넣었습니다.

그림 4-104 네이버 메인 페이지 스프라이트

하지만 CSS3는 그레이디언트 기능을 지원합니다. 약간 어려운 내용이므로 그레이디언트를 간단하게 만들 수 있는 툴을 사용해 그레이디언트를 만들고 분석해봅시다. 우선 http://www.colorzilla. com/gradient-editor/에 접속합니다.

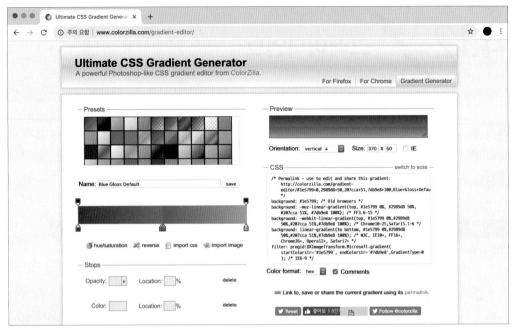

그림 4-105 Ultimate CSS Gradient Generator

Ultimate CSS Gradient Generator의 왼쪽에서 원하는 형태의 그레이디언트를 생성하고 오른쪽에 생성된 CSS 코드를 복사합니다. 이어서 코드 4-79 그레이디언트처럼 HTML 페이지를 구성합니다.

코드 4-79 그레이디언트

```
<!DOCTYPE html>
<html>
<head>
    <title>CSS3 Style Property Basic</title>
    <style>
        div {
            font-family: 'Times New Roman';
            height: 60px;
            line-height: 60px;
            text-align: center;

            /* 복사해서 붙여 넣으세요. */
            /* Old browsers */
            background: #f85032;
            /* FF3.6+ */
            background: -moz-linear-gradient(top, #f85032 1%, #f16f5c 50%,
                #f6290c 51%, #e73827 100%);
            /* Chrome, Safari4+ */
            background: -webkit-gradient(linear, left top, left bottom,
```

```
            color-stop(1%, #f85032), color-stop(50%, #f16f5c),
            color-stop(51%, #f6290c),color-stop(100%, #e73827));
    /* Opera 11.10+ */
    background: -o-linear-gradient(top, #f85032 1%, #f16f5c 50%,
        #f6290c 51%, #e73827 100%);
    /* IE10+ */
    background: -ms-linear-gradient(top, #f85032 1%, #f16f5c 50%,
        #f6290c 51%, #e73827 100%);
    /* W3C */
    background: linear-gradient(top bottom, #f85032 1%, #f16f5c 50%,
        #f6290c5 1%, #e73827 100%);
    /* IE6-9 */
    filter: progid:DXImageTransform.Microsoft.gradient(
        startColorstr='#f85032', endColorstr='#e73827', GradientType=0
    );
        }
    </style>
</head>
<body>
    <div>
        <h1>CSS3 Gradient</h1>
    </div>
</body>
</html>
```

일단 이 코드를 보고 나면 다음과 같은 생각이 들 것입니다.

"갑자기 외울 게 늘어났군……"

저도 못 외웁니다. 외우지 마세요. 방금 사용한 Ultimate CSS Gradient Generator 툴을 사용해 그
레이디언트를 생성하세요. 어쨌거나 코드를 실행하면 그림 4-106처럼 그레이디언트가 생성됩니다.

그림 4-106 그레이디언트 배경을 적용한 글자

Ultimate CSS Gradient Generator를 사용하면 선형 그레이디언트 이외에 원형 그레이디언트도
쉽게 생성할 수 있습니다. 사실 그레이디언트를 직접 입력하는 사람은 없을 것이므로 여기서 그레이
디언트와 관련된 설명을 끝내고 싶지만 너무 무책임한 것 같으니 간단하나마 선형 그레이디언트를
분석해봅시다.

선형 그레이디언트는 그림 4-107 형태로 구성됩니다. `linear-gradient()` 함수의 첫 번째 매개변수에는 선형 그레이디언트가 진행될 각도를 입력합니다. 두 번째 매개변수부터는 색상 블록을 입력합니다.

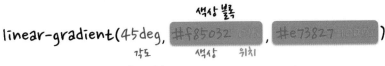

그림 4-107 linear-gradient() 함수(1)

색상 블록은 왼쪽 위치에 색상 단위를 적용하고 오른쪽에 퍼센트 단위를 적용해 위치를 지정합니다. 색상 블록의 퍼센트 단위가 의미하는 것은 그림 4-108을 함께 보면 쉽게 알 수 있을 것입니다.

그림 4-108 linear-gradient() 함수(2)

원형 그레이디언트를 생성할 때는 `radial-gradient()` 함수를 사용합니다. 하지만 너무 복잡한 내용이고 어차피 직접 입력해서 생성할 것이 아니므로 설명을 생략하겠습니다.

이렇게 기본 내용을 모두 살펴보았습니다. 기본 내용으로 굉장히 많은 내용을 정리했습니다. 중간중간에 위치하는 참고 내용도 정리해보고 다음 장으로 넘어갑시다. 이 장에서는 애니메이션, 변환과 관련된 스타일 속성은 다루지 않았는데요. 어려운 내용이므로 9장과 10장에서 다루겠습니다.

4.13 / 벤더 프리픽스

방금 살펴본 Ultimate CSS Gradient Generator로 만든 그레이디언트를 보면, **background** 속성이 굉장히 많이 지정되어 있습니다. 각각의 속성에 지정된 값을 보면 −moz, −webkit 등의 글자가 써 있는데요. 이는 벤더 프리픽스^{Vendor Prefix}라고 불리는 것입니다. 번역기를 사용해서 번역하면 '공급 업체 접두사'라고 번역됩니다. 하지만 국내에서도 벤더 프리픽스라고 많이 사용하므로 벤더 프리픽스라고 부르겠습니다.

벤더 프리픽스는 웹 브라우저 공급 업체(마이크로소프트, 모질라, 구글, 애플, 오페라)에서 제공하며, 실험적인 기능이 필요할 때 사용합니다. 과거에는 CSS3 자체가 매우 실험적인 기능이라 벤더 프리픽스를 굉장히 많이 사용해야 했습니다. 하지만 현재는 대부분의 실험적인 기능이 실제 표준으로 들어가면서 벤더 프리픽스를 많이 사용하지 않아도 되게 바뀌었습니다.

하지만 현재도 추가되고 있는 새로운 실험적인 기능들에는 벤더 프리픽스를 사용해야 합니다. 또한 구 버전의 인터넷 익스플로러나 게임기 등에 내장된 웹 브라우저, 과거의 스마트폰에 내장된 웹 브라우저들은 아직도 벤더 프리픽스를 필요로 하는 경우가 많습니다. 따라서 간단하게 벤더 프리픽스가 어떤 느낌인지 살펴봅시다. 코드 4−80은 벤더 프리픽스를 사용해 변환 효과를 적용하는 스타일시트입니다.

코드 4-80 벤더 프리픽스

```
<style>
    input[type=checkbox]:checked + div {
        height: 0px;
    }

    div {
        overflow: hidden;
        width: 650px;
        height: 300px;
        /* 변환 효과를 적용합니다. */
        -ms-transition-duration: 1s;
        -webkit-transition-duration: 1s;
        -moz-transition-duration: 1s;
        transition-duration: 1s;
    }
</style>
```

코드 4-80에서 transition-duration 속성 앞에 붙어 있는 글자들이 벤더 프리픽스입니다. 웹 브라우저마다 그림 4-109의 벤더 프리픽스를 가지고 있습니다.

그림 4-109 벤더 프리픽스

 TIP

-webkit-

그림 4-109를 보면 "webkit"이라는 글자가 많이 보입니다. 웹킷은 애플에서 개발하고 있는 레이아웃 엔진입니다. 코드가 완전히 공개된 오픈 소스라서 웹킷을 기반으로 사파리, 크롬, 오페라 등의 웹 브라우저가 구현되어 있기 때문에 사파리, 크롬, 오페라 모두 -webkit-이라는 벤더 프리픽스를 사용하는 것입니다.

참고적으로 더 자세하게 들어가면, 크롬과 오페라는 정확하게 말해 "웹킷"이 아니라, 웹킷 기반으로 만들어진 "블링크"라는 조금 다른 엔진을 사용합니다. 웹킷 개발에 구글 직원들이 대거 유입되는 현상이 벌어지자 웹킷 2.0을 배포하면서 애플이 이와 관련해 제재를 실시했고, 이로 인해 구글이 웹킷을 기반으로 블링크라는 별도의 엔진을 새로 개발해서 사용하고 있는 것입니다.

하지만 일단 모두 웹킷을 기반으로 하기 때문에 벤더 프리픽스는 모두 -webkit-을 붙여서 사용합니다.

2011년 정도에는 border-radius 속성과 text-shadow 속성, box-shadow 속성 모두 벤더 프리픽스를 사용했습니다. 현재 이 책이 개정되고 있는 시점인 2019년 1월에는 방금 살펴본 변환 속성도 벤더 프리픽스 없이 사용할 수 있습니다.

최신 웹 브라우저에서는 벤더 프리픽스 없이도 많은 속성을 사용할 수 있습니다. 하지만 구형 브라우저 환경 지원 여부도 고려해야 하므로 이 책에서는 필요한 경우 벤더 프리픽스를 계속 사용하겠습니다.

스타일시트 적용 순서

코드 4-80을 보면 벤더 프리픽스가 적용된 스타일 속성을 사용한 이후에 벤더 프리픽스를 적용하지 않은 스타일 속성을 사용했습니다. 그 이유를 알려면 우선 코드 4-81의 실행 결과를 예측해봅시다.

코드 4-81 스타일시트 적용 순서

```
<!DOCTYPE html>
<html>
<head>
    <title>CSS3 Style Property Basic</title>
    <style>
        h1 {
            color: red;
            color: orange;
        }
    </style>
</head>
<body>
    <h1>Lorem ipsum</h1>
</body>
</html>
```

코드를 실행하면 그림 4-110처럼 주황색이 적용된 글자를 출력합니다.

Lorem ipsum

그림 4-110 뒤에 위치하는 스타일 속성이 적용됩니다.

이처럼 스타일시트는 뒤에 위치한 스타일을 적용합니다. transition-duration 속성의 경우, 현재 웹 브라우저에서 정식으로 지원하므로 벤더 프리픽스가 붙지 않은 스타일 속성을 사용할 수 있게 만들어도 됩니다.

연습 문제

Q1 다음 중 "100%"와 같은 의미를 가지는 CSS 단위 표기를 고르시오.

① 100pt   ② 1.0em
③ 100per   ④ 100px

Q2 다음 중 CSS에서 색상 단위로 사용할 수 없는 표기를 고르시오.

① rgba(255, 255, 255, 0.2)   ② rgb(255, 255, 255)
③ keyword(red)   ④ #0094FF

Q3 다음 중 opacity 속성과 관련된 설명으로 옳지 않은 것을 고르시오.

① 투명도를 조정할 때 사용하는 스타일 속성이다.
② 0.0은 불투명한 상태를 나타내며, 1.0은 투명한 상태를 나타낸다.
③ 투명하게 만들어도 시각적으로 보이지 않을 뿐이지, 위치는 차지한다.
④ 0.0부터 1.0 사이의 숫자를 입력한다.

Q4 다음과 같은 스타일 속성이 적용된 div 태그의 전체 크기를 구하시오.

```
div {
    margin: 10px;
    padding: 10px;
    width: 100px;
    height: 100px;
    border: 10px solid black;
    box-sizing: border-box;
}
```

해답 **Q1**: ②, **Q2**: ③, **Q3**: ②, **Q4**: 가로 100px, 세로 100px

연습 문제

Q5 다음과 같은 스타일 속성이 적용된 div 태그의 전체 크기를 구하시오.

```
div {
    margin: 10px;
    padding: 10px;
    width: 100px;
    height: 100px;
    border: 10px solid black;
}
```

Q6 다음 중 기본적인 generic-family 폰트에 속하지 않는 것을 고르시오.

① sans-serif   ② serif

③ italic-serif   ④ monospace

Q7 다음 중 사용되지 않는 벤더 프리픽스를 고르시오.

① -ms-   ② -moz-

③ -webkit-   ④ -ie-

PART

2

HTML5+CSS3를 사용한 레이아웃 구성

CHAPTER

5

웹 페이지
레이아웃

이전 장까지 HTML5와 CSS3의 기본적인
내용을 모두 다루어 보았습니다. 5장부터 7장
까지는 레이아웃을 만드는 방법을 살펴봅니다.
레이아웃을 만드는 방법이라고 거창하게 이야
기했지만 지금까지 배운 내용을 살짝 활용하고
복습하는 것에 지나지 않습니다.

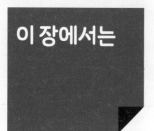

이 장에서는

 무엇을 배우나요?

◉ 웹 페이지 레이아웃을 구성하는 기본적인 방법을 살펴봅니다.

◉ 웹 폰트를 사용하는 방법을 살펴봅니다.

◉ 수평 메뉴를 만드는 방법을 살펴봅니다.

◉ CSS만으로 탭바를 구성하는 방법을 살펴봅니다.

📄 미리 보기

이 장부터는 실제로 다양한 스타일 조합을 사용해서 레이아웃을 잡는 방법에 대해 알아볼 것입니다.

일단 이 장에서는 정말 간단하고 단순하게 레이아웃을 잡는 방법을 알아봅니다. 또한 레이아웃을 잡는 것과 관련된 핵심적인 내용과 웹 폰트, CSS를 사용한 조건 분기에 대해서도 배웁니다. 차근차근 살펴봅시다.

▲ 5장에서 만들 예제

5.1 웹 페이지 개요

논문과 관련된 용도로 시작한 HTML 문서는 1995년에 민간에 공개되면서 발전하기 시작했습니다. 이 책을 보는 독자의 연령대에 따라서 본 적이 있을 수도 있고 없을 수도 있겠지만 그림 5-1은 1996년의 야후 메인 페이지입니다.

그림 5-1 1996년 야후의 메인 페이지

초기에는 인터넷 속도가 느리므로 글자와 간단한 이미지가 웹 페이지를 차지했지만 인터넷 속도가 점점 빨라지면서 웹 페이지는 다양한 요소를 갖게 되었습니다. 하지만 시간이 변화해도 현대의 모든 웹 페이지는 고정적인 영역으로 분리됩니다. 그림 5-2는 jQuery 공식 홈페이지로 전형적인 영역으로 분리됩니다.

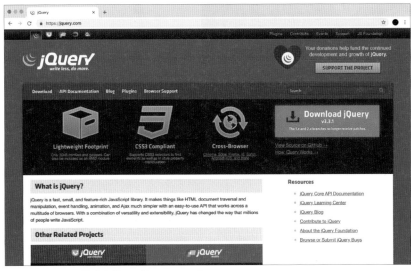

그림 5-2 jQuery 홈페이지(http://jquery.com)

jQuery 웹 사이트를 차근차근 살펴보면 웹 페이지가 그림 5-3 영역으로 구분되어 있습니다. jQuery 공식 홈페이지는 물론 국내 포털의 메인 사이트도 그림 5-3처럼 영역이 구분되어 있습니다.

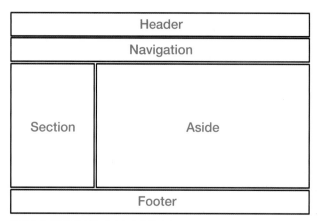

그림 5-3 전형적인 웹 페이지의 구성 요소

그럼 최근에 만들어진 국내 웹 페이지를 살펴봅시다. 그림 5-4는 국내 소셜커머스 업체 쿠팡입니다. 웹 페이지가 그림 5-3처럼 영역이 구분되어 있습니다.

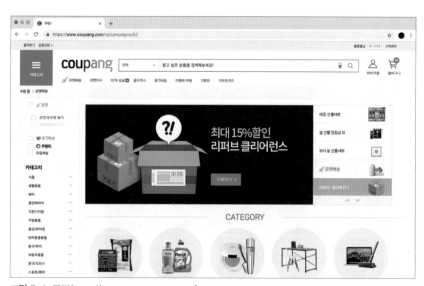

그림 5-4 쿠팡(http://www.coupang.com/)

또한 그림 5-5는 네이버캐스트 웹 페이지입니다. 마찬가지로 그림 5-3처럼 영역이 구분되어 있죠?

그림 5-5 네이버캐스트(http://navercast.naver.com/)

그림 5-6은 네이버 지식 쇼핑의 메인 페이지입니다. 최근에는 이렇게 사각형 타일로 구성되는 웹 페이지 형태도 등장하고 있지만 언제나 구성 영역은 기존의 웹 페이지와 다르지 않습니다.

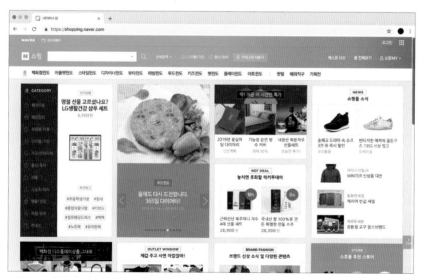

그림 5-6 네이버 지식 쇼핑(http://shopping.naver.com/)

이 장에서는 그림 5-7의 기본형 웹 페이지를 만듭니다. 다양한 색상이 들어간 멋있는 웹 페이지는 아니지만 지금까지 살펴본 웹 페이지와 같은 영역으로 구분되어 있습니다. 웹 페이지를 만들 때 사용하는 대부분의 기술을 공부할 수 있는 예제이므로 이 장을 충실하게 진행합시다.

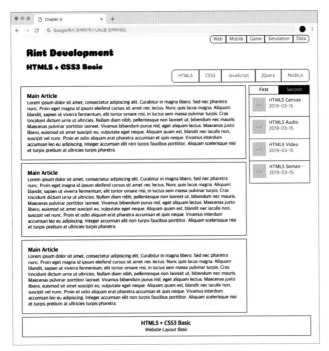

그림 5-7 5장 예제

 TIP

Masonry 라이브러리

타일 형태의 웹 페이지는 자바스크립트를 어느 정도 알아야 다룰 수 있습니다. 따라서 이 책에서 다루지 못합니다. 타일 형태의 웹 페이지는 자바스크립트와 jQuery를 어느 정도 공부한 뒤 Masonry 라이브러리를 공부하면 쉽게 만들 수 있을 것입니다.

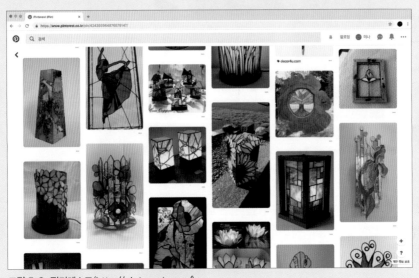

그림 5-8 핀터레스트(http://pinterest.com/)

5.2 / 레이아웃 구분

이 절에서는 레이아웃을 만들 때 가장 중요한 공간 분할 방법을 배웁니다. 공간을 분할할 때는 다음 순서를 지키면 됩니다.

1. 웹 페이지를 구상합니다.
2. 웹 페이지의 구성 영역을 분리합니다.
3. 구성 영역을 행 단위로 분리합니다.
4. 나누어진 행의 내부 요소를 분리합니다.

그럼 차례차례 진행해보겠습니다. 이 장에서는 그림 5-7과 같은 예제를 만든다고 했는데요. 이 장의 예제는 그림 5-9와 같은 구성 영역으로 분리할 수 있습니다.

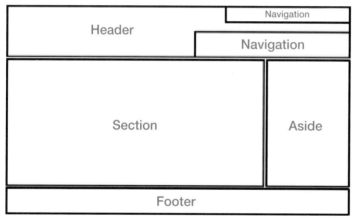

그림 5-9 예제 페이지의 구성 요소

구성 영역을 분리했다면 이어서 행을 분리합니다.

"행을 어떻게 분리하나요?"

가로로 선을 그릴 수 있는 부분을 분리하면 됩니다. 현재 예제에서 가로로 선을 그릴 수 있는 영역을 모두 분리하면 그림 5-10처럼 3개의 행으로 분리할 수 있습니다.

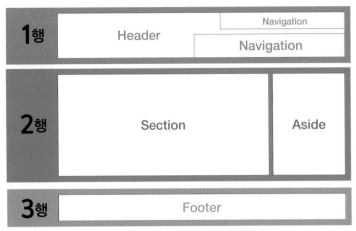

그림 5-10 행 중심의 레이아웃 분할

이렇게 행을 분리하면 코드 5-1처럼 레이아웃으로 작성할 수 있습니다. 행을 구분했으면 코드 5-2처럼 내부 구성 요소를 분리합니다.

코드 5-1 레이아웃 만들기(1) – 구성 영역을 행 단위로 분리

```
<body>
    <header></header>
    <div id="content">

    </div>
    <footer></footer>
</body>
```

코드 5-2 레이아웃 만들기(2) – 행 내부의 영역 분리

```
<body>
    <header>
        <nav></nav>
        <nav></nav>
    </header>
    <div id="content">
        <section></section>
        <aside></aside>
    </div>
    <footer></footer>
</body>
```

간단한 내용이므로 쉽게 이해했을 것입니다. 연습 삼아서 포털 사이트의 메인 페이지를 행 단위로 구분해보세요.

5.3 초기화

그럼 이제 본격적으로 5장 예제를 만들어보겠습니다. 우선 HTML 페이지를 만들고 코드 5–3을 입력합니다. 각 부분을 쪼개서 설명하려고 style 태그를 여러 개 만들었습니다(실제 웹 페이지를 만들 때는 이렇게 style 태그를 많이 만들 필요가 없습니다).

코드 5-3 HTML 페이지 구성

```
<!DOCTYPE html>
<html>
<head>
    <title>Chapter_5</title>
    <!-- 초기화 -->
    <style></style>
    <!-- 헤더 -->
    <style></style>
    <!-- 타이틀 -->
    <style></style>
    <!-- 메뉴(1) -->
    <style></style>
    <!-- 메뉴(2) -->
    <style></style>
    <!-- 콘텐츠 -->
    <style></style>
    <!-- 본문 -->
    <style></style>
    <!-- 사이드 -->
    <style></style>
    <!-- 목록 -->
    <style></style>
    <!-- 푸터 -->
    <style></style>
</head>
<body>
</body>
</html>
```

코드를 모두 입력했나요? 이제 첫 번째 style 태그를 코드 5–4처럼 입력합니다.

코드 5-4 초기화 코드

```
<!-- 초기화 -->
<style>
    * { margin: 0; padding: 0; }
    body { font-family: sans-serif; }
    li { list-style: none; }
    a { text-decoration: none; }
    img { border: 0; }
</style>
```

모든 HTML 페이지의 첫 번째 스타일시트는 초기화 코드로 시작합니다. 초기화 코드는 모든 웹 브라우저에서 동일한 출력 결과를 만드는 데 사용합니다. 이 책에서는 대규모 웹 사이트를 제작하는 것이 아니므로 예제에서 사용하는 태그만 초기화했습니다.

전 세계적으로 다음 초기화 코드를 많이 사용합니다.

- **Eric Meyer's Reset CSS** http://meyerweb.com/eric/tools/css/reset/
- **HTML5 Doctor Reset stylesheet** http://html5doctor.com/html-5-reset-stylesheet/

원하는 리셋 코드의 홈페이지에서 코드를 복사하고 HTML 페이지에 붙여 넣으면 됩니다. 초기화 코드는 모두 비슷하므로 아무것이나 사용해도 문제 없습니다.

TIP img 태그 초기화

코드 5-4 초기화 코드에는 img 태그의 border 속성을 사용하는 부분이 있습니다. 왜 img 태그의 border 속성을 사용했는지 의문이 들 수 있으므로 잠시 정리하겠습니다. 코드 5-5는 a 태그 안에 img 태그를 입력했습니다.

코드 5-5 a 태그 내부의 img 태그

```
<body>
    <a href="#">
        <img src="http://placehold.it/300x200"/>
    </a>
</body>
```

코드를 실행하면 그림 5-11처럼 img 태그에 링크 표시로 테두리가 생성됩니다.

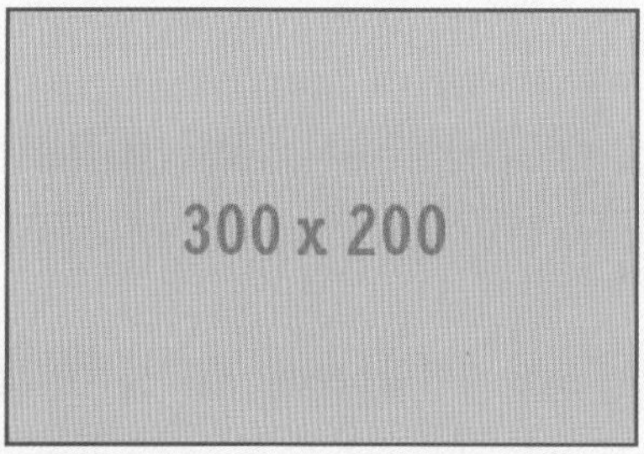

그림 5-11 a 태그 내부의 img 태그

이러한 링크 표시를 제거하려면 코드 5-6처럼 **border** 속성에 0을 적용합니다.

코드 5-6 이미지 태그 초기화

```
<style>
    img { border: 0; }
</style>
```

5.4 헤더 구조 작성

이제 차근차근 레이아웃을 만들어봅시다. 우선 body 태그에 코드 5-7처럼 header 태그를 입력합니다. 이 header 태그를 앞으로 #main_header 태그라고 부르겠습니다.

코드 5-7 #main_header 태그 생성

```
<body>
    <header id="main_header">

    </header>
</body>
```

이어서 코드 5-8처럼 내용을 넣습니다.

코드 5-8 #main_header 태그의 내부 영역 분리

```
<div id="title">
    <h1>Rint Development</h1>
    <h2>HTML5 + CSS3 Basic</h2>
</div>
```

그리고 각각의 시멘틱 태그에 코드 5-9 내용을 채워넣습니다.

코드 5-9 #main_header 태그의 내용 입력

```
<header id="main_header">
    <div id="title">
        <h1>Rint Development</h1>
        <h2>HTML5 + CSS3 Basic</h2>
    </div>
    <nav id="main_gnb">
        <ul>
            <li><a href="#">Web</a></li>
            <li><a href="#">Mobile</a></li>
            <li><a href="#">Game</a></li>
            <li><a href="#">Simulation</a></li>
```

```
            <li><a href="#">Data</a></li>
        </ul>
    </nav>
    <nav id="main_lnb">
        <ul>
            <li><a href="#">HTML5</a></li>
            <li><a href="#">CSS3</a></li>
            <li><a href="#">JavaScript</a></li>
            <li><a href="#">jQuery</a></li>
            <li><a href="#">Node.js</a></li>
        </ul>
    </nav>
</header>
```

NOTE gnb는 global navigation bar를 의미하고 lnb는 local navigation bar를 의미합니다. 웹 페이지를 만들 때 자주 사용하는 용어이므로 기억해주세요.

현재 코드를 실행하면 그림 5-12처럼 출력합니다.

그림 5-12 스타일을 사용하지 않은 #main_header 태그

이제 스타일을 적용해서 #main_header 태그를 꾸며봅시다. 우선 코드 5-10처럼 #main_header 태그를 가운데에 정렬합니다. 중앙 정렬은 웹 페이지를 만들 때 자주 사용하는 기술이므로 기억해주세요.

코드 5-10 #main_header 태그의 중앙 정렬

```
<!-- 헤더 -->
<style>
    #main_header {
        width: 960px;
        margin: 0 auto;
```

```
    }
</style>
```

이어서 #main_header 태그에 높이를 강제로 적용합니다. 또한 #main_header 태그의 position 속
성에 relative 키워드를 적용하고 절대 좌표를 사용해 내부의 태그 위치를 설정합니다.

코드 5-11 #main_header 태그 내부 요소의 위치 지정

```
<!-- 헤더 -->
<style>
    #main_header {
        /* 중앙 정렬 */
        width: 960px; margin: 0 auto;

        /* 절대 좌표 */
        height: 160px;
        position: relative;  •                 자손의 position 속성에
    }                                           absolute 키워드를 적
                                                용하면 부모의 position
    #main_header > #title {                     속성에 relative 키워
        position: absolute;                     드를 적용합니다.
        left: 20px; top: 30px;
    }
    #main_header > #main_gnb {
        position: absolute;
        right: 0; top: 0;
    }
    #main_header > #main_lnb {
        position: absolute;
        right: 0; bottom: 10px;
    }
</style>
```

이 절에서 왜 #main_header 태그의 height 속성을 강제로 사용했는지 이해되지 않는다면 4.7절을
참고하세요. 현재 만들어진 코드를 실행하면 그림 5-13처럼 출력합니다.

그림 5-13 스타일을 사용한 #main_header 태그

간단하지만 대부분 웹 페이지의 header 태그는 이러한 형식으로 작성합니다. 8장에서 소셜커머스 메인 페이지를 만들면서도 사용할 것이므로 기억해주세요.

5.5 / 웹 폰트

웹 브라우저는 사용자의 컴퓨터에 설치된 폰트만 사용할 수 있습니다. 따라서 개발자의 컴퓨터에는 설치되어 있지만 사용자의 컴퓨터에 설치되어 있지 않은 폰트는 문제가 됩니다.

이러한 문제를 해결할 때 사용하는 방법이 바로 웹 폰트입니다. 웹 폰트는 사용자가 웹 페이지에 접속하는 순간 폰트를 자동으로 내려받고 해당 웹 페이지에서 사용할 수 있게 만들어주는 기능입니다.

웹 폰트와 관련된 자세한 내용은 11장에서 CSS 추가 규칙을 다루면서 살펴볼 것입니다. 이 장에서는 간단하게 폰트 제공 업체에서 웹 폰트를 가져와서 사용하는 방법을 알아봅시다.

대부분의 폰트 제공 업체는 폰트를 유료로 제공하고 있습니다. 책이므로 유료 폰트를 사용할 수는 없으니 무료인 구글 폰트를 사용하겠습니다.

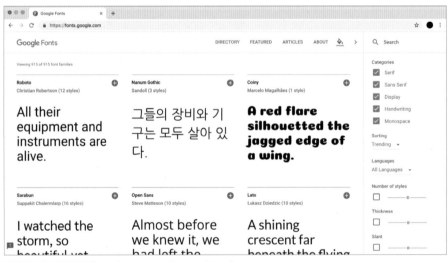

그림 5-14 구글 폰트(http://www.google.com/fonts)

구글 폰트에 접속해서 원하는 폰트를 선택해보세요. 필자는 Coiny 폰트를 선택하기로 했습니다. 폰트 오른쪽 위에 있는 〈+〉 버튼을 누르면, 아래에 "1 Family Selected"라는 글자가 나옵니다.

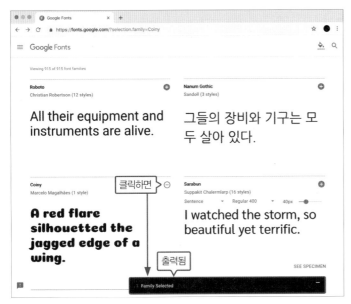

그림 5-15 폰트 선택

> **NOTE** 필자가 책을 집필할 때 상위에 있던 폰트를 선택한 것입니다. 독자가 책을 보고 있을 때는 한참 아래로 내려갔을 것입니다. 찾기 힘들 것이니 그냥 예쁜 것을 선택해서 만드세요.

1 Family Selected라는 글자를 누르면 사용 방법이 나옵니다. 그림 5-16에 있는 코드를 그대로 복사해서 웹 페이지에 붙이면 됩니다. 3가지 방법이 있는데, 이 책에서는 첫 번째 방법을 사용하겠습니다.

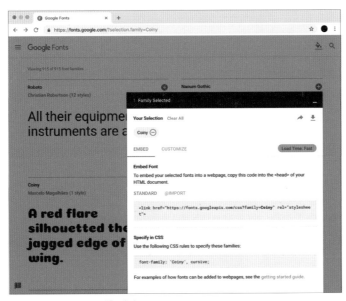

그림 5-16 구글 폰트 사용 방법

그림 5-16 코드를 복사해서 코드 5-12처럼 head 태그에 붙여 넣어주세요.

코드 5-12 웹 폰트 사용을 위한 head 태그 구성

```html
<head>
    <title>Chapter_5</title>
    <link href="https://fonts.googleapis.com/css?family=Coiny" rel="stylesheet"
        type="text/css" />
    <!-- 생략 -->
</head>
```

스타일시트에서 사용하는 방법도 구글 폰트 사이트에 적혀있습니다. 코드 5-13처럼 hgroup 태그에 웹 폰트를 적용합시다.

코드 5-13 #title 태그에 웹 폰트 적용

```html
<!-- 타이틀 -->
<style>
    #title {
        font-family: 'Coiny', cursive;
    }
</style>
```

코드를 실행하면 hgroup 태그에 그림 5-17처럼 웹 폰트가 적용됩니다.

그림 5-17 웹 폰트를 적용한 #title 태그

> NOTE 인터넷 익스플로러 8 버전 이하에서는 로컬에서 실행할 때 보안 문제가 발생해 웹 폰트가 적용되지 않습니다. 서버에서 실행해야 웹 폰트가 적용됩니다.

그럼 이제 수평 메뉴에 스타일을 적용하겠습니다. 우선 코드 5-14처럼 입력해 수직으로 정렬되어 있는 li 태그를 수평으로 만듭니다. 자손에 float 속성을 사용했으므로 부모의 overflow 속성에 hidden 키워드를 적용했습니다.

코드 5-14 메뉴 수평 정렬

```
<!-- 메뉴(1) -->
<style>
    #main_gnb > ul { overflow: hidden; }
    #main_gnb > ul > li { float: left; }
    #main_gnb > ul > li > a { }
</style>
<!-- 메뉴(2) -->
<style>
    #main_lnb > ul { overflow: hidden; }
    #main_lnb > ul > li { float: left; }
    #main_lnb > ul > li > a { }
</style>
```

> 자손에 float 속성을 사용했으므로 부모의 overflow 속성에 hidden 키워드를 적용합니다.

이어서 내부 a 태그의 display 속성에 block 키워드를 적용하고 모양을 꾸며줍니다.

코드 5-15 메뉴의 모양 꾸미기

```
<!-- 메뉴(1) -->
<style>
    #main_gnb > ul { overflow: hidden; }
    #main_gnb > ul > li { float: left; }
    #main_gnb > ul > li > a {
        display: block;
        padding: 2px 10px;
        border: 1px solid black;
    }
    #main_gnb > ul > li > a:hover {
        background: black;
        color: white;
    }
    #main_gnb > ul > li:first-child > a { border-radius: 10px 0 0 10px; }
    #main_gnb > ul > li:last-child > a  { border-radius: 0 10px 10px 0; }
</style>
```

```
<!-- 메뉴(2) -->
<style>
    #main_lnb > ul { overflow: hidden; }
    #main_lnb > ul > li { float: left; }
    #main_lnb > ul > li > a {
        display: block;
        padding: 10px 20px;
        border: 1px solid black;
    }
    #main_lnb > ul > li > a:hover {
        background: black;
        color: white;
    }
    #main_lnb > ul > li:first-child > a { border-radius: 10px 0 0 10px; }
    #main_lnb > ul > li:last-child > a  { border-radius: 0 10px 10px 0; }
</style>
```

코드를 실행하면 그림 5-18처럼 수평 메뉴가 완성됩니다.

그림 5-18 스타일을 사용한 메뉴

---

 a 태그에 block 속성을 사용한 이유

li 태그가 아니라 a 태그에 display 속성과 padding 속성을 사용한 것을 의아하게 생각할 수 있습니다.

만약 li 태그에 padding 속성과 border 속성을 사용하면 그림 5-19처럼 출력합니다. 그림 5-19에서 흰색 영역이 a 태그가 차지하는 영역입니다. a 태그가 버튼의 일부 영역만 차지하므로 연두색 부분은 클릭해도 아무 변화가 없답니다.

그림 5-19 li 태그에 padding 속성과 border 속성을 사용했을 경우

그래서 클릭하는 영역을 확장하고자 a 태그에 padding 속성을 사용했습니다. 추가로 padding 속성을 네 방향으로 사용하려면 display 속성에 block 키워드를 적용해야겠죠?

5.7 콘텐츠 구성

그럼 이번에는 콘텐츠 영역을 구성하겠습니다. 우선 코드 5-16처럼 body 태그에 div 태그를 추가합니다. 이 div 태그는 앞으로 #content 태그라고 부르겠습니다.

코드 5-16 #content 태그 생성

```
<body>
    <header id="main_header"><!-- 생략 --></header>
    <div id="content">

    </div>
</body>
```

#content 태그는 그림 5-20에서 가운데 영역을 차지하는 공간입니다.

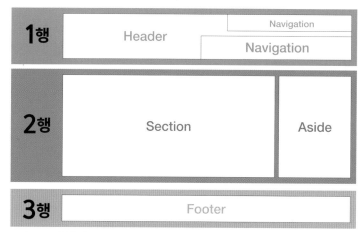

그림 5-20 현재 만들고 있는 웹 페이지의 레이아웃 구성

그림에 보이는 그대로 코드 5-17처럼 2개의 공간 분할 태그를 입력합니다.

코드 5-17 #content 태그의 내부 영역 분리

```
<div id="content">
    <section id="main_section">

    </section>
    <aside id="main_aside">

    </aside>
</div>
```

이어서 각각의 태그에 내용을 입력해줍니다.

코드 5-18 #content 태그의 내용 입력

```
<div id="content">
    <section id="main_section">
        <h1>Main Section</h1>
        <p>Lorem ipsum dolor sit amet, consectetur adipiscing elit.</p>
    </section>
    <aside id="main_aside">
        <h1>Main Aside</h1>
        <p>Lorem ipsum dolor sit amet, consectetur adipiscing elit.</p>
    </aside>
</div>
```

현재 코드를 실행하면 그림 5-21처럼 출력합니다.

그림 5-21 스타일을 적용하지 않은 #content 태그

이제 #content 태그의 레이아웃을 잡아보겠습니다. 우선 코드 5-19처럼 입력해서 중앙 정렬합니다.

코드 5-19 #content 태그의 중앙 정렬

```
<!-- 콘텐츠 -->
<style>
    #content {
        width: 960px;
        margin: 0 auto;
    }
</style>
```

이어서 코드 5-20을 입력해 내부의 레이아웃을 왼쪽과 오른쪽으로 구분합니다.

코드 5-20 #content 태그 내부의 레이아웃 구성

```
<!-- 콘텐츠 -->
<style>
    #content {
        /* 중앙 정렬 */
        width: 960px; margin: 0 auto;

        /* 수평 레이아웃 구성 */
        overflow: hidden;
    }

    #content > #main_section {
        width: 750px;
        float: left;                         ● ─────── 왼쪽에 붙입니다.
    }
    #content > #main_aside {
        width: 200px;
        float: right;                        ● ─────── 오른쪽에 붙입니다.
    }
</style>
```

#main_section 태그와 #main_aside 태그의 너비를 강제 지정하고 #main_section 태그는 왼쪽에 붙이고 #main_aside 태그는 오른쪽에 붙였습니다.

"750픽셀 + 200픽셀은 950픽셀인데, 10픽셀은 어디로 사라졌나요?"

일부러 두 태그의 간격을 띄우려고 합이 950픽셀이 나오게 했습니다. 그림 5-22는 각 태그에 테두리를 준 실행 결과입니다. 그림을 보면 10픽셀이 어디로 사라졌는지 쉽게 이해할 것입니다.

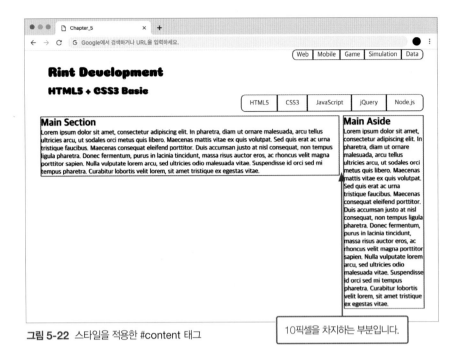

그림 5-22 스타일을 적용한 #content 태그

10픽셀을 차지하는 부분입니다.

이번에는 #main_section 태그의 구성을 추가하고 스타일을 적용해봅시다. 우선 #main_section 태그 내부에 코드 5-21처럼 article 태그를 입력합니다.

코드 5-21 #main_section 태그의 내부 영역 분리

```
<section id="main_section">
    <article class="main_article"></article>
    <article class="main_article"></article>
    <article class="main_article"></article>
</section>
```

이어서 각각의 article 태그에는 코드 5-22처럼 h1 태그와 p 태그를 입력합니다.

코드 5-22 #main_section 태그의 내용 입력

```
<section id="main_section">
    <article class="main_article">
        <h1>Main Article</h1>
        <p>Lorem ipsum dolor sit amet, consectetur adipiscing elit.</p>
    </article>
    <article class="main_article">
        <h1>Main Article</h1>
        <p>Lorem ipsum dolor sit amet, consectetur adipiscing elit.</p>
    </article>
    <article class="main_article">
        <h1>Main Article</h1>
        <p>Lorem ipsum dolor sit amet, consectetur adipiscing elit.</p>
    </article>
</section>
```

현재 코드를 실행하면 그림 5-23처럼 출력합니다.

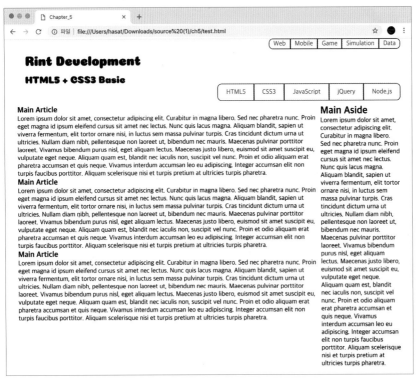

그림 5-23 스타일을 적용하지 않은 #main_section 태그

그림 5-23을 보면 글자가 너무 붙어 있죠? article 태그에 코드 5-23처럼 스타일을 사용합니다.

코드 5-23 #main_section 태그의 스타일 사용

```
<!-- 본문 -->
<style>
    #main_section > article.main_article {
        margin-bottom: 10px;
        padding: 20px;
        border: 1px solid black;
    }
</style>
```

코드를 실행하면 그림 5-24처럼 출력합니다.

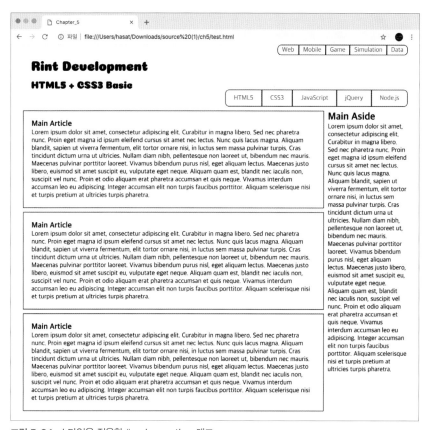

그림 5-24 스타일을 적용한 #main_section 태그

5.9 / 사이드 탭바 구성

이 절에서는 탭바를 만들어볼 것입니다. 탭바는 그림 5-25처럼 같은 공간에 여러 개의 내용을 배치할 수 있게 만드는 요소입니다.

그림 5-25 탭바

탭바는 자바스크립트로 생성하는 것이 일반적입니다. 기존에 HTML을 공부하고 있던 독자는 자바스크립트 코드가 나오지 않는 책에서 어떻게 탭바를 구현할 수 있는지 의아할 수 있습니다. 하지만 CSS3를 사용하면 탭바를 쉽게 구현할 수 있습니다.

이 절은 이 책에서 가장 복잡한 CSS 선택자가 나오는 부분입니다. 처음 본다면 어렵게 느껴질 수 있지만 선택자도 여러 번 읽다보면 금방 익숙해질 것입니다.

어쨌거나 #main_aside 태그를 코드 5-24처럼 입력합니다.

코드 5-24 탭바 버튼과 영역 구분

```
<aside id="main_aside">
    <input id="first" type="radio" name="tab" checked="checked" />
    <input id="second" type="radio" name="tab" />
    <section class="buttons">
        <label for="first">First</label>
        <label for="second">Second</label>
    </section>
```

```
        <div class="tab_item">

        </div>
        <div class="tab_item">

        </div>
    </aside>
```

이어서 코드 5-25처럼 내용을 입력합니다.

코드 5-25 탭바의 내용 입력

```
    <aside id="main_aside">
        <input id="first" type="radio" name="tab" checked="checked" />
        <input id="second" type="radio" name="tab" />
        <section class="buttons">
            <label for="first">First</label>
            <label for="second">Second</label>
        </section>
        <div class="tab_item">
            <ul>
                <li><a href="#">HTML5 Canvas</a></li>
                <li><a href="#">HTML5 Audio</a></li>
                <li><a href="#">HTML5 Video</a></li>
                <li><a href="#">HTML5 Semantic Web</a></li>
            </ul>
        </div>
        <div class="tab_item">
            <ul>
                <li><a href="#">CSS3 Transition</a></li>
                <li><a href="#">CSS3 Animation</a></li>
                <li><a href="#">CSS3 Border</a></li>
                <li><a href="#">CSS3 Box</a></li>
            </ul>
        </div>
    </aside>
```

현재 코드를 실행하면 그림 5-26처럼 출력합니다.

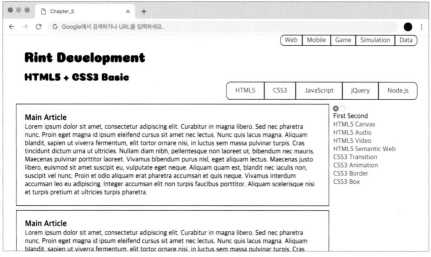

그림 5-26 스타일을 사용하지 않은 탭바

이제 스타일을 사용하겠습니다. 탭바는 코드 5-26처럼 생성합니다.

코드 5-26 탭바 스타일 사용

```
<!-- 사이드 -->
<style>
    /* 첫 번째 탭 */
    input:nth-of-type(1) { display: none; }
    input:nth-of-type(1) ~ div:nth-of-type(1) { display: none; }
    input:nth-of-type(1):checked ~ div:nth-of-type(1) { display: block; }

    /* 두 번째 탭 */
    input:nth-of-type(2) { display: none; }
    input:nth-of-type(2) ~ div:nth-of-type(2) { display: none; }
    input:nth-of-type(2):checked ~ div:nth-of-type(2) { display: block; }
</style>
```

이 코드를 사용하면 탭바를 만들 수 있습니다.

"선택자가 굉장히 복잡하군요."

각각의 선택자는 다음 스타일을 지정합니다.

- input 태그는 보이지 않게 만듭니다.
- input 태그가 체크되어 있을 경우에는 뒤에 위치하는 div 태그를 보이게 만듭니다.
- input 태그가 체크되어 있지 않을 경우에는 뒤에 위치하는 div 태그를 보이지 않게 만듭니다.

잘 이해되지 않는다면 코드를 실행하고 실행 결과를 살펴보세요. 코드를 실행하고 각각의 label 태그를 눌러보면 그림 5-27처럼 내부에 있는 요소가 변경됩니다.

그림 5-27 탭바 기능 구현

몇 번 사용하다 보면 익숙해져서 그다지 어렵게 느껴지지 않습니다. 그 때까지는 코드를 여러 번 살펴보면서 익혀주세요.

이제 탭을 만들었으니 탭을 꾸며보겠습니다. 우선 코드 5-27처럼 선택자를 사용합니다.

코드 5-27 탭바의 선택자 사용

```
<!-- 사이드 -->
<style>
    /* 첫 번째 탭 */
    input:nth-of-type(1) { display: none; }
    input:nth-of-type(1) ~ div:nth-of-type(1) { display: none; }
    input:nth-of-type(1):checked ~ div:nth-of-type(1) { display: block; }

    /* 두 번째 탭 */
    input:nth-of-type(2) { display: none; }
    input:nth-of-type(2) ~ div:nth-of-type(2) { display: none; }
    input:nth-of-type(2):checked ~ div:nth-of-type(2) { display: block; }

    /* 탭 모양 구성 */
    section.buttons { }
    section.buttons > label { }
    input:nth-of-type(1):checked ~ section.buttons >  label:nth-of-type(1) { }
    input:nth-of-type(2):checked ~ section.buttons >  label:nth-of-type(2) { }
</style>
```

이어서 코드 5-28처럼 스타일을 사용합니다.

코드 5-28 탭바의 스타일 사용

```
/* 탭 모양 구성 */
section.buttons { overflow: hidden; }
section.buttons > label {
    /* 수평 정렬 */
    display: block; float: left;

    /* 크기 및 글자 위치 지정 */
    width: 100px; height: 30px;
    line-height: 30px;
    text-align: center;

    /* 테두리 지정 */
    box-sizing: border-box;
    border: 1px solid black;

    /* 색상 지정 */
    background: black;
    color: white;
}

input:nth-of-type(1):checked ~ section.buttons >  label:nth-of-type(1) {
    background: white;
    color: black;
}

input:nth-of-type(2):checked ~ section.buttons >  label:nth-of-type(2) {
    background: white;
    color: black;
}
```

코드를 실행하고 각각의 탭 버튼을 눌러보세요. 그림 5-28처럼 내용은 물론 버튼의 색상도 변경됩니다.

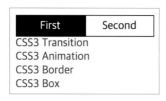

그림 5-28 스타일을 적용한 탭바

5.10 / 목록 구성

어려운 내용은 지났으니 가벼운 마음으로 계속 진행합시다. 이번에는 탭 목록의 요소를 꾸며봅시다. 우선 현재 만든 탭 목록은 코드 5-29처럼 구성되어 있습니다.

코드 5-29 현재 div.tab_item 태그

```
<div class="tab_item">
    <ul>
        <li><a href="#">HTML5 Canvas</a></li>
        <li><a href="#">HTML5 Audio</a></li>
        <li><a href="#">HTML5 Video</a></li>
        <li><a href="#">HTML5 Semantic Web</a></li>
    </ul>
</div>
```

탭 목록의 요소를 코드 5-30처럼 입력합니다.

코드 5-30 목록 요소(1개)

```
<li class="item">
    <a href="#">
        <div class="thumbnail">
            <img src="http://placehold.it/45x45" />
        </div>
        <div class="description">
            <strong>HTML5 Audio</strong>
            <p>2019-03-15</p>
        </div>
    </a>
</li>
```

코드를 실행하면 그림 5-29처럼 출력합니다.

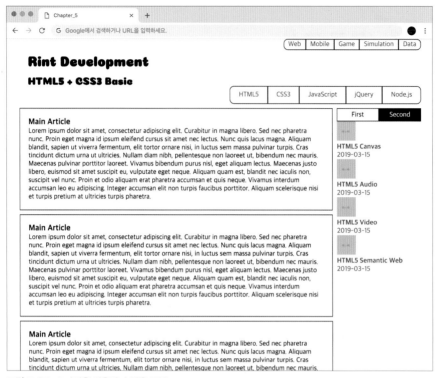

그림 5-29 스타일을 사용하지 않은 목록

이제 각 요소를 꾸며보겠습니다. 코드 5-31처럼 입력해서 목록 요소를 수평으로 만듭니다.

코드 5-31 목록에 스타일 사용

```
<!-- 목록 -->
<style>
    .item {
        overflow: hidden;
        padding: 10px;
        border: 1px solid black;
        border-top: none;
    }

    .thumbnail {
        float: left;
    }

    .description {
        float: left;
        margin-left: 10px;
    }
</style>
```

코드를 실행하면 수평 정렬이 되지만 약간의 문제가 있습니다. 문자열 HTML5 Semantic Web이 너무 길어서 그림 5-30처럼 출력됩니다.

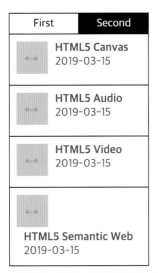

그림 5-30 글자가 길어서 발생하는 문제

이러한 문제를 해결할 때는 코드 5-32처럼 text-overflow 속성에 ellipsis 키워드를 적용하면 됩니다. 참고로 ellipsis는 생략을 의미하는 영어 단어입니다.

코드 5-32 긴 글자 생략

```
.description > strong {
    display: block;
    width: 120px;
    white-space: nowrap;
    overflow: hidden;
    text-overflow: ellipsis;
}
```

> 글자를 생략할 때 항상
> 몰려다니는 삼총사입니다.

갑자기 이상한 녀석이 튀어나와서 당황할 수 있는데요. 탭바 때문에 이 장에 너무 많은 내용이 들어갔습니다. 따라서 text-overflow 속성은 다음 장에서 다시 다루겠습니다.

text-overflow 속성을 사용하고 실행하면 그림 5-31처럼 출력합니다. 자신의 너비를 넘어가면 생략 기호로 표시하고 있죠?

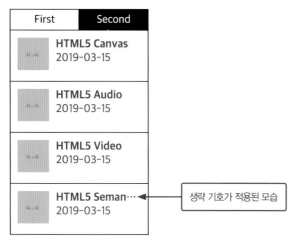

그림 5-31 생략을 적용한 목록

두 번째 탭도 그림 5-32처럼 예쁘게 나옵니다.

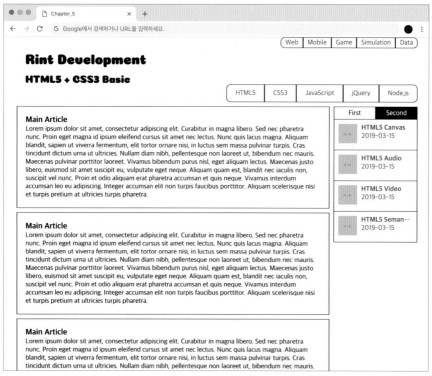

그림 5-32 스타일을 사용한 목록

5.11 / 푸터 구성

이제 마지막 구성 요소인 푸터를 만듭시다. 코드 5-33처럼 body 태그에 footer 태그를 만듭니다. 이제 이 태그를 #main_footer 태그라고 부르겠습니다.

코드 5-33 #main_footer 태그 생성

```html
<body>
    <header id="main_header"><!-- 생략 --></header>
    <div id="content"><!-- 생략 --></div>
    <footer id="main_footer">

    </footer>
</body>
```

#main_footer 태그에는 간단하게 h3 태그와 address 태그를 놓아줍니다.

코드 5-34 #main_footer 태그의 내용 입력

```html
<footer id="main_footer">
    <h3>HTML5 + CSS3 Basic</h3>
    <address>Website Layout Basic</address>
</footer>
```

이어서 코드 5-35의 스타일을 사용해 중앙 정렬 및 모양을 꾸며줍니다.

코드 5-35 #main_footer 태그의 스타일 사용

```css
<!-- 푸터 -->
<style>
    #main_footer {
        /* 중앙 정렬 */
        width: 960px; margin: 0 auto;
        margin-bottom: 10px;

        /* 테두리 */
        box-sizing: border-box;
```

```
        padding: 10px;
        border: 1px solid black;

        /* 글자 정렬 */
        text-align: center;
    }
</style>
```

5.12 / 정리

코드를 실행하면 그림 5-33처럼 출력합니다. 이 장의 예제가 모두 완성되었습니다.

그림 5-33 완성된 웹 페이지

사실 이미지를 넣지 않아서 예쁘다고 느껴지지는 않을 것입니다. 하지만 일반적인 웹 페이지를 개발할 때 들어가는 기술이 모두 들어갔습니다. 처음부터 예제를 직접 작성해보는 것도 좋습니다. 이 장에서 중요한 내용을 정리하면 다음과 같습니다.

- 레이아웃을 행 단위로 생각하는 능력
- 초기화 코드
- width 속성과 margin 속성을 사용한 중앙 정렬
- overflow 속성과 float 속성을 사용해서 레이아웃 나누는 방법

마지막으로 전체 코드를 코드 5-36에 넣었습니다. 페이지를 쓸데없이 차지한다고 생각할 수도 있겠지만 차근차근 읽어보면서 이 장의 내용을 정리해보세요.

코드 5-36 최종 코드

```html
<!DOCTYPE html>
<html>
<head>
    <title>Chapter_5</title>
    <!-- 본문에서는 다루지 않은 코드입니다. 부록 A에서 살펴보는 플러그인입니다. -->
    <!-- 구 버전의 인터넷 익스플로러에서 HTML5 태그를 인식하게 합니다. -->
    <!--[if lt IE 9]>
    <script src="http://html5shiv.googlecode.com/svn/trunk/html5.js"></script>
    <![endif]-->
    <!-- 초기화 -->
    <link href="https://fonts.googleapis.com/css?family=Coiny" rel="stylesheet"
        type="text/css" />
    <!-- 초기화 -->
    <style>
        * { margin: 0; padding: 0; }
        body { font-family: sans-serif; }
        li { list-style: none; }
        a { text-decoration: none; }
        img { border: 0; }
    </style>
    <!-- 헤더 -->
    <style>
        #main_header {
            /* 중앙 정렬 */
            width: 960px; margin: 0 auto;

            /* 절대 좌표 */
            height: 160px;
            position: relative;
        }
        #main_header > #title {
            position: absolute;
            left: 20px; top: 30px;
        }
        #main_header > #main_gnb {
            position: absolute;
            right: 0; top: 0;
        }
        #main_header > #main_lnb {
            position: absolute;
            right: 0; bottom: 10px;
        }
    </style>
    <!-- 타이틀 -->
    <style>
        #title {
            font-family: 'Coiny', cursive;
        }
```

```
</style>
<!-- 메뉴(1) -->
<style>
    #main_gnb > ul { overflow: hidden; }
    #main_gnb > ul > li { float: left; }
    #main_gnb > ul > li > a {
        display: block;
        padding: 2px 10px;
        border: 1px solid black;
    }
    #main_gnb > ul > li > a:hover {
        background: black;
        color: white;
    }
    #main_gnb > ul > li:first-child > a { border-radius: 10px 0 0 10px; }
    #main_gnb > ul > li:last-child > a  { border-radius: 0 10px 10px 0; }
</style>
<!-- 메뉴(2) -->
<style>
    #main_lnb > ul { overflow: hidden; }
    #main_lnb > ul > li { float: left; }
    #main_lnb > ul > li > a {
        display: block;
        padding: 10px 20px;
        border: 1px solid black;
    }
    #main_lnb > ul > li > a:hover {
        background: black;
        color: white;
    }
    #main_lnb > ul > li:first-child > a { border-radius: 10px 0 0 10px; }
    #main_lnb > ul > li:last-child > a  { border-radius: 0 10px 10px 0; }
</style>
<!-- 콘텐츠 -->
<style>
    #content {
        /* 중앙 정렬 */
        width: 960px; margin: 0 auto;

        /* 수평 레이아웃 구성 */
        overflow: hidden;
    }
    #content > #main_section {
        width: 750px;
        float: left;
    }
    #content > #main_aside {
        width: 200px;
        float: right;
```

```
        }
    </style>
    <!-- 본문 -->
    <style>
        #main_section > article.main_article {
            margin-bottom: 10px;
            padding: 20px;
            border: 1px solid black;
        }
    </style>
    <!-- 사이드 -->
    <style>
        /* 첫 번째 탭 */
        input:nth-of-type(1) { display: none; }
        input:nth-of-type(1) ~ div:nth-of-type(1) { display: none; }
        input:nth-of-type(1):checked ~ div:nth-of-type(1) { display: block; }

        /* 두 번째 탭 */
        input:nth-of-type(2) { display: none; }
        input:nth-of-type(2) ~ div:nth-of-type(2) { display: none; }
        input:nth-of-type(2):checked ~ div:nth-of-type(2) { display: block; }

        /* 탭 모양 구성 */
        section.buttons { overflow: hidden; }
        section.buttons > label {
            /* 수평 정렬 */
            display: block; float: left;

            /* 크기 및 글자 위치 지정 */
            width: 100px; height: 30px;
            line-height: 30px;
            text-align: center;

            /* 테두리 지정 */
            box-sizing: border-box;
            border: 1px solid black;

            /* 색상 지정 */
            background: black;
            color: white;
        }
        input:nth-of-type(1):checked ~ section.buttons >  label:nth-of-type(1) {
            background: white;
            color: black;
        }
        input:nth-of-type(2):checked ~ section.buttons >  label:nth-of-type(2) {
            background: white;
            color: black;
        }
```

```
        </style>
        <!-- 목록 -->
        <style>
            .item {
                overflow: hidden;
                padding: 10px;
                border: 1px solid black;
                border-top: none;
            }
            .thumbnail {
                float: left;
            }
            .description {
                float: left;
                margin-left: 10px;
            }
            .description > strong {
                display: block;
                width: 120px;
                white-space: nowrap;
                overflow: hidden;
                text-overflow: ellipsis;
            }
        </style>
        <!-- 푸터 -->
        <style>
            #main_footer {
                /* 중앙 정렬 */
                width: 960px; margin: 0 auto;
                margin-bottom: 10px;

                /* 테두리 */
                box-sizing: border-box;
                padding: 10px;
                border: 1px solid black;

                /* 글자 정렬 */
                text-align: center;
            }
        </style>
</head>
<body>
    <header id="main_header">
        <div id="title">
            <h1>Rint Development</h1>
            <h2>HTML5 + CSS3 Basic</h2>
        </div>
        <nav id="main_gnb">
            <ul>
```

```html
                    <li><a href="#">Web</a></li>
                    <li><a href="#">Mobile</a></li>
                    <li><a href="#">Game</a></li>
                    <li><a href="#">Simulation</a></li>
                    <li><a href="#">Data</a></li>
                </ul>
            </nav>
            <nav id="main_lnb">
                <ul>
                    <li><a href="#">HTML5</a></li>
                    <li><a href="#">CSS3</a></li>
                    <li><a href="#">JavaScript</a></li>
                    <li><a href="#">jQuery</a></li>
                    <li><a href="#">Node.js</a></li>
                </ul>
            </nav>
        </header>
        <div id="content">
            <section id="main_section">
                <article class="main_article">
                    <h1>Main Article</h1>
                    <p>Lorem ipsum dolor sit amet, consectetur adipiscing elit.</p>
                </article>
                <article class="main_article">
                    <h1>Main Article</h1>
                    <p>Lorem ipsum dolor sit amet, consectetur adipiscing elit.</p>
                </article>
                <article class="main_article">
                    <h1>Main Article</h1>
                    <p>Lorem ipsum dolor sit amet, consectetur adipiscing elit.</p>
                </article>
            </section>
            <aside id="main_aside">
                <input id="first" type="radio" name="tab" checked="checked" />
                <input id="second" type="radio" name="tab" />
                <section class="buttons">
                    <label for="first">First</label>
                    <label for="second">Second</label>
                </section>
                <div class="tab_item">
                    <ul>
                        <li class="item"><a href="#">
                            <div class="thumbnail">
                                <img src="http://placehold.it/45x45" />
                            </div>
                            <div class="description">
                                <strong>HTML5 Canvas</strong><p>2019-03-15</p>
                            </div>
                        </a></li>
```

```html
            <li class="item"><a href="#">
                <div class="thumbnail">
                    <img src="http://placehold.it/45x45" />
                </div>
                <div class="description">
                    <strong>HTML5 Audio</strong><p>2019-03-15</p>
                </div>
            </a></li>
            <li class="item"><a href="#">
                <div class="thumbnail">
                    <img src="http://placehold.it/45x45" />
                </div>
                <div class="description">
                    <strong>HTML5 Video</strong><p>2019-03-15</p>
                </div>
            </a></li>
            <li class="item"><a href="#">
                <div class="thumbnail">
                    <img src="http://placehold.it/45x45" />
                </div>
                <div class="description">
                    <strong>HTML5 Semantic Web</strong><p>2019-03-15</p>
                </div>
            </a></li>
        </ul>
</div>
<div class="tab_item">
    <ul>
        <li class="item"><a href="#">
            <div class="thumbnail">
                <img src="http://placehold.it/45x45" />
            </div>
            <div class="description">
                <strong>CSS3 Transition</strong><p>2019-03-15</p>
            </div>
        </a></li>
        <li class="item"><a href="#">
            <div class="thumbnail">
                <img src="http://placehold.it/45x45" />
            </div>
            <div class="description">
                <strong>CSS3 Animation</strong><p>2019-03-15</p>
            </div>
        </a></li>
        <li class="item"><a href="#">
            <div class="thumbnail">
                <img src="http://placehold.it/45x45" />
            </div>
            <div class="description">
```

```
                        <strong>CSS3 Border</strong><p>2019-03-15</p>
                    </div>
                </a></li>
                <li class="item"><a href="#">
                    <div class="thumbnail">
                        <img src="http://placehold.it/45x45" />
                    </div>
                    <div class="description">
                        <strong>CSS3 Box</strong><p>2019-03-15</p>
                    </div>
                </a></li>
            </ul>
        </div>
    </aside>
</div>
<footer id="main_footer">
    <h3>HTML5 + CSS3 Basic</h3>
    <address>Website Layout Basic</address>
</footer>
</body>
</html>
```

> **NOTE** HTML5 Shiv 플러그인을 사용하면 구 버전의 인터넷 익스플로러에서도 HTML5 태그를 인식할 수 있습니다. 하지만 본문에서 탭바를 만들면서 사용한 복잡한 CSS3 선택자는 구 버전의 인터넷 익스플로러에서 사용할 수 없습니다. 이러한 부분을 구 버전의 인터넷 익스플로러에서 만들려면 자바스크립트를 사용해야 하므로 이 책에서는 다루지 못합니다.

CHAPTER

6

스마트폰
레이아웃

페이스북은 모바일 웹 페이지로 접속하는 사람
수가 PC 웹 페이지나 스마트폰 애플리케이션
으로 접속하는 사람의 수보다 많습니다. 이렇게
점점 모바일 웹 페이지의 중요성이 증가하므로
모바일 웹 페이지를 개발하려는 시도가 많아지
고 있습니다. 이 장에서는 HTML5를 사용해
모바일 페이지를 만드는 방법을 알아봅니다.

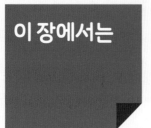

- ✔ 이미지로 그레이디언트를 만드는 방법에 대해 살펴봅니다.
- ✔ 스프라이트 이미지를 만드는 방법에 대해 살펴봅니다.
- ✔ CSS만으로 토글 목록을 구성하는 방법을 살펴봅니다.
- ✔ 스마트폰 화면 전체를 채우는 방법에 대해 살펴봅니다.
- ✔ 긴 문장을 생략하는 방법에 대해 알아봅니다.

미리 보기

이번 장에서는 조금 고전적인 형태의 스마트폰 웹 페이지를 만드는 방법에 대해 알아봅니다. 고전적인 형태의 레이아웃을 살펴보는 이유는 이미지를 사용해서 그레이디언트를 넣는 방법 때문입니다.

CSS3를 사용해서 그레이디언트를 넣는 방법은 이미 이전에 배웠지만, 구버전의 인터넷 익스플로러에서는 CSS3로 그레이디언트를 출력할 수 없습니다. 그래서 지금도 국내의 많은 사이트가 이미지로 그레이디언트를 넣는 방법을 사용하고 있습니다. 간단한 내용이므로 살펴보고 넘어갑시다.

또한, 스프라이트 이미지라는 내용도 배웁니다. 웹 페이지 내부에 사용되는 아이콘들을 하나의 파일로 관리하는 방법으로, 굉장히 많이 사용되는 테크닉입니다.

▲ 6장에서 만들 예제

6.1 / 스마트폰 개요

과거에는 스마트폰을 사용하는 모습만 봐도 애플리케이션을 사용하고 있는지, 웹 페이지를 보고 있는지 쉽게 판단할 수 있었습니다. 하지만 스마트폰 전용 웹 페이지의 발달로 현재는 둘을 구분하기가 힘들어졌습니다.

그럼 스마트폰 웹 페이지를 몇 개 살펴봅시다. 우선 그림 6-1은 국내 포털 사이트 네이버와 Daum 의 모바일 메인 화면입니다. 일반적인 모바일 웹 페이지 형태입니다. 화면이 작은 모바일 페이지지만 이전 절에서 살펴본 웹 페이지의 구성 요소가 모두 있습니다.

그림 6-1 국내 포털 사이트의 모바일 페이지

다음 그림은 쿠팡과 페이스북입니다.

그림 6-2 쿠팡

그림 6-3 페이스북

지금까지 살펴본 애플리케이션에서 왼쪽이 모바일 웹 페이지이고 오른쪽이 네이티브 애플리케이션입니다. 사실 사용할 때 큰 차이가 없습니다.

운영체제 제작 업체에서 제공하는 SDK를 사용해 만든 애플리케이션을 네이티브 애플리케이션이라고 부릅니다. 예를 들어, 안드로이드는 자바 프로그래밍 언어와 안드로이드 SDK를 사용해 만든 애플리케이션을 안드로이드 네이티브 애플리케이션이라고 부릅니다.

2013년을 전후로 HTML, CSS, 자바스크립트를 활용해 웹 페이지를 바로 애플리케이션 안에 넣어 사용하는 하이브리드 애플리케이션이 많이 등장했습니다. 그리고 최근에는 HTML, CSS, 자바스크립트를 활용해 네이티브 애플리케이션을 만들어버리는 React Native, Vue Native 등의 기술이 활성화되고 있습니다. 그림 6-4는 React Native로 만들어진 대표적인 애플리케이션입니다.

그림 6-4 React Native로 만들어진 애플리케이션

페이스북, 인스타그램, 핀터레스트, 스카이프, 우버 등이 React Native(즉 HTML, CSS, 자바스크립트 형태를 활용해서 만들어진) 애플리케이션입니다. 이와 같은 방법으로 애플리케이션을 만들면, 아이폰과 안드로이드 등의 애플리케이션을 따로따로 만들지 않아도 한 번의 개발로 모든 운영체제에서 실행할 수 있다는 장점이 있습니다.

현존하는 애플리케이션에서 게임을 제외한 대부분의 애플리케이션은 하이브리드 애플리케이션 또는 React Native 등을 활용해 만들 수 있습니다.

이번 장에서는 HTML5를 사용해서 모바일 페이지의 레이아웃을 잡는 간단한 방법을 배웁니다. 이 책을 마치고 모바일 웹 페이지를 더 공부하고 싶다면, 자바스크립트를 공부한 뒤 React 또는 Vue를 살펴보기 바랍니다.

6.2 / 뷰포트 meta 태그

meta 태그는 웹 브라우저에 특별한 정보를 제공하는 HTML 태그입니다. 모바일 웹 페이지는 화면에 대한 특별한 정보를 제공하려고 뷰포트 meta 태그를 사용합니다. 뷰포트 meta 태그는 브라우저의 화면 설정과 관련된 정보를 제공합니다. 네이버 모바일 페이지의 경우 다음과 같은 뷰포트 meta 태그를 사용했습니다.

코드 6-1 네이버 모바일 페이지 뷰포트 meta 태그

```
<meta name="viewport" content="width=device-width, initial-scale=1.0, maximum-scale=1.0,
minimum-scale=1.0, user-scalable=no, target-densitydpi=medium-dpi" />
```

뷰포트 meta 태그의 content에는 표 6-1 속성을 입력합니다. 대부분의 모바일 장치가 표 6-1의 속성을 지원하지만, 일부 모바일 브라우저에서는 target-densitydpi 속성을 지원하지 않으므로 주의하세요.

표 6-1 뷰포트 meta 태그의 속성

속성 이름	예시	설명
width	width=240 width=device-width	화면의 너비
height	height=800 height=device-height	화면의 높이
initial-scale	initial-scale=2.0	초기 확대 비율
user-scalable	user-scalable=no	확대 및 축소의 가능 여부
minimum-scale	minimum-scale=1.0	최소 축소 비율
maximum-scale	maximum-scale=2.0	최대 축소 비율
target-densitydpi	target-densitydpi=medium-dpi	DPI 지정

NOTE 추가로 뷰포트 meta 태그와 관련된 내용은 안드로이드와 아이폰의 meta 태그 설명을 참조하세요.

- 안드로이드: http://developer.android.com/guide/webapps/targeting.html
- 아이폰: http://developer.apple.com/library/safari/#documentation/appleapplications/reference/ safarihtmlref/Articles/MetaTags.html

뷰포트 meta 태그를 사용하지 않으면 이 절의 예제가 그림 6-5처럼 출력됩니다. 모바일 장치의 너비는 생각하지 않고 일반 웹 페이지 해상도로 표시하죠?

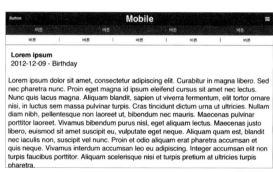

그림 6-5 뷰포트 meta 태그를 사용하지 않은 모바일 웹 페이지

다음 절에 위치하는 그림과 비교해보세요.

6.3 초기화

그럼 모바일 웹 페이지와 관련된 내용을 정리했으니, 이제 직접 만들어보겠습니다. 이 절에서 만들 웹 페이지는 그림 6-6 형태입니다. 일반적인 모바일 웹 페이지의 모습이죠?

그림 6-6 6장 예제

코드를 입력하기 전에 예제 사이트에서 내려받은 압축 파일의 ch6 폴더에서 이미지를 가져와 그림 6-7처럼 폴더를 구성해주세요.

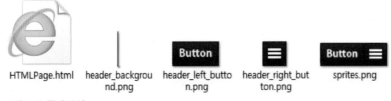

그림 6-7 폴더 구성

폴더를 모두 구성했으면 HTMLPage.html 페이지에 코드를 입력하겠습니다. 이전 장과 마찬가지로 각각의 내용을 부분적으로 설명하고자 style 태그를 여러 개 입력했습니다.

코드 6-2 HTML 페이지 구성

```
<!DOCTYPE html>
<html>
<head>
    <title>Chapter 6</title>
    <meta name="viewport" content="width=device-width, initial-scale=1.0, minimum-
        scale=1.0, user-scalable=no" />
    <!-- 초기화 -->
    <style></style>
    <!-- 헤더 -->
    <style></style>
    <!-- 스프라이트 이미지 -->
    <style></style>
    <!-- 토글 목록 -->
    <style></style>
    <!-- 내비게이션(1) -->
    <style></style>
    <!-- 내비게이션(2) -->
    <style></style>
    <!-- 본문 -->
    <style></style>
    <!-- 푸터 -->
    <style></style>
</head>
<body>

</body>
</html>
```

이어서 첫 번째 style 태그에 코드 6-3처럼 초기화 코드를 입력합니다.

코드 6-3 초기화 코드

```
<!-- 초기화 -->
<style>
    * { margin: 0; padding: 0; }
    body { font-family: 'Helvetica', sans-serif; }
    li { list-style: none; }
    a { text-decoration: none; }
</style>
```

6.4 헤더 구조 구성

이제 차근차근 레이아웃을 만들어봅시다. 우선 body 태그 안에 div 태그를 만듭니다. 이렇게 가장 외곽에 만드는 div 태그를 일반적으로 #wrap 태그라고 부릅니다.

코드 6-4 #wrap 태그 생성

```html
<body>
    <div id="wrap">

    </div>
</body>
```

#wrap 태그는 body 태그에 스타일을 적용하는 것이 위험할지도 모른다고 생각하는 성향의 개발자가 많이 사용합니다(그 이외에 서버와 관련된 내용 중 레이아웃 페이지 또는 마스터 페이지를 사용할 때 코드를 정리하려고 사용하는 경우도 있습니다).

특별한 경우를 제외하고는 HTML 페이지 내부에 html 태그와 body 태그가 이미 두 겹이나 선언되어 있으므로 사용하지 않아도 됩니다.

"그러면 지금은 왜 사용했나요?"

이번 예제에서는 정말 특별한 목적 때문에 #wrap 태그를 사용했습니다. 이 이유는 잠시 후 살펴봅시다. 어쨌거나 이제 #wrap 태그에 코드 6-5처럼 header 태그를 입력합니다. 이 header 태그를 앞으로는 #main_header 태그라고 부르겠습니다.

코드 6-5 #main_header 태그 생성

```html
<body>
    <div id="wrap">
        <header id="main_header">

        </header>
    </div>
</body>
```

#main_header 태그에 코드 6-6처럼 내용을 채워주세요.

코드 6-6 #main_header 태그의 내용 입력

```html
<body>
    <input id="toggle" type="checkbox" />
    <div id="wrap">
        <header id="main_header">
            <a class="left" href="#">Main</a>
            <h1>Mobile</h1>
            <label class="right" for="toggle">Toggle</label>
        </header>
    </div>
</body>
```

현재 코드를 살펴보면 #wrap 태그 외부에 input 태그를 놓았습니다. 여기서 #wrap 태그를 사용한 이유를 확인할 수 있는데요. 일부 스마트폰 웹 브라우저는 ~ 선택자를 사용할 수 없기 때문입니다.

따라서 토글 대상이 되는 div 태그를 선택하려면 이렇게 #wrap 태그를 만들고 조금 더 복잡한 선택자를 사용해야 합니다. 어떠한 선택자를 사용하는지는 잠시 뒤에 살펴봅시다.

어쨌거나, 코드를 실행하면 스마트폰에서 그림 6-8처럼 출력합니다.

그림 6-8 스타일을 사용하지 않은 #main_header 태그

이제 #main_header 태그에 스타일을 사용하겠습니다. 코드 6-7처럼 height 속성을 강제 지정하고
배경 이미지를 넣어줍니다.

코드 6-7 #main_header 태그의 배경 이미지 적용

```
<!-- 헤더 -->
<style>
    #main_header {
        height: 45px;
        background: url('header_background.png');
    }
</style>
```

이전에 이야기했듯이 대부분의 안드로이드 스마트폰은 CSS3 그레이디언트를 지원하지 않습니다.
따라서 그림 6-9처럼 생긴 이미지를 사용해 배경 그레이디언트를 적용합니다.

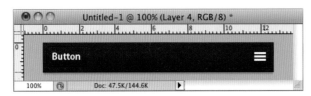

그림 6-9 header_background.png 파일

그림 6-9는 높이 45픽셀, 너비 1픽셀의 이미지입니다. 너비가 좁아서 잘 안 보이겠지만, 위에서 아
래로 그레이디언트가 적용되어 있습니다. 포토샵에서 그림 6-10처럼 그림을 그리고 잘라낸 형태입
니다.

그림 6-10 포토샵에서 미리 그린 #main_header 이미지

따라서 코드를 실행하면 그림 6-11처럼 그레이디언트가 생성되어 출력합니다. 참고로 이미지의 높
이가 45픽셀이므로 #main_header 태그의 높이도 45픽셀로 적용한 것입니다.

그림 6-11 배경 이미지를 적용한 #main_header 태그

그레이디언트를 적용했으니 그 위에 요소를 놓겠습니다. 5장에서 살펴본 것처럼 `position` 속성을 사용해 태그의 위치를 강제적으로 지정합니다. h1 태그의 경우는 위치를 강제 지정하는 것보다 `text-align` 속성을 사용하는 것이 쉬우므로 그렇게 했습니다.

코드 6-8 #main_header 태그 내부 요소의 위치 지정

```
<!-- 헤더 -->
<style>
    #main_header {
        /* 배경 지정 */
        height: 45px;
        background: url('header_background.png');

        /* 자손 위치 지정 */
        position: relative;
        text-align: center;
        line-height: 45px;
    }
    #main_header > h1 {
        color: white;
    }
    #main_header > a, #main_header > label {
        display: block;
        height: 32px;
        position: absolute;
    }
```

```
    #main_header > a.left {
        width: 62px;
        left: 5px; top: 7px;
    }
    #main_header > label.right {
        width: 32px;
        right: 5px; top: 7px;
    }
</style>
```

코드를 실행하면 그림 6-12처럼 출력합니다.

그림 6-12 스타일을 사용한 #main_header 태그

6.5 / 스프라이트 이미지

이 절에서는 모든 애플리케이션 개발에서 이미지 처리의 핵심이 되는 스프라이트 이미지를 배워봅시다. 스프라이트 이미지는 그림 6-13처럼 이미지를 여러 개 뭉쳐놓은 것을 의미합니다. 참고로 그림 6-13의 페이스북 스프라이트 이미지는 지면 관계상 이미지를 시계 방향으로 90도 회전하고, 절반을 잘라 책에 넣었습니다.

그림 6-13 페이스북의 스프라이트 이미지

이미지를 1개의 파일에 뭉쳐놓으면서 웹 페이지 요청 시간을 줄이고 쉽게 관리할 수 있습니다.

현재 폴더에 그림 6-14처럼 2개의 파일이 있습니다. 이 이미지를 스프라이트 이미지로 만들어보겠습니다.

header_left_button.png

header_right_button.png

그림 6-14 예제와 함께 제공된 이미지

스프라이트 이미지를 수작업으로도 만들 수 있지만 일반적으로 프로그램을 사용합니다. 이 책에서는 무료로 사용할 수 있는 CSS Sprites Generator를 사용해 만들겠습니다. CSS Sprites Generator의 공식 홈페이지는 https://www.toptal.com/developers/css/sprite-generator/입니다.

그림 6-15 CSS Sprites Generator(https://www.toptal.com/developers/css/sprite-generator/)

상단에 있는 옵션은 다음과 같이 지정해주세요.

- Padding between elements(px): 0
- Align elements: top

모든 설정을 완료하고 〈GENERATE〉 버튼을 누르면 그림 6-16처럼 스프라이트 이미지가 생성됩니다.

그림 6-16 생성된 스프라이트 이미지

이렇게 생성한 스프라이트가 예제에 함께 첨부되어 있는 sprite.png 파일입니다. 스프라이트를 생성하면 웹 페이지 바로 아래에 그림 6-17처럼 간단한 사용 방법이 나옵니다.

To display this image...	...use this style
Button	background-position: 0px 0px;
 ≡	background-position: -62px 0px;

그림 6-17 CSS Sprites Generator의 친절한 사용 방법 설명

스프라이트 이미지 파일은 HTML 페이지와 같은 폴더에 넣고 코드 6-9처럼 스타일시트를 구성합니다. 그림 6-17에 있는 `background-position` 속성을 그대로 넣어주면 됩니다.

코드 6-9 스프라이트 이미지의 스타일 지정

```
<!-- 스프라이트 이미지 -->
<style>
    #main_header > a.left {
        background: url('sprites.png');
        background-position: 0px 0px;
        text-indent: -99999px;
    }
    #main_header > label.right {
        background: url('sprites.png');
        background-position: -62px 0px;
        text-indent: -99999px;
    }
</style>
```

> 태그 내부에 있는 글자를 보이지 않게 만들고자 터무니 없는 값을 적용하여 글자를 화면 밖으로 밀어버리는 코드입니다.

코드를 실행하면 그림 6-18처럼 출력합니다.

그림 6-18 스프라이트 이미지를 적용한 #main_header 태그

손쉽게 모바일 웹 페이지의 헤더를 만들었습니다.

"text-indent 속성을 사용하지 말고, 글자를 입력하지 않아도 되잖아요?"

물론 그렇게 해도 됩니다. 하지만 HTML 코드를 나중에 살펴볼 때 해당 태그가 어떠한 태그인지 쉽게 알게 하고자 글자를 입력했습니다.

6.6 토글 목록 구성

이제 토글 목록을 구성하겠습니다. 코드 6-10처럼 #wrap 태그에 div 태그를 두 겹으로 만들어줍니다.

코드 6-10 #toggle_gnb 태그 생성

```
<body>
    <input id="toggle" type="checkbox" />
    <div id="wrap">
        <header id="main_header"><!-- 생략 --></header>
        <div id="toggle_gnb_wrap">
            <div id="toggle_gnb">

            </div>
        </div>
    </div>
</body>
```

두 겹으로 div 태그를 만든 이유는 테두리를 예쁘게 만들기 위함입니다. 잠시 후 스타일을 사용할 때 이 부분을 다시 이야기하겠습니다.

이제 #toggle_gnb 태그 내부에 코드 6-11처럼 입력합니다.

코드 6-11 #toggle_gnb 태그의 내용 입력

```
<body>
    <input id="toggle" type="checkbox" />
    <div id="wrap">
        <header id="main_header"><!-- 생략 --></header>
        <div id="toggle_gnb_wrap">
            <div id="toggle_gnb">
                <ul>
                    <li><a href="#">버튼</a></li>
                    <li><a href="#">버튼</a></li>
                    <li><a href="#">버튼</a></li>
                    <li><a href="#">버튼</a></li>
                    <li><a href="#">버튼</a></li>
                    <li><a href="#">버튼</a></li>
                    <li><a href="#">버튼</a></li>
                    <li><a href="#">버튼</a></li>
```

```
                </ul>
            </div>
        </div>
    </div>
</body>
```

HTML 태그를 모두 입력했으니 스타일을 사용하겠습니다. 우선 코드 6-12처럼 입력해 토글을 구현합니다. 이전 장에서 살펴본 내용이므로 선택자를 따라가면 쉽게 이해할 것입니다.

코드 6-12 #toggle_gnb 태그의 토글 구현

```
<!-- 토글 목록 -->
<style>
    #toggle { display: none; }
    #toggle + #wrap > #toggle_gnb_wrap { display: none; }
    #toggle:checked + #wrap > #toggle_gnb_wrap { display: block; }
</style>
```

코드를 실행하고 오른쪽 위의 토글 버튼을 눌러보세요. 그림 6-19처럼 목록이 보였다 안 보였다 합니다.

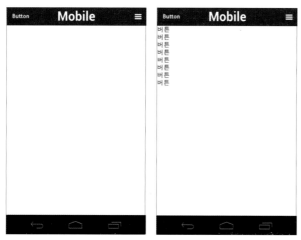

그림 6-19 토글을 적용한 #topggle_gnb 태그

토글 기능을 구현했으니 이제 꾸며봅시다. 코드 6-13처럼 두 겹으로 구성한 div 태그에 색상을 적용합니다. 또한 목록에 overflow 속성과 float 속성을 사용해 수평으로 만듭니다.

코드 6-13 #toggle_gnb 태그의 스타일 사용

```
<!-- 토글 목록 -->
<style>
    /* 토글 구현 */
    #toggle { display: none; }
    #toggle + #wrap > #toggle_gnb_wrap { display: none; }
    #toggle:checked + #wrap > #toggle_gnb_wrap { display: block; }

    /* 레이아웃 색상 */
    #toggle_gnb_wrap {
        background: #363636;
        padding: 15px;
    }
    #toggle_gnb {
        background: #FFFFFF;
        padding: 5px;
    }

    /* 토글 목록 */
    #toggle_gnb > ul { overflow: hidden; }
    #toggle_gnb > ul > li {
        width: 80px; float: left;
    }
</style>
```

코드를 실행하면 그림 6-20처럼 토글 목록이 만들어집니다.

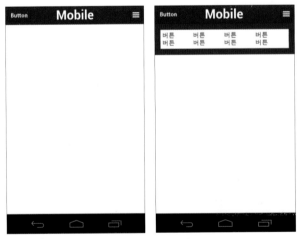

그림 6-20 스타일을 사용한 #toggle_gnb 태그

6.7 / 내비게이션 구성(1)

모바일 웹은 내비게이션 목록이 복잡하지 않으므로 다양한 방법으로 구현할 수 있습니다. 일반적으로는 다음 3가지 방법을 사용해서 내비게이션 목록을 구성합니다.

- overflow 속성과 float 속성을 사용합니다.
- display 속성에 table 키워드를 적용합니다.
- table 태그를 사용합니다.

두 번째 방법과 세 번째 방법은 거의 똑같은 내용이므로 책에서는 첫 번째 방법과 두 번째 방법을 다루겠습니다. 우선 첫 번째 방법을 사용해 내비게이션 목록을 만들겠습니다.

#wrap 태그에 nav 태그를 입력합니다. 이 태그를 이제 #top_gnb 태그라고 부르겠습니다.

코드 6-14 #top_gnb 태그 생성

```
<body>
    <input id="toggle" type="checkbox" />
    <div id="wrap">
        <header id="main_header"><!-- 생략 --></header>
        <div id="toggle_gnb_wrap"><!-- 생략 --></div>
        <nav id="top_gnb">

        </nav>
    </div>
</body>
```

#top_gnb 태그는 코드 6-15처럼 div 태그를 4개 입력합니다.

코드 6-15 #top_gnb 태그의 내용 입력

```
<nav id="top_gnb">
    <div><a href="#">버튼</a></div>
    <div><a href="#">버튼</a></div>
    <div><a href="#">버튼</a></div>
    <div><a href="#">버튼</a></div>
</nav>
```

지금까지 배운 것처럼 ul 태그와 li 태그를 사용해도 문제없습니다. 조금 다른 방법을 보여드리고자 div 태그를 사용했습니다.

이제 바로 스타일을 사용하겠습니다. 코드 6-16처럼 overflow 속성과 float 속성을 사용해 목록을 수평 정렬합니다. 현재 목록이 4개이므로 width 속성값을 25%로 적용했습니다.

코드 6-16 #top_gnb 태그의 수평 정렬

```
<!-- 내비게이션(1) -->
<style>
    #top_gnb { overflow: hidden; }
    #top_gnb > div > a {
        float: left;
        width: 25%;
    }
</style>
```

레이아웃을 모두 만들었으니 꾸미겠습니다. 코드 6-17처럼 테두리, 색상, 크기를 적용합니다.

코드 6-17 #top_gnb 태그의 스타일 사용

```
<!-- 내비게이션(1) -->
<style>
    #top_gnb {
        overflow: hidden;
        border-bottom: 1px solid black;
        background: #B42111;
    }
    #top_gnb > div > a {
        /* 수평 정렬 */
        float: left; width: 25%;

        /* 크기 및 색상, 정렬 */
        height: 35px;
        line-height: 35px;
        text-align: center;
        color: white;
    }
</style>
```

코드를 실행하면 그림 6-21처럼 단순한 내비게이션 목록이 완성됩니다.

그림 6-21 스타일을 사용한 #top_gnb 태그

지금까지 ul 태그와 li 태그를 사용해 수평 목록을 구성한 것과 같으므로 어렵지 않죠?

"4개와 5개는 20%와 25%로 딱 떨어지잖아요? 3개나 6개는 어떻게 해요?"

일반적으로 인간의 눈은 소수점을 판별할 정도로 좋지 못합니다. 표 6-2의 수치를 사용하면 됩니다.

표 6-2 목록 개수와 너비 비율의 관계

목록 개수	비율
2개	50%
3개	33.33%
4개	25%
5개	20%
6개	16.66%

6.8 / 내비게이션 구성(2)

이제 두 번째 방법으로 내비게이션을 구성하겠습니다. 우선 코드 6-18처럼 #wrap 태그에 nav 태그를 만들고 id 속성값을 #bottom_gnb로 적용합니다.

코드 6-18 #bottom_gnb 태그 생성

```html
<body>
    <input id="toggle" type="checkbox" />
    <div id="wrap">
        <header id="main_header"><!-- 생략 --></header>
        <div id="toggle_gnb_wrap"><!-- 생략 --></div>
        <nav id="top_gnb"><!-- 생략 --></nav>
        <nav id="bottom_gnb">

        </nav>
    </div>
</body>
```

내부에는 코드 6-19처럼 5개의 div 태그를 놓아줍니다.

코드 6-19 #botton_gnb 태그의 내용 입력

```html
<nav id="bottom_gnb">
    <div><a href="#">버튼</a></div>
    <div><a href="#">버튼</a></div>
    <div><a href="#">버튼</a></div>
    <div><a href="#">버튼</a></div>
    <div><a href="#">버튼</a></div>
</nav>
```

HTML 태그를 모두 구성했으니 스타일을 적용하겠습니다. 모바일 웹 페이지에서 내비게이션 목록을 만드는 두 번째 방법은 display 속성에 table 키워드를 적용하는 것입니다.

- **display: table** table 태그와 같은 레이아웃을 갖습니다.
- **display: table-cell** td 태그와 같은 레이아웃을 갖습니다.

2가지 키워드를 사용해 코드 6-20처럼 레이아웃을 구성합니다. 이 방법을 사용하면 내부의 div 태그에 width 속성을 사용할 필요가 없습니다.

코드 6-20 #bottom_gnb 태그의 수평 정렬

```
<!-- 내비게이션(2) -->
<style>
    #bottom_gnb {
        display: table;
        width: 100%;
    }

    #bottom_gnb > div {
        display: table-cell;
    }

    #bottom_gnb > div > a {
        display: block;
        height: 35px;
        line-height: 35px;
        text-align: center;
    }
</style>
```

어쨌거나 코드를 실행하면 그림 6-22처럼 출력합니다.

그림 6-22 수평 정렬된 #bottom_gnb 태그

여기에 코드 6-21처럼 추가로 스타일을 사용해 목록을 꾸며줍니다.

코드 6-21 #bottom_gnb 태그의 스타일 사용

```
<!-- 내비게이션(2) -->
<style>
    #bottom_gnb {
        display: table;
        width: 100%;
        border-bottom: 1px solid black;
    }

    #bottom_gnb > div {
        display: table-cell;
        position: relative;
    }

    #bottom_gnb > div > a {
        display: block;
        height: 35px;
        line-height: 35px;
        text-align: center;
    }

    #bottom_gnb > div > a::before {
        display: block;
        position: absolute;
        top: 9px; left: -1px;
        width: 1px; height: 15px;
        border-left: 1px solid black;
        content: '';
    }
</style>
```

갑자기 100페이지의 과거를 뛰어 넘어온 ::before 선택자 때문에 당황할 수 있습니다. 우선 실행 결과를 살펴보고 코드를 보면 어느 정도 이해할 수 있을 것입니다.

그림 6-23 스타일을 사용한 #bottom_gnb 태그

이 장의 예제에서 설명하려는 내용이 모두 끝났습니다. 지금부터는 그냥 대충 보세요.

6.9 / 본문 구성

이제 본문을 구성하겠습니다. 코드 6-22처럼 #wrap 태그에 section 태그를 만듭니다.

코드 6-22 #main_seciton 태그 생성

```
<body>
    <input id="toggle" type="checkbox" />
    <div id="wrap">
        <header id="main_header"><!-- 생략 --></header>
        <div id="toggle_gnb_wrap"><!-- 생략 --></div>
        <nav id="top_gnb"><!-- 생략 --></nav>
        <nav id="bottom_gnb"><!-- 생략 --></nav>
        <section id="main_section">

        </section>
    </div>
</body>
```

이어서 #main_section 태그에 코드 6-23처럼 입력합니다.

코드 6-23 #main_section 태그의 내부 영역 분리

```
<section id="main_section">
    <header id="section_header">

    </header>
    <article id="section_article">

    </article>
</section>
```

대충 글자를 넣어주세요.

코드 6-24 #main_section 태그의 내용 입력

```
<section id="main_section">
    <header id="section_header">
        <h1>Lorem ipsum</h1>
        <time>2012-12-09 - Birthday</time>
```

```
    </header>
    <article id="section_article">
        <p>Lorem ipsum dolor sit amet, consectetur adipiscing elit.</p>
        <br />
        <p>Lorem ipsum dolor sit amet, consectetur adipiscing elit.</p>
        <br />
        <p>Lorem ipsum dolor sit amet, consectetur adipiscing elit.</p>
    </article>
</section>
```

그리고 다음과 같이 padding 속성을 사용해 적당한 곳에 위치하게 만듭니다.

코드 6-25 #main_section 태그의 스타일 사용

```
<!-- 본문 -->
<style>
    #section_header { padding: 20px; }
    #section_article { padding: 10px; }
</style>
```

코드를 실행하면 그림 6-24처럼 출력합니다.

그림 6-24 스타일을 사용한 #main_section 태그

별로 설명할 내용이 없으니 빨리 진행했습니다.

"갑자기 엄청 대충이다!"

다 아시는 내용이니까요! 다음 절도 이전 장에서 했던 내용과 같으니 빨리 진행하겠습니다.

6.10 / 푸터 구성

이제 푸터를 만듭시다. 우선 코드 6-26처럼 #wrap 태그에 footer 태그를 만듭니다. 이어서 내부에 간단한 글자를 넣어주세요.

코드 6-26 #main_footer 태그 생성

```
<body>
    <input id="toggle" type="checkbox" />
    <div id="wrap">
        <header id="main_header"><!-- 생략 --></header>
        <div id="toggle_gnb_wrap"><!-- 생략 --></div>
        <nav id="top_gnb"><!-- 생략 --></nav>
        <nav id="bottom_gnb"><!-- 생략 --></nav>
        <section id="main_section"><!-- 생략 --></section>
        <footer id="main_footer">
            <h3>HTML5 + CSS3 Basic</h3>
            <address>Website Layout Basic</address>
        </footer>
    </div>
</body>
```

이어서 코드 6-27처럼 스타일을 사용합니다.

코드 6-27 #main_footer 태그의 스타일 사용

```
<!-- 푸터 -->
<style>
    #main_footer {
        padding: 10px;
        border-top: 3px solid black;
        text-align: center;
    }
</style>
```

6.11 / 정리

모든 예제가 완성되었습니다. 그림 6-25처럼 모바일 웹 페이지가 완성되었습니다.

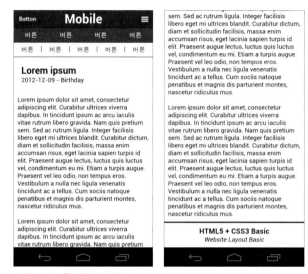

그림 6-25 완성된 6장 예제

이 장에서 중요한 내용을 뽑으라면 다음과 같습니다.

- 뷰포트 meta 태그
- 이미지를 사용한 그레이디언트 적용
- 스프라이트 이미지
- overflow 속성과 float 속성을 사용한 목록 구성
- display 속성의 table 키워드를 적용한 목록 구성
- ::before 선택자를 사용한 수직선 생성

이 내용을 생각하며 코드 6-28을 읽어보세요.

코드 6-28 최종 코드

```html
<!DOCTYPE html>
<html>
<head>
    <title>Chapter 6</title>
    <meta name="viewport" content="width=device-width, initial-scale=1.0, minimum-
        scale=1.0, user-scalable=no" />
    <!-- 초기화 -->
    <style>
        * { margin: 0; padding: 0; }
        body { font-family: 'Helvetica', sans-serif; }
        li { list-style: none; }
        a { text-decoration: none; }
    </style>
    <!-- 헤더 -->
    <style>
        #main_header {
            /* 배경 지정 */
            height: 45px;
            background: url('header_background.png');

            /* 자손 위치 지정 */
            position: relative;
            text-align: center;
            line-height: 45px;
        }
        #main_header > h1 {
            color: white;
        }
        #main_header > a, #main_header > label {
            display: block;
            height: 32px;
            position: absolute;
        }
        #main_header > a.left {
            width: 62px;
            left: 5px; top: 7px;
        }
        #main_header > label.right {
            width: 32px;
            right: 5px; top: 7px;
        }
    </style>
    <!-- 스프라이트 이미지 -->
    <style>
```

```css
#main_header > a.left {
    background: url('sprites.png');
    background-position: 0px 0px;
    text-indent: -99999px;
}
#main_header > label.right {
    background: url('sprites.png');
    background-position: -62px 0px;
    text-indent: -99999px;
}
```
</style>
<!-- 토글 목록 -->
<style>
```css
    /* 토글 구현 */
    #toggle { display: none; }
    #toggle + #wrap > #toggle_gnb_wrap { display: none; }
    #toggle:checked + #wrap > #toggle_gnb_wrap { display: block; }

    /* 레이아웃 색상 */
    #toggle_gnb_wrap {
        background: #363636;
        padding: 15px;
    }
    #toggle_gnb {
        background: #FFFFFF;
        padding: 5px;
    }

    /* 토글 목록 */
    #toggle_gnb > ul { overflow: hidden; }
    #toggle_gnb > ul > li {
        width: 80px; float: left;
    }
```
</style>
<!-- 내비게이션(1) -->
<style>
```css
    #top_gnb {
        overflow: hidden;
        border-bottom: 1px solid black;
        background: #B42111;
    }
    #top_gnb > div > a {
        /* 수평 정렬 */
        float: left; width: 25%;
```

```
            /* 크기 및 색상, 정렬 */
            height: 35px;
            line-height: 35px;
            text-align: center;
            color: white;
        }
    </style>
    <!-- 내비게이션(2) -->
    <style>
        #bottom_gnb {
            display: table;
            width: 100%;
            border-bottom: 1px solid black;
        }
        #bottom_gnb > div {
            display: table-cell;
            position: relative;
        }
        #bottom_gnb > div > a {
            display: block;
            height: 35px;
            line-height: 35px;
            text-align: center;
        }
        #bottom_gnb > div > a::before {
            display: block;
            position: absolute;
            top: 9px; left: -1px;
            width: 1px; height: 15px;
            border-left: 1px solid black;
            content: '';
        }
    </style>
    <!-- 본문 -->
    <style>
        #section_header { padding: 20px; }
        #section_article { padding: 10px; }
    </style>
    <!-- 푸터 -->
    <style>
        #main_footer {
            padding: 10px;
            border-top: 3px solid black;
            text-align: center;
        }
```

```
        </style>
    </head>
    <body>
        <input id="toggle" type="checkbox" />
        <div id="wrap">
            <header id="main_header">
                <a class="left" href="#">Main</a>
                <h1>Mobile</h1>
                <label class="right" for="toggle" onclick="">Toggle</label>
            </header>
            <div id="toggle_gnb_wrap">
                <div id="toggle_gnb">
                    <ul>
                        <li><a href="#">버튼</a></li>
                        <li><a href="#">버튼</a></li>
                        <li><a href="#">버튼</a></li>
                        <li><a href="#">버튼</a></li>
                        <li><a href="#">버튼</a></li>
                        <li><a href="#">버튼</a></li>
                        <li><a href="#">버튼</a></li>
                        <li><a href="#">버튼</a></li>
                    </ul>
                </div>
            </div>
            <nav id="top_gnb">
                <div><a href="#">버튼</a></div>
                <div><a href="#">버튼</a></div>
                <div><a href="#">버튼</a></div>
                <div><a href="#">버튼</a></div>
            </nav>
            <nav id="bottom_gnb">
                <div><a href="#">버튼</a></div>
                <div><a href="#">버튼</a></div>
                <div><a href="#">버튼</a></div>
                <div><a href="#">버튼</a></div>
                <div><a href="#">버튼</a></div>
            </nav>
            <section id="main_section">
                <header id="section_header">
                    <h1>Lorem ipsum</h1>
                    <time>2012-12-09 - Birthday</time>
                </header>
                <article id="section_article">
                    <p>Lorem ipsum dolor sit amet, consectetur adipiscing elit.</p>
                    <br />
```

```html
            <p>Lorem ipsum dolor sit amet, consectetur adipiscing elit.</p>
            <br />
            <p>Lorem ipsum dolor sit amet, consectetur adipiscing elit.</p>
        </article>
    </section>
    <footer id="main_footer">
        <h3>HTML5 + CSS3 Basic</h3>
        <address>Website Layout Basic</address>
    </footer>
    </div>
</body>
</html>
```

6.12 / 전체화면

지금까지 살펴본 예제에서 스마트폰 웹 페이지를 만들 때 사용하는 대부분의 기술을 다루었습니다. 하지만 중요한 내용인데 살펴볼 수 없었던 내용이 몇 가지 있었습니다. 이번 절부터 간단하게 다루어 봅시다.

우선 이번 절에서 다룰 내용은 전체화면과 관련된 내용입니다. 코드 6-29처럼 코드를 입력해보고 어떻게 실행될지 예측해보세요.

코드 6-29 전체화면 예상 코드

```html
<!DOCTYPE html>
<html>
<head>
    <title>Fullscreen</title>
    <meta name="viewport" content="width=device-width, initial-scale=1.0" />
    <style>
        * { margin: 0; padding: 0; }
        #background {
            height: 100%;
            background: red;
        }
    </style>
</head>
<body>
    <div id="background">
        <h1>Full Screen</h1>
    </div>
</body>
</html>
```

#background 태그의 높이를 100%로 적용했으므로 화면을 꽉 채울 것이라고 생각할 수 있지만 그림 6-26처럼 실행됩니다.

그림 6-26 전체화면 실패

#background 태그가 body 태그 안에 있으므로 body 태그의 높이에 맞추기 때문에 나타나는 현상입니다. 따라서 화면을 꽉 채우고 싶을 때는 코드 6-30처럼 html 태그와 body 태그 모두에 height 속성을 사용해야 합니다.

코드 6-30 전체화면

```
<style>
    * { margin: 0; padding: 0; }
    html, body {
        height: 100%;
    }

    #background {
        height: 100%;
        background: red;
    }
</style>
```

이제 코드를 실행하면 그림 6-27처럼 전체화면으로 구성됩니다.

그림 6-27 전체화면

이 방법을 사용할 때는 약간 주의해야 할 점이 있습니다. 그림 6–28은 모바일 구글 지도입니다. 방금 설명한 방법과 같은 방식으로 지도를 전체화면으로 만들었습니다. 그런데 스마트폰에서 사용자의 위치 정보 동의를 묻는 대화상자가 나와 웹 브라우저의 높이가 변경되어 그림 6–28처럼 아래 부분이 잘립니다.

그림 6-28 웹 페이지의 대화상자와 전체화면

이처럼 스마트폰에서 위치 정보 동의 메시지를 사용하거나 키보드가 켜져 있을 때는 높이가 제한됩니다. 이 문제는 스타일시트로 해결할 수 없고 자바스크립트의 resize 이벤트를 사용해야만 해결할 수 있습니다.

6.13 / 글자 감추기

스마트폰처럼 작은 기계에서는 글자가 잘릴 수 있습니다. 이러한 경우에는 일반적으로 그림 6-29처럼 생략 기호를 사용해 생략을 표시합니다.

그림 6-29 생략된 글자

이 기능을 Ellipsis(생략)라고 표현합니다. 간단하게 코드 6-31과 같은 클래스를 사용하면 됩니다.

코드 6-31 생략 클래스

```
.ellipsis {
    white-space: nowrap;
    overflow: hidden;
    text-overflow: ellipsis;
}
```

자주 사용하는 스타일 코드이므로 그냥 복사해서 붙이세요. 이 클래스는 코드 6-32처럼 사용할 수 있습니다. block 형식의 태그에 지정하고 사용하면 됩니다(일반적으로 h1 태그 같은 제목 태그에 많이 사용합니다).

코드 6-32 글자 생략

```
<!DOCTYPE html>
<html>
<head>
    <title>text ellipsis</title>
    <style>
        div {
            border: 3px solid black;
        }
```

```
        .ellipsis {
            white-space: nowrap;
            overflow: hidden;
            text-overflow: ellipsis;
        }
    </style>
</head>
<body>
    <div class="ellipsis">Lorem ipsum dolor sit amet, consectetur adipiscing elit.</div>
</body>
</html>
```

코드를 실행하고 화면의 너비를 줄여보세요. 자동으로 그림 6-30처럼 생략 기호가 표시됩니다.

그림 6-30 글자 생략

태블릿 PC
레이아웃

이 장에서는 동적 너비를 가지는 레이아웃 구성
방법을 배웁니다. 동적 너비를 가지는 레이아웃
이란 화면의 너비에 딱 맞게 구성되는 레이아웃
으로 일반적인 태블릿 PC의 애플리케이션을
생각하면 됩니다. 동적 너비를 가지는 레이아웃
은 데스크톱에서도 활용 가능한 내용이므로 자
세히 살펴봅시다.

무엇을 배우나요?

◎ 정적 레이아웃과 동적 레이아웃을 조합하는 방법에 대해 살펴봅니다.

◎ 고정 바를 만드는 방법에 대해 살펴봅니다.

 미리 보기

일반적으로 태블릿 전용 페이지를 만들 때는 데스크톱 웹 페이지와 큰 차이가 없게 만드는 경우가 많습니다. 그래도 이번 장에서는 태블릿 등에서 효과적으로 사용할 수 있는 조금 더 복잡한 레이아웃을 알아볼 텐데, 바로 정적 레이아웃과 동적 레이아웃을 조합하는 방법입니다.

이 책에서는 레이아웃과 관련된 내용을 이번 장에서 마치게 됩니다. 꽤 많은 내용을 다루었지만, 많이 사용되는 내용들이므로 어느 정도 기억해두는 것이 좋습니다.

▲ 7장에서 만들 예제

7.1 초기화

이 장에서는 그림 7-1의 웹 페이지를 만듭니다. 태블릿 PC에 적합한 형태의 레이아웃입니다.

그림 7-1 7장 예제

단순한 웹 페이지처럼 보일지도 모르지만 멋진 기술이 숨어 있습니다. 화면의 너비가 변하면 그림 7-2처럼 화면의 너비에 맞게 레이아웃이 동적으로 변합니다.

그림 7-2 너비가 동적인 레이아웃

`margin` 속성과 `width` 속성을 사용한 중앙 정렬로는 만들 수 없는 형태의 레이아웃입니다. 태블릿 PC에 적합한 레이아웃이라고 소개했지만 일반 데스크톱 웹 페이지에서도 사용할 수 있습니다.

대충 어떠한 레이아웃인지 감이 왔다면 예제를 만들겠습니다. 지금까지의 예제와 마찬가지로 각각의
내용을 부분적으로 설명하려고 코드 7-1처럼 style 태그를 여러 개 입력했습니다.

코드 7-1 HTML 페이지 구성

```html
<!DOCTYPE html>
<html>
<head>
    <title>Chapter 7</title>
    <meta name="viewport" content="width=device-width, initial-scale=1.0" />
    <!-- 초기화 -->
    <style></style>
    <!-- 헤더 -->
    <style></style>
    <!-- 내비게이션 -->
    <style></style>
    <!-- 콘텐츠 -->
    <style></style>
    <!-- 수직 목록 -->
    <style></style>
    <!-- 푸터 -->
    <style></style>
</head>
<body>

</body>
</html>
```

> 태블릿 PC도 뷰포트 meta 태그가 필요합니다.

이어서 코드 7-2처럼 초기화 코드를 작성하고 예제 만들기를 시작합시다.

코드 7-2 초기화 코드

```html
<!-- 초기화 -->
<style>
    * { margin: 0; padding: 0; }
    body { font-family: 'Helvetica', sans-serif; }
    li { list-style: none; }
    a { text-decoration: none; }
</style>
```

7.2 헤더 구성

우선 body 태그에 코드 7-3처럼 header 태그를 입력합니다. 이 header 태그를 앞으로는 #main_header 태그라고 부르겠습니다.

코드 7-3 #main_header 태그 생성

```
<body>
    <header id="main_header">

    </header>
</body>
```

#main_header 태그에는 코드 7-4처럼 h1 태그를 하나 놔주세요.

코드 7-4 #main_header 태그의 내용 입력

```
<body>
    <header id="main_header">
        <h1>Fluid</h1>
    </header>
</body>
```

이번 예제에서는 헤더에 이것만 있으면 됩니다. 바로 스타일을 사용하겠습니다.

코드 7-5 #main_header 태그의 스타일 사용

```
<!-- 헤더 -->
<style>
    #main_header {
        height: 60px;
        line-height: 60px;
        padding-left: 10px;
        border-bottom: 1px solid black;

        background: #1D4088;
```

```
        color: white;
    }
</style>
```

코드를 실행하면 그림 7-3처럼 출력합니다.

그림 7-3 스타일을 사용한 #main_header 태그

7.3 내비게이션 구성

이제 내비게이션을 만들어보겠습니다. body 태그에 코드 7-6처럼 nav 태그를 입력합니다. 이 태그를 #main_gnb 태그라고 부르겠습니다.

코드 7-6 #main_gnb 태그 생성

```
<body>
    <header id="main_header"><!-- 생략 --></header>
    <nav id="main_gnb">

    </nav>
</body>
```

이어서 내부에 코드 7-7처럼 ul 태그와 li 태그를 사용해 목록을 만듭니다.

코드 7-7 #main_gnb 태그의 내용 입력

```
<nav id="main_gnb">
    <ul class="left">
        <li><a href="#">Button</a></li>
        <li><a href="#">Button</a></li>
        <li><a href="#">Button</a></li>
        <li><a href="#">Button</a></li>
        <li><a href="#">Button</a></li>
        <li><a href="#">Button</a></li>
    </ul>
    <ul class="right">
        <li><a href="#">Button</a></li>
        <li><a href="#">Button</a></li>
    </ul>
</nav>
```

이제 레이아웃을 구성하겠습니다. 코드 7-8처럼 overflow 속성과 float 속성을 사용해 수평 정렬합니다. 이어서 ul.left 태그는 왼쪽에 붙이고 ul.right 태그는 오른쪽에 붙입니다.

코드 7-8 #main_gnb 태그의 레이아웃 구성

```
<!-- 내비게이션 -->
<style>
    #main_gnb {
        overflow: hidden;
    }

    #main_gnb > ul.left {
        overflow: hidden;
        float: left;
    }

    #main_gnb > ul.right {
        overflow: hidden;
        float: right;
    }

    #main_gnb > ul.left > li { float: left; }
    #main_gnb > ul.right > li { float: left; }
</style>
```

이어서 코드 7-9처럼 입력해 태그에 색상과 크기를 적용합니다.

코드 7-9 #main_gnb 태그의 모양 꾸미기

```
<!-- 내비게이션 -->
<style>
    #main_gnb {
        overflow: hidden;
        border-bottom: 1px solid black;
        background: #32394A;
    }

    #main_gnb > ul.left {
        overflow: hidden;
        float: left;
    }
    #main_gnb > ul.right {
        overflow: hidden;
        float: right;
    }

    #main_gnb > ul.left > li { float: left; }
    #main_gnb > ul.right > li { float: left; }
```

```
        /* a 태그 설정 */
    #main_gnb a {
        /* 레이아웃 설정 */
        display: block;
        padding: 10px 20px;

        /* 색상 설정 */
        border-left: 1px solid #5F6673;
        border-right: 1px solid #242A37;
        color: white;
        font-weight: bold;
    }
</style>
```

코드를 실행하면 그림 7-4처럼 예쁜 레이아웃이 완성됩니다.

그림 7-4 스타일을 사용한 #main_gnb 태그

그림 7-4를 보면 다 된 것처럼 보이지만 화면의 너비를 줄여보세요. 그림 7-5처럼 목록의 레이아웃이 깨지는 것을 볼 수 있습니다.

그림 7-5 #main_gnb 태그의 문제점

일반적으로 이러한 경우에는 반응형 웹을 사용해서 처리합니다.

"아직 반응형 웹은 안 배웠는걸요?"

그렇다면 다른 방법을 사용해야겠죠? 코드 7-10처럼 입력해서 너비가 760픽셀 이하로 내려가지 않게 만들어줍니다.

코드 7-10 min-width 속성 사용

```
body {
    min-width: 760px;
}
```

7.4 콘텐츠 구성

이제 이 절의 포인트입니다. 이 절에서는 그림 7-6과 같이 3행을 만들 것입니다.

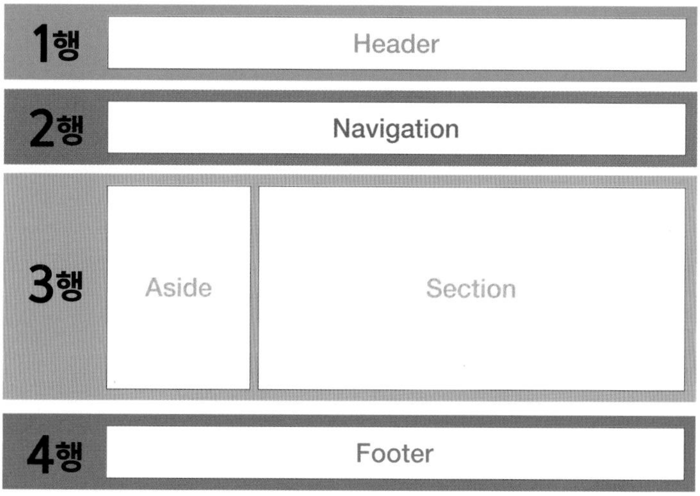

그림 7-6 현재 만들고 있는 웹 페이지의 레이아웃 구성

초기화 부분에서 언급했듯이 이번 예제는 화면의 너비가 동적으로 변화할 때 그에 맞게 적응합니다. 처음 보면 조금 어렵게 느껴질 수 있는 부분이지만 차근차근 살펴봅시다.

우선 코드 7-11처럼 body 태그에 div 태그를 만듭니다. 이 태그를 #wrap 태그라고 부르겠습니다.

코드 7-11 #wrap 태그 생성

```
<body>
    <header id="main_header"><!-- 생략 --></header>
    <nav id="main_gnb"><!-- 생략 --></nav>
    <div id="wrap">

    </div>
</body>
```

이어서 레이아웃에 보이는 그대로 내부에 코드 7-12처럼 입력합니다. 왼쪽에는 #main_lnb 태그를 놓고 오른쪽에는 #content_wrap 태그를 놓았습니다.

```
<div id="wrap">
    <nav id="main_lnb">

    </nav>
    <div id="content_wrap">

    </div>
</div>
```

여기서 중요한 것은 #content_wrap 태그입니다. 내부에 div 태그를 하나 더 놓아줍니다.

코드 7-13 #content 태그 생성

```
<div id="wrap">
    <nav id="main_lnb">

    </nav>
    <div id="content_wrap">
        <div id="content">

        </div>
    </div>
</div>
```

#content_wrap 태그와 #content 태그를 사용해 동적으로 너비가 변하는 레이아웃을 구성할 것입니다. 레이아웃 태그를 모두 입력했으면 코드 7-14처럼 내용을 입력해주세요.

코드 7-14 #wrap 태그의 내용 입력

```
<div id="wrap">
    <nav id="main_lnb">
        <ul>
            <li><a href="#">Button</a></li>
            <li><a href="#">Button</a></li>
            <li><a href="#">Button</a></li>
            <li><a href="#">Button</a></li>
            <li><a href="#">Button</a></li>
        </ul>
    </nav>
    <div id="content_wrap">
        <div id="content">
```

```
        <article>
            <h1>Lorem ipsum dolor sit amet</h1>
            <p>Lorem ipsum dolor sit amet, consectetur adipiscing elit.</p>
            <p>Lorem ipsum dolor sit amet, consectetur adipiscing elit.</p>
        </article>
        <article>
            <h1>Lorem ipsum dolor sit amet</h1>
            <p>Lorem ipsum dolor sit amet, consectetur adipiscing elit.</p>
            <p>Lorem ipsum dolor sit amet, consectetur adipiscing elit.</p>
        </article>
        <article>
            <h1>Lorem ipsum dolor sit amet</h1>
            <p>Lorem ipsum dolor sit amet, consectetur adipiscing elit.</p>
            <p>Lorem ipsum dolor sit amet, consectetur adipiscing elit.</p>
        </article>
        </div>
    </div>
</div>
```

현재 코드를 실행하면 그림 7-7처럼 출력합니다.

그림 7-7 스타일을 사용하지 않은 #wrap 태그

그림 이제 레이아웃 스타일을 사용하겠습니다. 우선 코드 7-15처럼 입력합니다. overflow 속성과 float 속성을 사용해 수평으로 정렬합니다.

코드 **7-15** #wrap 태그의 수평 정렬

```
<!-- 콘텐츠 -->
<style>
    #wrap { overflow: hidden; }
    #wrap > #main_lnb {
        float: left;
        width: 200px;
    }
    #wrap > #content_wrap {
        float: left;
        width: 100%;
    }
</style>
```

하지만 현재 #main_lnb 태그와 #content_wrap 태그의 너비 합이 화면의 너비보다 크므로 레이아웃이 깨집니다. 이 현상을 방지하려면 코드 7-16처럼 margin-right 속성과 padding-right 속성을 사용합니다.

코드 **7-16** margin-right 속성과 padding-right 속성을 사용한 레이아웃 구성

```
<!-- 콘텐츠 -->
<style>
    #wrap { overflow: hidden; }
    #wrap > #main_lnb {
        float: left;
        width: 200px;
    }
    #wrap > #content_wrap {
        float: left;
        width: 100%;
        margin-right: -200px;  ●──────────────  오른쪽으로 당기고
    }
    #wrap > #content_wrap > #content { padding-right: 200px; }
</style>                                              └─  왼쪽으로 밀어줍니다.
```

코드를 실행하면 그림 7-8처럼 레이아웃이 예쁘게 구성됩니다. 너비를 변경해도 오른쪽에 위치하는 태그의 너비가 동적으로 늘어나 형태를 유지합니다.

그림 7-8 스타일을 적용한 #wrap 태그

간단하지만 이 장에서 말하고 싶은 내용의 전부입니다. 여러 웹 페이지에 응용할 수 있는 내용이므로 기억해주세요. 지금부터는 빠르게 진행하겠습니다.

 TIP

인터넷 익스플로러 7 버전의 너비 버그

인터넷 익스플로러 7 버전은 두 태그를 합친 너비가 100%일 경우 버그가 있습니다. 현재 예제에 HTML5 Shiv 플러그인을 사용해 HTML5 태그를 인식하게 하고 인터넷 익스플로러 7 버전에서 실행하면 그림 7-9처럼 출력합니다.

그림 7-9 인터넷 익스플로러 7 버전 실행 결과

이 문제를 해결하려면 코드 7-17처럼 입력합니다. 스타 핵을 사용해 인터넷 익스플로러 7 버전에서 너비 합을 99.9%로 만드는 코드입니다.

```
#wrap > #content_wrap {
    float: left;
    width: 100%;
    *width: 99.9%;
    margin-right: -200px;
}
```

7.5 / 수직 목록 구성

이제 수직 목록의 스타일을 사용하겠습니다. 우선 #wrap 태그에 배경 색상을 적용합니다. 이어서 #main_lnb 태그의 모양을 꾸며줍니다.

코드 7-18 #main_lnb 태그의 모양 꾸미기

```
<!-- 수직 목록 -->
<style>
    #wrap { background: #71B1D1; }
    #main_lnb > ul > li > a {
        display: block;
        height:40px; line-height: 40px;
        padding-left: 15px;

        border-top: 1px solid #96D6F6;
        border-bottom: 1px solid #6298B2;
        color: white;
        font-weight: bold;
    }
</style>
```

코드를 실행하면 그림 7-10처럼 출력합니다.

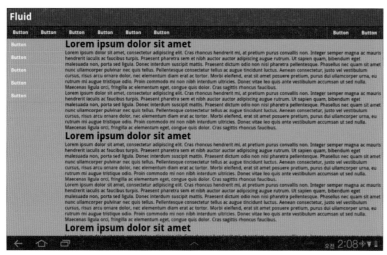

그림 7-10 스타일을 적용한 #main_lnb 태그

#wrap 태그에 배경 색상을 적용한 것에 의문을 가질 수 있습니다. 그림 7-11을 살펴봅시다. 그림 7-11은 #main_lnb 태그에 배경 색상을 적용한 것입니다. #main_lnb 태그의 아랫 부분에 색상 적용이 안 되죠? 그래서 #wrap 태그에 배경 색상을 적용했답니다.

그림 7-11 목록 부분만 색상이 적용된 #main_lnb 태그

본문 구성

그러면 이제 문제가 되는 부분이 본문이겠죠? 본문의 배경색이 하늘색으로 변했습니다. 이 문제를 해결하려면 코드 7-19처럼 #content 태그의 배경에 색상을 적용합니다.

코드 7-19 #content 태그의 스타일 사용

```
<!-- 본문 -->
<style>
    #content {
        background: white;
        border-left: 1px solid black;
    }
    article {
        padding: 10px;
    }
</style>
```

코드를 실행하면 그림 7-12처럼 출력합니다.

그림 7-12 스타일을 사용한 #content 태그

개발자 출신의 HTML5 개발자는 대부분 색 감각이 떨어집니다(필자도 그중 한 명입니다). 그러다보니 색 감각 때문에 샘플 웹 페이지를 개발할 때 힘이 드는 경우가 있습니다. 이러한 경우에는 어도비 컬러 CC를 사용해보세요. 어도비 컬러 CC의 공식 홈페이지는 http://color.adobe.com/입니다.

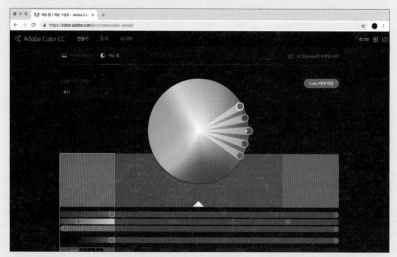

그림 7-13 어도비 컬러 CC(http://color.adobe.com/)

어도비 컬러 CC의 기본 화면에서는 색상환을 돌리며 어울리는 색상을 선택할 수 있습니다. 또한 오른쪽 위에 있는 카메라 모양의 아이콘을 선택하면 사진에서 색 조합을 추출할 수 있습니다. 현재 예제도 어도비 컬러 CC에서 색 조합을 가져왔답니다.

"그런데 색 조합이 안 예쁜걸요?"

그러게 말입니다. 어쨌거나 스크린샷의 오른쪽 아래에 있는 시간들을 보면 필자가 멘탈 붕괴를 일으키기 가장 좋은 시간대인 새벽에 예제를 작성하고 있었다는 것을 알 수 있습니다. 간단한 예제니 색상 조합은 그러려니 해주세요.

7.7 / 푸터 구성

이제 푸터를 구성하겠습니다. body 태그에 코드 7-20처럼 footer 태그를 입력합니다.

코드 7-20 #main_footer 태그 생성

```
<body>
    <header id="main_header"><!-- 생략 --></header>
    <nav id="main_gnb"><!-- 생략 --></nav>
    <div id="wrap"><!-- 생략 --></div>
    <footer id="main_footer">
        <h3>HTML5 + CSS3 Basic</h3>
        <address>Website Layout Basic</address>
    </footer>
</body>
```

이어서 코드 7-21처럼 스타일을 사용합니다.

코드 7-21 #main_footer 태그의 스타일 사용

```
<!-- 푸터 -->
<style>
    #main_footer {
        padding: 10px;
        border-top: 3px solid black;
        text-align: center;
    }
</style>
```

7.8 / 정리

예제를 모두 만들었습니다. 코드를 실행하면 그림 7-14처럼 수평 상태와 수직 상태는 물론 어떤 태블릿에서도 레이아웃이 잘 유지됩니다.

그림 7-14 완성된 7장 예제

이 절에서 중요한 내용은 하나입니다.

- 동적으로 너비가 변하는 레이아웃

이 내용을 생각하며 코드 7-22를 읽어보세요. 이렇게 길게 코드를 제공하는 것도 이번이 마지막입니다. 다음 장의 예제는 너무 길어 책에 넣을 수가 없군요.

코드 7-22 최종 코드

```
<!DOCTYPE html>
<html>
<head>
    <title>Chapter 7</title>
    <meta name="viewport" content="width=device-width, initial-scale=1.0" />
    <!-- 본문에서는 다루지 않은 코드입니다. 부록 A에서 살펴보는 플러그인입니다. -->
    <!-- 구 버전의 인터넷 익스플로러에서 HTML5 태그를 인식하게 합니다. -->
```

```
<!--[if lt IE 9]>
<script src="http://html5shiv.googlecode.com/svn/trunk/html5.js"></script>
<![endif]-->
<!-- 초기화 -->
<style>
    * { margin: 0; padding: 0; }
    body { font-family: 'Helvetica', sans-serif; }
    li { list-style: none; }
    a { text-decoration: none; }
</style>
<!-- 헤더 -->
<style>
    #main_header {
        height: 60px;
        line-height: 60px;
        padding-left: 10px;
        border-bottom: 1px solid black;

        background: #1D4088;
        color: white;
    }
</style>
<!-- 내비게이션 -->
<style>
    #main_gnb {
        overflow: hidden;
        border-bottom: 1px solid black;
        background: #32394A;
    }
    #main_gnb > ul.left {
        overflow: hidden;
        float: left;
    }
    #main_gnb > ul.right {
        overflow: hidden;
        float: right;
    }
    #main_gnb > ul.left > li { float: left; }
    #main_gnb > ul.right > li { float: left; }

    /* a 태그 설정 */
    #main_gnb a {
        /* 레이아웃 설정 */
        display: block;
        padding: 10px 20px;

        /* 색상 설정 */
```

```
            border-left: 1px solid #5F6673;
            border-right: 1px solid #242A37;
            color: white;
            font-weight: bold;
        }
        body { min-width: 760px; }
    </style>
    <!-- 콘텐츠 -->
    <style>
        #wrap { overflow: hidden; }
        #wrap > #main_lnb {
            float: left;
            width: 200px;
        }
        #wrap > #content_wrap {
            float: left;
            width: 100%;
            *width: 99.9%;
            margin-right: -200px;
        }
        #wrap > #content_wrap > #content { padding-right: 200px; }
    </style>
    <!-- 수직 목록 -->
    <style>
        #wrap { background: #71B1D1; }
        #main_lnb > ul > li > a {
            display: block;
            height:40px; line-height: 40px;
            padding-left: 15px;

            border-top: 1px solid #96D6F6;
            border-bottom: 1px solid #6298B2;
            color: white;
            font-weight: bold;
        }
    </style>
    <!-- 본문 -->
    <style>
        #content {
            background: white;
            border-left: 1px solid black;
        }
        article { padding: 10px; }
    </style>
    <!-- 푸터 -->
    <style>
        #main_footer {
```

```
            padding: 10px;
            border-top: 3px solid black;
            text-align: center;
        }
    </style>
</head>
<body>
    <header id="main_header">
        <h1>Fluid</h1>
    </header>
    <nav id="main_gnb">
        <ul class="left">
            <li><a href="#">Button</a></li>
            <li><a href="#">Button</a></li>
            <li><a href="#">Button</a></li>
            <li><a href="#">Button</a></li>
            <li><a href="#">Button</a></li>
            <li><a href="#">Button</a></li>
        </ul>
        <ul class="right">
            <li><a href="#">Button</a></li>
            <li><a href="#">Button</a></li>
        </ul>
    </nav>
    <div id="wrap">
        <nav id="main_lnb">
            <ul>
                <li><a href="#">Button</a></li>
                <li><a href="#">Button</a></li>
                <li><a href="#">Button</a></li>
                <li><a href="#">Button</a></li>
                <li><a href="#">Button</a></li>
            </ul>
        </nav>
        <div id="content_wrap">
            <div id="content">
                <article>
                    <h1>Lorem ipsum dolor sit amet</h1>
                    <p>Lorem ipsum dolor sit amet, consectetur adipiscing elit.</p>
                    <p>Lorem ipsum dolor sit amet, consectetur adipiscing elit.</p>
                </article>
                <article>
                    <h1>Lorem ipsum dolor sit amet</h1>
                    <p>Lorem ipsum dolor sit amet, consectetur adipiscing elit.</p>
                    <p>Lorem ipsum dolor sit amet, consectetur adipiscing elit.</p>
                </article>
                <article>
```

```
                    <h1>Lorem ipsum dolor sit amet</h1>
                    <p>Lorem ipsum dolor sit amet, consectetur adipiscing elit.</p>
                    <p>Lorem ipsum dolor sit amet, consectetur adipiscing elit.</p>
                </article>
            </div>
        </div>
    </div>
    <footer id="main_footer">
        <h3>HTML5 + CSS3 Basic</h3>
        <address>Website Layout Basic</address>
    </footer>
</body>
</html>
```

7.9 / 고정 바

태블릿 PC의 애플리케이션을 보면 그림 7-15처럼 왼쪽이나 오른쪽에 고정되어 있는 바를 볼 수 있습니다. 이 절에서는 이러한 고정 바를 만드는 방법을 알아보겠습니다.

그림 7-15 안드로이드 태블릿의 에버노트

간단한 예제이므로 바로 코드를 입력하겠습니다. 우선 코드 7-23처럼 div 태그를 4개 만들고 article 태그를 만들어줍니다. 각각의 div 태그에는 ○○_bar 형태의 id 속성을 입력합니다.

코드 7-23 HTML 페이지 구성

```
<!DOCTYPE html>
<html>
<head>
    <title>Tablet Layout</title>
    <style>

    </style>
</head>
<body>
```

```
        <div id="top_bar">
            <h1>Top_Bar</h1>
        </div>
        <div id="bottom_bar">
            <h1>Bottom_Bar</h1>
        </div>
        <div id="left_bar">
            <h1>A</h1>
        </div>
        <div id="right_bar">
            <h1>B</h1>
        </div>
        <article>
            <h1>Lorem ipsum dolor sit amet</h1>
            <p>Lorem ipsum dolor sit amet, consectetur adipiscing elit.</p>
            <p>Nullam libero erat, ultrices non ultricies a.</p>
            <p>Donec tortor nisi, ultricies a cursus ut.</p>
            <p>Aliquam sapien massa, consequat in semper quis.</p>
        </article>
    </body>
</html>
```

고정 바를 만들려면 body 태그가 화면에 알맞은 높이를 형성해야 합니다. 따라서 코드 7-24처럼 6장에서 살펴본 전체화면을 적용합니다.

코드 7-24 전체화면 적용

```
<style>
    * { margin: 0; padding: 0; }
    html, body { height: 100%; }
</style>
```

이제 고정 바를 만들어 보겠습니다. 코드 7-25처럼 position 속성에 fixed 키워드를 적용하고 위치를 강제 지정합니다. 또한 특정한 너비와 높이를 가져야 하므로 width 속성과 height 속성도 사용합니다.

코드 7-25 고정 바 생성

```
#top_bar {
    position: fixed;
    top: 0; left: 0; right: 0;
    height: 50px;
```

```
        background: red;
    }
    #bottom_bar {
        position: fixed;
        bottom: 0; left: 0; right: 0;
        height: 50px;

        background: red;
    }
    #left_bar {
        position: fixed;
        top: 50px; bottom: 50px;
        left: 0; width: 50px;

        background: blue;
    }
    #right_bar {
        position: fixed;
        top: 50px; bottom: 50px;
        right: 0; width: 50px;

        background: blue;
    }
```

코드를 실행하면 그림 7-16처럼 고정 바가 생성됩니다.

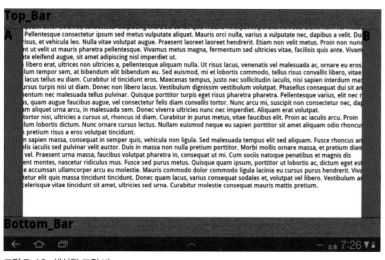

그림 7-16 생성된 고정 바

그런데 내부에 있는 글자가 고정 바에 가려서 제대로 출력되지 않습니다. 코드 7-26처럼 article
태그에 `margin` 속성을 사용해 고정 바에 가리지 않게 해줍니다.

```
article {
    margin-top: 50px;
    margin-left: 50px;
    margin-right: 50px;
    margin-bottom: 50px;
}
```

padding 속성을 사용해도 됩니다.

코드를 실행하면 그림 7-17처럼 출력합니다.

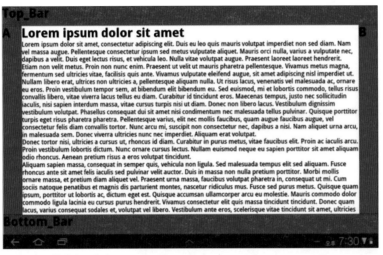

그림 7-17 완성된 고정 바

고정 바도 많이 사용하는 내용이므로 기억해주세요.

CHAPTER

8

소셜커머스
메인 페이지

이 장에서는 지금까지 배운 모든 내용을 합쳐 간단한 소셜커머스의 메인 페이지를 만들어봅시다. 배운 내용을 활용하는 것뿐이므로 어려운 내용이 없습니다. 소셜커머스 페이지를 만드는 이유는 지금까지 배운 모든 내용을 활용할 수 있기 때문입니다.

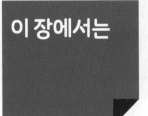

 무엇을 배우나요?

🎯 지금까지 배운 내용을 모두 종합하는 방법을 살펴봅니다.

🎯 이미지를 사용해서 레이아웃을 구성하는 방법을 살펴봅니다.

🎯 웹 페이지 레이아웃을 구성하는 것이 어렵지 않다는 것을 체험합니다.

 미리 보기

이번 장에서는 지금까지 배운 내용을 모두 조합해서 간단한 쇼핑몰 페이지를 만들어봅니다. 실제로 만들다 보면 알게 되겠지만, 그렇게 어렵지 않습니다. 지금까지 배웠던 내용을 모두 그대로 활용하는 것뿐입니다. 차근차근 만들어봅시다.

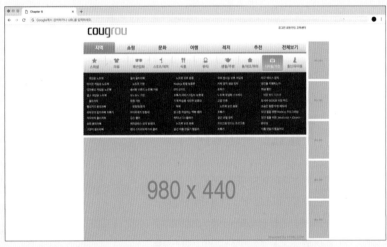

▲ 8장에서 만들 예제

8.1 / 초기화

우선 우리가 만들 웹 페이지는 그림 8-1입니다. 그림을 보고 어떻게 레이아웃을 만들어야 할지 생각할 수 있나요?

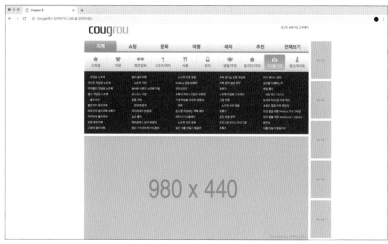

그림 8-1 완성 예제(쿠팡 + 그루폰)

그림 8-1을 보고 다음과 같은 몇 가지를 집어냈다면 지금까지 내용을 충실하게 진행한 것입니다.

1. 우선 웹 페이지가 가운데에 위치하니 `width` 속성과 `margin` 속성을 사용해서 가운데에 배치하면 될 것이다.
2. 행 단위로 레이아웃을 구성하면 되므로 적어도 4개의 공간 분할 태그를 사용해야겠다.
3. 헤더 내부의 내용은 `position` 속성에 `absolute` 키워드를 적용해야겠다.

물론 이 내용 이외에 더 많은 내용을 뽑은 독자도 있을 것입니다. 어찌되었건 이러한 내용을 인지했다면 이제 레이아웃을 만들어봅시다. 우선 코드 8-1처럼 HTML 페이지를 구성합니다. 나눠서 설명하고자 `style` 태그를 여러 개 만들었습니다.

코드 8-1 HTML 페이지 구성

```
<!DOCTYPE html>
<html>
<head>
    <title>Chapter 8</title>
```

```
<!-- 구 버전의 인터넷 익스플로러에서 HTML5 태그를 인식하게 합니다. -->
<!--[if lt IE 9]>
<script src="http://html5shiv.googlecode.com/svn/trunk/html5.js"></script>
<![endif]-->
<!-- 초기화 -->
<style></style>
<!-- 헤더 -->
<style></style>
<!-- 사이드 -->
<style></style>
<!-- 내비게이션_위 -->
<style></style>
<!-- 내비게이션_아래 -->
<style></style>
<!-- 목록 -->
<style></style>
<!-- 본문 -->
<style></style>
<!-- 푸터 -->
<style></style>
</head>
<body>

</body>
</html>
```

우선 코드 8-2처럼 초기화 스타일 코드를 입력합니다.

코드 8-2 초기화 코드

```
<!-- 초기화 -->
<style>
    * {
        margin: 0; padding: 0;
        font: normal 12px 'Dotum';
    }
    a { text-decoration: none; }
    img { border: 0; }
    ul { list-style: none; }

    body {
        width: 980px;                  ●————— body 태그를 웹 페이지의
        margin: 0 auto;                        중앙에 위치시킵니다.
    }
</style>
```

8.2 / 헤더 구성

그럼 차근차근 레이아웃을 만들어봅시다. 우선 body 태그에 코드 8-3과 같이 header 태그를 입력합니다. 앞으로는 이 header 태그를 #main_header 태그라고 부르겠습니다.

코드 8-3 #main_header 태그 생성

```
<body>
    <header id="main_header">
        <h1 class="logo"></h1>
        <div class="login_menu">

        </div>
    </header>
</body>
```

이어서 코드 8-4처럼 내용을 넣습니다.

코드 8-4 #main_header 태그의 내용 입력

```
<header id="main_header">
    <h1 class="logo">
        <a href="#"><img src="Images/title.png" /></a>
    </h1>
    <div class="login_menu">
        <span><a href="#">로그인</a></span>
        <span><a href="#">회원가입</a></span>
        <span><a href="#">고객센터</a></span>
    </div>
</header>
```

현재 코드를 실행하면 그림 8-2처럼 출력합니다.

그림 8-2 #main_header 태그

이제 스타일을 사용해서 #main_header 태그를 꾸며봅시다.

코드 8-5 #main_header 태그의 스타일 사용

```
<!-- 헤더 -->
<style>
    #main_header {
        position: relative;
        height: 75px;
    }

    #main_header > h1.logo {
        position: absolute;
        left: 15px; top: 10px;
    }

    #main_header > div.login_menu {
        position: absolute;
        top: 10px; right: 0px;
    }
</style>
```

> 자손의 position 속성에 absolute 키워드를 적용하면 부모의 position 속성에 relative 키워드를 적용합니다.

각 태그에 position 속성을 사용하고 위치만 지정하면 됩니다.

"이게 끝인가요?"

대부분 웹 페이지의 header 태그는 이렇게 구성합니다. 이게 끝입니다. 너무 어렵게 생각하지 마세요! 현재 코드를 실행하면 그림 8-3처럼 출력합니다. 각각의 태그가 위치를 잘 잡고 있죠?

그림 8-3 스타일을 사용한 #main_header 태그

8.3 / 사이드 구성

이제 사이드를 구성합니다. 사이드는 오른쪽에 표시되는 내용을 의미합니다. body 태그에 코드 8-6 처럼 aside 태그를 입력합니다. 지금부터 이 태그를 #global_aside 태그라고 부르겠습니다.

코드 8-6 #global_aside 태그 생성

```
<body>
    <header id="main_header"><!-- 생략 --></header>
    <aside id="global_aside">

    </aside>
</body>
```

#global_aside 태그에는 코드 8-7처럼 a 태그와 img 태그를 마구 놓아줍니다.

코드 8-7 #global_aside 태그의 내용 입력

```
<aside id="global_aside">
    <a><img src="http://placehold.it/90x160" /></a>
    <a><img src="http://placehold.it/90x160" /></a>
    <a><img src="http://placehold.it/90x160" /></a>
    <a><img src="http://placehold.it/90x160" /></a>
    <a><img src="http://placehold.it/90x160" /></a>
    <a><img src="http://placehold.it/90x160" /></a>
    <a><img src="http://placehold.it/90x160" /></a>
    <a><img src="http://placehold.it/90x160" /></a>
    <a><img src="http://placehold.it/90x160" /></a>
    <a><img src="http://placehold.it/90x160" /></a>
</aside>
```

코드를 실행하면 그림 8-4처럼 차례대로 이미지가 들어간 것을 볼 수 있습니다.

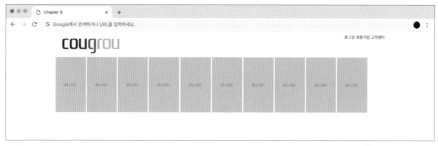

그림 8-4 #global_aside 태그

HTML 태그 구성은 이것으로 끝입니다. 이제 사이트 스타일 태그를 입력하겠습니다. 코드 8-8처럼 position 속성을 강제로 사용하여 #global_aside 태그의 위치를 잡습니다.

코드 8-8 #global_aside 태그의 스타일 사용

```
<!-- 사이드 -->
<style>
    body {
        position: relative;
    }

    #global_aside {
        position: absolute;
        left: 990px; top: 75px;
        width: 90px;
    }
</style>
```

> 자손의 position 속성에 absolute 키워드를 적용하면 부모의 position 속성에 relative 키워드를 적용합니다.

코드를 실행하면 그림 8-5처럼 출력합니다.

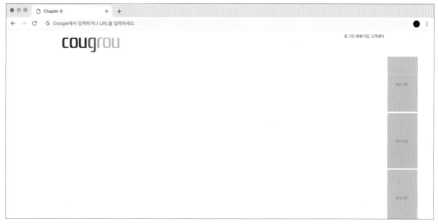

그림 8-5 스타일을 사용한 #global_aside 태그

NOTE 이 절에서는 #global_aside 태그의 position 속성에 absolute 키워드를 적용했습니다. fixed 키워드
를 적용하고 위치를 조정하면 따라다니는 사이드를 만들 수 있습니다.

이어서 #global_aside 태그 내부의 a 태그에 코드 8-9처럼 스타일을 사용합니다.

코드 8-9 #global_aside 태그의 이미지 스타일 사용

```
<!-- 사이드 -->
<style>
    body {
        position: relative;
    }

    #global_aside {
        position: absolute;
        left: 990px; top: 75px;
        width: 90px;
    }

    #global_aside > a {
        display: block;
        margin-bottom: 5px;
    }
</style>
```

a 태그의 display 속성에 block 키워드를 적용한 것은 margin 속성을 사용하기 위함입니다.

"설명이 너무 간단합니다."

내용이 너무 간단해서 설명할 것이 없습니다. 지금까지 여러 번 반복해서 살펴본 내용이므로 어려운
것은 없을 것입니다.

8.4 내비게이션 구성(1)

이제 첫 번째 내비게이션을 구성합시다. body 태그에 코드 8-10처럼 nav 태그를 추가합니다. 이 nav 태그는 앞으로 #top_gnb 태그라고 부르겠습니다.

코드 8-10 #top_gnb 태그 생성

```
<body>
    <header id="main_header"><!-- 생략 --></header>
    <aside id="global_aside"><!-- 생략 --></aside>
    <nav id="top_gnb">

    </nav>
</body>
```

#top_gnb 태그에는 코드 8-11처럼 div 태그 7개를 놓고 각각의 클래스를 입력합니다.

코드 8-11 #top_gnb 태그의 내용 입력

```
<nav id="top_gnb">
    <div class="menu item_1 active"></div>
    <div class="menu item_2"></div>
    <div class="menu item_3"></div>
    <div class="menu item_4"></div>
    <div class="menu item_5"></div>
    <div class="menu item_6"></div>
    <div class="menu item_7"></div>
</nav>
```

이전 예제에서는 nth-child() 속성을 사용해 메뉴 내부의 태그를 구분했습니다. 하지만 오래된 브라우저는 nth-child() 선택자를 사용할 수 없습니다. 그러한 경우에는 이렇게 클래스 속성을 하나하나 입력하면 됩니다.

이제 스타일을 적용해봅시다. 코드 8-12처럼 style 태그를 입력합니다. 현재 body 태그의 너비가 980픽셀이므로 메뉴 7개로 나눈 140픽셀을 너비로 지정한 것입니다.

코드 8-12 #top_gnb 태그의 레이아웃 구성

```
<!-- 내비게이션_위 -->
<style>
    #top_gnb {
        overflow: hidden;
    }

    #top_gnb > div.menu {
        float: left;
        width: 140px; height: 50px;
    }
</style>
```

> 자손에 float 속성을 적용하면 부모의 overflow 속성에 hidden 키워드를 적용합니다.

이어서 6장에서 배운 스프라이트 이미지를 사용해 코드 8–13처럼 스타일을 사용합니다.

코드 8-13 #top_gnb 태그의 스타일 사용

```
<!-- 내비게이션_위 -->
<style>
    #top_gnb {
        overflow: hidden;
    }

    #top_gnb > div.menu {
        float: left;
        width: 140px; height: 50px;
        background: url('Images/top_gnb.png');
    }

    #top_gnb > div.item_1 { background-position: 0px 0px; }
    #top_gnb > div.item_2 { background-position: 0px -50px; }
    #top_gnb > div.item_3 { background-position: 0px -100px; }
    #top_gnb > div.item_4 { background-position: 0px -150px; }
    #top_gnb > div.item_5 { background-position: 0px -200px; }
    #top_gnb > div.item_6 { background-position: 0px -250px; }
    #top_gnb > div.item_7 { background-position: 0px -300px; }

    #top_gnb > div.item_1:hover { background-position: 0px -350px; }
    #top_gnb > div.item_2:hover { background-position: 0px -400px; }
    #top_gnb > div.item_3:hover { background-position: 0px -450px; }
    #top_gnb > div.item_4:hover { background-position: 0px -500px; }
    #top_gnb > div.item_5:hover { background-position: 0px -550px; }
    #top_gnb > div.item_6:hover { background-position: 0px -600px; }
    #top_gnb > div.item_7:hover { background-position: 0px -650px; }

    #top_gnb > div.item_1.active { background-position: 0px -350px; }
```

```
    #top_gnb > div.item_2.active { background-position: 0px -400px; }
    #top_gnb > div.item_3.active { background-position: 0px -450px; }
    #top_gnb > div.item_4.active { background-position: 0px -500px; }
    #top_gnb > div.item_5.active { background-position: 0px -550px; }
    #top_gnb > div.item_6.active { background-position: 0px -600px; }
    #top_gnb > div.item_7.active { background-position: 0px -650px; }
</style>
```

코드를 실행하면 그림 8-6처럼 출력합니다.

그림 8-6 스타일을 사용한 #top_gnb 태그

8.5 / 내비게이션 구성(2)

이제 두 번째 내비게이션을 구성합시다. body 태그에 코드 8-14처럼 입력합니다. 이어서 이 태그의 이름을 #bottom_gnb로 지정합니다.

코드 8-14 #bottom_gnb 태그 생성

```html
<body>
    <header id="main_header"><!-- 생략 --></header>
    <aside id="global_aside"><!-- 생략 --></aside>
    <nav id="top_gnb"><!-- 생략 --></nav>
    <nav id="bottom_gnb">

    </nav>
</body>
```

이전 절의 #top_gnb 태그처럼 내부에 div 태그를 놓아줍니다. 또한 클릭된 상태를 표시하고자 내부의 div 태그 중에서 하나에 active 클래스를 추가했습니다.

코드 8-15 #bottom_gnb 태그의 내용 입력

```html
<nav id="bottom_gnb">
    <div class="menu item_1"></div>
    <div class="menu item_2"></div>
    <div class="menu item_3"></div>
    <div class="menu item_4"></div>
    <div class="menu item_5"></div>
    <div class="menu item_6"></div>
    <div class="menu item_7"></div>
    <div class="menu item_8"></div>
    <div class="menu item_9 active"></div>
    <div class="menu item_10"></div>
</nav>
```

이어서 스타일을 사용합시다. #top_gnb 태그와 마찬가지로 입력하면 됩니다.

코드 8-16 #bottom_gnb 태그의 스타일 사용

```
<!-- 내비게이션_아래 -->
<style>
    #bottom_gnb {
        overflow: hidden;
    }

    #bottom_gnb > div.menu {
        float: left;
        width: 98px; height: 80px;
        background: url('Images/bottom_gnb.png');
    }

    #bottom_gnb > div.item_1 { background-position: 0px 0px; }
    #bottom_gnb > div.item_2 { background-position: 0px -80px; }
    #bottom_gnb > div.item_3 { background-position: 0px -160px; }
    #bottom_gnb > div.item_4 { background-position: 0px -240px; }
    #bottom_gnb > div.item_5 { background-position: 0px -320px; }
    #bottom_gnb > div.item_6 { background-position: 0px -400px; }
    #bottom_gnb > div.item_7 { background-position: 0px -480px; }
    #bottom_gnb > div.item_8 { background-position: 0px -560px; }
    #bottom_gnb > div.item_9 { background-position: 0px -640px; }
    #bottom_gnb > div.item_10{ background-position: 0px -720px; }

    #bottom_gnb > div.item_1:hover { background-position: 0px -800px; }
    #bottom_gnb > div.item_2:hover { background-position: 0px -880px; }
    #bottom_gnb > div.item_3:hover { background-position: 0px -960px; }
    #bottom_gnb > div.item_4:hover { background-position: 0px -1040px; }
    #bottom_gnb > div.item_5:hover { background-position: 0px -1120px; }
    #bottom_gnb > div.item_6:hover { background-position: 0px -1200px; }
    #bottom_gnb > div.item_7:hover { background-position: 0px -1280px; }
    #bottom_gnb > div.item_8:hover { background-position: 0px -1360px; }
    #bottom_gnb > div.item_9:hover { background-position: 0px -1440px; }
    #bottom_gnb > div.item_10:hover{ background-position: 0px -1520px; }

    #bottom_gnb > div.item_1.active { background-position: 0px -800px; }
    #bottom_gnb > div.item_2.active { background-position: 0px -880px; }
    #bottom_gnb > div.item_3.active { background-position: 0px -960px; }
    #bottom_gnb > div.item_4.active { background-position: 0px -1040px; }
    #bottom_gnb > div.item_5.active { background-position: 0px -1120px; }
    #bottom_gnb > div.item_6.active { background-position: 0px -1200px; }
    #bottom_gnb > div.item_7.active { background-position: 0px -1280px; }
    #bottom_gnb > div.item_8.active { background-position: 0px -1360px; }
    #bottom_gnb > div.item_9.active { background-position: 0px -1440px; }
    #bottom_gnb > div.item_10.active{ background-position: 0px -1520px; }
</style>
```

코드를 실행하면 그림 8-7처럼 출력합니다.

그림 8-7 스타일을 사용한 #bottom_gnb 태그

8.6 목록 구성

모든 절이 같은 패턴으로 반복되니 조금 지루하죠?

"그렇다. 많이 지루하다!"

책을 쓰는 저도 지루합니다! 어쨌든 그래도 우리는 계속 진행해야 합니다! 이제 목록을 만들어봅시다. body 태그에 div 태그를 하나 만들어줍니다. 이어서 이 태그의 이름을 #detail_list 태그라고 부르겠습니다.

코드 8-17 #detail_list 태그 생성

```
<body>
    <header id="main_header"><!-- 생략 --></header>
    <aside id="global_aside"><!-- 생략 --></aside>
    <nav id="top_gnb"><!-- 생략 --></nav>
    <nav id="bottom_gnb"><!-- 생략 --></nav>
    <div id="detail_list">

    </div>
</body>
```

#detail_list 태그에는 코드 8–18처럼 ul 태그를 5개 놓습니다.

코드 8-18 #detail_list 태그의 영역 구분

```
<div id="detail_list">
    <ul class="column_1"></ul>
    <ul class="column_2"></ul>
    <ul class="column_3"></ul>
    <ul class="column_4"></ul>
    <ul class="column_5"></ul>
</div>
```

이어서 각각의 ul 태그에 코드 8–19처럼 입력합니다.

코드 8-19 #detail_list 태그의 내용 입력

```html
<div id="detail_list">
    <ul class="column_1">
        <li class="header"><p>게임용 노트북</p></li>
        <li>물건 이름</li>
        <li>물건 이름</li>
        <li>물건 이름</li>
        <li class="header"><p>울트라북</p></li>
        <li>물건 이름</li>
        <li>물건 이름</li>
        <li>물건 이름</li>
        <li>물건 이름</li>
        <li>물건 이름</li>
    </ul>
    <ul class="column_2">
        <li>물건 이름</li>
        <li class="header"><p>노트북 가방</p></li>
        <li>물건 이름</li>
        <li>물건 이름</li>
        <li>물건 이름</li>
        <li class="header"><p>받침대/쿨러</p></li>
        <li>물건 이름</li>
        <li>물건 이름</li>
        <li>물건 이름</li>
    </ul>
    <ul class="column_3">
        <li class="header"><p>노트북 보호 용품</p></li>
        <li>물건 이름</li>
        <li>물건 이름</li>
        <li>물건 이름</li>
        <li class="header"><p>맥북</li>
        <li>물건 이름</li>
        <li>물건 이름</li>
        <li class="header"><p>노트북 보호 용품</p></li>
        <li>물건 이름</li>
    </ul>
    <ul class="column_4">
        <li>물건 이름</li>
        <li>물건 이름</li>
        <li>물건 이름</li>
        <li>물건 이름</li>
        <li>물건 이름</li>
        <li class="header"><p>노트북 보조 용품</p></li>
        <li>물건 이름</li>
        <li>물건 이름</li>
        <li>물건 이름</li>
        <li>물건 이름</li>
```

```
      </ul>
      <ul class="column_5">
          <li>물건 이름</li>
          <li>물건 이름</li>
          <li>물건 이름</li>
          <li class="header"><p>외장 하드 디스크</p></li>
          <li>물건 이름</li>
          <li>물건 이름</li>
          <li>물건 이름</li>
          <li>물건 이름</li>
          <li>물건 이름</li>
      </ul>
  </div>
```

사실 입력하면서도 대부분의 독자가 다음과 같은 생각을 갖고 있을 것입니다.

"이걸 모두 입력해야 하는 것입니까?!?!?!?!"

이러한 목록은 서버의 템플릿 엔진을 한 번 실행하면 자동으로 완성됩니다. 지금까지 살펴보았던 내용 중에서 "마음껏 붙여 넣으세요."라고 말한 부분은 전부 서버의 템플릿 엔진이 처리합니다.

하지만 이 책이 서버를 다루는 책이 아니므로 템플릿 엔진을 사용할 수가 없습니다.

"그.렇.다.는.것.은...?"

그냥 입력하세요. 너무 귀찮다면 예제 사이트에서 제공하는 예제 파일에서 복사해서 써도 됩니다. 어쨌거나 현재 코드를 실행하면 그림 8-8처럼 출력합니다.

그림 8-8 #detail_list 태그

이제 스타일을 사용합시다. 우선 코드 8-20처럼 입력합니다.

코드 8-20 #detail_list 태그의 레이아웃 구성

```
<!-- 목록 -->
<style>
    #detail_list {
        overflow: hidden;
    }

    #detail_list > ul {
        float: left;
    }
</style>
```

> 자손에 float 속성을 사용하면 부모의 overflow 속성에 hidden 키워드를 적용합니다.

이어서 코드 8-21처럼 각각의 크기와 위치를 다듬어줍니다.

코드 8-21 #detail_list 태그의 스타일 사용(1)

```
<!-- 목록 -->
<style>
    #detail_list {
        overflow: hidden;
        padding: 10px;
    }

    #detail_list > ul {
        float: left;
        width: 192px;
    }

    #detail_list > ul > li {
        height: 13px;
        margin-top: 5px;
        padding: 3px 5px;
    }
</style>
```

그리고 폰트와 색상 및 배경을 적용해줍니다.

코드 8-22 #detail_list 태그의 스타일 사용(2)

```html
<!-- 목록 -->
<style>
    #detail_list {
        overflow: hidden;
        padding: 10px;
        background: #3B414D;
    }

    #detail_list > ul {
        float: left;
        width: 192px;
    }

    #detail_list > ul > li {
        height: 13px;
        margin-top: 5px;
        padding: 3px 5px;
        color: #F3F3F3;

        white-space: nowrap;
        overflow: hidden;
        text-overflow: ellipsis;
    }

    #detail_list > ul > li.header {
        padding-left: 15px;
    }

    #detail_list > ul > li.header > p {
        font-weight: bold;
        color: #48C5FF;
    }
</style>
```

코드를 실행하면 그림 8-9처럼 출력합니다.

그림 8-9 스타일을 사용한 #detail_list 태그

실행 결과를 보면 미세하게 위와 아래의 `padding` 속성이 일치하지 않는 것을 확인할 수 있습니다. 이러한 부분은 코드 8-23처럼 미세 조정해줍니다.

코드 8-23 #detail_list 태그의 스타일 미세 조정

```
#detail_list {
    overflow: hidden;
    padding: 10px;
    background: #3B414D;
    padding-bottom: 15px;
}
```

8.7 / 콘텐츠 구성

이제 콘텐츠 부분을 구성합시다. 콘텐츠 부분은 그림 8-10처럼 공간 분할합니다.

그림 8-10 공간 분할

body 태그에 div 태그를 하나 만들어줍니다. 이어서 이 태그의 이름을 #content 태그로 지정합니다.

코드 8-24 #content 태그 생성

```
<body>
    <header id="main_header"><!-- 생략 --></header>
    <aside id="global_aside"><!-- 생략 --></aside>
    <nav id="top_gnb"><!-- 생략 --></nav>
    <nav id="bottom_gnb"><!-- 생략 --></nav>
    <div id="detail_list"><!-- 생략 --></div>
    <div id="content">

    </div>
</body>
```

이어서 #content 태그의 내부에 코드 8-25처럼 2개의 행을 만들어줍니다.

코드 8-25 #content 태그의 영역 구분

```
<div id="content">
    <figure id="product_image"></figure>
    <section id="product_section">

    </section>
</div>
```

이어서 아래에 위치하는 행을 2개의 공간 분할 태그로 나누어줍니다.

코드 8-26 #product_aside 태그의 영역 구분

```html
<div id="content">
    <figure id="product_image"></figure>
    <section id="product_section">
        <article id="product_article">

        </article>
        <aside id="product_aside">

        </aside>
    </section>
</div>
```

레이아웃 설정은 모두 끝났으니 코드 8-27처럼 이미지를 넣어줍니다.

코드 8-27 #content 태그의 내용 입력

```html
<div id="content">
    <figure id="product_image">
        <img src="http://placehold.it/980×440" width="980" height="440" />
    </figure>
    <section id="product_section">
        <article id="product_article">
            <img src="http://placehold.it/795×400" width="795" height="400" />
            <img src="http://placehold.it/795×400" width="795" height="400" />
            <img src="http://placehold.it/795×400" width="795" height="400" />
        </article>
        <aside id="product_aside">
                <a href="#"><img src="http://placehold.it/170×200" width="170"
                height="200" /></a>
                <a href="#"><img src="http://placehold.it/170×200" width="170"
                height="200" /></a>
                <a href="#"><img src="http://placehold.it/170×200" width="170"
                height="200" /></a>
                <a href="#"><img src="http://placehold.it/170×200" width="170"
                height="200" /></a>
                <a href="#"><img src="http://placehold.it/170×200" width="170"
                height="200" /></a>
                <a href="#"><img src="http://placehold.it/170×200" width="170"
                height="200" /></a>
                <a href="#"><img src="http://placehold.it/170×200" width="170"
                height="200" /></a>
```

```
                    <a href="#"><img src="http://placehold.it/170x200" width="170"
                    height="200" /></a>
                    <a href="#"><img src="http://placehold.it/170x200" width="170"
                    height="200" /></a>
                    <a href="#"><img src="http://placehold.it/170x200" width="170"
                    height="200" /></a>
                </aside>
            </section>
        </div>
```

이제 스타일시트를 사용합니다. 코드 8-28처럼 레이아웃을 구성합니다.

코드 8-28 #content 태그의 스타일 사용

```
<!-- 본문 -->
<style>
    #content { margin-top: 10px; }
    #product_section {
        overflow: hidden;
        margin-top: 5px;
    }

    #product_section > #product_article {
        float: left;
        width: 795px;
    }

    #product_section > #product_aside {
        float: right;
        padding: 5px;
        padding-top: 0;
        width: 170px;
    }
</style>
```

코드 8-28은 지금까지 계속 살펴본 내용이므로 추가로 설명하지 않겠습니다. 마지막으로 코드 8-29처럼 img 태그의 display 속성을 사용합니다.

코드 8-29 #product_article 태그의 이미지 스타일 사용

```
#product_section > #product_article > img { display: block; }
```

왜 img 태그의 display 속성에 block 키워드를 적용했는지 살펴보겠습니다. inline 키워드를 적용한 태그는 그림 8-11처럼 그림 사이에 공간이 생깁니다.

그림 8-11 inline 키워드를 적용한 img 태그

이 공간을 없애고자 img 태그의 display 속성에 block 키워드를 적용한 것입니다.

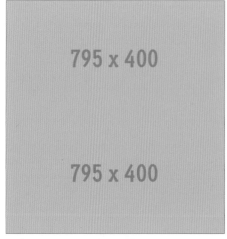

그림 8-12 block 키워드를 적용한 img 태그

8.8 / 최종 정리

페이지는 모두 완성했고 레이아웃을 만드는 방법도 모두 정리했습니다. 지금까지 살펴본 div 태그를 사용해 레이아웃을 구성하는 방법은 현대에 가장 많이 사용하고 있는 방법입니다(현대에 만들어진 웹 페이지 중 div 태그를 사용하지 않고 레이아웃을 잡는 웹 페이지가 있으면 구시대의 유물인 셈입니다).

"table 태그를 사용해서 레이아웃을 잡는 것도 봤어요!"

과거에는 table 태그를 사용해 레이아웃을 잡았습니다. 국내에서는 불과 몇 년 전만 해도 많이 사용하던 방법이었습니다. 하지만 table 태그를 사용해 레이아웃을 잡으면 레이아웃을 조금 변경할 때도 페이지 전체를 들어내야 하는 끔찍한 일이 벌어지고 맙니다.

예를 들어 지금처럼 만든 상태에서 꼬리말을 추가하고 싶다면 그냥 코드 8-30처럼 footer 태그를 넣으면 됩니다.

코드 8-30 #main_footer 태그 생성

```
<body>
    <header id="main_header"><!-- 생략 --></header>
    <aside id="global_aside"><!-- 생략 --></aside>
    <nav id="top_gnb"><!-- 생략 --></nav>
    <nav id="bottom_gnb"><!-- 생략 --></nav>
    <div id="detail_list"><!-- 생략 --></div>
    <div id="content"><!-- 생략 --></div>
    <footer id="main_footer">

    </footer>
</body>
```

이어서 내용을 코드 8-31처럼 입력합니다.

코드 8-31 #main_footer 태그의 내용 입력

```
<footer id="main_footer">
    <h1>모던 웹 디자인을 위한 HTML5 + CSS3 입문</h1>
</footer>
```

그리고 코드 8-32처럼 간단한 스타일시트를 사용하면 레이아웃이 금새 추가됩니다.

코드 8-32 #main_footer 태그의 스타일 사용

```
<!-- 푸터 -->
<style>
    #main_footer {
        height: 40px;
        padding: 10px;
        margin-bottom: 10px;

        background: #9C9C9C;
        border-radius: 5px;

        text-align: center;
    }

    #main_footer > h1 {
        font-size: 1.5em;
        font-weight: bold;
    }
</style>
```

또한 행 단위로 레이아웃을 구성하므로 레이아웃을 쉽게 이동할 수도 있습니다.

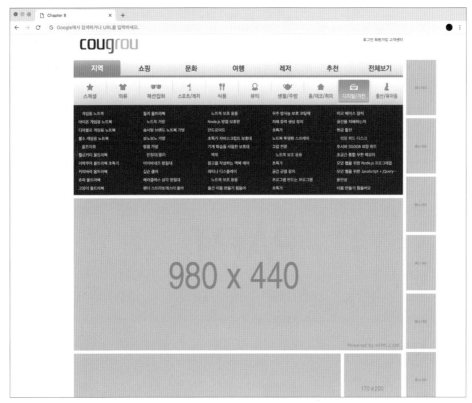

그림 8-13 완성된 웹 페이지

1~8장까지 HTML5와 CSS3의 기본과 레이아웃을 구성하는 방법을 배웠습니다. 기본 내용은 몇 번 사용하다 보면 익혀지는 부분이므로 별도로 외우려 하지 마세요.

중요한 것은 레이아웃을 구성하는 방법입니다. 다양한 웹 페이지를 살펴보고 분석하고 직접 만들어 보세요. HTML 페이지는 항상 오픈 소스이므로 분석하다 보면 쉽게 특정한 공식을 발견할 수 있을 것입니다.

PART

3

HTML5+CSS3 심화

CHAPTER

9

CSS3 변형과
애니메이션

이번 장부터는 조금 복잡한 CSS3 내용을 살펴봅니다. 가장 먼저 살펴볼 CSS3 고급 내용은 변형과 애니메이션입니다. 이를 활용하면 웹 페이지에 다양한 움직임을 줄 수 있습니다.

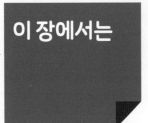

이 장에서는

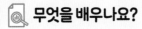
미리 보기

지금까지 웹 페이지의 레이아웃을 만드는 기본적인 내용을 살펴보았습니다.

이번 장에서는 변형transition과 애니메이션을 살펴봅니다. CSS 변형을 사용하면 화면에 애니메이션을 구현할 수 있습니다. 이 기능은 모두 HTML5에서 추가된 것이며, 구 버전의 인터넷 익스플로러에서는 사용할 수 없습니다.

이후에 Vue.js 또는 React를 공부하다 보면, CSS3 변형과 조합해서 다양한 애니메이션을 구성할 수 있게 됩니다. 또한, Hype 등의 애플리케이션을 사용하면 쉽게 드래그&드롭으로 멋진 애니메이션을 구성할 수 있습니다. 일단 가장 기본이 될 수 있는 CSS3 변형에 대해 확실히 알아봅시다.

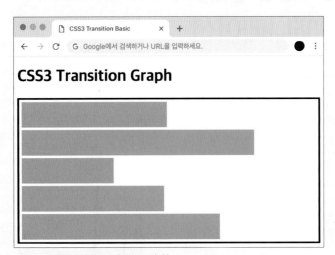

▲ transition-timing-function 속성

변형 속성 기본

CSS3에서 움직임을 구현할 수 있는 기능은 애니메이션 속성과 변형 속성으로 나뉩니다. 변형 속성이 약간 더 쉬우므로 변형 속성을 먼저 살펴보고 애니메이션 속성을 살펴봅시다.

그럼 간단한 예제를 만들어보면서 CSS3의 기본적인 변형 속성에 대해 살펴봅시다. 우선 HTML 페이지를 코드 9-1처럼 간단하게 구성합니다.

코드 9-1 HTML 페이지 구성

```html
<!DOCTYPE html>
<html>
<head>
    <title>CSS3 Transition Basic</title>
    <style>
        .box {
            width: 100px; height: 100px;
            background-color: orange;
        }
    </style>
</head>
<body>
    <div class="box"></div>
</body>
</html>
```

이어서 코드 9-2처럼 스타일을 사용합니다. hover 상태 선택자와 active 상태 선택자를 사용했습니다. 따라서 마우스를 태그 위에 올리거나 클릭하면 각각의 스타일이 사용되겠죠?

코드 9-2 스타일 사용

```css
<style>
    .box {
        width: 100px; height: 100px;
        background-color: orange;
    }

    .box:hover {
```

```
        width: 200px;
        height: 300px;
    }

    .box:active {
        background-color: red;
    }
</style>
```

마우스를 올리면 곧바로 크기가 변경되고 클릭하면 곧바로 색이 변경됩니다. 여기에 부드러운 애니메이션을 적용할 때 필요한 기능이 바로 변형 속성입니다. CSS3는 그림 9-1의 변형 속성을 제공합니다.

그림 9-1 CSS3의 변형 속성

이 절에서는 transition-duration 속성을 사용해봅시다. 구형 브라우저와 호환하려면 코드 9-3처럼 벤더 프리픽스를 적용한 transition-duration 속성을 사용해야 합니다.

코드 9-3 transition-duration 속성

```
.box {
    width: 100px; height: 100px;
    background-color: orange;

    -ms-transition-duration: 2s;
    -moz-transition-duration: 2s;
```

```
        -webkit-transition-duration: 2s;
        transition-duration: 2s;
    }
```

코드를 실행하면 마우스를 태그 위에 올릴 때, 내릴 때 또는 누를 때 등등 2초 동안 변형 속성이 사용
됩니다. 변형 속성이 사용될 때는 그림 9-2처럼 서서히 변형됩니다.

그림 9-2 transition-duration 속성

굉장히 쉽게 애니메이션을 구현했습니다. CSS3의 변형 속성은 다음 스타일 속성과 함께 사용할 수
있습니다.

- **위치 속성** top, left, bottom, right
- **크기 속성** width, height
- **박스 속성** margin, padding
- **테두리 속성** border-width, border-radius, border-color
- **색상 속성** color, background-color
- **투명도 속성** opacity
- **변환 속성** transform

간단하게 변형 속성이 무엇인지 이해했으면 다음 절에서 자세히 살펴봅시다.

9.2 / 변형 속성

이전 절에서 그림 9-1을 봤으면 알 수 있듯이 CSS3는 표 9-1의 변형 속성을 제공합니다.

표 9-1 transition 속성

속성 이름	설명
transition	모든 transition 속성을 한 번에 사용합니다.
transition-delay	이벤트 발생 후 몇 초 후에 재생할지 지정합니다.
transition-duration	몇 초 동안 재생할지 지정합니다.
transition-property	어떤 속성을 변형할지 지정합니다.
transition-timing-function	수치 변형 함수를 지정합니다.

transition 속성은 다른 스타일 속성을 합쳐 사용하는 것입니다. 따라서 다른 속성을 알아보면 쉽게 사용할 수 있겠죠? 그러므로 transition 속성은 이 절의 마지막 부분에서 살펴봅시다.

그럼 HTML 페이지를 구성하고 transition 속성에 대해 차근차근 알아봅시다.

코드 9-4 HTML 페이지 구성

```
<!DOCTYPE html>
<html>
<head>
    <title>CSS3 Transition Basic</title>
    <style>

    </style>
</head>
<body>

</body>
</html>
```

body 태그는 코드 9-5처럼 구성합니다. 각각의 .bar 태그에 변형 속성을 사용할 것입니다.

코드 9-5 body 태그 구성

```html
<body>
    <h1>CSS3 Transition Graph</h1>
    <div id="graph">
        <div class="bar"></div>
        <div class="bar"></div>
        <div class="bar"></div>
        <div class="bar"></div>
        <div class="bar"></div>
    </div>
</body>
```

StyleSheet.css 파일에는 코드 9−6처럼 입력합니다. transition-duration 속성을 사용했으므로 #graph 태그에 마우스를 올릴 경우 5초 동안 애니메이션이 작동합니다.

코드 9-6 스타일 사용

```css
#graph {
    width: 610px;
    border: 3px solid black;
}

.bar {
    width: 10px; height: 50px;
    background-color: orange;
    margin: 5px;

    transition-duration: 5s;
}

#graph:hover > .bar {
    width: 600px;
}
```

코드를 실행하고 애니메이션이 작동하는 모습을 직접 확인해보세요.

CSS3 Transition Graph

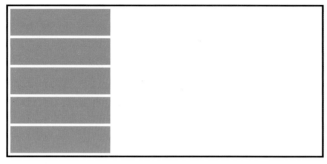

그림 9-3 움직이는 그래프

transition-delay 속성

그러면 이제 다른 속성을 하나하나 알아봅시다. 이번에는 transition-delay 속성에 대해 살펴보겠습니다. transition-delay 속성은 이벤트가 발생하고 몇 초 동안 기다린 후 애니메이션이 작동할지 지정하는 속성입니다. 코드 9-7처럼 입력해봅시다.

코드 9-7 transition-delay 속성

```
.bar:nth-child(1) {
    transition-delay: 0s;
}
.bar:nth-child(2) {
    transition-delay: 1s;
}
.bar:nth-child(3) {
    transition-delay: 2s;
}
.bar:nth-child(4) {
    transition-delay: 3s;
}
.bar:nth-child(5) {
    transition-delay: 4s;
}
```

코드를 실행하고 #graph 태그에 마우스를 올려놓으면 위에서 아래로 차례대로 애니메이션이 실행됩니다. transition-delay 속성은 쉬운 내용이므로 쉽게 이해할 것입니다.

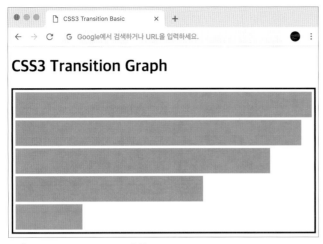

그림 9-4 transition-delay 속성

그런데 그림 9-4를 보면 알 수 있듯이 애니메이션이 느린 속도에서 빠른 속도로 진행합니다. 그림 9-5와 같은 형태로 수치가 변형되는 것입니다. 이러한 수치 변형 함수를 바꾸고 싶으면 transition-timing-function 속성을 사용합니다.

ease

그림 9-5 기본
수치 변형 함수

transition-timing-function 속성

방금 설명했듯이 transition-timing-function 속성은 수치를 변형하는 함수를 지정할 때 사용하는 속성입니다. 플래시와 실버라이트를 공부했었던 독자라면 금방 이해했겠지만 그렇지 않은 경우에는 코드 9-8을 입력해봅시다.

코드 9-8 transition-timing-function 속성

```
.bar:nth-child(1) {
    transition-timing-function: linear;
}
.bar:nth-child(2) {
    transition-timing-function: ease;
}
.bar:nth-child(3) {
    transition-timing-function: ease-in;
}
.bar:nth-child(4) {
    transition-timing-function: ease-in-out;
}
```

```
.bar:nth-child(5) {
    transition-timing-function: ease-out;
}
```

코드를 실행하고 애니메이션을 진행 시작해보세요. 그림 9-6처럼 각각의 바가 다른 변형 함수를 가지고 애니메이션을 진행합니다.

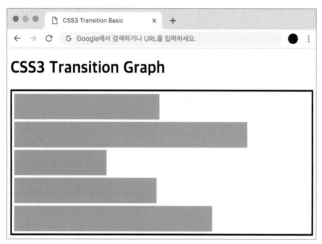

그림 9-6 transition-timing-function 속성

코드 9-8에서 입력한 각각의 속성은 그림 9-7 형태의 변환 함수 각각을 나타냅니다.

그림 9-7 CSS3가 기본으로 제공하는 수치 변형 함수

만약 마음에 드는 형태가 없다면 CSS3가 제공하는 cubic-bezier() 함수를 사용하면 됩니다. 베지어 곡선 생성 공식을 모른다면 어려운 함수이므로 우선 그림 9-8의 사이트에 접속해봅시다.

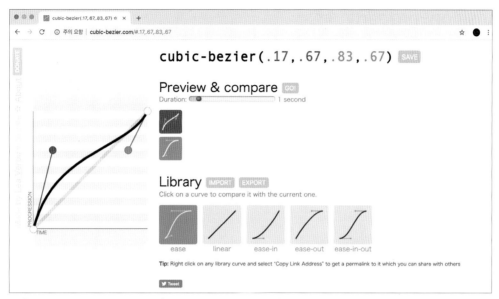

그림 9-8 사용자 정의 수치 변형 함수(http://cubic-bezier.com/)

cubic-bezier() 함수는 1×1 크기의 사각형에서 두 점의 위치를 지정해 베지어 곡선을 만드는 함수입니다. 다음 형태로 사용하는데요. 그림 9-8의 사이트와 함께 본다면 쉽게 이해할 수 있을 것입니다.

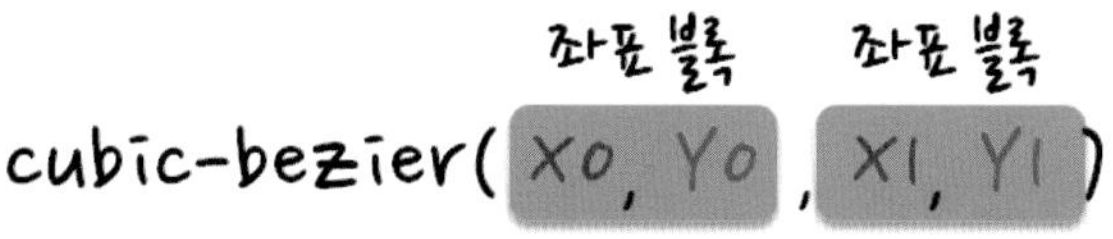

좌표 블록　　좌표 블록

cubic-bezier(XO, YO , X1, Y1)

그림 9-9 cubic-bezier() 함수

이렇게 만든 cubic-bezier() 함수는 코드 9-9처럼 사용합니다.

코드 9-9 cubic-bezier() 함수

```
.bar:nth-child(1) {
    transition-timing-function: cubic-bezier(0, 1, 1, 0);
}
```

transition-property 속성

애니메이션을 만들다 보면 특정 스타일 속성만 애니메이션을 적용하고 싶을 때가 있습니다. 또한 각각의 속성에 다른 형태로 애니메이션을 진행하게 하고 싶을 수도 있습니다. 이렇게 각각의 속성에 다른 형태의 애니메이션을 적용하고 싶을 때는 transition-property 속성을 사용합니다.

우선 코드 9-10처럼 입력합니다.

코드 9-10 transition-property 속성(1)

```
#graph {
    width: 610px;
    border: 3px solid black;
}

.bar {
    width: 10px; height: 50px;
    background-color: orange;
    margin: 5px;

    transition-duration: 5s;
}

#graph:hover > .bar:nth-child(1) {
    background-color: red;
    width: 100px;
}
#graph:hover > .bar:nth-child(2) {
    background-color: blue;
    width: 300px;
}
#graph:hover > .bar:nth-child(3) {
    background-color: green;
    width: 400px;
}
#graph:hover > .bar:nth-child(4) {
    background-color: yellow;
    width: 200px;
}
#graph:hover > .bar:nth-child(5) {
    background-color: pink;
    width: 400px;
}
```

CSS3 변형 속성은 기본 설정으로 변환 가능한 모든 스타일 속성에 애니메이션을 적용하게 만들어져 있습니다. 따라서 코드를 실행하면 그림 9-10처럼 background-color 속성과 width 속성이 5초 동안 변환됩니다.

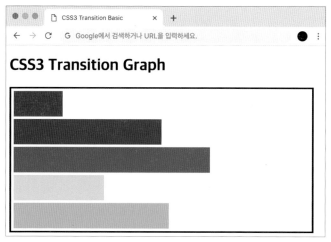

그림 9-10 transition-property 속성

만약 background-color 속성은 1초 동안 변형되고 width 속성은 5초 동안 변형되게 만들고 싶으면 코드 9-11처럼 입력합니다. 이렇게 입력하면 배경 색상은 1초 동안 변환되고 너비는 5초 동안 변환됩니다.

코드 9-11 transition-property 속성(2)

```
.bar {
    width: 10px; height: 50px;
    background-color: orange;
    margin: 5px;

    transition-property: background-color, width;
    transition-duration: 1s, 5s;
}
```

굉장히 쉬운 내용이므로 쉽게 이해했을 것이라고 생각합니다. 지금까지 배운 모든 변형 속성은 transition 속성으로 한 번에 입력할 수 있습니다.

```
transition: <transition-property> <transition-duration> <transition-timing-function>
<transition-delay> … (여러 속성을 적용하고 싶은 경우 순서대로 여러 개를 더 입력합니다) …
```

이 형태를 코드 9–12처럼 사용합니다.

코드 9-12 transition 속성

```
.bar {
    width: 10px; height: 50px;
    background-color: orange;
    margin: 5px;

    /* property duration function delay 순서로 입력합니다. */
    transition: background-color 1s ease, width 5s linear 1s;
}
```

9.3 / 키 프레임과 애니메이션 속성

이 절에서는 애니메이션 속성을 배웁니다. 변형 속성을 모두 살펴보았으므로 애니메이션 속성은 쉽게 이해할 수 있을 것입니다. CSS3는 표 9-2의 애니메이션 속성을 지원합니다. 대부분 변형 속성과 비슷하죠?

표 9-2 animation 속성

속성 이름	설명
animation	모든 animation 속성을 한 번에 적용합니다.
animation-delay	이벤트 발생 후 몇 초 후에 재생할지 지정합니다.
animation-direction	애니메이션 진행 방향을 설정합니다.
animation-duration	애니메이션을 몇 초 동안 재생할지 지정합니다
animation-iteration-count	애니메이션 반복 횟수를 지정합니다.
animation-name	애니메이션 이름을 지정합니다.
animation-play-state	애니메이션 재생 상태를 지정합니다.
animation-timing-function	수치 변형 함수를 지정합니다.

코드 9-13처럼 HTML 페이지를 구성하고 body 태그를 입력합니다.

코드 9-13 HTML 페이지 구성

```
<!DOCTYPE html>
<html>
<head>
    <title>CSS3 Transition Basic</title>
    <style>

    </style>
</head>
<body>
    <div id="box">
        <h1>Rotation</h1>
    </div>
</body>
</html>
```

이어서 StyleSheet.css 파일에는 코드 9-14를 입력합니다.

코드 9-14 스타일 사용

```css
* { margin: 0; padding: 0; }
body { position: relative; }
#box {
    position: absolute;
    width: 200px; height: 200px;
    border-radius: 100px;
    text-align: center;
    background: linear-gradient(#cb60b3 0%, #db36a4 100%);
}

#box > h1 {
    line-height: 200px;
}

@keyframes rint {
    from {

    }

    to {

    }
}
```

코드 9-14를 보면 마지막에 처음 보는 형태의 구문인 @keyframes를 입력했습니다. 이를 키 프레임 규칙(keyframes @-rule)이라고 부르며 CSS3에서 애니메이션을 지정하는 형식입니다. 키 프레임 은 @keyframes 이름 형태로 입력합니다.

키 프레임 안에는 퍼센트 단위로 애니메이션을 적용합니다. 예외적으로 0% 경우와 100% 경우는 from 키워드와 to 키워드를 사용할 수 있습니다.

코드 9-15처럼 코드를 입력합니다. 애니메이션이 10초라고 가정하면 0초, 5초, 10초일 때의 형태 를 지정한 것입니다. 아직 transform 속성은 배우지 않았지만 미리 사용해봅시다.

코드 9-15 키 프레임 규칙

```
@keyframes rint {
    from {
        left: 0;
        transform: rotate(0deg);
    }
    50% {
        left: 500px;
    }
    to {
        left: 500px;
        transform: rotate(360deg);
    }
}
```

animation-name 속성

키 프레임을 생성한 이후에는 **animation-name** 속성을 사용해 태그를 키 프레임에 연결합니다. 코드 9-16은 #box 태그를 rint 키 프레임에 연결하는 코드입니다.

코드 9-16 animation-name 속성

```
#box {
    position: absolute;
    width: 200px; height: 200px;
    border-radius: 100px;
    text-align: center;
    background: linear-gradient(#cb60b3 0%, #db36a4 100%);

    animation-name: rint;
    animation-duration: 2s;
    animation-timing-function: linear;
}

@keyframes rint {
    from { left:0; transform: rotate(0deg); }
    50% { left: 500px; }
    to { left: 500px; transform: rotate(360deg); }
}
```

코드를 실행하면 그림 9-11처럼 원이 회전하면서 이동합니다. 애니메이션 속성은 반드시 코드 9-16처럼 animation-name 속성과 animation-duration 속성을 사용해야 합니다.

그림 9-11 이동하는 원

animation-timing-function 속성은 transition-timing-function 속성과 같으므로 별도로 설명하지 않겠습니다.

animation-iteration-count 속성

방금 만든 애니메이션은 한 번만 실행됩니다. 애니메이션을 특정 횟수만큼 반복하고 싶을 때는 animation-iteration-count 속성을 사용합니다. animation-iteration-count 속성에는 숫자를 적용하며 적용한 숫자만큼 애니메이션을 반복합니다. 만약 애니메이션을 무한번 반복하고 싶을 때는 코드 9-17처럼 infinite 키워드를 적용합니다.

코드 9-17 transition-iteration-count 속성

```
#box {
    position: absolute;
    width: 200px; height: 200px;
    border-radius: 100px;
    text-align: center;
    background: linear-gradient(#cb60b3 0%, #db36a4 100%);

    animation-name: rint;
    animation-duration: 2s;
    animation-iteration-count: infinite;
    animation-timing-function: linear;

}
```

```
@keyframesrint {
    from { left: 0; transform: rotate(0deg); }
    50% { left: 500px; }
    to { left: 500px; transform: rotate(360deg); }
}
```

animation-direction 속성

animation-direction 속성은 애니메이션을 반복하는 형태를 지정합니다. animation-direction
속성에는 표 9-3의 키워드를 사용합니다.

표 9-3 animation-direction 속성에 사용 가능한 키워드

animation-direction 속성	설명
alternate	from에서 to로 이동 후 to에서 from으로 이동을 반복합니다.
normal	계속 from에서 to로 이동합니다.

코드 9-18을 직접 입력하고 키워드를 바꿔가며 실행해보겠습니다.

코드 9-18 animation-direction 속성

```
#box {
    position: absolute;
    width: 200px; height: 200px;
    border-radius: 100px;
    text-align: center;
    background: linear-gradient(#cb60b3 0%, #db36a4 100%);

    animation-name: rint;
    animation-duration: 2s;
    animation-iteration-count: infinite;
    animation-direction: alternate;
    animation-timing-function: linear;
}

@keyframesrint {
    from { left: 0; transform: rotate(0deg); }
```

```
    50% { left: 500px; }
    to { left: 500px; transform: rotate(360deg); }
  }
```

우선 normal 키워드를 적용하고 실행해봅시다. 애니메이션이 그림 9-12의 형태로 회전할 것입니다. normal 키워드를 적용하면 같은 애니메이션이 계속 반복됩니다.

그림 9-12 normal 키워드를 적용한 animation-direction 속성

반면에 alternate 키워드를 적용하면 애니메이션이 from 형태에서 to 형태로 진행한 이후에 to 형태에서 from 형태로 이동합니다. 따라서 원이 그림 9-13처럼 왔다갔다하는 모습을 볼 수 있습니다.

그림 9-13 alterate 키워드를 적용한 animation-direction 속성

animation-play-state 속성

이제 마지막 애니메이션 속성입니다. animation-play-state 속성은 애니메이션을 중지하고 재생할 때 사용하는 속성입니다. 그림 9-14를 보면 어떤 키워드를 사용할 수 있는지 쉽게 알 수 있죠?

그림 9-14 animation-play-state 속성에 사용 가능한 키워드

코드 9-19를 StyleSheet.css 파일에 추가해봅시다.

코드 9-19 animation-play-state 속성

```
#box:hover {
    animation-play-state: paused;
}
```

태그가 이동하는 중간에 태그 위에 마우스를 올려놓으면 애니메이션이 일시 중지됩니다. 일반적으로 animation-play-state 속성은 자바스크립트를 사용해 조절합니다.

지금까지 살펴본 애니메이션 속성은 animation 속성으로 다음과 같이 한꺼번에 입력할 수 있습니다.

```
animation: <animation-name> <animation-duration> <animation-timing-function>
<animation-delay> <animation-iteration-count> <animation-direction> … (여러 속성을 적용하고
싶은 경우 순서대로 여러 개를 더 입력합니다)…
```

animation 속성은 코드 9-20처럼 사용합니다. 사용하고 싶지 않은 속성은 none 키워드를 적용합니다.

코드 9-20 animation 속성

```
#box {
    position: absolute;
    width: 200px; height: 200px;
    border-radius: 100px;
    text-align: center;
    background: linear-gradient(#cb60b3 0%, #db36a4 100%);

    /* name duration function delay count direct 순서로 입력합니다. */
    animation: rint 2s linear none infinite alternate;
}
```

지금까지 변형 속성과 애니메이션 속성을 간단하게 살펴보았습니다.

연습 문제

Q1 다음 중 "이벤트가 발생하고 몇 초 동안 기다린 후에 애니메이션이 작동할지 지정하는 속성"은 무엇인가?

① transition-delay
② transition-decay
③ transition-timing-function
④ transition-timing-delay

Q2 다음 중 transition-timing-function 속성에 지정할 수 있는 베지어 커브를 만들 때 사용하는 함수는 무엇인가?

① cubicbezier( )
② cubic-bezier( )
③ bezier( )
④ curve( )

Q3 애니메이션 키 프레임을 만들 때 사용하는 구문으로 적합한 것은?

① @keyframe 이름 { from { } to { } }
② @keyframes 이름 { from { } to { } }
③ @animation 이름 { from { } to { } }
④ @animations 이름 { from { } to { } }

Q4 다음 중 "애니메이션을 특정 횟수만큼 반복하고 싶을 때 사용하는 속성"은 무엇인가?

① animation-count
② animation-loop-count
③ animation-iterate-count
④ animation-iteration-count

해답 **Q1**: ①, **Q2**: ③, **Q3**: ②, **Q4**: ④

CHAPTER

10

CSS3 변환

웹 페이지는 대표적인 2D 화면입니다. 하지만
CSS3부터는 웹 페이지 내부에 3D를 구현할
수 있는 기능이 추가되었습니다. 바로 CSS3
변환(transform)입니다. 어떤 것인지 차근차
근 살펴봅시다.

무엇을 배우나요?

- 🎯 2차원 변환을 알아봅니다.
- 🎯 3차원 변환을 알아봅니다.
- 🎯 변환과 애니메이션을 결합하는 내용에 대해 살펴봅니다.

 미리 보기

9장에서 살펴본 "변형"과 이번 장에서 살펴볼 "변환"은 이름이 굉장히 비슷합니다. 사실 영어로는 transition(변형)과 transform(변환)인데요. transition은 시간의 흐름을 가지고 일어나는 변경, transform은 시간의 흐름을 따로 가지지 않고 일어나는 형태의 변경을 의미합니다. 일단 기본서라서 최대한 한글로 설명하고 있는데요. transition과 transform이라는 영어 단어로 기억하면 더 좋을 것이라 생각합니다.

이번 장에서는 2차원 변환과 3차원 변환을 알아봅니다. 어려울 수 있는 내용이며, 실제로 플랫하고 간단한 디자인을 원하는 2010년 중후반의 디자인에서는 많이 사용되지 않는 형태입니다. 따라서 너무 어렵게 느껴진다면 간단하게 살펴보고 넘어가도록 합시다.

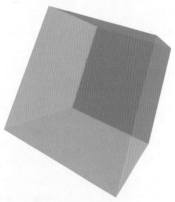

▲ 회전하는 정육면체

10.1 변환이란?

HTML5 시대가 되면서 플래시와 같은 플러그인의 도움 없이 웹 브라우저에 3차원 공간을 구현할 수 있게 되었습니다. HTML5에서 3차원을 구현하는 방법은 크게 2가지로 나뉩니다.

1. 자바스크립트를 사용한 WebGL
2. CSS3를 사용한 3차원 변환

이 책에서는 자바스크립트를 다루지 않으므로 CSS3 변환을 사용해 3차원을 구현하는 방법을 배웁니다. CSS3 변환을 이전 장에서 배운 변형 속성 또는 애니메이션 속성과 결합하면 지금까지 HTML로 개발할 수 있을 것이라고 상상하지 못했던 웹 애플리케이션을 구현할 수 있습니다.

가장 대표적으로 CSS3 변환을 사용한 예로는 impress.js가 있습니다. impress.js는 HTML을 사용해 프레젠테이션을 만들 수 있게 해주는 플러그인입니다. 직접 들어가서 CSS3의 3차원 변환을 확인해보세요.

그림 10-1 impress.js 플러그인(https://impress.js.org)

예제를 살펴보았다면 웹의 매력을 조금 더 느낄 수 있을 것입니다. 이제 이 절에서 이러한 3차원 변환을 직접 만들어봅시다.

10.2 / 2차원 변환

대부분의 컴퓨터 프로그램은 화면 좌표를 사용합니다. 화면 좌표는 그림 10-2처럼 왼쪽 위에 위치하는 점이 영점이며 오른쪽과 아래로 갈수록 크기가 증가합니다.

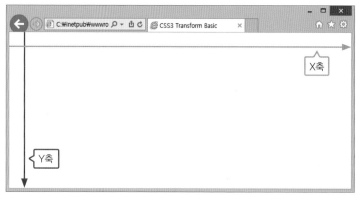

그림 10-2 2차원 화면 좌표

> **NOTE** 3D Max 또는 Maya 같은 3차원 개발 툴에서 사용하는 좌표와 중고등학교에서 수학 시간에 배운 좌표는 직교 좌표(데카르트 좌표)라고 부릅니다.

이렇게 X축과 Y축이 있는 화면 좌표를 2차원 화면 좌표라 부릅니다. 여기에 Z축을 추가하면 3차원 화면 좌표로 확장됩니다. 3차원 화면 좌표에서 Z축은 웹 브라우저를 보는 사용자에게 가까울수록 큰 값입니다.

그림 10-3 3차원 화면 좌표

화면 좌표가 어떻게 구성되는지 알았다면 이제 이를 사용해 예제를 만들어봅시다.

transform 속성

CSS3부터는 transform 속성을 사용해 객체를 변환할 수 있게 되었습니다. HTML5는 CSS3를 사용해 그림 10-4의 2차원 변환을 할 수 있습니다.

그림 10-4 CSS3가 지원하는 변환

변환이 가능하다는 이야기는 HTML 페이지 스스로 애니메이션 같은 플래시 콘텐츠를 만들 수 있다는 뜻입니다. 그래서 변환은 CSS3에서 가장 중요한 특징으로 꼽히고 있습니다.

이제 transform 속성을 사용하는 방법을 알아봅시다. 우선 코드 10-1처럼 HTML 페이지를 구성합시다.

코드 10-1 HTML 페이지 구성

```html
<!DOCTYPE html>
<html>
<head>
    <title>CSS3 Transform Basic</title>
    <style>

    </style>
</head>
<body>
    <section>
        <div></div>
    </section>
</body>
</html>
```

이어서 style 태그 내부에 코드 10-2를 입력합니다. 박스의 너비와 높이를 지정했습니다.

코드 10-2 스타일 사용

```
<style>
    section {
        width: 100px; height: 100px;
        border: 5px solid black;
    }

    div {
        width: 100px; height: 100px;
        background: red;
    }
</style>
```

이제 코드 10-3처럼 transform 속성을 사용합시다.

코드 10-3 transform 속성 사용

```
div {
    width: 100px; height: 100px;
    background: red;

    transform: rotate(60deg);
}
```

코드를 실행하면 그림 10-5처럼 사각형이 60도 회전합니다.

그림 10-5 transform 속성을 사용한 사각형

2차원 변환 함수

프로그래밍 언어에서는 식별자 뒤에 괄호가 있을 경우 해당
식별자를 함수라고 부릅니다. 다음 코드의 식별자 alert와
식별자 rotate는 모두 함수라고 부릅니다.

```
alert('HTML5 + CSS3')
rotate(60deg)
```

코드 10-3을 보면 transform 속성 안에 함수를 사용했습니다. CSS3는 이렇게 변환 함수를 사용해 변환을 수행합니다. CSS3에서 사용할 수 있는 변환 함수는 표 10-1입니다.

표 10-1 2차원 변환 함수

변환 함수	설명
translate(translateX, translateY)	특정 크기만큼 이동합니다.
translateX(translateX)	X축으로 특정 크기만큼 이동합니다.
translateY(translateY)	Y축으로 특정 크기만큼 이동합니다.
scale(scaleX, scaleY)	특정 크기만큼 확대 및 축소합니다.
scaleX(scaleX)	X축으로 특정 크기만큼 확대 및 축소합니다.
scaleY(scaleY)	Y축으로 특정 크기만큼 확대 및 축소합니다.
skew(angleX, angleY)	특정 각도만큼 기울입니다.
skewX(angleX)	X축으로 특정 각도만큼 기울입니다.
skewY(angleY)	Y축으로 특정 각도만큼 기울입니다.
rotate(angleZ)	특정 각도만큼 회전합니다.

굉장히 많은 변환 함수가 있는데 transform 속성은 하나라 당황할 수 있습니다. 그냥 코드 10-4처럼 transform 속성에 각각의 함수를 공백으로 구분해 입력하면 됩니다.

코드 10-4 변환 함수 사용

```
div {
    width: 100px; height: 100px;
    background: red;

    transform: rotate(60deg) scale(1.2) skewY(10deg);
}
```

코드를 실행하면 그림 10-6처럼 나옵니다. 60도 회전하고 크기가 1.2배이며 Y축 방향으로 10도 기울어진 사각형을 볼 수 있죠?

그림 10-6 여러 개의 변환 함수를 사용한 사각형

TIP **변환 함수의 순서**

transform 속성에 변환 함수를 입력하는 순서에 따라 실행 결과가 바뀔 수 있습니다. 굉장히 중요한 내용이므로 간단하게 정리하고 넘어갑시다. transform 속성에 입력한 변환 함수는 앞쪽부터 차례대로 적용됩니다.

우선 코드 10-5처럼 translateX() 함수를 실행하고 rotate() 함수를 실행해봅시다.

코드 10-5 변환 함수의 순서(1)

```
div {
    width: 100px; height: 100px;
    background: red;

    transform: translateX(50px) rotate(60deg);
}
```

코드를 실행하면 그림 10-7처럼 나옵니다. X축으로 50픽셀만큼 이동하고 60도 회전했으므로 이러한 실행 결과가 나오는 것입니다.

이번에는 순서를 바꿔봅시다. 코드 10-6처럼 rotate() 함수를 먼저 실행하고 translateX() 함수를 실행해보세요.

그림 10-7 translateX() 함수 실행 후 rotate() 함수를 실행한 결과

코드 10-6 변환 함수의 순서(2)

```
div {
    width: 100px; height: 100px;
    background: red;

    transform: rotate(60deg) translateX(50px);
}
```

코드를 실행하면 그림 10-8처럼 실행됩니다. 60도를 회전하고 이동된 상태에서 X축 방향으로 50픽셀 이동한 형태입니다. 그림 10-7과 전혀 다른 형태입니다.

transform 속성을 사용할 때 자주 실수하는 부분입니다. 입력하는 순서가 다르면 실행 결과가 달라질 수 있다는 것을 꼭 기억해주세요.

그림 10-8 rotate() 함수 실행 후 translateX() 함수를 실행한 결과

transform-origin 속성

transform-origin 속성은 변환 중심을 설정하는 스타일 속성입니다. 기본으로 transform-origin
속성은 태그 영역의 중심을 변환 중심으로 잡습니다. 우선 코드 10-7을 살펴봅시다.

코드 10-7 HTML 페이지 구성

```html
<!DOCTYPE html>
<html>
<head>
    <title>CSS3 Transform Basic</title>
    <style>
        section {
            width: 100px;
            height: 100px;
            border: 5px solid black;
        }

        div {
            width: 100px; height: 100px;
            background: red;

            transform: rotate(60deg);
        }
    </style>
</head>
<body>
    <section>
        <div></div>
    </section>
</body>
</html>
```

rotate() 변환 함수를 사용했으므로 그림 10-9처럼 사각형이 60도 회전합니다. 그림 10-9를 보면
사각형의 중심을 기준으로 회전했음을 알 수 있습니다.

그림 10-9 회전 중심

이러한 변환 중심을 변경할 때는 transform-origin 속성을 사용합니다. transform-origin 속성에는 그림 10-10의 키워드 또는 크기 단위를 사용합니다.

```
transform-origin:
              ▦ 0vh
              ▦ 0vmax
              ▦ 0vmin
              ▦ 0vw
              ▦ bottom
              ▦ center
              ▦ inherit
              ▦ initial
              ▦ left
              ▦ right
              ▦ top
              ▦ unset
```

그림 10-10 transform-origin 속성에 사용할 수 있는 키워드

transform-origin 속성에는 2개의 크기 단위를 적용할 수 있으며 각각 변환 중심의 X 좌표와 Y 좌표를 의미합니다. 간단하게 코드 10-8처럼 입력해봅시다.

코드 10-8 크기 단위를 적용한 transform-origin 속성

```
div {
    width: 100px; height: 100px;
    background: red;

    transform: rotate(60deg);
    transform-origin: 100% 100%;
}
```

transform-origin 속성에 100% 100%를 입력했으므로 객체의 오른쪽 아래가 변환 중심이 됩니다. 따라서 변환 중심을 기준으로 rotate() 함수를 실행하므로 그림 10-11처럼 실행됩니다.

그림 10-11 transform-origin 속성

이렇게 퍼센트 단위로 변환 중심을 지정할 수도 있고 코드 10-9처럼 키워드를 사용할 수도 있습니다. 코드를 실행하면 그림 10-11과 같은 실행 결과가 나옵니다.

코드 10-9 키워드를 사용한 transform-origin 속성

```
div {
    width: 100px; height: 100px;
    background: red;

    transform: rotate(60deg);
    transform-origin: right bottom;
}
```

10.3 / 3차원 변환

이 절에서는 CSS3의 3차원 변환을 알아볼 것입니다. 우선 HTML 페이지를 코드 10-10처럼 구성합니다.

코드 10-10 HTML 페이지 구성

```
<!DOCTYPE html>
<html>
<head>
    <title>CSS3 Transform Basic</title>
    <style>

    </style>
</head>
<body>

</body>
</html>
```

이 절에서는 전체에 걸쳐 그림 10-12의 3차원 정육면체를 만들 것입니다.

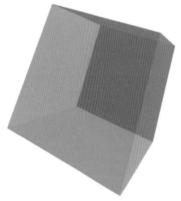

그림 10-12 회전하는 정육면체

3차원 변환 함수

CSS3는 표 10-2의 3차원 변환 함수를 제공합니다.

표 10-2 3차원 변환 함수

변환 함수	설명
translate3d(translateX, translateY, translateZ)	특정 크기만큼 이동합니다.
translateX(translateX)	X축으로 특정 크기만큼 이동합니다.
translateY(translateY)	Y축으로 특정 크기만큼 이동합니다.
translateZ(translateZ)	Z축으로 특정 크기만큼 이동합니다.
scale3d(scaleX, scaleY, scaleZ)	특정 크기만큼 확대 및 축소합니다.
scaleX(scaleX)	X축으로 특정 크기만큼 확대 및 축소합니다.
scaleY(scaleY)	Y축으로 특정 크기만큼 확대 및 축소합니다.
scaleZ(scaleZ)	Z축으로 특정 크기만큼 확대 및 축소합니다.
rotate3d(angleX, angleY, angleZ)	특정 각도만큼 회전합니다.
rotateX(angleX)	X축으로 특정 각도만큼 회전합니다.
rotateY(angleY)	Y축으로 특정 각도만큼 회전합니다.
rotateZ(angleZ)	Z축으로 특정 각도만큼 회전합니다.

그림 10-12의 정육면체를 만든다고 이야기했으니 만들어봅시다. 우선 div 태그 6개를 놓아 면 6개를 만들어줍니다. 이어서 이 면 6개를 section 태그로 감싸 하나의 객체처럼 만듭니다.

코드 10-11 body 태그 구성

```
<body>
    <section>
        <div></div>
        <div></div>
        <div></div>
        <div></div>
        <div></div>
        <div></div>
    </section>
</body>
```

이제 StyleSheet.css 파일을 코드 10-12처럼 입력합시다. div 태그의 position 속성에 absolute 키워드를 적용하고 left 속성과 top 속성을 사용해 하나로 뭉칩니다. 이어서 각각의 태그를 적당한 각도로 회전시키고 외곽으로 밀어버립니다.

코드 10-12 정육면체 생성

```
body {
    width: 200px;
    margin: 200px auto;
}

section {
    width: 200px; height: 200px;
    position: relative;
}

div {
    width: 200px; height: 200px;
    position: absolute; left: 0; top: 0;
    opacity: 0.3;
}

/* 옆면 */
div:nth-child(1) { transform: rotateY(  0deg) translate3d(0px, 0px, 100px); }
div:nth-child(2) { transform: rotateY( 90deg) translate3d(0px, 0px, 100px); }
div:nth-child(3) { transform: rotateY(180deg) translate3d(0px, 0px, 100px); }
div:nth-child(4) { transform: rotateY(270deg) translate3d(0px, 0px, 100px); }

/* 윗면과 아랫면 */
div:nth-child(5) { transform: rotateX( 90deg) translate3d(0px, 0px, 100px); }
div:nth-child(6) { transform: rotateX(270deg) translate3d(0px, 0px, 100px); }
```

> 자손의 position 속성에 absolute 키워드를 적용하면 부모의 position 속성에 relative 키워드를 적용합니다.

이제 각각의 div 태그에 코드 10-13처럼 색상을 입력합니다.

코드 10-13 색상 적용

```
div:nth-child(1) {
    transform: rotateY(  0deg) translate3d(0px, 0px, 100px);
    background: red;
}
div:nth-child(2) {
    transform: rotateY( 90deg) translate3d(0px, 0px, 100px);
    background: green;
}
```

```
div:nth-child(3) {
    transform: rotateY(180deg) translate3d(0px, 0px, 100px);
    background: blue;
}
div:nth-child(4) {
    transform: rotateY(270deg) translate3d(0px, 0px, 100px);
    background: yellow;
}

div:nth-child(5) {
    transform: rotateX( 90deg) translate3d(0px, 0px, 100px);
    background: brown;
}
div:nth-child(6) {
    transform: rotateX(270deg) translate3d(0px, 0px, 100px);
    background: pink;
}
```

코드를 실행하면 그림 10-13처럼 나옵니다.

그림 10-13 앞에서 본 정육면체

transform-style 속성

transform-style 속성은 변환을 적용할 때 그 영향력이 자신에게만 적용될지 자손에게도 적용될지 정하는 속성입니다. 굉장히 말이 어려운데요. 코드 10-14를 입력해봅시다.

코드 10-14 transform-style 속성을 사용하지 않은 경우

```
section {
    width: 200px; height: 200px;
    position: relative;
```

```
        animation: rint 3s linear 0s infinite;
}

@keyframes rint {
    from {
        transform: rotateX(  0deg) rotateY(  0deg) rotateZ(  0deg);
    }

    to {
        transform: rotateX(360deg) rotateY(360deg) rotateZ(360deg);
    }
}
```

정육면체를 담고 있는 틀이 움직이므로 정육면체가 움직일 것이라고 기대할 수 있습니다. 하지만 코드를 실행하면 그림 10-14처럼 그림 10-13의 평면이 회전합니다.

그림 10-14 transform–style 속성을 사용하지 않은 정육면체

자손의 3차원 속성을 유지한 채로 부모를 회전시키고 싶을 때는 부모의 transform-style 속성에 preserve-3d 키워드를 적용합니다. 코드 10-15처럼 section 태그의 transform-style 속성에 preserve-3d 키워드를 적용해봅시다.

코드 10-15 transform–style 속성

```
section {
    width: 200px; height: 200px;
    position: relative;
    animation: rint 3s linear 0s infinite;

    transform-style: preserve-3d;
}
```

코드를 실행하면 그림 10-15처럼 정육면체가 회전합니다.

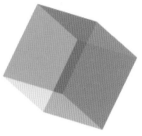

그림 10-15 transform-style 속성을 사용한 정육면체

transform-style 속성에는 표 10-3의 키워드를 사용합니다.

표 10-3 transform-style 속성에 사용 가능한 키워드

키워드	설명
flat	후손의 3차원 속성을 무시합니다.
preserve-3d	후손의 3차원 속성을 유지합니다.

기본으로 flat 키워드가 적용되어 있습니다. 따라서 그림 10-14처럼 평면이 회전한 것입니다.

backface-visibility 속성

backface-visibility 속성은 3차원 공간에서 평면의 후면을 보이거나 보이지 않게 만드는 스타일 속성입니다. 코드를 실행해보면 곧바로 어떤 의미인지 알 수 있을 것입니다. 코드 10-16처럼 div 태그에 backface-visibility 속성에 hidden 키워드를 적용합니다.

코드 10-16 backface-visibility 속성

```
div {
    width: 200px; height: 200px;
    position: absolute; left: 0; top: 0;

    backface-visibility: hidden;
    opacity: 0.3;
}
```

코드를 실행하면 그림 10-16처럼 실행됩니다. 무엇이 차이인지 모른다면 그림 10-17과 함께 살펴보세요.

그림 10-16 backface-visibility 속성

평면의 후면이 사라진 것을 확인할 수 있습니다. `backface-visibility` 속성에는 표 10-4의 키워드를 사용합니다.

표 10-4 backface-visibility 속성에 사용할 수 있는 키워드

키워드	설명
visible	후면을 보이게 만듭니다.
hidden	후면을 보이지 않게 만듭니다.

10.4 / 원근법

CSS3에서 가장 이해하기 어려운 속성을 선택하라고 하면 두말 않고 perspective 속성을 꼽을 것입니다. perspective 속성은 원근법을 지정하는 속성입니다. 일반적으로 perspective 속성은 "The perspective property defines how many pixels a 3D element is placed from the view"라고 정의합니다.

perspective 속성은 화면에 얼마나 많은 3차원 픽셀을 놓을 것인지 정의하는 속성입니다. 번역해도 어렵습니다. 간단하게 http://download.hanbit.co.kr/exam/2161/perspective.html을 실행해서 확인해보세요. perspective 속성이 변할 때 웹 페이지에 어떻게 나타나는지 확인할 수 있습니다.

예제의 〈Auto Play〉 버튼을 누르면 자동으로 perspective 속성이 0픽셀에서 1000픽셀까지 증가합니다. 0픽셀에서 1000픽셀로 이동할수록 사각형의 밀집도가 증가합니다. 이렇게 perspective 속성은 클수록 픽셀을 밀집해서 보여줍니다.

 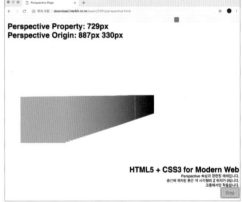

그림 10-17 perspecive 속성

일반적으로 perspective 속성에는 400픽셀에서 2000픽셀 사이의 숫자를 입력합니다. 코드 10-17처럼 body 태그에 perspective 속성값을 400으로 적용해봅시다.

코드 10-17 perspective 속성값 적용

```
body {
    width: 200px;
    margin: 200px auto;
    -webkit-perspective: 400;
}
```

NOTE 현재 2019년 2월 시점에 perspective 속성은 벤더 프리픽스를 붙여야 사용할 수 있습니다.

코드를 실행하면 그림 10-18처럼 정육면체가 회전합니다. 이전 절의 정육면체보다 훨씬 입체감이 느껴지죠?

그림 10-18 perspective 속성을 사용한 정육면체

간단하게 변환 속성을 모두 살펴보았습니다. 지금까지 배운 내용을 기억하고 다음 장으로 넘어갑시다.

10.5 / 회전 목마

한 번쯤 그림 10-19처럼 회전하는 이미지 갤러리를 본 적이 있을 것입니다. 그림 10-19는 안드로이드 태블릿의 유튜브 애플리케이션입니다. 지금까지의 HTML 페이지는 3차원 변환을 할 수 없었으므로 이러한 위젯은 모두 플래시 같은 플러그인을 사용해 만들었습니다.

그림 **10-19** 안드로이드 유튜브

하지만 지금까지 살펴본 것처럼 HTML5는 3차원 변환을 지원합니다. 이 절에서는 이러한 회전 목마 갤러리를 HTML5를 사용해 만들어봅시다.

 일반적으로 저렇게 회전하며 변환하는 형태의 위젯을 회전 목마라고 부릅니다.

body 태그 구성

이 절의 예제는 3차원 변환과 애니메이션을 함께 사용합니다. 일단 HTML 페이지를 다음과 같이 구성합니다.

코드 10-18 HTML 페이지 구성

```
<!DOCTYPE html>
<html>
<head>
    <title>CSS3 Transform Basic</title>
    <style>


    </style>
</head>
<body>


</body>
</html>
```

이제 본격적으로 body 태그 내부에 내용을 입력해봅시다. 코드 10-19처럼 간단한 소개 페이지와 회전 목마를 올려둘 div 태그를 만들고 id 속성값으로 canvas를 입력합니다.

코드 10-19 body 태그 구성

```
<body>
    <h1>HTML5 + CSS3 for Modern Web</h1>
    <h2>CSS3 Transform</h2>
    <p>3D Merry Go Round Gallery</p>
    <hr />
    <div id="canvas">


    </div>
</body>
```

이어서 회전 목마의 열을 만들겠습니다. 이번 예제에서 만드는 회전 목마의 열 개수는 10개입니다. #canvas 태그에 코드 10-20처럼 입력합니다.

코드 10-20 #canvas 태그의 내용 입력

```
<div id="canvas">
    <div id="merry">
        <div class="face"></div>
        <div class="face"></div>
        <div class="face"></div>
        <div class="face"></div>
        <div class="face"></div>
        <div class="face"></div>
```

```
            <div class="face"></div>
            <div class="face"></div>
            <div class="face"></div>
            <div class="face"></div>
        </div>
    </div>
```

코드 10-20에서 **#canvas** 태그는 단지 회전 목마 객체를 적당한 위치에 놓기 위해 만든 태그이고 **#merry** 태그는 회전 목마 객체를 의미합니다.

이제 내부의 열에 각각의 셀을 입력합니다. class 속성값으로 face를 부여한 div 태그에 div 태그를 4개씩 놓고 class 속성값으로 cell을 입력합니다.

코드 10-21 div.face 태그 구성

```
<div class="face">
    <div class="cell"></div>
    <div class="cell"></div>
    <div class="cell"></div>
    <div class="cell"></div>
</div>
```

코드를 실행하면 그림 10-20처럼 출력합니다. 현재는 아무것도 없습니다.

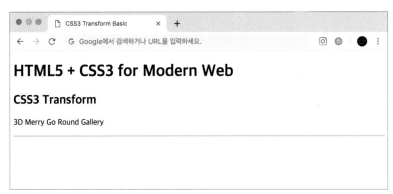

그림 10-20 스타일을 사용하지 않은 웹 페이지

스타일 사용

이제 그림 10-20의 아무것도 없는 페이지에 스타일을 사용합시다. StyleSheet.css 파일을 열고 입력합니다.

우선 모든 스타일 사용의 시작은 초기화입니다. 코드 10-22처럼 모든 태그의 `margin` 속성과 `padding` 속성을 초기화하고 html 태그와 body 태그의 `height` 속성도 초기화합니다.

코드 10-22 초기화 및 중앙 정렬 코드

```
* { margin: 0; padding: 0 }
html, body { height:100%; }

body {
    width: 600px;
    margin: 0 auto;
}
```

코드 10-23처럼 입력합니다.

코드 10-23 #canvas 태그와 #merry 태그 스타일 사용

```
#canvas  {
    position: relative;
    width: 100%; height: 200px;
    webkit-perspective: 1500;
}

#merry {
    position: absolute;
    left: 50%; top: 30px;
    transform-style: preserve-3d;
}
```

이어서 코드 10-24처럼 회전 목마 내부의 열과 셀의 위치를 잡아봅시다. 이 장에서 계속 살펴보았던 내용으로만 구성했으므로 어렵지 않을 것입니다.

```
.face {
    position: absolute;
    left: 0; top: 0;
    margin-left: -115px;

    backface-visibility: hidden;
    transform-style: preserve-3d;
}

.cell {
    width: 230px; height: 150px;
    margin-bottom: 5px;
    background: url('http://placehold.it/260x200');
    background-size: 100% 100%;

    transition-duration: 0.5s;
}

.face:nth-child(1) { transform: rotateY(  0deg) translateZ(-370px); }
.face:nth-child(2) { transform: rotateY( 36deg) translateZ(-370px); }
.face:nth-child(3) { transform: rotateY( 72deg) translateZ(-370px); }
.face:nth-child(4) { transform: rotateY(108deg) translateZ(-370px); }
.face:nth-child(5) { transform: rotateY(144deg) translateZ(-370px); }
.face:nth-child(6) { transform: rotateY(180deg) translateZ(-370px); }
.face:nth-child(7) { transform: rotateY(216deg) translateZ(-370px); }
.face:nth-child(8) { transform: rotateY(252deg) translateZ(-370px); }
.face:nth-child(9) { transform: rotateY(288deg) translateZ(-370px); }
.face:nth-child(10){ transform: rotateY(324deg) translateZ(-370px); }

.cell:hover {
    transform: scale(1.2) translateZ(50px);
}
```

애니메이션 적용

이제 회전 목마가 회전할 수 있게 애니메이션을 적용해봅시다. 우선 #merry 선택자에 코드 10-25처럼 animation 속성을 사용합니다. 애니메이션 이름은 rint이고 15초 동안 무한 반복합니다.

코드 10-25 animation 속성 사용

```
#merry {
    position: absolute;
    left: 50%; top: 30px;

    transform-style: preserve-3d;
    animation: rint 15s infinite linear;
}
```

애니메이션 이름에 rint를 입력했으므로 rint 키 프레임을 생성합니다. 코드 10-26처럼 키 프레임을 생성하여 15초 동안 한 바퀴를 돌게 만듭니다.

코드 10-26 키 프레임 설정

```
@keyframes rint
{
    from { transform: rotateY(0deg); }
    to { transform: rotateY(360deg); }
}
```

이제 코드를 실행하면 그림 10-21처럼 회전하는 이미지 갤러리를 볼 수 있습니다.

그림 10-21 회전하는 이미지 갤러리

transform 속성과 z-index 속성

transform 속성을 사용하면 Z축 위치를 조절할 수 있습니다. 이 때문에 두 태그가 겹칠 때 Z축이 앞에 있으면 어떤 것이 위로 나오는지를 혼동하는 경우가 많습니다. 일반적으로 다음 기준을 적용합니다.

1. z-index 속성을 우선하여 어떤 태그가 위에 올지 판별합니다.

2. 부모의 transform-style 속성에 preserve-3d 키워드가 적용된 경우에만 자손 간의 Z축 위치를 적용합니다.

우선 다음 코드를 살펴봅시다. 일단 간단하게 크롬과 사파리에서만 작동하게 만든 코드입니다.

코드 10-27 간단한 예제

```html
<!DOCTYPE html>
<html>
<head>
    <title>Test Page</title>
    <style>
        header {
            position: absolute;
            left: 0; top: 0; right: 0;
            height: 50px;
            background: black;
        }

        #wheel {
            position: absolute;
            left: 50%; top: 50%;
            transform-style: preserve-3d;
            animation: rint 10s infinite linear;
        }

        .item {
            position: absolute;
            margin-left: -100px;
            margin-top: -100px;
            width: 190px; height: 190px;
            border: 5px solid black;
            background: green;
        }

        .item:nth-child(1) { transform: rotateY(  0deg) translateZ(-200px); }
        .item:nth-child(2) { transform: rotateY( 60deg) translateZ(-200px); }
        .item:nth-child(3) { transform: rotateY(120deg) translateZ(-200px); }
        .item:nth-child(4) { transform: rotateY(180deg) translateZ(-200px); }
        .item:nth-child(5) { transform: rotateY(240deg) translateZ(-200px); }
        .item:nth-child(6) { transform: rotateY(300deg) translateZ(-200px); }
```

```
            @keyframes rint {
                from { transform: rotateX(-20deg) rotateY(0deg); }
                to { transform: rotateX(-20deg)  rotateY(360deg); }
            }
        </style>
    </head>
    <body>
        <header></header>
        <div id="viewport">
            <div id="wheel">
                <div class="item"></div>
                <div class="item"></div>
                <div class="item"></div>
                <div class="item"></div>
                <div class="item"></div>
                <div class="item"></div>
            </div>
        </div>
    </body>
</html>
```

2가지 경우가 모두 있는데요. 우선 첫 번째 경우로 살펴봅시다. header 태그가 위에 위치하므로 회전하는 대상보다 z-index 속성이 작습니다. 따라서 회전체가 위에 있게 나옵니다.

이제 두 번째 경우를 살펴봅시다. #wheel 태그의 transform-style 속성에 preserve-3d 키워드를 적용했습니다. 따라서 그 자손들은 z-index 속성보다 transform 속성을 우선합니다. 따라서 그림 10–22처럼 3차원 회전체가 생깁니다.

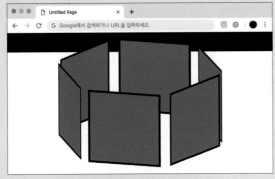

그림 10-22 #viewport 태그의 z–index 속성이 더 큰 경우

만약 그림 10–22에서 header 태그가 위에 있게 하려면 스타일시트에서 z-index 속성을 직접 지정하거나 코드 10–28처럼 뒤에 위치하게 만들면 됩니다.

코드 10-28 각 태그의 z-index 속성 변경

```
<body>
    <div id="viewport">
        <div id="wheel">
            <div class="item"></div>
            <div class="item"></div>
            <div class="item"></div>
            <div class="item"></div>
            <div class="item"></div>
            <div class="item"></div>
        </div>
    </div>
    <header></header>
</body>
```

코드를 실행하면 그림 10-23처럼 **header** 태그가 위에 위치합니다.

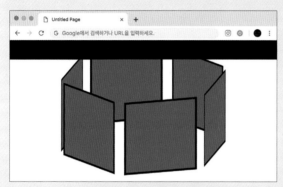

그림 10-23 #viewport 태그의 z-index 속성이 더 작은 경우

연습 문제

Q1 다음 중 "특정 크기만큼 확대 및 축소"할 때 사용하는 2차원 변환 함수를 고르시오.

① skew( )   ② rotate( )

③ translate( )   ④ scale( )

Q2 다음 중 자손의 3차원 속성을 유지한 채로 부모를 회전시키고 싶을 때 사용하는 코드를 고르시오.

① transform-style: preserve-3d   ② transform-mode: preserve-3d

③ transform-style: 3d-preserve   ④ transform-mode: 3d-preserve

Q3 다음 중 원근감을 줄 때 사용하는 속성을 고르시오.

① perspective   ② perspectiva

③ distance-angle   ④ angle

해답 Q1: ④, Q2: ①, Q3: ①

CSS 추가 규칙과 반응형 웹

지금까지 CSS를 입력할 때 @로 시작하는 코드를 입력한 적이 있습니다. 이를 규칙(@-rule)이라고 부릅니다. 이번 절에서는 이러한 규칙이 가장 많이 사용되는 반응형 웹과 관련된 규칙을 배워보겠습니다.

이 장에서는

무엇을 배우나요?

◎ @import, @font-face, @media 규칙에 대해 살펴봅니다.

◎ @media 규칙을 사용해서 반응형 웹을 구현하는 방법에 대해 살펴봅니다.

미리 보기

이번 장에서는 @로 시작하는 코드에 대해 자세히 살펴봅니다. 이는 규칙(@-rule)이라고 부르는 것으로, CSS3로 넘어오면서 많이 사용되고 있습니다.

규칙이 많이 사용되는 이유는 바로 반응형 웹 때문입니다. 반응형 웹[responsive web]이란 화면의 크기, 방향 등에 따라 다양한 스타일을 제공하는 웹입니다. 반응형 웹을 사용하면 모바일 전용 웹 페이지와 데스크톱 전용 웹 페이지를 따로 구분해서 만들지 않아도 됩니다. 하나의 웹 페이지만 만들면 모든 장치에서 원활하게 화면을 보여줄 수 있으므로(물론 이를 하나하나 코딩해줘야 합니다), 많은 곳에서 사용되고 있습니다.

참고로 반응형 웹과 반대로 모바일 전용 웹 페이지와 데스크톱 전용 웹 페이지를 따로따로 만드는 것을 적응형 웹[Adaptive Web]이라고 부릅니다.

▲ 너비에 따라 다른 스타일이 적용되는 반응형 웹

11.1 규칙(@-rule)이란?

지금까지 배운 CSS 코드 중에서 코드 11-1의 font-face처럼 @가 붙은 단어를 본 적이 있습니다. 이를 스타일시트 용어로 규칙(@-rule)이라고 부릅니다.

코드 11-1 @font-face 규칙

```
@font-face {
    font-family: 'ChunkFiveRegular';
    src: url('fonts/Chunkfive-webfont.eot');
    src: url('fonts/Chunkfive-webfont.eot?#iefix') format('embedded-opentype'),
        url('fonts/Chunkfive-webfont.woff') format('woff'),
        url('fonts/Chunkfive-webfont.ttf') format('truetype'),
        url('fonts/Chunkfive-webfont.svg#ChunkFiveRegular') format('svg');
    font-weight: normal;
    font-style: normal;
}
```

이전 장에서 @keyframe 규칙을 사용해봤으므로 쉽게 이해할 수 있을 것입니다. 이 장에서는 @keyframe 규칙 이외의 다른 규칙을 배웁니다.

또한 지금까지는 단일한 형태의 웹 페이지와 그 내부의 요소를 만드는 방법에 대해 살펴보았습니다. 이번 장에서는 웹 페이지를 인쇄할 때 인쇄 형태를 지정하는 방법이나 사용자가 사용하고 있는 장치의 종류에 따라서 다른 형태의 화면을 보여주는 방법을 배웁니다.

그림 11-1 반응형 웹

11.2 @import 규칙

@import 규칙은 CSS 파일에서 다른 CSS 파일을 추가하는 방법입니다. 간단한 실습을 위해 그림 11-2처럼 폴더를 구성합시다.

HTMLPage.html   NanumGothic.eot   NanumGothic.woff

그림 11-2 폴더 구성

우선 각각의 CSS 파일은 코드 11-2처럼 코드를 입력합니다.

코드 11-2 스타일시트 구성

StyleSheetA.css 파일	StyleSheetB.css 파일
| ```css
body {
    color: red;
}
``` | ```css
html {
    background: black;
}
``` |

이어서 코드 11-3처럼 HTML 페이지를 구성합니다.

코드 11-3 HTML 페이지 구성

```html
<!DOCTYPE html>
<html>
<head>
    <title>Import Query Basic</title>
</head>
<body>
    <h1>Lorem ipsum</h1>
    <p>Lorem ipsum dolor sit amet, consectetur adipiscing elit.</p>
    <p>Aenean luctus congue scelerisque. Maecenas aliquet ante.</p>
</body>
</html>
```

지금까지는 HTML 페이지에 외부 CSS 파일을 추가할 때 코드 11-4와 같은 방법을 사용했습니다. 이 방법이 가장 많이 사용하는 CSS 파일 추가 방법입니다.

코드 11-4 link 태그를 사용한 스타일시트 추가

```
<head>
    <title>Import Query Basic</title>
    <link rel="stylesheet" href="StyleSheetA.css" />
    <link rel="stylesheet" href="StyleSheetB.css" />
</head>
```

CSS 파일의 규모가 커지면 코드를 쉽게 알아보기 위해 파일을 분리합니다. 파일을 분리하면 분리할수록 HTML 페이지 내부에 link 태그가 많아지므로 전체적인 코드가 지저분해집니다. 이때 link 태그의 숫자를 줄일 수 있는 방법이 바로 @import 규칙입니다.

@import 규칙은 코드 11-5처럼 규칙 뒤에 url() 함수를 사용해 파일 경로를 입력해서 사용합니다.

코드 11-5 @import 규칙을 사용한 스타일시트 추가

```
<head>
    <title>Import Query Basic</title>
    <style>
        @import url(StyleSheetA.css);
        @import url(StyleSheetB.css);
    </style>
</head>
```

코드를 실행하면 link 태그를 사용해서 스타일시트를 사용할 때와 같은 결과가 나옵니다.

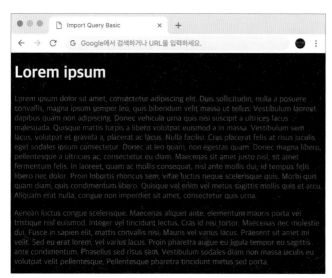

그림 11-3 스타일을 사용한 웹 페이지

@import 규칙은 다음과 같이 일반 스타일 사용과 병행할 수 있습니다.

코드 11-6 @import 규칙과 style 태그를 사용한 스타일 사용

```
<head>
    <title>Import Query Basic</title>
    <style>
        @import url('StyleSheetA.css');
        @import url('StyleSheetB.css');

        h1 {
            color: white;
        }
    </style>
</head>
```

굉장히 간단한 내용이므로 쉽게 이해했을 것입니다.

"그냥 link 태그 쓰면 안 되요?"

개인적인 취향의 차이이므로 어떻게 코드를 작성하든지 문제없습니다.

11.3 @font-face 규칙

5장에서 구글 폰트를 사용해 사용자의 컴퓨터에 설치되지 않은 폰트를 사용했습니다. 하지만 웹 폰트 업체에서 지원하지 않는 폰트는 자체적으로 지원해야 합니다. @font-face 규칙은 이러한 웹 폰트를 생성할 때 사용하는 규칙입니다.

이 절에서는 네이버에서 제작한 나눔 고딕 폰트를 지원해보겠습니다. 우선 폴더를 그림 11-4처럼 구성합니다. 나눔 고딕 폰트는 네이버에서 무료로 내려받을 수 있습니다. 별도로 내려받기 귀찮으면 책의 예제 사이트에서 제공하는 압축 파일을 사용하세요.

HTMLPage.html   NanumGothic.eot   NanumGothic.ttf   NanumGothic.woff

그림 11-4 폴더 구성

웹 브라우저가 기본 제공하는 한글 폰트가 예쁘지 않으므로 이 책에서는 한글을 거의 사용하지 않았습니다. 이제 웹 폰트를 사용해 예쁜 나눔 고딕 폰트를 추가할 것이므로 코드 11-7처럼 한글을 사용합시다.

코드 11-7 HTML 페이지 구성

```html
<!DOCTYPE html>
<html>
<head>
    <title>FontFace Basic</title>
    <style>

    </style>
</head>
<body>
    <h1>나눔 고딕</h1>
    <p>동해물과 백두산이 마르고 닳도록 하느님이 보우하사 우리나라 만세</p>
    <p>남산 위에 저 소나무 철갑을 두른듯 바람서리 불변함은 우리 기상일세</p>
    <p>가을하늘 공활한데 높고 구름 없이 밝은 달은 우리 가슴 일편 단심일세</p>
    <p>이기상과 이 맘으로 충성을 다하여 괴로우나 즐거우나 나라 사랑하세</p>
</body>
</html>
```

@font-face 규칙은 약간 복잡합니다. 기본 형태는 코드 11-8과 같습니다.

코드 11-8 @font-face 규칙

```
<head>
    <title>FontFace Basic</title>
    <style>
        @font-face {
            font-family: 'font name';
            src: url('/content/file.eot');
            src: local('☺'), url('/content/file.woff') format('woff'),
                url('/content/file.ttf') format('truetype');
        }
    </style>
</head>
```

약간 복잡하게 느껴질 수 있지만 실제로 살펴보면 별 것 없습니다. 우선 @font-face 규칙에는 반드시 font-family 속성이 포함되어야 합니다. font-family 속성에는 추가하고자 하는 폰트의 이름을 적용합니다. 폰트 이름은 마음대로 지정하면 됩니다. 코드 11-9는 폰트에 AAA라는 이름을 주었습니다.

코드 11-9 font-family 속성

```
<style>
    @font-face {
        font-family: 'AAA';
    }
</style>
```

src 속성도 반드시 입력해야 하는 속성이며 폰트를 지정합니다. src 속성에는 local() 함수와 url() 함수를 사용합니다. local() 함수는 사용자의 컴퓨터 내부에 있는 폰트를 선택하는 함수이고 url() 함수는 사용자의 컴퓨터에 존재하지 않는 폰트를 지정하는 함수입니다.

코드 11-10 src 속성

```
<style>
    @font-face {
        font-family: 'AAA';            생성한 폰트의 이름을 적용합니다.
        src: local('NanumGothic'),     아무렇게나 입력해도 됩니다.
            url('NanumGothic.eot'),
```

```
                url('NanumGothic.ttf'),
                url('NanumGothic.woff');
        }

        * {
            font-family: 'AAA'; •─────────────  생성한 폰트의 이름을 넣어줍니다.
        }
    </style>
```

코드 11-10처럼 입력하면 사용자의 컴퓨터에 `NanumGothic` 폰트가 있는지 확인하고 폰트가 없으면 웹 폰트를 내려받습니다. 웹 브라우저별로 지원하는 폰트가 다르므로 코드 11-10처럼 여러 폰트를 넣습니다. 각 웹 브라우저별로 지원하는 폰트는 표 11-1과 같습니다.

표 11-1 웹 브라우저가 지원하는 폰트 형식

	@	●	●	●	O
ttf/otf	O	O	O	O	O
woff	O	O	O	O	O
woff2	X	X	O	X	O
svg	X	X	X	O	O
eot	O	O	X	X	X

코드를 실행하면 그림 11-5처럼 나눔 고딕 폰트가 적용됩니다.

그림 11-5 @font-face 규칙을 사용해 적용한 나눔 고딕 폰트

@font-face 규칙에는 표 11-2의 속성을 사용합니다. 일반 폰트 속성과 같은 속성이므로 쉽게 사용할 수 있겠죠?

표 11-2 @font-face 규칙의 속성

속성 이름	설명
font-family	폰트 이름을 지정합니다.
src	폰트 파일을 지정합니다.
font-weight	폰트 두께를 지정합니다.
font-style	폰트 스타일을 지정합니다.

 폰트의 지원 여부에 따라서 두꺼운 형태를 사용하지 못할 수도 있습니다.

11.4 @media 규칙

@media 규칙은 다양한 장치에서 HTML 문서가 적절한 형태를 갖추게 만들어주는 규칙입니다. 최근 HTML 페이지가 다양한 장치에서 실행되면서 중요하게 부각된 규칙입니다.

@media 규칙은 미디어 쿼리를 함께 사용하는데요. @media 규칙을 살펴보기 전에 link 태그를 사용해 미디어 쿼리를 간단하게 살펴봅시다. 우선 폴더를 그림 11-6처럼 구성합니다.

desktop.css   HTMLPage.html   print.css

그림 11-6 폴더 구성

이어서 HTMLPage.html 파일에 코드 11-11을 입력합니다.

코드 11-11 HTML 페이지 구성

```html
<!DOCTYPE html>
<html>
<head>
    <title>Media Query Basic</title>
    <link rel="stylesheet" href="desktop.css" />
    <link rel="stylesheet" href="print.css" />
</head>
<body>
    <h1>Lorem ipsum</h1>
    <p>Lorem ipsum dolor sit amet, consectetur adipiscing elit.</p>
    <p>Aenean luctus congue scelerisque. Maecenas aliquet ante.</p>
</body>
</html>
```

코드를 실행하면 그림 11-7처럼 출력합니다.

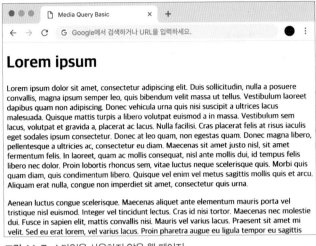

그림 11-7 스타일을 사용하지 않은 웹 페이지

이제 미디어 장치에 맞는 스타일시트를 사용할 수 있게 만들어봅시다. link 태그의 media 속성에 그림 11-8의 키워드를 사용해서 스타일시트가 특정한 디바이스에서만 작동하게 만듭니다.

```
<link rel="stylesheet" href="print.css" media="" />
                                    all
                                    aural
                                    braille
                                    handheld
                                    print
                                    projection
                                    screen
                                    tty
                                    tv
```

그림 11-8 media 속성에 사용 가능한 키워드

media 속성을 사용하면 음성 장치[aural]부터 점자[braille]는 물론 프린터와 텔레비전에 맞게 스타일시트를 사용할 수 있습니다(물론 웹 브라우저에서 지원해야 사용할 수 있습니다).

HTMLPage.html 파일의 head 태그에 코드 11-12처럼 스타일시트에 맞는 미디어 장치를 입력합니다.

코드 11-12 media 속성

```html
<head>
    <title>Media Query Basic</title>
    <link rel="stylesheet" href="desktop.css" media="screen" />
    <link rel="stylesheet" href="print.css" media="print" />
</head>
```

이어서 desktop.css 파일에는 코드 11-13처럼 입력합니다.

코드 11-13 desktop.css 파일

```
html {
    height: 100%;
    background: black;
}

body {
    color: white; font-family: serif;
}
```

또한 print.css 파일에는 코드 11-14처럼 입력합니다.

코드 11-14 print.css 파일

```
h1 {
    text-align: center;
    color: red; font-family: sans-serif;
}
```

이제 데스크톱의 브라우저에서 HTML 페이지를 실행해보세요. 그림 11-9처럼 desktop.css 파일에 입력한 스타일이 나옵니다.

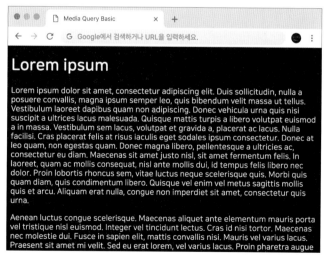

그림 11-9 데스크톱 웹 브라우저 실행 결과

그리고 웹 브라우저의 인쇄 기능을 사용해서 웹 페이지를 인쇄해보세요. 그림 11-10처럼 print.css 파일이 적용된 문서가 인쇄됩니다.

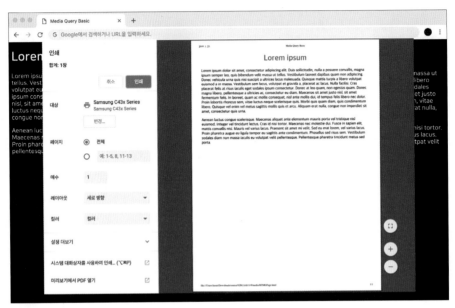

그림 11-10 프린트 결과

방금 살펴본 내용은 HTML 4.01 버전부터 지원하던 방법으로 `link` 태그의 속성을 사용해 미디어 장치에 맞는 스타일시트를 제공하는 방법입니다.

이제 CSS3부터 추가된 `@media` 규칙을 살펴봅시다. 미디어 쿼리는 코드 11-15처럼 입력합니다. 이전과 같은 코드이므로 쉽게 이해할 수 있을 것입니다.

코드 11-15 @media 규칙

```
<!DOCTYPE html>
<html>
<head>
    <title>Media Query Basic</title>
    <style>
        @media screen {
            html {
                height: 100%;
                background: black;
            }
            body {
                color: white; font-family: serif;
            }
```

```
        }

        @media print {
            h1 {
                text-align: center;
                color: red; font-family: sans-serif;
            }
        }
    </style>
</head>
<body>
    <h1>Lorem ipsum</h1>
    <p>Lorem ipsum dolor sit amet, consectetur adipiscing elit.</p>
    <p>Aenean luctus congue scelerisque. Maecenas aliquet ante.</p>
</body>
</html>
```

코드를 실행하면 이전과 같은 모습을 보여줍니다. 데스크톱 화면에서 screen 스타일시트를 사용하며 프린트하면 print 스타일시트를 사용합니다.

TIP **@import 규칙과 미디어 쿼리 병행 사용**

CSS 코드는 코드 11-16처럼 @import 규칙에 미디어 장치를 구분하는 코드를 넣을 수 있습니다. 실행은 지금까지 살펴본 코드와 같습니다.

코드 11-16 @import 규칙과 @media 규칙

```
<head>
    <title>Media Query Basic</title>
    <style>
        @import url(desktop.css) screen;
        @import url(print.css) print;
    </style>
</head>
```

반응형 웹을 만드는 코드 형식 3가지를 이 절에서 모두 살펴보았습니다. 간단하게 정리하면 다음과 같습니다. 최근 중요하게 부각되는 기술이므로 반드시 기억해주세요.

1. link 태그에 media 속성에 장치 종류를 입력합니다.
2. @media 규칙에 장치 종류를 입력합니다.
3. @import 규칙에 장치 종류를 입력합니다.

11.5 반응형 웹

이전 절에서 간단하게 미디어 쿼리를 살펴보았습니다. 미디어 쿼리는 표 11-3의 쿼리를 사용해 장치를 구분하는 것은 물론, 장치의 크기나 비율을 구분할 수도 있습니다.

표 11-3 미디어 쿼리

속성	설명
width	화면의 너비
height	화면의 높이
device-width	장치의 너비
device-height	장치의 높이
orientation	장치의 방향
device-aspect-ratio	화면의 비율
color	장치의 색상 비트
color-index	장치에서 표현 가능한 최대 색상 개수
monochrome	흑백 장치의 픽셀당 비트 수
resolution	장치의 해상도

표 11-3의 속성에서 orientation 속성을 제외한 모든 속성은 min 접두사와 max 접두사를 사용할 수 있습니다. 그리고 이를 사용하면 반응형 웹을 만들 수 있습니다.

"그게 무슨 소리인가요?"

바로 코드를 살펴봅시다. 우선 코드 11-17처럼 간단한 body 태그를 입력합니다.

코드 11-17 HTML 페이지 구성

```
<!DOCTYPE html>
<html>
<head>
    <title>Media Query Basic</title>
```

```
        <meta name="viewport" content="width=device-width, initial-scale=1.0" />
    </head>
    <body>
        <h1>Lorem ipsum</h1>
        <p>Lorem ipsum dolor sit amet, consectetur adipiscing elit.</p>
        <p>Aenean luctus congue scelerisque. Maecenas aliquet ante.</p>
    </body>
</html>
```

이어서 코드 11-18처럼 style 태그를 입력합니다. 표 11-3의 속성에 min 속성과 max 속성을 함께
사용해 장치의 화면 크기를 구분했습니다.

코드 11-18 화면 너비에 따른 스타일시트 구분(1)

```
<!DOCTYPE html>
<html>
<head>
    <title>Media Query Basic</title>
    <meta name="viewport" content="width=device-width, initial-scale=1.0" />
    <style>
        /* 화면 너비 0픽셀 ~ 767픽셀 */
        @media screen and (max-width: 767px) {

        }

        /* 화면 너비 768픽셀 ~ 959픽셀 */
        @media screen and (min-width: 768px) and (max-width: 959px) {

        }

        /* 화면 너비 960픽셀 ~ 무한 픽셀 */
        @media screen and (min-width: 960px) {

        }
    </style>
</head>
<body>
    <h1>Lorem ipsum</h1>
    <p>Lorem ipsum dolor sit amet, consectetur adipiscing elit.</p>
    <p>Aenean luctus congue scelerisque. Maecenas aliquet ante.</p>
</body>
</html>
```

굉장히 간단한 코드이므로 쉽게 이해할 수 있을 것입니다.

"그런데 768픽셀과 960픽셀의 기준은 무엇인가요?"

768픽셀은 아이패드가 수직 상태일 때의 너비입니다. 또한 960픽셀은 일반적인 현대 웹 페이지의 너비입니다. 이제 이를 사용해 코드 11-19처럼 입력해봅시다.

코드 11-19 화면 너비에 따른 스타일시트 구분(2)

```
<style>
    @media screen and (max-width: 767px) {
        html {
            background: red;
            color: white; font-weight: bold;
        }
    }

    @media screen and (min-width: 768px) and (max-width: 959px) {
        html {
            background: green;
            color: white; font-weight: bold;
        }
    }

    @media screen and (min-width: 960px) {
        html {
            background: blue;
            color: white; font-weight: bold;
        }
    }
</style>
```

코드를 실행하면 화면 너비에 따라서 그림 11-11처럼 출력합니다.

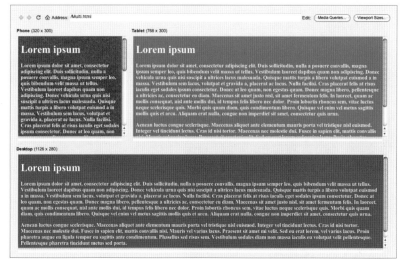

그림 11-11 화면 너비에 따른 스타일시트 구분

그리고 태블릿 PC에서 실행하면 그림 11-12처럼 출력합니다.

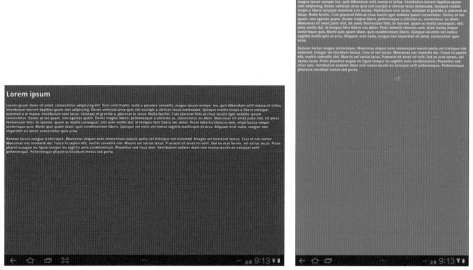

그림 11-12 태블릿 PC에서 실행한 웹 페이지

방금 사용한 코드 11-18만 있으면 웬만한 반응형 웹 페이지를 모두 만들 수 있습니다.

TIP 반응형 웹과 관련된 주의 사항

참고로 반응형 웹을 만들 때 **meta** 태그를 사용하지 않으면 문제가 발생합니다. 그림 11-13의 왼쪽 그림은 **meta** 태그를 입력하지 않은 화면이고 오른쪽 그림은 **meta** 태그를 입력한 화면입니다.

그림 11-13 반응형 웹과 관련된 주의 사항

meta 태그를 입력하지 않으면 웹 페이지에 화면 너비와 관련된 정보를 전달할 수 없으므로 문제가 발생하는 것입니다. 반응형 웹 페이지를 만들 때는 반드시 **meta** 태그를 입력해야 한다는 것을 기억해주세요.

11.6 화면 방향 전환

미디어 쿼리를 사용하면 디바이스가 수평 상태로 있는지 수직 상태로 있는지도 확인할 수 있습니다. 간단한 내용이므로 바로 예제를 살펴봅시다.

화면 방향 전환을 확인하고 싶다면 orientation 속성을 사용합니다. 코드 11-20과 같이 orientation 속성에 portrait 키워드 또는 landscape 키워드를 적용하면 디바이스의 방향을 확인할 수 있습니다.

코드 11-20 orientation 속성

```
<head>
    <title>Media Query Basic</title>
    <meta name="viewport" content="width=device-width, initial-scale=1.0" />
    <style>
        @media screen and (orientation: portrait) {
            html {
                background: red;
                color: white; font-weight: bold;
            }
        }

        @media screen and (orientation: landscape) {
            html {
                background: green;
                color: white; font-weight: bold;
            }
        }
    </style>
</head>
```

코드를 실행하고 스마트폰에서 웹 페이지를 실행해보세요. 그림 11-14처럼 화면을 수직으로 놓으면 빨간색 배경이 나타나고 화면을 수평으로 놓으면 초록색 배경이 나타납니다.

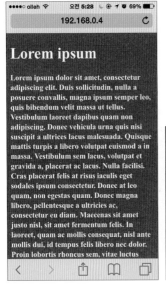

그림 11-14 orientation 속성

이렇게 CSS 추가 규칙과 반응형 웹에 대한 내용을 모두 살펴보았습니다.

연습 문제

Q1 다음 중 외부 CSS 파일을 읽어 들일 때 사용하는 규칙(@-rule)을 고르시오.

① @read　　　　　　　　　② @include

③ @import　　　　　　　　④ @write

Q2 다음 중 외부 폰트를 읽어 들일 때 사용하는 규칙(@-rule)을 고르시오.

① @font　　　　　　　　　② @font-face

③ @read-font　　　　　　④ @include-font

Q3 다음 중 화면의 크기와 비율에 따라 적절한 스타일을 제공하는 웹 페이지를 의미하는 용어를
고르시오.

① 적응형 웹　　　　　　　② 반응형 웹

③ 프로그레시브 웹　　　　④ 동적 웹

해답 **Q1**: ③, **Q2**: ②, **Q3**: ②

CHAPTER

12

그리드 시스템

이제 이 책의 마지막 장입니다. 이 장에서는 그리드 시스템과 관련된 플러그인을 살펴보고 그리드 시스템을 직접 만들어보겠습니다. 부록 A~B를 참고하면 이 장을 더 자세히 이해할 수 있습니다.

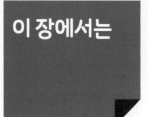

무엇을 배우나요?

- 🎯 정적 그리드 시스템을 만드는 방법에 대해 이해합니다.
- 🎯 동적 그리드 시스템을 만드는 방법에 대해 이해합니다.
- 🎯 반응형 그리드 시스템을 만드는 방법에 대해 이해합니다.
- 🎯 CSS3에서 추가된 그리드 레이아웃을 살펴봅니다.

미리 보기

이번 장에서는 그리드 시스템에 대해 배웁니다. 그리드 시스템이 무엇인지 이해하려면, 우선 부록 A의 부트스트랩을 살펴보고 오기 바랍니다. 또한, 스타일시트를 쉽게 만들기 위해 부록 B에서 다루는 Less 스타일시트를 사용하므로 부록 B도 미리 살펴보면 도움이 됩니다.

이번 장에서 다루는 그리드 시스템은 굉장히 폭넓게 활용할 수 있습니다. 만드는 방법도 어렵지 않으니 기억해두면 좋을 것입니다.

▲ 반응형 그리드 시스템

12.1 정적 그리드 시스템

부록 A에서 부트스트랩을 다루면서 col-md-1~col-md-12 등의 클래스를 입력해 쉽게 레이아웃을 구성하는 모습을 보았습니다. 이와 같은 레이아웃 구성을 그리드 시스템이라고 부릅니다.

그리드 시스템은 미리 정의된 스타일시트로 그림 12-1과 같은 격자 위에 요소를 배치할 수 있게 하는 것을 의미합니다. 이때 정의된 스타일 자체를 그리드 시스템이라고 부르기도 합니다.

그림 12-1 그리드 시스템

이제 직접 만들어봅시다. 우선 HTML 페이지를 코드 12-1처럼 생성합니다.

코드 12-1 HTML 페이지 구성

```
<!DOCTYPE html>
<html>
<head>
    <title>Static Grid System</title>
    <style>

    </style>
</head>
<body>

</body>
</html>
```

이어서 선택자를 다음과 같이 놓아줍니다.

코드 12-2 선택자 구성

```
<style>
    .container { }
    .row { }

    .span_1, .span_2, .span_3, .span_4, .span_5,
    .span_6, .span_7, .span_8, .span_9, .span_10,
    .span_11, .span_12 { }

    .span_1 { }
    .span_2 { }
    .span_3 { }
    .span_4 { }
    .span_5 { }
    .span_6 { }
    .span_7 { }
    .span_8 { }
    .span_9 { }
    .span_10 { }
    .span_11 { }
    .span_12 { }
</style>
```

부트스트랩도 12개의 열을 기준으로 그리드 시스템이 구성되어 있습니다. 대부분의 그리드 시스템이 12개의 열을 기준으로 하므로 다음과 같이 생각할 수도 있습니다.

"꼭 12개의 열로 만들어야 하나요?"

숫자 12는 1, 2, 3, 4, 6, 12로 나누어 떨어지는 숫자(약수가 많은 숫자)이므로 어떤 레이아웃에나 적용할 수 있습니다. 그래서 일반적으로 그리드 시스템은 12개의 열을 사용합니다. 마찬가지로 많은 개발자들이 960픽셀 또는 1200픽셀을 기본 너비로 하는 것도 1, 2, 3, 4, 6, 12로 나누어 떨어지기 때문입니다. 우리도 그 관례를 지켜서 만들 뿐입니다.

그럼 조금 더 범용적인 정적 그리드 시스템을 만들어봅시다. 일단 추가적인 용어를 살짝 정리하고 시작하겠습니다. 그리드 시스템은 Column 공간과 Gutter 공간으로 분리합니다. 그림 12-2를 보면 어떤 부분이 Column 공간이고, 어떤 부분이 Gutter 공간인지 알 수 있을 것입니다.

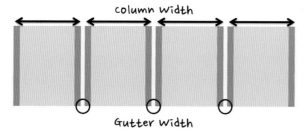

그림 12-2 Column 공간과 Gutter 공간

> **NOTE** 일반적으로 Gutter라는 용어를 많이 사용하는데, Gap이라는 용어도 사용합니다. 이후에 살펴보는 CSS3 그리드 시스템에서는 Gap이라는 용어를 사용하는데요, 같은 부분을 나타냅니다.

이를 기반으로 정적 그리드 시스템을 만들 때는 다음 공식을 사용합니다.

$$\text{ContainerWidth} = (\text{ColumnWidth} + \text{GutterWidth}) \times 12$$

현재 예제에서는 Column 너비를 60픽셀로 지정하고 Gutter 너비를 20픽셀로 지정했습니다. 이 수치는 공식에 넣었을 때 일치하니 사용할 수 있는 숫자입니다.

$$960\text{픽셀} = (60\text{픽셀} + 20\text{픽셀}) \times 12$$

간단한 수학 공식이므로 쉽게 이해할 것입니다.

"갑자기 수학 공식이 나오니 어지러워요!"

다음 절에서는 분수까지 나오니 진정하세요. 그리고 별로 위로가 되지 않겠지만, 『모던 웹을 위한 JavaScript + jQuery 입문』에는 삼각 함수까지 나옵니다. 어쨌거나 이를 사용해 코드 12-3처럼 코드를 입력합니다

코드 12-3 정적 그리드 시스템 스타일시트

```
<style>
    .container {
        width: 960px;
        margin: 0 auto;
    }
    .row { overflow: hidden; }

    .span_1, .span_2, .span_3, .span_4, .span_5,
    .span_6, .span_7, .span_8, .span_9, .span_10,
    .span_11, .span_12 {
```

```
        float: left;
        /* GutterWidth를 기반으로 구성 */
        margin-left: 10px;
        margin-right: 10px;
    }

    /* ColumnWidth를 기반으로 구성 */
    .span_1  { width:  60px; }
    .span_2  { width: 140px; }
    .span_3  { width: 220px; }
    .span_4  { width: 300px; }
    .span_5  { width: 380px; }
    .span_6  { width: 460px; }
    .span_7  { width: 540px; }
    .span_8  { width: 620px; }
    .span_9  { width: 700px; }
    .span_10 { width: 780px; }
    .span_11 { width: 860px; }
    .span_12 { width: 940px; }
</style>
```

각각의 너비는 다음 수학 공식을 사용합니다.

$$width = (columnWidth \times Column) + (GutterWidth \times (Column-1))$$

방금 만든 예제를 Less 스타일시트로 만들어보세요. 코드 12-4처럼 Less 스타일시트로 만들어두면
원하는 너비의 그리드 시스템을 언제나 쉽게 만들 수 있습니다.

코드 12-4 정적 그리드 시스템 Less 스타일시트

```
// 변수
@ColumnWidth: 60px;
@GutterWidth: 20px;

// 믹스인
.span(@column) {
    width: (@ColumnWidth * @column) + (@GutterWidth * (@column - 1));
}

// 스타일 사용
.container {
    width: 960px;
    margin: 0 auto;
}
```

```
.row { overflow: hidden; }

.span_1, .span_2, .span_3, .span_4, .span_5,
.span_6, .span_7, .span_8, .span_9, .span_10,
.span_11, .span_12 {
    margin-left: 10px;
    margin-right: 10px;
    float: left;
}

.span_1  { .span(1); }
.span_2  { .span(2); }
.span_3  { .span(3); }
.span_4  { .span(4); }
.span_5  { .span(5); }
.span_6  { .span(6); }
.span_7  { .span(7); }
.span_8  { .span(8); }
.span_9  { .span(9); }
.span_10 { .span(10); }
.span_11 { .span(11); }
.span_12 { .span(12); }
```

어쨌거나 이렇게 만든 그리드 시스템은 일반적인 그리드 시스템처럼 사용합니다.

코드 12-5 body 태그 구성

```
<body>
    <div class="container">
        <div class="row">
            <div class="span_12"></div>
        </div>
        <div class="row">
            <div class="span_6"></div>
            <div class="span_6"></div>
        </div>
        <div class="row">
            <div class="span_4"></div>
            <div class="span_4"></div>
            <div class="span_4"></div>
        </div>
        <div class="row">
            <div class="span_3"></div>
            <div class="span_3"></div>
            <div class="span_3"></div>
```

```
            <div class="span_3"></div>
        </div>
        <div class="row">
            <div class="span_2"></div>
            <div class="span_2"></div>
            <div class="span_2"></div>
            <div class="span_2"></div>
            <div class="span_2"></div>
            <div class="span_2"></div>
        </div>
    </div>
</body>
```

코드를 실행하면 그림 12-3처럼 출력합니다.

그림 12-3 정적 그리드 시스템

굉장히 쉽게 만들 수 있죠? Less 스타일시트를 함께 사용하면 여러 가지로 응용할 수 있습니다.

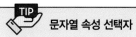

TIP   문자열 속성 선택자

방금 만든 그리드 시스템에서 문자열 속성 선택자를 사용하면 굉장히 깔끔하게 만들 수 있던 부분이 있습니다. 만약 코드 12-6처럼 문자열 속성 선택자를 사용하면 코드가 깔끔해지겠죠?

코드 12-6 문자열 속성 선택자

```
[class*=span] {
    float: left;
    /* GutterWidth를 기반으로 구성 */
    margin-left: 10px;
    margin-right: 10px;
}
```

12.2 / 동적 그리드 시스템

앞에서 정적 그리드 시스템을 만드는 방법을 알아보았습니다. 이 절에서는 동적 그리드 시스템을 만드는 방법에 대해 알아보겠습니다. 그런데 동적 그리드 시스템은 수학 계산을 조금 많이 해야 합니다. 그러므로 Less 스타일시트를 사용해서 바로 스타일시트를 만들겠습니다.

이번 절에서 Less 스타일시트를 만든 뒤에는 그림 12-4의 컴파일러를 사용해 변환하세요.

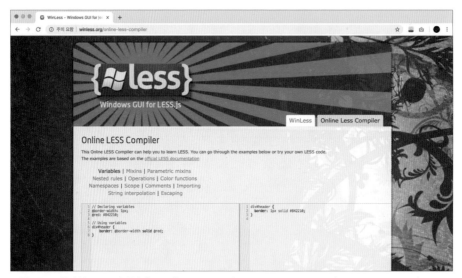

그림 12-4 온라인 Less 컴파일러(http://winless.org/online-less-compiler)

동적 그리드 시스템을 만들 때는 다음 공식을 사용합니다. 공식 2는 공식 1을 사용해 유도한 공식입니다.

- **공식 1** (Column Width + GutterWidth) × ColumnCount − CutterWidth = 100
- **공식 2** Column Width = (100 − (ColumnCount − 1) × GutterWidth) / ColumnCount

일반적으로 공식 2를 사용합니다. 변수 `@GutterWidth`를 2%로 적용하면 다음과 같은 공식을 사용해 `@ColumnWidth`를 정할 수 있습니다.

$$\text{ColumnWidth} = \frac{(100 - 11 \times 2)}{12} = 6.5$$

이전 절의 공식보다는 어렵지만 간단한 수학 공식이므로 쉽게 이해할 것입니다. 이 공식을 사용하면 Less 스타일시트를 사용해 코드 12-7처럼 동적 그리드 시스템을 만들 수 있습니다.

코드 12-7 Less 스타일시트를 사용한 동적 그리드 시스템

```less
// 변수
@ColumnWidth: 6.5%;
@GutterWidth: 2%;

// 믹스인
.span(@column) {
    width: (@ColumnWidth * @column) + (@GutterWidth * (@column - 1));
}

// 스타일 사용
.container {
    margin: 0;
    padding: 0;
}

.row {
    overflow: hidden;
    width: 100%;

    [class*=span] {
        float: left;
        margin-left: @GutterWidth;

        &:first-child {
            margin-left: 0;
        }
    }
}

.span_1 { .span(1); }
.span_2 { .span(2); }
.span_3 { .span(3); }
.span_4 { .span(4); }
.span_5 { .span(5); }
.span_6 { .span(6); }
.span_7 { .span(7); }
.span_8 { .span(8); }
.span_9 { .span(9); }
.span_10 { .span(10);}
.span_11 { .span(11);}
.span_12 { .span(12);}
```

이 Less 스타일시트를 변환하면 코드 12-8과 같은 스타일시트를 얻을 수 있습니다.

코드 12-8 변환된 스타일시트

```
.container {
    margin: 0;
    padding: 0;
}

.row {
    overflow: hidden;
    width: 100%;
}

.row[class*=span] {
    float: left;
    margin-left: 2%;
}

.row[class*=span]:first-child {
    margin-left: 0;
}

.span_1  { width: 6.5%; }
.span_2  { width: 15%; }
.span_3  { width: 23.5%; }
.span_4  { width: 32%; }
.span_5  { width: 40.5%; }
.span_6  { width: 49%; }
.span_7  { width: 57.5%; }
.span_8  { width: 66%; }
.span_9  { width: 74.5%; }
.span_10 { width: 83%; }
.span_11 { width: 91.5%; }
.span_12 { width: 100%; }
```

이전 절에서 사용했던 body 태그를 똑같이 사용하면 그림 12-5처럼 동적 그리드가 구성됩니다.

그림 12-5 동적 그리드 시스템

잘 실행되는 것처럼 보일 수도 있지만 인터넷 익스플로러 7 버전 이하는 문제가 발생합니다. 우선 구 버전의 인터넷 익스플로러는 `first-child` 선택자도 지원하지 않습니다. 또한 너비가 정확히 100% 인 경우에 레이아웃이 깨지는 버그가 있으므로 제대로 작동하지 않습니다.

일반적으로 이 문제를 해결하기 위해 열의 너비를 약간 줄여서 100%가 안 되게 만드는 방법을 사용합니다. 코드 12-9처럼 스타 핵을 사용해 구 버전의 인터넷 익스플로러 문제를 해결합니다.

코드 12-9 구 버전의 인터넷 익스플로러 문제 해결

```
… 생략 …
// 믹스인
.span(@column) {
    @width: (@ColumnWidth * @column) + (@GutterWidth * (@column - 1));
    width: @width;
    *width: @width - percentage(0.5 / @gridRowWidth * 100);
}
… 생략 …
```

12.3 / 반응형 그리드 시스템

반응형 그리드 시스템은 어떠한 화면 크기에서도 잘 동작하는 그리드 시스템을 의미합니다. 지금까지 만들었던 그리드 시스템을 모두 합쳐서 쉽게 만들 수 있답니다.

"동적 그리드 시스템만 사용해도 괜찮지 않을까요?"

만약 모니터 화면이 너무 크거나 스마트폰처럼 화면이 너무 작다면 문제가 됩니다. 그림 12-6은 동적 그리드 시스템을 사용한 간단한 웹 페이지를 스마트폰에서 실행한 결과입니다.

그림 12-6 동적 그리드 시스템 실행 결과

스마트폰 실행 결과가 굉장히 못마땅하죠? 일반적으로 스마트폰에서는 그리드를 해제합니다. 또한 해상도가 높은 모니터에서 동적 그리드 시스템을 사용하면 사용자의 시선이 분산됩니다(일부러 시선을 분산되게 만드는 경우라면 사용하세요).

따라서 일반적으로 코드 12-10처럼 반응형 그리드 시스템을 구성합니다. 코드가 굉장히 길지만 이전 절에서 만들었던 내용이므로 쉽게 이해할 수 있을 것입니다.

```css
/* 화면 너비 0픽셀 ~ 767픽셀: 그리드를 해제합니다. */
@media screen and (max-width: 767px) {
}

/* 화면 너비 768픽셀 ~ 959픽셀: 동적 그리드 시스템 */
@media screen and (min-width: 768px) and (max-width: 959px) {
    .container {
        margin: 0;
        padding: 0;
    }

    .row {
        overflow: hidden;
        width: 100%;
    }

    .row[class*=span] {
        float: left;
        margin-left: 2%;
    }

    .row[class*=span]:first-child {
        margin-left: 0;
    }

    .span_1 {
        width: 6.5%;
        *width: 6%;
    }

    .span_2 {
        width: 15%;
        *width: 14.5%;
    }

    .span_3 {
        width: 23.5%;
        *width: 23%;
    }

    .span_4 {
        width: 32%;
        *width: 31.5%;
    }

    .span_5 {
```

```css
        width: 40.5%;
        *width: 40%;
    }

    .span_6 {
        width: 49%;
        *width: 48.5%;
    }

    .span_7 {
        width: 57.5%;
        *width: 57%;
    }

    .span_8 {
        width: 66%;
        *width: 65.5%;
    }

    .span_9 {
        width: 74.5%;
        *width: 74%;
    }

    .span_10 {
        width: 83%;
        *width: 82.5%;
    }

    .span_11 {
        width: 91.5%;
        *width: 91%;
    }

    .span_12 {
        width: 100%;
        *width: 99.5%;
    }
}

/* 화면 너비 960픽셀 ~ 무한 픽셀: 정적 그리드 시스템 */
@media screen and (min-width: 960px) {
    .container {
        width: 960px;
        margin: 0 auto;
    }
```

```css
.row {
    overflow: hidden;
    margin-left: 10px;
    margin-right: 10px;
}

.span_1, .span_2, .span_3, .span_4, .span_5,
.span_6, .span_7, .span_8, .span_9, .span_10,
.span_11, .span_12 {
    float: left;
}

.span_1 {
    width: 60px;
}

.span_2 {
    width: 140px;
}

.span_3 {
    width: 220px;
}

.span_4 {
    width: 300px;
}

.span_5 {
    width: 380px;
}

.span_6 {
    width: 460px;
}

.span_7 {
    width: 540px;
}

.span_8 {
    width: 620px;
}

.span_9 {
    width: 700px;
}
```

```css
.span_10 {
    width: 780px;
}

.span_11 {
    width: 860px;
}

.span_12 {
    width: 940px;
}
```

코드를 실행하면 그림 12-7처럼 반응형 그리드 시스템을 사용한 반응형 웹이 완성됩니다. 그림을 넣고 모양을 꾸미는 것은 지금까지 많이 다루었으므로 생략하겠습니다.

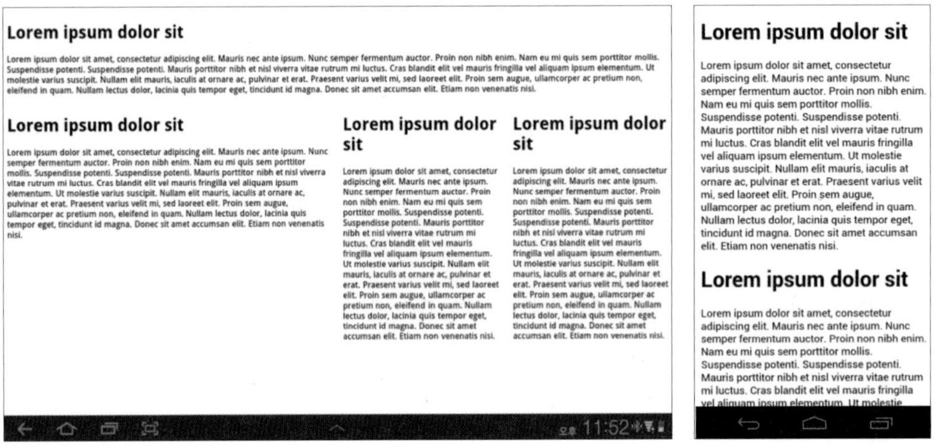

그림 12-7 반응형 그리드 시스템 실행 결과

12.4 / CSS3 그리드 레이아웃

지금까지 float 속성을 사용해서 레이아웃을 구성해보았습니다. 원래 float 속성은 문서 내부에서 이미지 등을 띄워 출력하기 위해 만들어진 속성입니다. 그런데 이를 활용하다 보니 레이아웃을 활용하는 데 사용할 수 있어서 20년이 넘는 세월 동안 사용되어 왔습니다.

하지만 레이아웃 구성을 위해 만들어진 속성이 아니다 보니 처음 보면 납득하기 힘들고, 어떻게 활용해야 할지 잘 모르는 경우가 많습니다. 그래서 CSS3에서는 레이아웃을 구성할 때 사용할 수 있는 전용 속성을 추가했습니다. 바로 Flex 속성과 Grid 속성입니다.

하지만 Flex 속성과 Grid 속성은 모든 인터넷 익스플로러 버전에서 사용 불가능하거나 불완전하게 지원합니다. 그래서 현재 한국의 웹 환경에서는 사용하기 힘듭니다. 그래도 앞으로 사용될 가능성이 높으므로, 어떤 느낌인지 살펴보도록 합시다(다음 개정할 때 사용할 수 있게 되면 좋겠군요).

일단 CSS3 그리드 레이아웃을 사용하려면, 다른 요소를 감싸는 태그에 display: grid를 적용합니다.

코드 12-11 CSS3 그리드 레이아웃 사용 선언하기

```
<!DOCTYPE html>
<html>
<head>
    <title>CSS3 Grid System</title>
    <style>
        .container {
            display: grid;              CSS3 그리드 레이아웃을 적용합니다.
        }
    </style>
</head>
<body>
    <div class="container">
        <div class="cell-a">cell a</div>
        <div class="cell-b">cell b</div>
        <div class="cell-c">cell c</div>
        <div class="cell-d">cell d</div>
    </div>
</body>
</html>
```

그리드 나누기

이전에 정적 그리드 시스템을 살펴보며 ColumnWidth와 GutterWidth에 대해 알아봤는데요. ColumnWidth를 `grid-template-columns` 속성으로 지정합니다.

200픽셀 크기로 2개 나누고 싶다면, 코드 12-12처럼 입력합니다.

코드 12-12 grid-template-columns 속성

```
<style>
    .container {
        display: grid;
        grid-template-columns: 200px 200px;    세로로 200픽셀씩 자릅니다.
    }

    [class*=cell] {
        box-sizing: border-box;
        border: 5px solid black;    각각의 요소를 눈에 보이게
        border-radius: 10px;        만들고자 입력한 값입니다.
        padding: 20px;
    }
</style>
```

이를 실행하면, 다음과 같이 출력합니다.

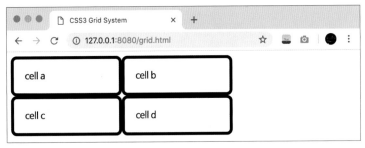

그림 12-8 ColumnWidth 사용하기

`grid-template-columns` 속성에는 `fr` 단위라는 것을 사용할 수 있습니다. 이는 비율을 나타내는 단위입니다. `grid-template-columns` 속성에 지정된 `fr` 단위의 합을 기반으로 비율을 지정한다고 생각하면 됩니다.

만약 2:1로 나누고 싶다면, 다음과 같이 입력합니다.

코드 12-13 fr 단위

```
.container {
    display: grid;
    grid-template-columns: 2fr 1fr;
}
```

실행하면 다음과 같이 출력합니다.

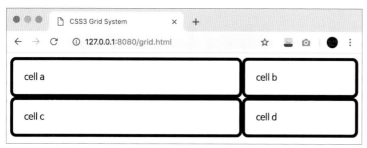

그림 12-9 fr 단위로 나누기

일부 요소의 크기를 픽셀 단위 등으로 고정할 수도 있습니다.

코드 12-14 픽셀과 fr 단위 함께 사용하기

```
.container {
    display: grid;
    grid-template-columns: 300px 1fr;
}
```

CSS3의 그리드 시스템에는 `grid-template-rows`라는 속성도 있습니다. 이는 가로로 자를 때 사용합니다. 만약 다음과 같은 코드를 사용한다면, 가로로 나뉜 그리드의 높이가 1:2 비율로 지정됩니다.

코드 12-15 grid-template-rows 속성

```
.container {
    display: grid;
    grid-template-columns: 300px 300px;
    grid-template-rows: 1fr 2fr;
}
```

실행하면 다음과 같이 출력합니다.

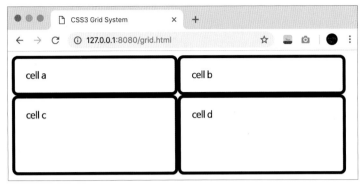

그림 12-10 grid-template-rows 속성

이와 같은 방법으로 그리드를 나누는 것이 CSS3 그리드 레이아웃의 기본입니다.

참고적으로 **grid-gap** 속성으로 GutterWidth도 지정할 수 있습니다.

코드 12-17 grid-gap 속성

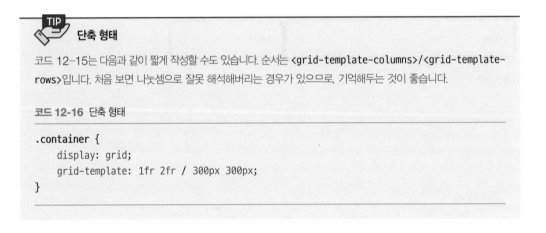

```
.container {
    display: grid;
    grid-template-columns: 300px 300px;
    grid-template-rows: 1fr 2fr;
    grid-gap: 5px;
}
```

> GapWidth를 5픽셀로 지정합니다.

이를 설정하고 실행하면, 다음과 같이 출력합니다.

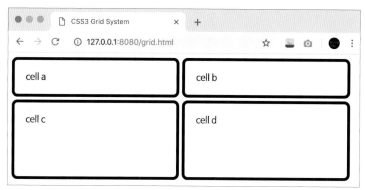

그림 12-11 grid-gap 속성

셀 배치하기

그리드 위에 배치되는 요소를 "셀^{Cell}"이라고 부릅니다.

오피스 워드 등을 사용해보면, "셀 병합"이라는 기능이 있습니다. 이처럼 CSS3 그리드 레이아웃도 요소를 여러 셀에 걸쳐 출력할 수 있습니다. 어떤 식으로 사용되는지 이해하기 위해, 코드를 보기 전에 다음 그림을 살펴봅시다.

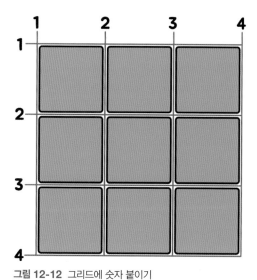

그림 12-12 그리드에 숫자 붙이기

그리드를 구성하는 각각의 선에 숫자가 붙어 있습니다. 이 숫자를 기억한 상태로 다음 코드를 살펴봅시다.

코드 12-18 셀 배치하기

```html
<!DOCTYPE html>
<html>
<head>
    <title>CSS3 Grid System</title>
<style>
    .container {
        display: grid;
        grid-template: 200px 200px 200px / 200px 200px 200px;
        grid-gap: 10px;
    }

    [class*=cell] {
        box-sizing: border-box;
        border: 5px solid black;
        border-radius: 10px;
        padding: 10px;
    }

    .cell-a {
        grid-row-start: 1;          ──── 행으로 1번부터 4번까지 차지합니다.
        grid-row-end: 4;
        grid-column-start: 1;       ──── 열로 1번부터 3번까지 차지합니다.
        grid-column-end: 3;
    }
</style>
</head>
<body>
    <div class="container">
        <div class="cell-a">cell a</div>
        <div class="cell-b">cell b</div>
        <div class="cell-c">cell c</div>
        <div class="cell-d">cell d</div>
    </div>
</body>
</html>
```

grid-column-start, grid-column-end 속성은 행에서 어디부터 어디까지 차지하게 할 것인가, grid-row-start, grid-row-end 속성은 열에서 어디부터 어디까지 차지하게 할 것인가를 지정하는 속성입니다. 이때 지정하는 숫자는 이전에 살펴본 그림 12-12와 같습니다.

따라서 코드를 실행하면 다음과 같이 출력합니다. 그림 12-12와 비교하면서 살펴봐주세요.

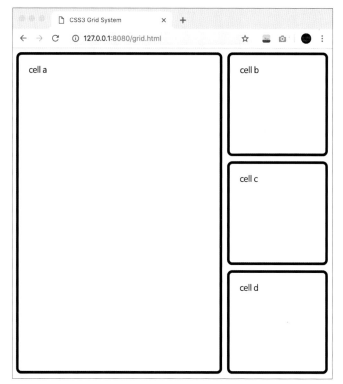

그림 12-13 셀 배치하기

CSS3 그리드 시스템은 다음과 같은 과정을 거쳐 요소를 배치한다고 생각하면 쉽습니다.

1. `grid-template-columns`, `grid-template-rows` 속성으로 그리드를 나눈다.
2. `grid-column-start`, `grid-column-end`, `grid-row-start`, `grid-row-end` 속성이 적용된 요소의 크기를 지정한다(만약 모두 지정되어 있으면 해당 위치에 배치합니다).
3. 나머지 요소를 차례차례 배치한다.

따라서 `.cell-a`라는 요소가 먼저 화면에 배치되고, 나머지 요소들이 화면을 채우게 됩니다.

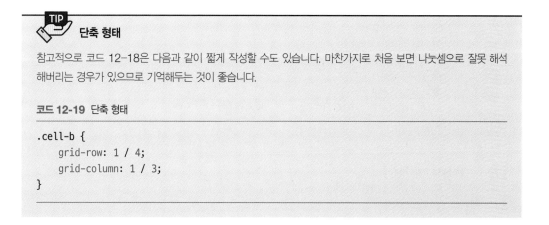

TIP 단축 형태

참고적으로 코드 12-18은 다음과 같이 짧게 작성할 수도 있습니다. 마찬가지로 처음 보면 나눗셈으로 잘못 해석해버리는 경우가 있으므로 기억해두는 것이 좋습니다.

코드 12-19 단축 형태

```
.cell-b {
    grid-row: 1 / 4;
    grid-column: 1 / 3;
}
```

그럼 조금 더 실전적인 예제로 다음과 같이 웹 페이지의 기본 구성을 출력한다고 해봅시다.

그림 12-14 웹 페이지 기본 구성

이때는 다음과 같은 형태를 사용할 수 있습니다.

코드 12-20 웹 페이지 기본 구성

```
<!DOCTYPE html>
<html>
<head>
    <title>CSS3 Grid System</title>
    <style>
        * {
            /* 기본 초기화 */
            margin: 0;
            padding: 0;
        }

        .container {
            /* 너비 고정 and 중앙 정렬*/
            width: 960px;
            margin: 0 auto;
            padding-top: 10px;

            /* 그리드 구성하기 */
            display: grid;
            grid-template: 70px 1fr 70px / 200px 1fr;
            grid-gap: 5px;
        }

        [class*=cell] {
            box-sizing: border-box;
```

```
                border: 5px solid black;
                padding: 10px;
                border-radius: 10px
            }

            .cell-header { grid-column: 1 / 3; }
            .cell-footer { grid-column: 1 / 3; }
        </style>
    </head>
    <body>
        <div class="container">
            <div class="cell-header">
                <h1>Header</h1>
            </div>
            <div class="cell-aide">
                <h2>Aside</h2>
                <p>Lorem ipsum</p>
                <p>Lorem ipsum dolor sit amet, </p>
            </div>
            <div class="cell-content">
                <h1>Lorem ipsum dolor sit amet</h1>
                <p>Lorem ipsum dolor sit amet</p>
                <p>n hac habitasse platea dictumst.</p>
            </div>
            <div class="cell-footer">
                <h1>Footer</h1>
            </div>
        </div>
    </body>
</html>
```

문자열로 배치하기

grid-template-areas 속성과 grid-area 속성을 조합하면, 이전 절에서 살펴본 방법과 완전히 다른 형태로 요소를 배치할 수 있습니다. 설명보다 코드를 보는 것이 이해하기 쉬울 것이므로 코드를 바로 살펴보겠습니다.

이전 그림 12-14를 grid-template-areas 속성과 grid-area 속성으로 구성하면 다음과 같습니다.

코드 12-21 grid-template-areas 속성과 grid-area 속성

```html
<!DOCTYPE html>
<html>
<head>
    <title>CSS3 Grid System</title>
    <style>
        * {
            /* 기본 초기화 */
            margin: 0;
            padding: 0;
        }

        .container {
            /* 너비 고정 and 중앙 정렬*/
            width: 960px;
            margin: 0 auto;

            /* 그리드 구성하기 */
            display: grid;
            grid-template: 70px 1fr 70px / 200px 1fr;
            grid-gap: 5px;
            grid-template-areas:
                'header header'              1. 원하는 형태를 문자열로 구성하고
                'aside content'
                'footer footer';
        }

        [class*=cell] {
            box-sizing: border-box;
            border: 5px solid black;
            padding: 10px;
            border-radius: 10px
        }

        .cell-header  { grid-area: header;  }     2. 각각의 요소가 어떤 것에 해당하는
        .cell-aside   { grid-area: aside;   }        지 지정합니다(따옴표로 감싸면 안
        .cell-content { grid-area: content; }        됩니다).
        .cell-footer  { grid-area: footer;  }
    </style>
</head>
<body>
    <div class="container">
        <div class="cell-header">
            <h1>Lorem ipsum dolor sit amet</h1>
        </div>
        <div class="cell-aide">
            <p>Lorem ipsum</p>
```

```
            <p>dolor sit amet</p>
            <p>Lorem ipsum</p>
            <p>dolor sit amet</p>
        </div>
        <div class="cell-content">
            <h1>Lorem ipsum dolor sit amet</h1>
            <p>Lorem ipsum dolor sit amet</p>
            <p>Lorem ipsum dolor sit amet</p>
        </div>
        <div class="cell-footer">Lorem ipsum dolor sit amet</div>
    </div>
</body>
</html>
```

이외에도 셀에 이름을 붙이거나 하는 다양한 기능들이 있지만, 지금까지의 내용만으로도 다양하게 활용할 수 있을 것입니다.

지금까지 살펴본 CSS3 그리드 레이아웃을 보고 "굉장히 편리하다" 또는 "좀 이상하다, 적응 안 된다" 라는 인식을 받았을 수 있습니다. 개인적으로는 조금 특이한 형식이라 처음에는 적응이 안 될 수 있지만, 여러 번 사용해보면 편리하다고 생각할 것입니다.

하지만 아쉽게도 모든 버전의 인터넷 익스플로러에서 완전히 동작하지 않거나 제대로 동작하지 않습니다. 따라서 국내 웹 환경에서 사용하기에는 2019년 현재도 시기상조라고 할 수 있을 것 같습니다. 하지만 앞으로 사용될 가능성이 굉장히 큰 속성이므로 "이런 것이 있구나"라고 기억해두면 좋을 것입니다.

이것으로 이 책의 본문을 모두 종료합니다. 재미있게 읽으셨나요?

책의 본문에서는 자바스크립트를 사용하지 않으므로 복잡한 웹 페이지 레이아웃을 중점적으로 만들었습니다. 책을 모두 마치고 자바스크립트를 알고 있다면 부록 C와 부록 D를 살펴보세요.

연습 문제

Q1 미리 정의된 스타일시트로 격자 위에 요소를 배치할 수 있게 하는 것을 무엇이라고 부르는가?

Q2 대부분의 그리드 시스템이 12개의 열을 기반으로 구성되는 이유를 설명하시오.

Q3 다음 중 CSS3 그리드 시스템을 사용할 때 컨테이너에 적용해야 하는 코드는 무엇인가?

① display: grid   ② grid: on

③ grid-system: on   ④ system: grid

해답 **Q1**: 그리드 시스템, **Q2**: 12는 1, 2, 3, 4, 6, 12로 나누어 떨어지는 최소 공약수가 많은 숫자이므로, 활용성이 높기 때문이다., **Q3**: ①

APPENDIX

A

부트스트랩

본문에서 스타일과 스타일 속성을 배웠지만
"이름을 어떻게 지어야 할까?", "이걸로 뭘 어
떻게 만들어야 하지?" 등의 생각이 많이 날 것
입니다. 어떻게 해야 할지 잘 모를 때는 다른 사
람들이 만든 것을 참고하는 것도 좋은 공부가
됩니다. 부록 A에서는 부트스트랩을 배우며,
웹 개발을 할 때 클래스 이름을 어떻게 지어야
하는지, 어떤 요소를 만들어야 하는지 등에 대
해 살펴봅시다.

A.1 개요

부트스트랩은 트위터에서 제공하는 웹 페이지 디자인 프레임워크입니다. 부트스트랩을 사용하면 멋진 반응형 웹 페이지를 쉽고 빠르게 만들 수 있습니다. 아마 책을 순서대로 읽고 있다면 3장 또는 4장을 읽고 부록 A를 보고 있을 것입니다. 이 장을 읽을 때는 "부트스트랩은 이렇게 사용한다"에 중점을 두지 말고 "웹 페이지를 구성하는 요소에는 이런 것이 있구나!"를 중점적으로 살펴보세요. 부트스트랩의 데모 페이지는 http://getbootstrap.com/getting-started/#examples입니다. 이번 장을 시작하기 전에 부트스트랩 예제를 미리 보면 좋겠죠?

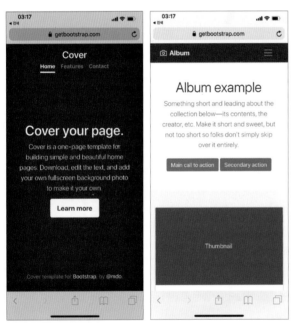

그림 A-1 스마트폰에서 실행한 부트스트랩 데모 페이지

참고로 부트스트랩은 반응형 웹을 사용하므로 스마트폰 환경과 데스크톱 환경에서의 실행 결과가 다릅니다. 직접 확인해보세요.

A.2 / 설정

부트스트랩은 http://getbootstrap.com/에서 제공합니다. 부트스트랩은 다음과 같은 두 가지 방법으로 제공됩니다.

1. 자바스크립트와 스타일시트 파일을 다운로드해서 사용하는 방법
2. CDN(Content Delivery Network)을 사용하는 방법

이 책에서는 CDN을 사용해보겠습니다. 일단 그림 A-2의 웹 페이지에 접속해서 Download 버튼을 누릅니다.

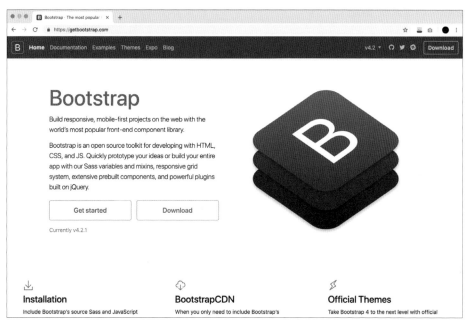

그림 A-2 부트스트랩

부트스트랩 다운로드 페이지 아래에는 다음과 같은 코드 부분이 있습니다. 코드를 HTML 페이지에 붙여 넣어도 부트스트랩을 사용할 수 있습니다.

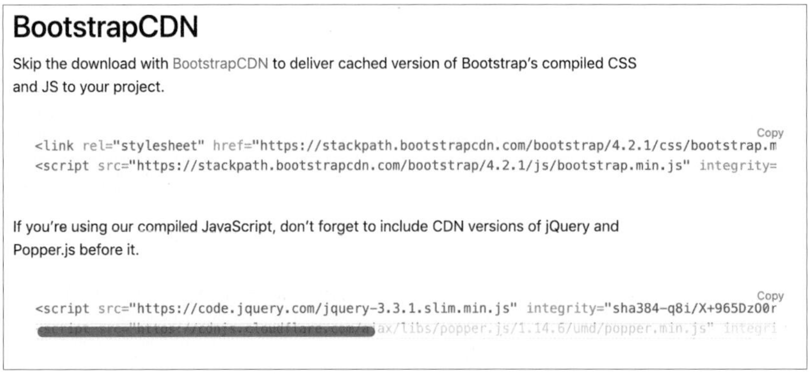

BootstrapCDN

Skip the download with BootstrapCDN to deliver cached version of Bootstrap's compiled CSS and JS to your project.

```
                                                                                    Copy
<link rel="stylesheet" href="https://stackpath.bootstrapcdn.com/bootstrap/4.2.1/css/bootstrap.m
<script src="https://stackpath.bootstrapcdn.com/bootstrap/4.2.1/js/bootstrap.min.js" integrity=
```

If you're using our compiled JavaScript, don't forget to include CDN versions of jQuery and Popper.js before it.

```
                                                                                    Copy
<script src="https://code.jquery.com/jquery-3.3.1.slim.min.js" integrity="sha384-q8i/X+965Dz00r
<script src="https://cdnjs.cloudflare.com/ajax/libs/popper.js/1.14.6/umd/popper.min.js" integri
```

그림 A-3 부트스트랩 CDN

이어서 코드 A-1처럼 HTML 파일의 head 태그를 구성합니다. 추가한 태그 중 meta 태그는 6장에서 살펴봅니다. 나머지 link 태그와 script 태그는 부트스트랩 파일을 추가하는 코드입니다.

코드 A-1 부트스트랩 사용을 위한 head 태그 구성

```html
<!DOCTYPE html>
<html>
<head>
    <title>Bootstrap Basic Page</title>
    <meta name="viewport" content="width=device-width,initial-scale=1.0" />
    <!-- 책에서 보기 쉽게 일부 속성을 생략했습니다. -->
    <!-- 실제로 직접 입력할 때는 부트스트랩 사이트에서 복사해서 사용해주세요. -->
    <link rel="stylesheet" href="https://stackpath.bootstrapcdn.com/bootstrap/4.2.1/
css/bootstrap.min.css" />
    <style>

    </style>
    <script src="https://code.jquery.com/jquery-3.3.1.slim.min.js"></script>
    <script src="https://stackpath.bootstrapcdn.com/bootstrap/4.2.1/js/bootstrap.min.
js"></script>
    <script src="https://cdnjs.cloudflare.com/ajax/libs/popper.js/1.14.6/umd/popper.
min.js"></script>
</head>
<body>

</body>
</html>
```

부트스트랩을 제대로 설명하려면 책 한 권을 쓸 수 있을 만큼 분량이 많습니다. 따라서 이 책에서는 부트스트랩 문서를 보는 방법과, 부트스트랩을 사용해 웹 페이지를 디자인할 때 가장 중요한 내용만 다루겠습니다.

A.3 × 레이아웃

부트스트랩은 Fixed 레이아웃과 Fluid 레이아웃을 모두 지원합니다.

Fixed 레이아웃은 고정된 너비를 사용하는 레이아웃입니다. 예를 들어 그림 A-4의 네이버 메인 페이지를 봅시다. 네이버 메인 페이지는 화면 크기가 1080픽셀로 고정되어 있습니다. 따라서 화면의 크기를 바꿔도 내용이 있는 부분의 크기는 변화되지 않습니다.

그림 A-4 Fixed 레이아웃을 사용한 웹 페이지

반면에 Fluid 레이아웃은 특정 화면 크기에 따라 레이아웃 전체 크기가 변화합니다. 그림 A-5의 트위치는 화면 크기가 변화할 때 화면의 크기에 맞게 내용이 변화됩니다. 두 레이아웃에 어떠한 차이가 있는지 직접 http://naver.com과 https://www.twitch.tv에 들어가서 확인해보세요.

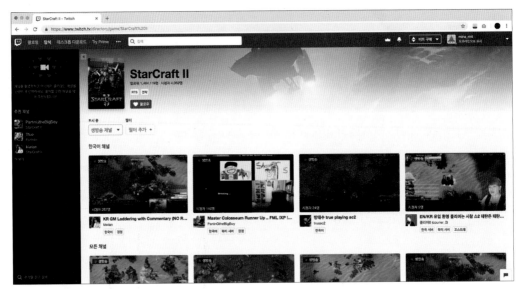

그림 A-5 Fluid 레이아웃을 사용한 웹 페이지

부트스트랩에서 Fixed 레이아웃을 사용할 때는 코드 A-2처럼 div 태그에 container 클래스를 입력합니다.

코드 A-2 Fixed 레이아웃

```html
<body>
    <div class="container">
        <h1>LoremLipsum</h1>
        <p>Loremipsum dolor sit amet, consecteturadipiscingelit.</p>
        <p>Fuscevelmassaipsum, vitae viverra ante. Fuscefaucibusvarius tempus.</p>
        <p>Aeneantempormolestie ante, a pretiumipsummattis a.</p>
        <p>Suspendissepotenti. Class aptenttacitisociosquadlitora.</p>
        <p>Maecenas massaodio, malesuada vitae suscipit vitae.</p>
    </div>
</body>
```

코드를 실행하면 그림 A-6처럼 특정 화면 크기로 고정된 레이아웃을 볼 수 있습니다.

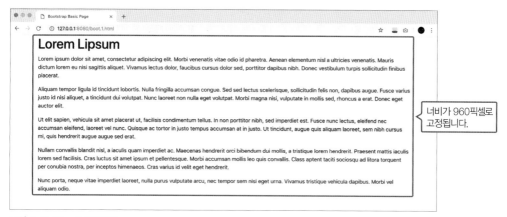

그림 A-6 Fixed 레이아웃

부트스트랩의 기본 화면 너비는 960픽셀입니다. 만약 웹 브라우저의 너비가 960픽셀 이하로 되면 그림 A-7처럼 레이아웃이 변경됩니다.

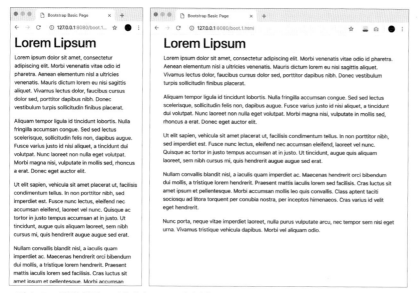

그림 A-7 다양한 화면 크기에서의 Fixed 레이아웃

이렇게 화면의 너비에 따라 스타일이 변경되는 웹 페이지를 반응형 웹 페이지라고 부릅니다. 11장에 서 배울 것이므로 이런 것이 있다는 것만 알아두세요.

이번에는 Fluid 레이아웃을 살펴봅시다. Fluid 레이아웃을 만들 때는 `div` 태그에 `container-fluid` 클래스를 입력합니다.

코드 A-3 Fluid 레이아웃

```
<body>
    <div class="container-fluid">
        <h1>LoremLipsum</h1>
        <p>Loremipsum dolor sit amet, consecteturadipiscingelit.</p>
        <p>Fuscevelmassaipsum, vitae viverra ante. Fuscefaucibusvarius tempus.</p>
        <p>Aeneantempormolestie ante, a pretiumipsummattis a.</p>
        <p>Suspendissepotenti. Class aptenttacitisociosquadlitora.</p>
        <p>Maecenas massaodio, malesuada vitae suscipit vitae.</p>
    </div>
</body>
```

코드를 실행하면 그림 A-8처럼 화면 크기에 맞게 레이아웃이 변경됩니다.

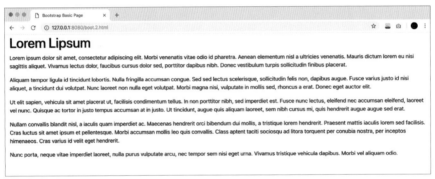

그림 A-8 Fluid 레이아웃

Fixed 레이아웃과 Fluid 레이아웃은 5장과 7장에서 직접 만들어볼 것이므로 용어를 기억해두세요.

A.4 X 툴바

툴바는 웹 페이지 상단에 위치하는 구성 요소입니다. 그림 A-9에서 상단에 위치하는 그레이디언트 바탕의 바를 툴바라고 부릅니다. 다른 웹 페이지에서도 쉽게 찾을 수 있겠죠?

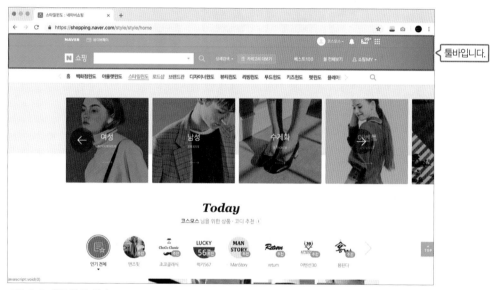

> 툴바입니다.

그림 A-9 일반형 툴바(1)

툴바도 레이아웃처럼 일반형 툴바와 고정형 툴바 2가지 형태가 있습니다. 그림 A-10은 그림 A-9 네이버 쇼핑 페이지의 스크롤을 조금 내린 것입니다. 툴바가 상단에 위치하여 스크롤을 내렸을 때 보이지 않습니다. 이 형태를 일반형 툴바라고 합니다.

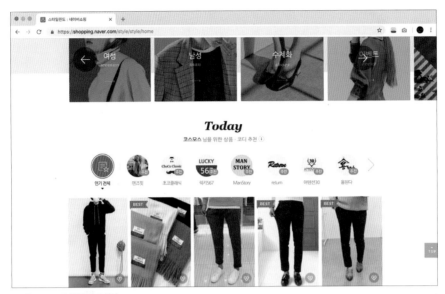

그림 A-10 일반형 툴바(2)

반면에 고정형 툴바는 스크롤을 내려도 툴바가 계속 따라오는 형태입니다. 페이스북이 고정형 툴바를 사용하는 가장 대표적인 예입니다. 그림 A-11을 살펴봅시다. 스크롤을 내렸음에도 툴바가 상단에 고정되어 따라옵니다.

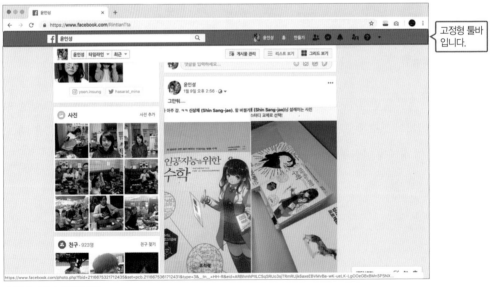

고정형 툴바입니다.

그림 A-11 고정형 툴바

일반형 툴바와 고정형 툴바가 어떠한 것인지 이해되시나요? 부트스트랩에서 일반형 툴바를 만들 때
는 코드 A-4처럼 navbar 클래스를 가진 div 태그를 입력합니다.

코드 A-4 일반형 툴바

```
<body>
    <div class="navbar navbar-dark bg-dark">          내비게이션 바를 만듭니다.
        <div class="container">
            <a class="navbar-brand" href="#">Bootstrap</a>      제목을 출력합니다.
        </div>
    </div>
    <div class="container">
        <h1>LoremLipsum</h1>
        <p>Loremipsum dolor sit amet, consecteturadipiscingelit.</p>
        <p>Fuscevelmassaipsum, vitae viverra ante. Fuscefaucibus.</p>
        <p>Aeneantempormolestie ante, a pretiumipsummattis a.</p>
        <p>Suspendissepotenti. Class aptenttacitisociosquadlitora.</p>
        <p>Maecenas massaodio, malesuada vitae suscipit vitae.</p>
    </div>
</body>
```

코드가 약간 복잡하지만 외울 필요 없습니다. 필요한 경우 책이나 부트스트랩 공식 홈페이지를 보고
사용할 수 있을 정도만 기억하면 됩니다. 코드를 실행하면 그림 A-12처럼 일반형 툴바가 생성됩니다.

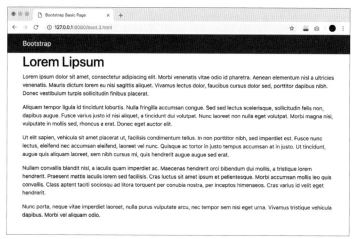

그림 A-12 일반형 툴바

고정형 툴바를 생성할 때는 코드 A-5처럼 입력합니다.

코드 A-5 고정형 툴바

```
<body>
    <div class="navbar navbar-dark bg-dark fixed-top navbar-expand-lg">
        <div class="container">
            <a class="navbar-brand" href="#">Bootstrap</a>
        </div>
    </div>
    <div class="container">
        <h1>LoremLipsum</h1>
        <p>Loremipsum dolor sit amet, consecteturadipiscingelit.</p>
        <p>Fuscevelmassaipsum, vitae viverra ante. Fuscefaucibusvarius tempus.</p>
        <p>Aeneantempormolestie ante, a pretiumipsummattis a.</p>
        <p>Suspendissepotenti. Class aptenttacitisociosquadlitora.</p>
        <p>Maecenas massaodio, malesuada vitae suscipit vitae.</p>
    </div>
</body>
```

> 고정형 툴바로 만듭니다.

> 화면 크기에 따라 형태가 변하는 반응형 툴바로 만듭니다.

코드를 실행하면 그림 A-13처럼 고정형 툴바가 생성됩니다.

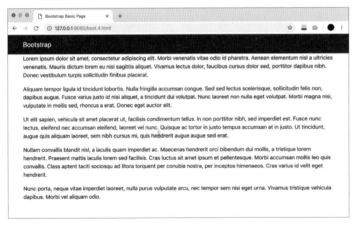

그림 A-13 고정형 툴바

그런데 일반 데스크톱 웹 브라우저 화면에서 내용의 일부분이 툴바에 가려집니다. 이는 툴바의 position 속성에 fixed 키워드가 적용되어 나타나는 현상입니다. 따라서 코드 A-6처럼 body 태그에 padding-top 속성을 사용해서 내용이 특정 크기만큼 상단에서 떨어지게 만듭니다.

코드 A-6 body 태그의 padding-top 속성 사용

```
<style>
    body {
        padding-top: 70px;
    }
</style>
```

이제 코드를 실행하면 그림 A–14처럼 데스크톱 웹 브라우저 화면에서도 적당한 형태를 갖습니다.

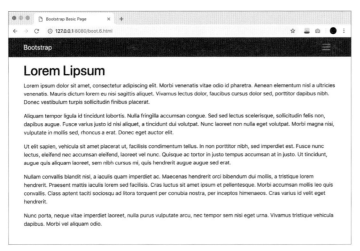

그림 A-14 body 태그의 padding-top 속성 사용

이번 절부터 코드가 약간 복잡해졌죠? 하지만 부트스트랩은 외우는 내용이 아니라 필요할 때 찾아보면 되는 내용입니다. 외우려고 힘들이지 마세요!

A.5 툴바 버튼

그럼 이제 툴바에 버튼을 만들어봅시다. 툴바에 버튼을 만들 때는 우선 코드 A-7처럼 입력합니다.

코드 A-7 툴바

```
<div class="navbar navbar-dark bg-dark fixed-top navbar-expand-lg">
    <div class="container">
        <a class="navbar-brand" href="#">Bootstrap</a>
        <button class="navbar-toggler" type="button"
                data-toggle="collapse" data-target="#navbar-content">
            <span class="navbar-toggler-icon"></span>
        </button>
        <div class="collapse navbar-collapse" id="navbar-content">

        </div>
    </div>
</div>
```

> 버튼으로 열고 닫을 대상을 지정합니다.

무엇을 입력한 것인지 잘 모르겠죠? 코드를 스마트폰이나 태블릿 PC 환경에서 실행해봅시다. 그림 A-15를 보면 오른쪽에 막대기 3개가 있는 아이콘을 가진 버튼이 있습니다. 이 버튼이 코드 A-7에서 만든 button 태그입니다.

그림 A-15 모바일에서 실행한 웹 페이지

버튼은 코드 A-8처럼 nav-collapse 클래스를 가진 태그 안에 입력합니다.

코드 A-8 툴바 버튼(1)

```html
<div class="collapse navbar-collapse" id="navbar-content">
    <ul class="navbar-nav">
        <li class="nav-item"><a class="nav-link" href="#">HTML5</a></li>
        <li class="nav-item"><a class="nav-link" href="#">CSS3</a></li>
        <li class="nav-item"><a class="nav-link" href="#">ECMAScript5</a></li>
        <li class="nav-item"><a class="nav-link" href="#">Node.js</a></li>
        <li class="nav-item"><a class="nav-link" href="#">API</a></li>
    </ul>
    <ul class="nav navbar-nav navbar-right">
        <li class="nav-item"><a class="nav-link" href="#">Node.js</a></li>
        <li class="nav-item"><a class="nav-link" href="#">API</a></li>
    </ul>
</div>
```

툴바 버튼의 위치를 오른쪽에 붙이고 싶을 때는 코드 A-9처럼 ul 태그에 mr-auto를 입력합니다. 물론 navbar-left 클래스도 존재하지만 기본으로 navbar-left 클래스가 사용되므로 입력할 필요는 없습니다.

코드 A-9 툴바 버튼(2)

> margin-auto라는 의미로, 다른 태그(현재 코드에서는 뒤에 있는 ul 태그)를 뒤로 밀어버립니다.

```html
<div class="collapse navbar-collapse" id="navbar-content">
    <ul class="navbar-nav mr-auto">
        <li class="nav-item"><a class="nav-link" href="#">HTML5</a></li>
        <li class="nav-item"><a class="nav-link" href="#">CSS3</a></li>
        <li class="nav-item"><a class="nav-link" href="#">ECMAScript5</a></li>
        <li class="nav-item"><a class="nav-link" href="#">Node.js</a></li>
        <li class="nav-item"><a class="nav-link" href="#">API</a></li>
    </ul>
    <ul class="navbar-nav">
        <li class="nav-item"><a class="nav-link" href="#">Node.js</a></li>
        <li class="nav-item"><a class="nav-link" href="#">API</a></li>
    </ul>
</div>
```

코드를 실행하면 그림 A-16처럼 툴바 버튼이 생성됩니다.

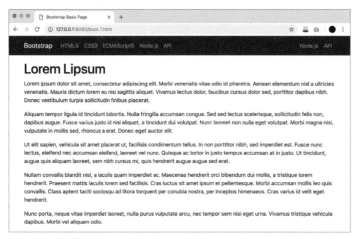

그림 A-16 툴바 버튼

스마트폰이나 태블릿 화면에서는 버튼을 누를 경우 그림 A-17처럼 메뉴가 나옵니다.

그림 A-17 모바일에서 실행한 웹 페이지

또한 버튼에 코드 A-10처럼 dropdown 클래스를 사용하고 내부 요소를 입력해봅시다.

```
<ul class="navbar-nav mr-auto">
    <li class="nav-item dropdown">                                     ┌─────────────────┐
        <a class="nav-link dropdown-toggle" href="#" data-toggle="dropdown">HTML</a>
        <div class="dropdown-menu">                                    드롭다운 아이템을 만듭니다.
            <a class="dropdown-item" href="#">Geolocation</a>
            <a class="dropdown-item" href="#">Drag and Drop</a>         ┌─────────────────┐
            <div class="dropdown-divider"></div>                       드롭다운 대상입니다.
            <a class="dropdown-item" href="#">Motion</a>               └─────────────────┘
        </div>
    </li>
    <li class="nav-item"><a class="nav-link" href="#">CSS3</a></li>
    <li class="nav-item"><a class="nav-link" href="#">ECMAScript5</a></li>
    <li class="nav-item"><a class="nav-link" href="#">Node.js</a></li>
    <li class="nav-item"><a class="nav-link" href="#">API</a></li>
</ul>
```

코드를 실행하면 그림 A-18처럼 드롭 다운 메뉴가 생성됩니다.

그림 A-18 드롭 다운 메뉴

마지막으로 코드 A-11처럼 툴바 안에 form 태그를 넣을 수도 있습니다.

코드 A-11 툴바 내부의 form 태그

```
<div class="collapse navbar-collapse" id="navbar-content">
    <ul class="navbar-nav mr-auto">
        <!-- 생략 -->
    </ul>
    <form class="form-inline">                                        ┌─────────────────┐
        <input type="text" class="form-control" placeholder="Search" />  입력 양식을
    </form>                                                            넣습니다.
    <ul class="navbar-nav">                                           └─────────────────┘
        <li class="nav-item"><a class="nav-link" href="#">Node.js</a></li>
```

```
            <li class="nav-item"><a class="nav-link" href="#">API</a></li>
        </ul>
    </div>
```

지금까지 만든 툴바의 코드를 정리하면 코드 A-12입니다. 복잡하지만 그다지 어려운 내용은 없습니다.

코드 A-12 최종 툴바 코드

```
<div class="navbar navbar-expand-lg navbar-dark bg-dark fixed-top">
    <div class="container">
        <a class="navbar-brand" href="#">Bootstrap</a>
        <button class="navbar-toggler" type="button"
                data-toggle="collapse" data-target="#navbar-content">
            <span class="navbar-toggler-icon"></span>
        </button>
        <div class="collapse navbar-collapse" id="navbar-content">
            <ul class="navbar-nav mr-auto">
                <li class="nav-item dropdown">
                    <a class="nav-link dropdown-toggle" href="#"
                        data-toggle="dropdown">HTML</a>
                    <div class="dropdown-menu">
                        <a class="dropdown-item" href="#">Geolocation</a>
                        <a class="dropdown-item" href="#">Drag and Drop</a>
                        <div class="dropdown-divider"></div>
                        <a class="dropdown-item" href="#">Motion</a>
                    </div>
                </li>
                <li class="nav-item"><a class="nav-link" href="#">CSS3</a></li>
                <li class="nav-item"><a class="nav-link" href="#">ECMAScript5</a></li>
                <li class="nav-item"><a class="nav-link" href="#">Node.js</a></li>
                <li class="nav-item"><a class="nav-link" href="#">API</a></li>
            </ul>
            <form class="form-inline">
                <input type="text" class="form-control" placeholder="Search" />
            </form>
            <ul class="navbar-nav">
                <li class="nav-item"><a class="nav-link" href="#">Node.js</a></li>
                <li class="nav-item"><a class="nav-link" href="#">API</a></li>
            </ul>
        </div>
    </div>
</div>
```

코드를 실행하면 그림 A-19처럼 실행됩니다.

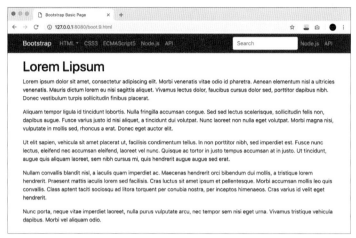

그림 A-19 데스크톱에서 실행한 웹 페이지

모바일에서는 그림 A-20처럼 실행됩니다.

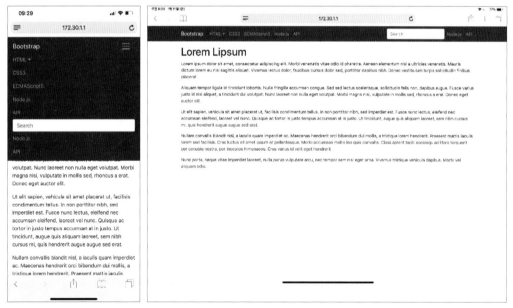

그림 A-20 모바일에서 실행한 웹 페이지

이제 다음 절부터는 툴바 아래의 내용을 만들어봅시다.

A.6 그리드 시스템

웹 페이지 전체 영역의 레이아웃을 만들었던 것처럼 내용 부분도 별도의 레이아웃을 만들어야 합니다. 부트스트랩은 내용 부분의 레이아웃을 만들 때 가장 현대적인 방법인 그리드 시스템을 사용합니다. 그리드 시스템은 한 줄을 12개의 열로 나누어 내용을 원하는 위치에 위치시킵니다.

> NOTE 그리드 시스템은 12장에서 만들어보므로, 어떤 느낌인지 기억해주세요.

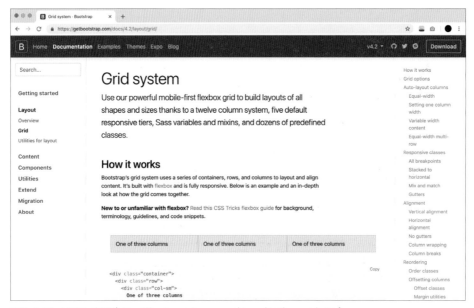

그림 A-21 그리드 시스템(https://getbootstrap.com/docs/4.2/layout/grid/)

코드 A-13처럼 container 태그 내부에 row 클래스가 적용된 div 태그를 입력합니다. 한 row 클래스가 12줄의 열을 가지므로 내부에 합이 12가 되게 입력합니다.

코드 A-13 그리드 시스템

```
<body>
    <div class="navbar navbar-dark bg-dark fixed-top">
        <!-- 생략 -->
```

```
        </div>
    <div class="container">
        <div class="row">
            <div class="col-md-3">
                <h1>LoremLipsum</h1>
                <p>Loremipsum dolor sit amet, consecteturadipiscingelit.</p>
                <p>Fuscevelmassaipsum, vitae viverra ante. Fuscefaucibusvarius.</p>
            </div>
            <div class="col-md-9">
                <h1>LoremLipsum</h1>
                <p>Loremipsum dolor sit amet, consecteturadipiscingelit.</p>
                <p>Fuscevelmassaipsum, vitae viverra ante. Fuscefaucibusvarius.</p>
                <p>Aeneantempormolestie ante, a pretiumipsummattis a.</p>
                <p>Suspendissepotenti. Class aptenttacitisociosquadlitora.</p>
                <p>Maecenas massaodio, malesuada vitae suscipit vitae.</p>
            </div>
        </div>
    </div>
</body>
```

코드를 실행하면 그림 A-22처럼 레이아웃이 구성됩니다.

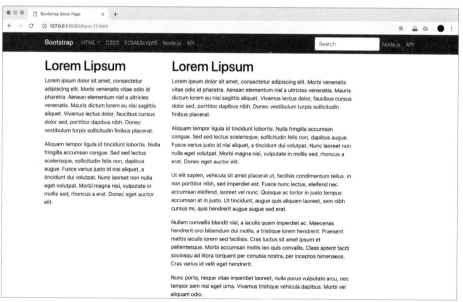

그림 A-22 다단 레이아웃 적용

다단 레이아웃은 태블릿 PC와 데스크톱 화면 크기에서만 적용되며 모바일에서는 그림 A-23처럼 하나의 열로 나옵니다.

그림 A-23 모바일에서 실행한 웹 페이지

만약 모바일 페이지에서도 구역을 나누고 싶다면 그림 A-24와 같은 클래스를 사용합니다.

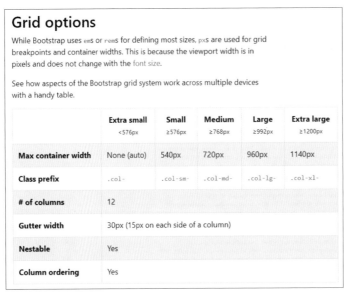

Grid options

While Bootstrap uses `em`s or `rem`s for defining most sizes, `px`s are used for grid breakpoints and container widths. This is because the viewport width is in pixels and does not change with the font size.

See how aspects of the Bootstrap grid system work across multiple devices with a handy table.

	Extra small <576px	Small ≥576px	Medium ≥768px	Large ≥992px	Extra large ≥1200px
Max container width	None (auto)	540px	720px	960px	1140px
Class prefix	`.col-`	`.col-sm-`	`.col-md-`	`.col-lg-`	`.col-xl-`
# of columns	12				
Gutter width	30px (15px on each side of a column)				
Nestable	Yes				
Column ordering	Yes				

그림 A-24 모바일 페이지의 다단 레이아웃

이를 정리해보면 다음과 같습니다.

표 A-1 부트스트랩이 사용하는 다단 레이아웃

분류	실제 클래스 접두사	크기 구분 기준
Extra Small	.col–	576픽셀 이하
Small	.col–sm–	576픽셀 이상
Medium	.col–md–	768픽셀 이상
Large	.col–lg–	992픽셀 이상
Extra Large	.col–xl–	1200픽셀 이상

여러 클래스가 동시에 적용되어 있을 경우, 큰 것을 우선적으로 적용합니다.

코드 A-14 xs 클래스와 sm 클래스

```
<body>
    <div class="navbar navbar-inverse navbar-fixed-top">
        <!-- 생략 -->
    </div>
    <div class="container">
        <div class="row">
            <div class="col-3 col-sm-4">
                <h1>LoremLipsum</h1>
                <p>Loremipsum dolor sit amet, consecteturadipiscingelit.</p>
                <p>Fuscevelmassaipsum, vitae viverra ante. Fuscefaucibusvarius.</p>
            </div>
            <div class="col-9 col-sm-6">
                <h1>LoremLipsum</h1>
                <p>Loremipsum dolor sit amet, consecteturadipiscingelit.</p>
                <p>Fuscevelmassaipsum, vitae viverra ante. Fuscefaucibusvarius.</p>
                <p>Aeneantempormolestie ante, a pretiumipsummattis a.</p>
                <p>Suspendissepotenti. Class aptenttacitisociosquadlitora.</p>
                <p>Maecenas massaodio, malesuada vitae suscipit vitae.</p>
            </div>
        </div>
    </div>
</body>
```

코드를 실행하면 그림 A-25처럼 출력합니다.

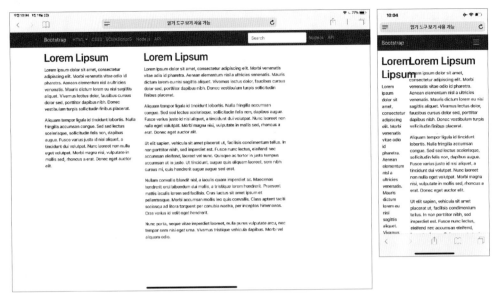

그림 A-25 다양한 그리드 클래스 사용

실행 결과를 보고 느낄 수 있겠지만, 너비가 작을 때 그리드를 나누면 보기 좋지 않습니다. 적당하게
아이패드 등의 태블릿과 데스크톱의 경계가 되는 md 클래스를 사용하는 것이 좋습니다.

A.7 수직 목록

이번에는 수직 목록을 만들어봅시다. 수직 목록은 웹 페이지에서 흔히 볼 수 있는 구성 요소입니다. 그림 A-26의 왼쪽 목록이 수직 목록입니다. 다른 웹 페이지라도 어떠한 부분이 수직 목록인지 쉽게 이해할 수 있을 것입니다.

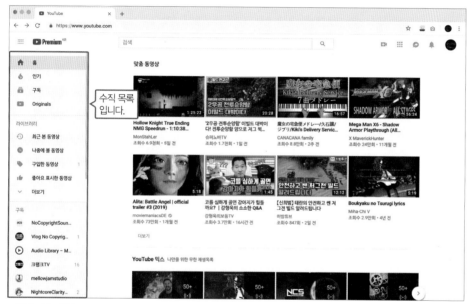

그림 A-26 유튜브

우선 수직 목록을 만들 공간을 지정합시다. col-md-3 클래스가 사용된 div 태그에 코드 A-15처럼 입력합니다.

코드 A-15 수직 목록 생성

```
<div class="col-md-3">
    <div class="list-group"></div>
    <br />
    <div class="list-group"></div>
    <br />
    <div class="list-group"></div>
    <br />
</div>
```

이제 ul 태그 내부에 코드 A-16처럼 입력합니다.

코드 A-16 수직 목록의 요소 생성

```html
<div class="col-md-3">
    <ul class="list-group">
        <li class="list-group-item"><a href="#">HTML5</a></li>
        <li class="list-group-item"><a href="#">CSS3</a></li>
        <li class="list-group-item"><a href="#">ECMAScript5</a></li>
    </ul>
    <br />
    <ul class="list-group">
        <li class="list-group-item"><a href="#">jQuery</a></li>
        <li class="list-group-item"><a href="#">HTML5 API</a></li>
    </ul>
    <br />
    <ul class="list-group">
        <li class="list-group-item"><a href="#">About</a></li>
        <li class="list-group-item"><a href="#">Help</a></li>
    </ul>
    <br />
</div>
```

코드를 실행하면 그림 A-27처럼 list-group 클래스가 사용된 div 태그 안에 수직 목록이 생성됩니다.

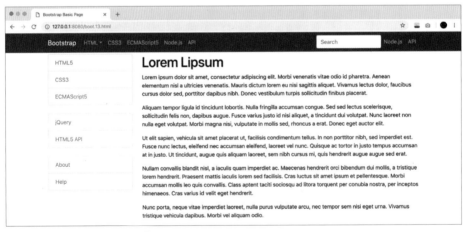

그림 A-27 list-group 클래스 사용

그런데 list-group 클래스가 사용된 div 태그가 너무 위에 붙어 있으니 예쁘지 않죠? 코드 A-17처럼 style 태그에 사용했던 padding-top 속성값을 80픽셀로 증가시킵니다.

코드 A-17 body 태그의 padding-top 속성 사용

```
<style>
    body {
        padding-top: 80px;
    }
</style>
```

이제 그림 A-28처럼 예쁜 수직 목록을 볼 수 있습니다.

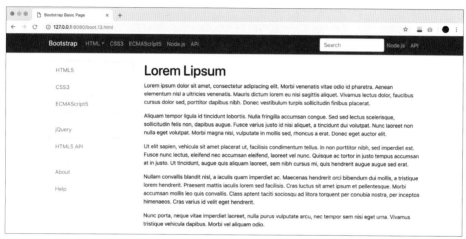

그림 A-28 수직 목록

이어서 목록 요소들에 제목을 달고 싶을 때는 card 클래스를 사용합니다. card 클래스를 사용하면 bg-primary, bg-secondary, panel-success, panel-info, panel-warning 클래스 등을 활용해 색상을 적용할 수 있습니다.

색상과 관련된 클래스는 https://getbootstrap.com/docs/4.2/utilities/colors/를 참고해주세요.

코드 A-18 카드

```
<div class="col-md-3">
    <div class="card">
        <div class="card-header">Panel Title</div>
        <ul class="list-group list-group-flush">
            <li class="list-group-item"><a href="#">HTML5</a></li>
            <li class="list-group-item"><a href="#">CSS3</a></li>
            <li class="list-group-item"><a href="#">ECMAScript5</a></li>
        </ul>
    </div>
```

> 리스트 윗부분의 둥근 모서리를 각지게 만듭니다. 카드 내부에 넣을 때는 이를 넣어야 예쁘게 나옵니다.

```
    <br />
    <div class="card bg-info">
        <div class="card-header">Panel Title</div>
        <ul class="list-group list-group-flush">
            <li class="list-group-item"><a href="#">jQuery</a></li>
            <li class="list-group-item"><a href="#">HTML5 API</a></li>
        </ul>
    </div>
    <br />
    <div class="card bg-secondary">
        <div class="card-header">Panel Title</div>
        <ul class="list-group list-group-flush">
            <li class="list-group-item"><a href="#">About</a></li>
            <li class="list-group-item"><a href="#">Help</a></li>
        </ul>
    </div>
    <br />
</div>
```

코드를 실행하면 다음과 같이 출력합니다.

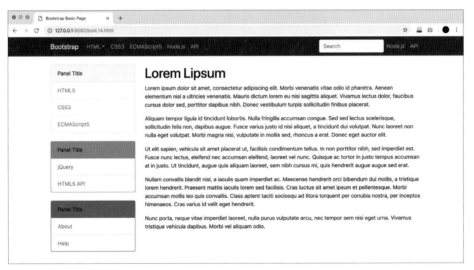

그림 A-29 카드

A.8 / 정리

마지막으로 내용을 입력해봅시다. `div.col-md-9` 태그에 코드 A-19처럼 입력합니다.

코드 A-19 jumbotron 클래스

```
<div class="col-md-9">
    <div class="jumbotron">
        <h1>HTML5 + CSS3 Basic</h1>
        <p>Loremipsum dolor sit amet, consecteturadipiscingelit.</p>
        <a class="btn btn-primary btn-lg" href="#">Learn More</a>
    </div>
    <p>Loremipsum dolor sit amet, consecteturadipiscingelit.</p>
    <p>Fuscevelmassaipsum, vitae viverra ante. Fuscefaucibusvarius.</p>
    <p>Aeneantempormolestie ante, a pretiumipsummattis a.</p>
    <p>Suspendissepotenti. Class aptenttacitisociosquadlitora.</p>
    <p>Maecenas massaodio, malesuada vitae suscipit vitae.</p>
</div>
```

코드를 모바일에서 실행하면 그림 A-30처럼 출력합니다.

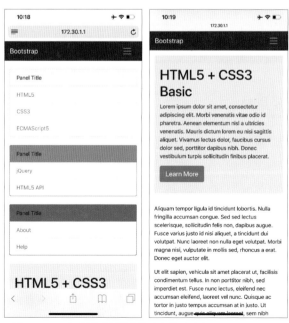

그림 A-30 스마트폰에서 실행한 완성된 웹 페이지

태블릿 PC에서 실행하면 그림 A-31처럼 출력합니다.

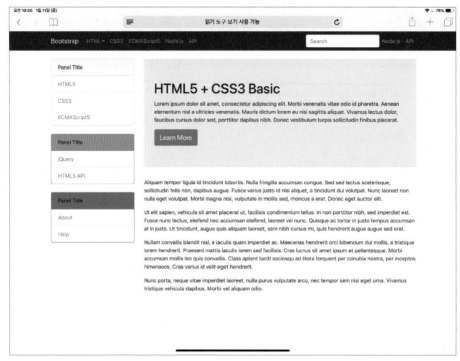

그림 A-31 태블릿 PC에서 실행한 완성된 웹 페이지

마지막으로 일반 데스크톱에서 실행하면 그림 A-32처럼 출력합니다.

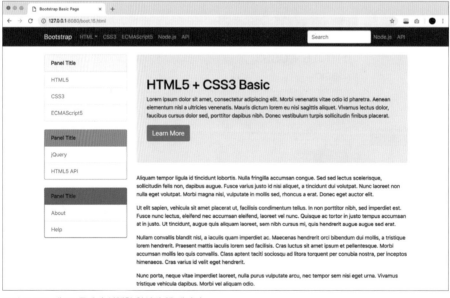

그림 A-32 데스크톱에서 실행한 완성된 웹 페이지

이렇게 부트스트랩을 사용하면 쉽고 빠르게 예쁜 웹 페이지를 만들 수 있습니다.

소규모 사이트를 만들 경우에는 부트스트랩을 활용하는 것이 좋을 수 있습니다. 그렇지만 부트스트랩만 활용하면, 다른 사이트들과 디자인이 너무 비슷해지는 단점이 있습니다. 따라서 어느 정도 규모의 사이트를 만들 때는 부트스트랩과 같은 프레임워크의 일부만 활용하거나 직접 구현하는 경우가 많습니다.

하지만 처음부터 구현하려고 하면, "어떤 요소를 만들어야 하지?", "클래스 이름을 어떻게 지어야 좋을까?" 등부터 막히는 경우가 많습니다. 따라서 부트스트랩을 다양하게 활용해보며 "이런 요소가 있구나, 내부적으로는 이렇게 구현하면 되겠구나", "클래스 이름은 이렇게 지으니 깔끔하구나" 등을 먼저 느껴보고 익숙해지는 것이 좋습니다.

Less
스타일시트

스타일시트를 더 쉽게 사용하고자 다양한 스타일시트 엔진들이 등장했습니다. 스타일시트 엔진은 특정한 형태의 스타일시트를 CSS 스타일시트로 변경해주는 변환 엔진^{컴파일러}입니다. 일반적으로 많이 사용하는 스타일시트 엔진으로는 Sass 스타일시트 엔진과 Less 스타일시트 엔진 등이 있습니다.

이 책에서는 Less 스타일시트 엔진을 살펴봅니다. 사실 다른 스타일시트 엔진도 소개하고 싶지만 서버와 관련된 내용 없이는 진행할 수 없는 것들이므로 다룰 수가 없습니다.

B.1 / 개요

그럼 Less 스타일시트를 간단하게 사용해보고 하나하나 배워봅시다. 우선 Less 스타일시트의 공식 홈페이지는 http://lesscss.org/입니다. 공식 홈페이지에서 less.js 자바스크립트 파일을 내려받습니다(script 태그 내부에 //cdnjs.cloudflare.com/ajax/libs/less.js/3.9.0/less.min.js와 같은 링크를 클릭해주세요).

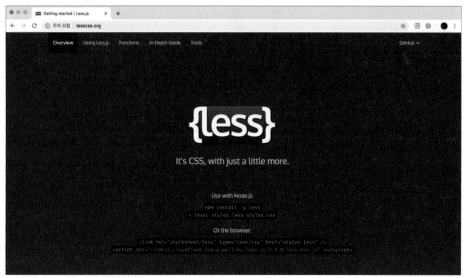

그림 B-1 Less 스타일시트(http://lesscss.org/)

이어서 HTMLPage.html 파일과 LessStyleSheet.less 파일을 생성합니다. 그리고 내려받은 파일과 함께 폴더를 구성해 그림 B-2처럼 준비하면 Less 스타일시트를 공부할 준비를 모두 마친 것입니다.

HTMLPage.html   less.min.js   LessStyleSheet.less

그림 B-2 폴더 구성

> **NOTE** LessStyleSheet.less 파일은 텍스트 파일을 만들고 저장할 때 확장자를 강제로 지정해서 만들면 됩니다. 추가로 Less 스타일시트를 사용하려면 반드시 less 파일과 HTML 파일이 같은 도메인에 있어야 합니다.

이제 Less 스타일시트를 사용해봅시다. Less 스타일시트의 공식 홈페이지에 있는 것처럼 코드 B-1 처럼 HTML 페이지를 구성합니다.

코드 B-1 HTML 페이지 구성

```
<!DOCTYPE html>
<html>
<head>
    <title>Less StyleSheet Basic</title>
    <link rel="stylesheet/less" type="text/css" href="LessStyleSheet.less">
    <script src="less-1.3.0.min.js"></script>
</head>
<body>

</body>
</html>
```

이어서 LessStyleSheet.less 파일에 코드 B-2를 입력합니다. 일반 스타일시트와 비슷한데 선택자 내부에 선택자를 포함하는 등의 조금 다른 점이 느껴지죠?

코드 B-2 LessStyleSheet.less

```
header {
    width: 800px;
    margin: 0 auto;

    hgroup {
        h1 {
            color: red;
        }

        h2 {
            color: blue;
        }
    }

    nav {
        ul {
            overflow: hidden;
        }

        li {
            float: left;
        }
    }
}
```

코드를 입력했으면 HTMLPage.html 파일을 실행합시다. 요소 검사를 사용하면 그림 B-3처럼 style 태그가 추가되어 있는 것을 확인할 수 있습니다.

```
▼<style type="text/css" media="screen" id="less:less-LessStyleSheet">
  header {
    width: 800px;
    margin: 0 auto;
  }
  header hgroup h1 {
    color: red;
  }
  header hgroup h2 {
    color: blue;
  }
  header nav ul {
    overflow: hidden;
  }
  header nav li {
    float: left;
  }
</style>
```

그림 B-3 변환된 코드

이렇게 특정한 형태의 스타일시트를 일반 스타일시트로 변환해주는 것을 스타일시트 엔진이라고 부릅니다.

B.2 / Less 컴파일러

HTML 페이지에 Less 자바스크립트 파일을 추가하면 Less 스타일시트를 변환할 수 있습니다. 하지만 자바스크립트 파일을 사용자에게 전달하는 것은 트래픽 낭비입니다. 또한 Less 스타일시트를 변환하는 시간조차 사용자는 불만을 품을 수 있습니다.

이번 절에서는 Less 자바스크립트 파일을 추가하지 않고 Less 스타일시트를 변환하는 방법을 알아보겠습니다. 이번 부록의 마지막에서는 서버를 사용해 변환하지만 서버를 모르는 경우에는 이 절의 내용을 잘 알아두어야 합니다.

우선 가장 쉽게 사용할 수 있는 Less 스타일시트 컴파일러는 그림 B-4의 온라인 Less 컴파일러입니다.

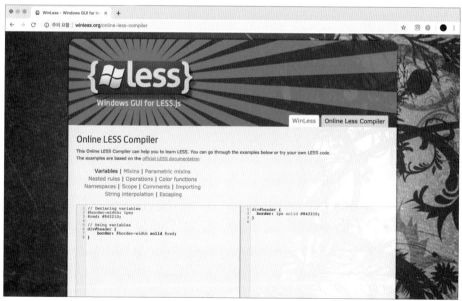

그림 B-4 온라인 Less 컴파일러(http://winless.org/online-less-compiler)

온라인 Less 컴파일러의 웹 사이트에 왼쪽 입력 화면에 Less 스타일시트를 입력하면 자동으로 스타일시트로 변환해줍니다.

B.3 기본

Less 스타일시트는 굉장히 많은 기능이 있습니다. 이 절에서는 Less 스타일시트의 기능을 하나하나 살펴봅시다.

변수

우선 Less 스타일시트는 변수를 만들 수 있습니다. 변수를 만들 때는 @ 기호를 사용하며 스타일시트에서 사용하는 모든 단위를 저장할 수 있습니다.

말하고 읽는 것보다 직접 입력하고 읽는 것이 훨씬 쉬울 것입니다. Less 스타일시트는 코드 B-3처럼 변수를 생성하고 사용합니다.

코드 B-3 변수 생성

```
@color: #4D926F;
@defaultFontSize: 16px;

body {
    color: @color;
    font-size: @defaultFontSize;
}
```

이를 실행하면 코드 B-4처럼 변환됩니다.

코드 B-4 변환된 코드

```
body {
    color: #4d926f;
    font-size: 16px;
}
```

모든 색상을 이렇게 변수로 지정해 놓으면 페이지의 전체 테마를 단숨에 바꿀 수 있습니다. 부록 A에서 다룬 부트스트랩에서도 Less 스타일시트의 변수를 사용해 테마를 지정하니 참고하세요.

연산

Less 스타일시트는 연산을 수행할 수 있습니다. 예를 들어 코드 B-5를 살펴봅시다. 뺄셈과 곱셈을 사용해 width 속성값을 손쉽게 적용했습니다.

코드 B-5 연산자 사용

```
@margin: 10px;
@padding: 10px;
@width: 200px;

div {
    width: @width - (@padding * 2);
    padding: @padding;
    margin: @margin;
}
```

이를 변환하면 코드 B-6처럼 출력합니다.

코드 B-6 변환된 코드

```
div {
    width: 180px;
    padding: 10px;
    margin: 10px;
}
```

방금 사용한 width 속성값을 적용하는 방법은 물론 다양한 곳에 활용할 수 있습니다.

내장 선택자

Less 스타일시트는 블록 안에 블록을 포함할 수 있었습니다. 이때 블록 내부에서는 & 선택자를 사용할 수 있습니다. & 선택자는 블록 내부에서 자신을 뜻하는 선택자입니다. 예를 들어 코드 B-7처럼 사용하면 a 태그의 상태 선택자를 블록 내부에 넣을 수 있습니다.

코드 B-7 내장 선택자(1)

```
a {
    &:hover {

    }

    &:active {

    }
}
```

그리고 다음과 같이 입력할 수 있습니다. 굉장히 깔끔하고 알기 쉽게 스타일시트를 입력할 수 있죠?

코드 B-8 내장 선택자(2)

```
div {
    background: black;
    &:hover { background: white; }

    a {
        background: red;
        color: white;
        &:hover { background: blue; }
        &:active { background: green; }
    }
}
```

코드 B-8을 변환하면 코드 B-9처럼 변경됩니다.

코드 B-9 변환된 코드

```
div { background: black; }
div:hover { background: white; }

div a {
    background: red;
    color: white;
}
div a:hover { background: blue; }
div a:active { background: green; }
```

내장 함수

Less 스타일시트는 개발자의 편의를 위해 몇 가지 함수를 제공합니다. 가장 쉽게 사용할 수 있는 내장 함수는 색상과 관련된 내장 함수이므로 먼저 살펴봅시다. Less 스타일시트는 표 B-1의 색상 관련 내장 함수를 지원합니다.

표 B-1 색상 관련 내장 함수

함수 이름	설명
lighten(색상단위, 퍼센트단위)	색상을 밝게 만듭니다.
darken(색상단위, 퍼센트단위)	색상을 어둡게 만듭니다.
saturate(색상단위, 퍼센트단위)	색이 두드러지게 만듭니다.
desaturate(색상단위, 퍼센트단위)	색을 두드러지지 않게 만듭니다.
fadein(색상단위, 퍼센트단위)	색상을 투명하지 않게 만듭니다.
fadeout(색상단위, 퍼센트단위)	색상을 투명하게 만듭니다.
fade(색상단위, 퍼센트단위)	색상을 반투명하게 만듭니다(50%).
spin(색상단위, 퍼센트단위)	색상 속성을 변경합니다.
mix(색상단위, 색상단위)	색상을 섞습니다.

간단하게 body 태그를 코드 B-10처럼 구성해보겠습니다.

코드 B-10 body 태그 구성

```
<body>
    <div></div>
    <div></div>
    <div></div>
    <div></div>
    <div></div>
    <div></div>
</body>
```

이어서 LessStyleSheet.less 파일에 코드 B-11처럼 입력합니다. darken() 함수는 특정한 색상을 더 어둡게 표현할 수 있게 만들어주는 함수입니다.

코드 B-11 색상 관련 내장 함수

```
@color: #FF0000;

div { height: 10px; }

div:nth-child(1) { background: darken(@color,  0%); }
div:nth-child(2) { background: darken(@color, 10%); }
div:nth-child(3) { background: darken(@color, 20%); }
div:nth-child(4) { background: darken(@color, 30%); }
div:nth-child(5) { background: darken(@color, 40%); }
div:nth-child(6) { background: darken(@color, 50%); }
```

코드를 실행하면 그림 B-5처럼 출력합니다. 아래로 갈수록 색이 점점 어두워지죠?

그림 B-5 내장 함수

변환된 스타일시트는 코드 B-12입니다. 색상이 점점 어두워집니다.

코드 B-12 변환된 코드

```
div { height: 10px; }

div:nth-child(1) { background: #ff0000; }
div:nth-child(2) { background: #cc0000; }
div:nth-child(3) { background: #990000; }
div:nth-child(4) { background: #660000; }
div:nth-child(5) { background: #330000; }
div:nth-child(6) { background: #000000; }
```

darken() 함수 이외의 다른 색상 관련 내장 함수도 쉽게 사용할 수 있을 것이라고 생각합니다. 사용 방법을 알았으면 이제 다른 내장 함수도 살펴봅시다.

Less 스타일시트는 표 B-2의 색상 속성 추출 함수도 제공합니다.

표 B-2 색상 속성 추출 내장 함수

함수 이름	설명
hue(색상단위)	색상의 Hue 속성을 추출합니다.
saturation(색상단위)	색상의 Saturation 속성을 추출합니다.
lightness(색상단위)	색상의 Lightness 속성을 추출합니다.
alpha(색상단위)	색상의 Alpha 속성을 추출합니다.

간단하게 코드 B-13처럼 입력해봅시다. 코드 B-13은 변수 @color를 무엇으로 지정하냐에 따라 색상 조합 전체가 바뀝니다.

코드 B-13 색상 속성 추출 내장 함수

```less
@color: #FF0000;
@hue: hue(@color);
@saturation: saturation(@color);
@lightness: lightness(@color);

div { height: 5px; }

div:nth-child(1) { background: hsl(@hue,   @saturation, @lightness); }
div:nth-child(2) { background: hsl(@hue + 10, @saturation, @lightness); }
div:nth-child(3) { background: hsl(@hue + 20, @saturation, @lightness); }
div:nth-child(4) { background: hsl(@hue + 30, @saturation, @lightness); }
// ....
// 생략: 참고로 Less 스타일시트는 이렇게 한 줄 주석도 쓸 수 있습니다.
// ....
div:nth-child(36) { background: hsl(@hue + 350, @saturation, @lightness); }
div:nth-child(37) { background: hsl(@hue + 360, @saturation, @lightness); }
```

코드를 실행하면 그림 B-6처럼 출력합니다.

그림 B-6 색상 속성 추출 내장 함수

색상 관련 함수를 사용하면 웹 페이지의 전체 테마를 손쉽게 변경할 수 있습니다. 유용하게 사용할 수 있는 함수이므로 기억해주세요. 그리고 Less 스타일시트는 표 B-3의 수학 함수도 제공합니다.

표 B-3 수학 함수

함수 이름	설명
round(숫자)	숫자를 반올림합니다.
ceil(숫자)	숫자를 올림합니다.
floor(숫자)	숫자를 내림합니다.
percentage(숫자)	숫자를 퍼센트 단위로 변경합니다.

믹스인

Less 스타일시트가 기본으로 내장하고 있는 함수도 유용하지만 우리가 직접 함수를 만들 수도 있습니다. 이렇게 개발자가 스스로 만든 함수를 Less 스타일시트는 믹스인이라고 부릅니다. 자바스크립트 같은 프로그래밍 언어를 알고 있다면 이 장의 내용이 굉장히 쉬울 것입니다.

믹스인은 .이름() { } 형태로 선언하고 .이름() 형태로 실행합니다. 간단하게 코드 B-14를 살펴봅시다. 코드 B-14는 button() 믹스인을 선언하고 실행합니다. 믹스인 블록 내부에는 적용할 스타일을 입력합니다.

코드 B-14 믹스인

```
.button() {                                    ─ 믹스인을 선언합니다.
    width: 200px;
    height: 100px;
    line-height: 100px;
    text-align: center;
    border-radius: 5px;
}

div {
    background: red;
    .button() ;                                ─ 믹스인을 실행합니다.
}
```

코드 B-12를 변환하면 코드 B-13처럼 변환됩니다. 믹스인 내부의 스타일이 그대로 사용됩니다.

코드 B-15 변환된 코드

```
div {
    background: red;
    width: 200px;
    height: 100px;
    line-height: 100px;
    text-align: center;
    border-radius: 5px;
}
```

믹스인의 괄호 안에는 매개변수를 입력할 수 있습니다. 코드 B-16처럼 `linearGradient()` 믹스인
을 만들면 어떠한 경우에서나 쉽게 그레이디언트를 사용할 수 있습니다.

코드 B-16 .linearGradient( ) 믹스인

```
.linearGradient(@start, @end) {
    background: @start;
    background: -moz-linear-gradient(top, @start 0%, @end 100%);
    background: -webkit-linear-gradient(top, @start 0%, @end 100%);
    background: -o-linear-gradient(top, @start 0%, @end 100%);
    background: -ms-linear-gradient(top, @start 0%, @end 100%);
    background: linear-gradient(top, @start 0%, @end 100%);
}
```

믹스인은 반복해서 입력해야 하는 스타일을 사용할 때 편리합니다. 방금 만든 2개의 믹스인을 합쳐
코드 B-17처럼 구현해보세요. 쉽게 버튼 3개를 만들 수 있습니다.

코드 B-17 믹스인 복합 사용

```
.linearGradient(@start, @end) {
    background: @start;
    background: -moz-linear-gradient(top, @start 0%, @end 100%);
    background: -webkit-linear-gradient(top, @start 0%, @end 100%);
    background: -o-linear-gradient(top, @start 0%, @end 100%);
    background: -ms-linear-gradient(top, @start 0%, @end 100%);
    background: linear-gradient(top, @start 0%, @end 100%);
}
```

```less
.button(@width, @height, @radius) {
    width: @width;
    height: @height;
    line-height: @height;
    text-align: center;
    border-radius: @radius;
}

* { margin: 0; padding: 0; }
div {
    margin: 10px;
    float: left;

    &:nth-child(1) {
        .linearGradient(#0094FF, #004F89);
        .button(200px, 100px, 10px);
    }

    &:nth-child(2) {
        .linearGradient(#0094FF + #CC0000, #004F89 + #CC0000);
        .button(200px, 100px, 10px);
    }

    &:nth-child(3) {
        .linearGradient(#0094FF + #FF0000, #004F89 + #FF0000);
        .button(200px, 100px, 10px);
    }
}
```

코드를 실행하면 그림 B-7처럼 출력합니다.

그림 B-7 믹스인 복합 사용

코드 B-18은 코드 B-17을 변환한 결과입니다. 믹스인이 얼마나 많은 귀찮은 일을 줄여주는지 알
수 있죠?

코드 B-18 변환된 코드

```css
* {
    margin: 0;
    padding: 0;
}

div {
    margin: 10px;
    float: left;
}

div:nth-child(1) {
    background: #0094ff;
    background: -moz-linear-gradient(top, #0094ff 0%, #004f89 100%);
    background: -webkit-linear-gradient(top, #0094ff 0%, #004f89 100%);
    background: -o-linear-gradient(top, #0094ff 0%, #004f89 100%);
    background: -ms-linear-gradient(top, #0094ff 0%, #004f89 100%);
    background: linear-gradient(top, #0094ff 0%, #004f89 100%);
    width: 200px;
    height: 100px;
    line-height: 100px;
    text-align: center;
    border-radius: 10px;
}

div:nth-child(2) {
    background: #cc94ff;
    background: -moz-linear-gradient(top, #cc94ff 0%, #cc4f89 100%);
    background: -webkit-linear-gradient(top, #cc94ff 0%, #cc4f89 100%);
    background: -o-linear-gradient(top, #cc94ff 0%, #cc4f89 100%);
    background: -ms-linear-gradient(top, #cc94ff 0%, #cc4f89 100%);
    background: linear-gradient(top, #cc94ff 0%, #cc4f89 100%);
    width: 200px;
    height: 100px;
    line-height: 100px;
    text-align: center;
    border-radius: 10px;
}

div:nth-child(3) {
    background: #ff94ff;
    background: -moz-linear-gradient(top, #ff94ff 0%, #ff4f89 100%);
    background: -webkit-linear-gradient(top, #ff94ff 0%, #ff4f89 100%);
    background: -o-linear-gradient(top, #ff94ff 0%, #ff4f89 100%);
    background: -ms-linear-gradient(top, #ff94ff 0%, #ff4f89 100%);
    background: linear-gradient(top, #ff94ff 0%, #ff4f89 100%);
    width: 200px;
    height: 100px;
```

```
        line-height: 100px;
        text-align: center;
        border-radius: 10px;
    }
```

게다가 믹스인은 유용한 몇 가지만 지정해놓으면 프로그래밍 기술의 꽃이라 부르는 '복사해서 붙여넣기'로 쉽게 사용할 수 있습니다. 하지만 내가 만든 믹스인을 한참 후에 재사용할 때는 물론이고 다른 사람이 만든 믹스인을 사용할 때는 매개변수에 다른 형식의 값을 넣는 실수를 할 수 있습니다.

이러한 실수를 방지하고자 Less 스타일시트는 코드 B-19처럼 자료형을 확인할 수 있는 코드를 사용합니다. 믹스인 선언 뒤에 when 키워드를 붙여 사용합니다.

코드 B-19 매개변수 자료형 확인

```
.linearGradient(@start, @end) when (iscolor(@start)) and (iscolor(@end)) {
    background: @start;
    background: -moz-linear-gradient(top, @start 0%, @end 100%);
    background: -webkit-linear-gradient(top, @start 0%, @end 100%);
    background: -o-linear-gradient(top, @start 0%, @end 100%);
    background: -ms-linear-gradient(top, @start 0%, @end 100%);
    background: linear-gradient(top, @start 0%, @end 100%);
}
```

자료형을 확인할 때는 표 B-4의 내장 함수를 함께 사용합니다. 자료형 확인은 코드 B-19와 표 B-4를 비교해서 살펴보면 쉽게 알 수 있습니다.

표 B-4 자료형 확인 내장 함수

함수 이름	설명
iscolor(변수)	변수가 색상 단위인지 확인합니다.
isnumber(변수)	변수가 숫자 단위인지 확인합니다.
isstring(변수)	변수가 문자열 단위인지 확인합니다.
iskeyword(변수)	변수가 키워드인지 확인합니다.
isurl(변수)	변수가 URL 단위인지 확인합니다.
ispixel(변수)	변수가 픽셀 단위인지 확인합니다.
ispercentage(변수)	변수가 퍼센트 단위인지 확인합니다.
isem(변수)	변수가 배수 단위인지 확인합니다.

when 키워드는 비교 연산자를 사용해 다른 조건도 확인할 수 있습니다. 예를 들어 코드 B-20을 봅시다. 믹스인의 이름이 같지만 when 키워드를 사용해 조건을 분리하므로 정상 작동합니다.

코드 B-20 when 키워드

```
.max (@a, @b) when (@a > @b) { width: @a }
.max (@a, @b) when (@a < @b) { width: @b }

.min (@a, @b) when (@a > @b) { width: @b }
.min (@a, @b) when (@a < @b) { width: @a }
```

다음 절에서는 Node.js를 사용해 서버에서 Less 스타일시트를 컴파일하는 방법을 사용해봅시다. 이 방법이 훨씬 실전적인 방법이라고 할 수 있습니다. 그런데 다음 절의 내용은 Node.js와 관련된 내용을 알아야 진행할 수 있으므로 모른다면 살짝만 읽고 생략하세요.

> **TIP**
>
> ### Less 스타일시트 믹스인 기본 변수
>
> 믹스인은 코드 B-21처럼 기본값을 지정할 수 있습니다.
>
> 코드 B-21 기본 변수
>
> ```
> .button(@width: 200px, @height: 100px, @radius: 10px) {
>     width: @width;
>     height: @height;
>     line-height: @height;
>     text-align: center;
>     border-radius: @radius;
> }
>
> div {
>     .button();
> }
> ```
>
> 자주 사용되는 내용이 아니므로 본문에서 생략했습니다. 그래도 가끔 굉장히 유용하게 사용할 수 있으니 기억하세요(이 책에서 계속 말하는데 기억하라는 것이 외우라는 것이 아닙니다. 이러한 기능이 있다만 알아두고 나중에 필요한 경우에 책을 찾아보세요).

B.4 서버를 사용한 변환

이 절에서는 Node.js를 사용해 서버에서 Less 스타일시트를 변환하는 내용을 살펴보겠습니다. Node.js와 관련된 내용을 알아야 진행할 수 있으므로 모른다면 건너뛰어 주세요.

그림 B-8처럼 폴더에 LessStyleSheet.less 파일을 생성합니다.

LessStyleSheet.less   Server.js

그림 B-8 폴더 구성

이어서 LessStyleSheet.less 파일에 대충 코드 B-22를 입력합니다.

코드 B-22 LessStyleSheet.less 파일

```
* {
    margin: 0;
    padding: 0;
}

h1 {
    font-family: Helvetica;
}
```

정적 파일 변환

Node.js가 설치되어 있다면 다음 명령어를 사용하여 less 모듈을 전역 위치에 설치할 수 있습니다.

```
> npm install -g less
```

less 모듈을 전역 위치에 설치하면 lessc 명령어를 사용해 Less 스타일시트를 변환할 수 있습니다. 다음 명령어를 사용해 Less 스타일시트를 CSS 스타일시트로 변경합니다.

```
> lessc LessStyleSheet.less > StyleSheet.css
```

변환을 완료하면 그림 B-9처럼 스타일시트가 생성됩니다.

LessStyleSheet.less   StyleSheet.css.js

그림 B-9 생성된 StyleSheet.css 파일

스타일시트로 변환할 때 다음과 같이 -x 옵션을 사용하면 용량을 최소화한 스타일시트를 얻을 수 있습니다.

```
> lessc -x LessStyleSheet.less > StyleSheet.css
```

용량을 최소화한 스타일시트는 코드 B-23처럼 공백이 삭제된 형태입니다.

코드 B-23 변환된 코드

```
*{margin:0;padding:0;}
h1{font-family:Helvetica;}
```

동적 파일 변환

동적으로 Less 스타일시트를 변환할 때는 Node.js의 less 모듈을 사용합니다. less 모듈은 다음과 같은 명령어를 사용해 설치합니다.

```
> npm install less
```

Server.js 파일에는 다음 코드를 입력합니다. less 모듈 render() 메서드의 첫 번째 매개변수에 스타일시트 문자열을 넣기만 하면 되므로 쉽게 사용할 수 있을 것입니다.

코드 B-24 Server.js 파일

```javascript
// 모듈을 추출합니다.
var http = require('http');
var fs = require('fs');
var less = require('less');

// 서버를 생성 및 실행합니다.
http.createServer(function (request, response) {
    // 파일을 읽습니다.
    fs.readFile('LessStyleSheet.less', 'utf8', function (error, data) {
        // 스타일시트를 변환합니다.
        less.render(data, function (error, style) {
            // 응답합니다.
            response.writeHead(200, { 'Content-Type': 'text/css' });
            response.end(style);
        });
    });
}).listen(52273, function () {
    console.log('Server Running at http://127.0.0.1:52273');
});
```

자바스크립트를 활용한 웹 페이지 개발

본문에서는 단 한번도 자바스크립트 코드를 사용하지 않았습니다. 이번 부록에서는 자바스크립트와 CSS3를 함께 사용하는 방법을 다룹니다. HTML5를 사용해 간단한 회전 이미지 갤러리와 영화 소개 페이지를 만듭니다.

C.1 회전 이미지 갤러리

이 절에서는 CSS3 스타일 속성과 자바스크립트를 연결하는 방법을 살펴봅니다. CSS3 스타일 속성과 자바스크립트를 함께 사용하면 사용자와 반응하는 3차원 애플리케이션을 만들 수 있습니다.

이번 절의 내용을 본격적으로 진행하기 전에, 이 절에서 무엇을 만드는지 그림만 차근차근 살펴보세요. 모두 살펴보았나요? 그럼 HTML 페이지를 하나 만들도록 합시다.

HTML 페이지 구성

그럼 HTML 페이지를 코드 C-1처럼 구성합시다.

코드 C-1 HTML 페이지 구성

```
<!DOCTYPE html>
<html>
<head>
    <title>3D Image Gallery</title>
    <style>

    </style>
    <script src="http://code.jquery.com/jquery-3.3.1.js"></script>
    <script>

    </script>
</head>
<body>

</body>
</html>
```

이어서 body 태그에는 코드 C-2처럼 입력합니다.

코드 C-2 body 태그 구성

```html
<body>
    <div id="viewport">
        <div id="image_gallery">

        </div>
    </div>
</body>
```

HTML 태그를 입력하는 것은 이것으로 끝입니다.

"아무것도 없는 걸요?"

내부의 내용은 자바스크립트를 사용해 동적으로 생성할 것입니다.

스타일시트 작성

이제 스타일시트를 입력하겠습니다. 우선 코드 C-3처럼 초기화 코드를 작성합니다.

코드 C-3 초기화 코드

```css
<style>
    * {
        margin: 0;
        padding: 0;
    }

    html, body {
        height: 100%;
        overflow: hidden;
        background: #141414;
    }
</style>
```

이어서 동적으로 생성할 태그의 스타일을 적용합니다. 동적으로 `<div class="image"></div>` 형태의 태그를 생성할 것인데요. 이 태그에는 코드 C-4의 스타일을 사용합니다.

코드 C-4 div.image 태그 스타일 사용

```
.image {
    /* 태그 중앙 정렬 */
    width: 100px;
    height: 60px;
    position: absolute;
    left: 0;
    top: 0;

    /* 모양 지정 */
    border: 3px solid white;
    box-sizing: border-box;
    background: url('http://placehold.it/100x60');
    background-size: 100% 100%;
}
```

그리고 div.image 태그의 부모 태그에 코드 C-5처럼 사용합니다.

코드 C-5 #canvas 태그와 #gallery 태그의 스타일 사용

```
#viewport {
    transform-style: preserve-3d;
    webkit-perspective: 2000px;
    position: relative;
    height: 100%;
    transform: rotateX(-10deg);
}

#image_gallery {
    width: 100px;
    height: 60px;
    transform-style: preserve-3d;
    position: absolute;
    left: 50%;
    top: 50%;
    margin-left: -50px;
    margin-top: -30px;
}
```

자바스크립트 코드 작성

이제 자바스크립트 코드를 작성하겠습니다. 우선 jQuery를 사용해 ready 이벤트를 연결합니다.

코드 C-6 ready 이벤트 연결

```
<script>
    $(document).ready(function () {
        // div 태그를 생성합니다.

        // 변수를 선언합니다.

        // 이벤트를 연결합니다.
    });
</script>
```

이어서 코드 C-7처럼 반복문을 사용해 div 태그를 생성합니다.

코드 C-7 div 태그 동적 생성

```
// div 태그를 생성합니다.
for (var i = 0; i < 200; i++) {
    // 변수를 선언합니다.
    var output = '';
    output += 'rotateY(' + i * 20 + 'deg)';
    output += 'translateY(' + i * 5 + 'px)';
    output += 'translateZ(' + 310 + 'px)';
    // 태그를 생성합니다.
    $('<div></div>').addClass('image').css({
        'width': 100,
        'height': 60,
        'transform': output
    }).appendTo('#image_gallery');
}
```

코드를 실행하면 그림 C-1처럼 출력합니다.

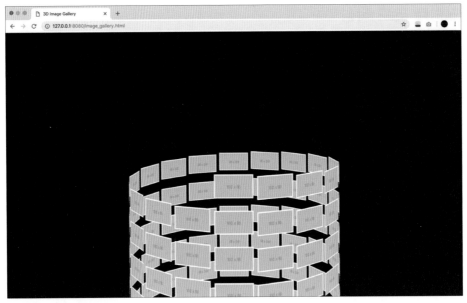

그림 C-1 생성된 div 태그

이제 이벤트를 연결해서 사용자와 동적 반응하게 만들겠습니다. 우선 코드 C-8처럼 입력합니다. 원통이 회전할 수 있게 변수와 함수를 생성했습니다. createGalleryPosition() 함수와 createViewportPosition() 함수처럼 transform 속성을 만들 수 있으므로 기억하세요.

코드 C-8 변수 선언

```
// 변수를 선언합니다.
var isMouseDown = false;
var originalPosition = { x: 0, y: 0 };
var originalRotation = { x: 0, y: 0, z: 0 };
var originalScale = 1.0;
var createGalleryPosition = function () {
    var output = '';
    output += 'translateY(' + originalPosition.y + 'px) ';
    output += 'rotateY(' + originalRotation.y + 'deg)';
    return output;
};
var createViewportPosition = function () {
    var output = '';
    output += 'rotateX(-10deg) ';
    output += 'scaleX(' + originalScale + ') ';
    output += 'scaleY(' + originalScale + ')';
    return output;
};
```

이어서 원통 회전을 위한 이벤트를 모두 연결합니다.

코드 C-9 이벤트 연결

```javascript
// 이벤트를 연결합니다.
$(window).on({
    mousedown: function (event) {
        // 디폴트 이벤트를 제거합니다.
        event.preventDefault();
    },
    mouseup: function (event) {
        // 디폴트 이벤트를 제거합니다.
        event.preventDefault();
    },
    mousemove: function (event) {
        // 디폴트 이벤트를 제거합니다.
        event.preventDefault();
    },
    mousewheel: function (event) {
        // 디폴트 이벤트를 제거합니다.
        event.preventDefault();
    }
});
```

mousedown 이벤트와 mouseup 이벤트는 코드 C-10처럼 입력합니다.

코드 C-10 mousedown 이벤트와 mouseup 이벤트

```javascript
mousedown: function (event) {
    // 마우스가 드래그 중임을 알립니다.
    isMouseDown = true;
    // 마우스 위치를 저장합니다.
    originalPosition.x = event.screenX;
    // 디폴트 이벤트를 제거합니다.
    event.preventDefault();
},
mouseup: function (event) {
    // 마우스 드래그를 해제합니다.
    isMouseDown = false;
    // 디폴트 이벤트를 제거합니다.
    event.preventDefault();
},
```

코드에 주석을 많이 달아서 별도로 설명할 내용이 별로 없군요. 어쨌거나 mousemove 이벤트는 코드 C-11처럼 입력합니다. 변수 distance를 구하고 이를 사용해 원통을 회전하여 움직입니다.

코드 C-11 mousemove 이벤트

```
mousemove: function (event) {
    // 마우스를 드래그 중일 때
    if (isMouseDown) {
        // 마우스 이동 거리를 구합니다.
        distance = event.screenX - originalPosition.x;
        originalRotation.y += distance;
        originalPosition.y += distance / 3;
        // 스타일을 적용합니다.
        $('#image_gallery').css('transform', createGalleryPosition());
        $('#viewport').css('transform', createViewportPosition());
        // 마우스 위치를 저장합니다.
        originalPosition.x = event.screenX;
    }
    // 디폴트 이벤트를 제거합니다.
    event.preventDefault();
},
```

코드를 실행하고 마우스를 드래그하면 원통이 회전하면서 이동합니다.

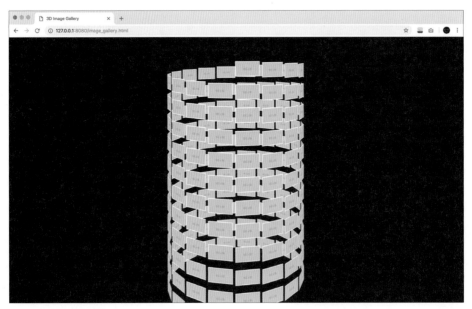

그림 C-2 회전하는 원통

이어서 코드 C-12처럼 mousewheel 이벤트를 연결해서 크기를 변환합니다.

코드 C-12 mousewheel 이벤트

```
mousewheel: function (event) {
    // 변경된 휠 크기를 사용해 크기를 구합니다.
    var changeScale = originalScale + event.originalEvent.wheelDeltaY / 1000;
    // 음수 크기가 나오지 않게 합니다.
    if (changeScale > 0) {
        // 크기를 변경합니다.
        originalScale = changeScale;
        // 객체에 스타일을 적용합니다.
        $('#image_gallery').css('transform', createGalleryPosition());
        $('#viewport').css('transform', createViewportPosition());
        // 디폴트 이벤트를 제거합니다.
        event.preventDefault();
    }
}
```

마우스를 드래그하면 그림 C-3처럼 확대 및 축소됩니다.

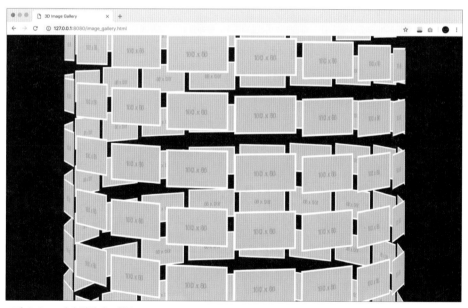

그림 C-3 크기가 변화되는 원통

간단하게 사용자와 반응하는 3차원 애플리케이션을 개발했습니다. 예제를 더 확장시키고 싶다면『모던 웹을 위한 JavaScript + jQuery 입문』에서 JSONP를 사용해 플리커에서 이미지를 가져오는 부분과 합쳐보세요.

C.2 / 영화 소개 페이지

이 절에서는 영화 소개 페이지를 HTML5를 사용해서 만들 것입니다. 영화의 이미지를 사용하므로 저작권 기간이 종료된 로마의 휴일의 영화 소개 페이지를 만들어보겠습니다.

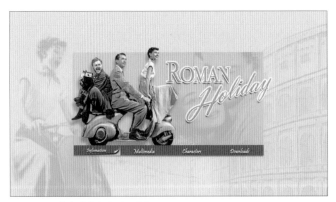

그림 C-4 이번 절에서 만드는 예제

우선 영화 소개 페이지를 만들려면 페이지를 어떤 식으로 구성할지 구상해야 합니다. 필자가 이 책의 1판을 집필하는 시점에 나온 영화의 공식 사이트를 보고 어떠한 요소가 필요한지 찾아봅시다. 참고로 이 사이트는 대부분의 영화 소개 홈페이지처럼 플래시로 만들어졌습니다.

그림 C-5 어벤저스

모든 영화 소개 페이지는 영화 정보, 예고편, 등장인물 소개가 필요합니다. 영화 어밴저스의 경우 그림 C-6처럼 각각의 페이지를 구성했습니다.

그림 C-6 어밴저스 페이지 구성

구성이 너무 간단하죠? 구성 요소가 단순함에도 플래시를 사용하니 아이패드와 안드로이드 태블릿에서는 볼 수 없는 안타까운 모습입니다. 이제 영화 페이지를 HTML5로 만들어 모든 장치에서 동작하게 만들어봅시다.

> "하지만 그렇게 하면 구 버전의 인터넷 익스플로러에서 볼 수 없는 안타까운 모습이……"

우선 그림 C-7처럼 폴더를 구성합니다.

Images   StyleSheet.css   HTMLPage.html

그림 C-7 폴더 구성

HTML 페이지 구성

코드 C-13처럼 HTML 페이지를 구성합니다. 클래스를 쉽게 추가하고 삭제하고자 jQuery를 추가
했습니다.

코드 C-13 HTML 페이지 구성

```html
<!DOCTYPE html>
<html>
<head>
    <title>Roman Holiday</title>
    <meta name="viewport" content="width=device-width">
    <link rel="stylesheet" href="StyleSheet.css" />
    <script src="http://code.jquery.com/jquery-3.3.1.slim.min.js"></script>
    <script>

    </script>
</head>
<body>

</body>
</html>
```

스타일시트를 적용합니다. 모든 CSS 코드의 시작은 초기화입니다. 코드 C-14처럼 스타일시트 상단
에 초기화 코드를 입력합니다.

코드 C-14 초기화 코드

```
* {
    margin: 0; padding: 0;
    font-family: 'Times New Roman', serif;
}
li { list-style: none; }
a { text-decoration: none; }
```

이어서 코드 C-15처럼 html 태그와 body 태그에 스타일을 사용합니다. html 태그가 화면 전체를 차지할 수 있게 늘리고 body 태그를 중앙에 배치합니다.

코드 C-15 html 태그와 body 태그에 스타일 사용

```
html {
    /* 크기 설정 */
    height: 100%;
    overflow: hidden;

    /* 이미지 설정 */
    background: url('Images/Background.png');
    background-size: cover;
}

body {
    /* 위치 설정 */
    position: absolute;
    top: 50%; left: 50%;
    margin-left: -480px;
    margin-top: -275px;

    /* 크기 설정 */
    width: 960px; height: 550px;

    /* 이미지 설정 */
    background: url('Images/Center_Background.png');
}
```

코드를 실행하면 그림 C-8처럼 출력합니다.

그림 C-8 스타일을 사용한 html 태그와 body 태그

그림 C-8처럼 body 태그가 중앙에 배치되었나요? 배치되었으면 코드 C-16처럼 body 태그를 3개의 영역으로 나눕니다.

코드 C-16 body 태그 영역 분할

```
<body>
    <hgroup id="title">

    </hgroup>
    <section id="container">

    </section>
    <nav id="main_navigation">

    </nav>
</body>
```

내비게이션 목록 구성

이제 내비게이션 목록을 만들어보겠습니다. 우선 코드 C-17처럼 #main_navigation 태그에 ul 태그를 입력하고 li 태그로 버튼을 놓아줍니다.

코드 C-17 #main_navigation 태그의 내용 입력

```
<body>
    <hgroup id="title">

    </hgroup>
    <section id="container">

    </section>
    <nav id="main_navigation">
        <ul>
            <li><a href="#">Movie Info</a></li>
            <li><a href="#">Multimedia</a></li>
            <li><a href="#">Character</a></li>
            <li><a href="#">Download</a></li>
        </ul>
    </nav>
</body>
```

스타일시트에는 코드 C-18처럼 입력합니다. 6장에서 다루었던 스프라이트 이미지와 관련된 내용이
므로 쉽게 이해할 수 있을 것입니다.

코드 C-18 #main_navigation 태그의 스타일 사용

```
#container { height: 500px; }
#main_navigation > ul { overflow: hidden; }
#main_navigation > ul > li  { float:left; }
#main_navigation > ul > li > a {
    /* 크기 설정 */
    display: block;
    width: 240px; height: 50px;
    line-height: 50px;

    /* 이미지 설정 및 글자 안 보이게 */
    text-indent: -9999px;
    background: url('Images/Navigation_Button.png');
}

#main_navigation > ul > li:nth-child(1) > a { background-position: 0px 0px; }
#main_navigation > ul > li:nth-child(2) > a { background-position: 0px -100px; }
#main_navigation > ul > li:nth-child(3) > a { background-position: 0px -200px; }
#main_navigation > ul > li:nth-child(4) > a { background-position: 0px -300px; }

#main_navigation > ul > li:nth-child(1) > a:hover { background-position: 0px -50px; }
#main_navigation > ul > li:nth-child(2) > a:hover { background-position: 0px -150px; }
#main_navigation > ul > li:nth-child(3) > a:hover { background-position: 0px -250px; }
#main_navigation > ul > li:nth-child(4) > a:hover { background-position: 0px -350px; }
```

코드를 실행하면 그림 C-9처럼 예쁜 내비게이션 버튼이 만들어집니다.

그림 C-9 스타일을 사용한 #main_navigation 태그

자바스크립트 구성

이제 자바스크립트를 사용해 클래스를 추가하고 제거할 수 있는 코드를 만들겠습니다. 우선 코드 C-19처럼 body 태그를 구성합니다. 사용자 정의 속성을 사용해 태그가 어떤 태그와 관련 있는지 표시했습니다.

코드 C-19 #title 태그와 #container 태그의 영역 분할

```
<body>
    <hgroup id="title">
        <h1 data-name="information">Information</h1>
        <h1 data-name="character">Character</h1>
        <h1 data-name="multimedia">Multimedia</h1>
    </hgroup>
    <section id="container">
        <div id="main" data-name="main">

        </div>
        <div id="information" data-name="information">

        </div>
        <div id="character" data-name="character">
```

```
            </div>
            <div id="multimedia" data-name="multimedia">

            </div>
        </section>
        <nav id="main_navigation">
            <ul>
                <li><a href="#" data-target="information">Movie Info</a></li>
                <li><a href="#" data-target="character">Character</a></li>
                <li><a href="#" data-target="multimedia">Multimedia</a></li>
                <li><a href="#">Download</a></li>
            </ul>
        </nav>
    </body>
```

이제 자바스크립트를 사용해 코드 C-20처럼 이벤트를 연결합니다.

코드 C-20 이벤트 연결

```
<script>
    $(document).ready(function () {
        $('#main_navigation a').click(function () {

        });
    });
</script>
```

버튼을 클릭하면 자신이 가지고 있는 data-target 속성을 추출합니다. 그리고 data-target 속성
과 data-name 속성을 비교해 active 클래스를 추가 또는 삭제합니다.

코드 C-21 내비게이션 버튼 구현

```
<script>
    $(document).ready(function () {
        // 내비게이션 버튼
        $('#main_navigation a').click(function () {
            // 변수를 선언합니다.
            var target = $(this).attr('data-target');

            // 클래스를 적용합니다.
            $(':not([data-name=' + target + '])').removeClass('active');
            $('[data-name=' + target + ']').addClass('active');
```

```
        });
    });
</script>
```

코드를 실행하고 요소 검사를 사용해 살펴보세요. 버튼을 누를 때 active 클래스가 추가되고 삭제되는 것을 볼 수 있습니다.

타이틀 구성

방금 전에 active 클래스를 켜고 끄게 만들었습니다. 따라서 active 클래스를 사용해 코드 C-22처럼 스타일시트를 구성하면 애니메이션을 만들 수 있습니다.

코드 C-22 #title 태그의 스타일 사용

```css
#title {
    /* 위치 설정 */
    position: absolute;
    left: 0; top: -48px;

    /* 크기 설정 */
    width: 240px; height: 48px;
    overflow: hidden;
}
#title > h1 {
    /* 위치 설정 */
    position: absolute;
    left: 0; top: 48px;

    /* 크기 설정 */
    width: 240px; height: 48px;

    /* 이미지 설정 및 글자 안 보이게 */
    background: url('Images/Title_Images.png');
    text-indent: -9999px;

    /* 애니메이션 설정 */
    transition-duration: 1s;
}
#title > h1.active { top: 0; }
#title > h1:nth-child(1) { background-position: 0px 0px; }
#title > h1:nth-child(2) { background-position: 0px -48px; }
#title > h1:nth-child(3) { background-position: 0px -96px; }
```

코드를 실행하고 각각의 버튼을 눌러보세요. body 태그의 왼쪽 위에 타이틀이 애니메이션과 함께 나타나고 사라집니다.

그림 C-10 스타일을 적용한 #title 태그

일반 페이지 구성

이제 페이지를 구성하겠습니다. 캐릭터 페이지는 내부에 슬라이더가 또 있어서 복잡하므로 다음 주제에서 다루겠습니다. 우선 코드 C-23처럼 캐릭터 페이지를 제외한 페이지의 내용을 입력합니다.

코드 C-23 #container 태그의 내용 입력

```html
<section id="container">
    <!-- 메인 페이지 -->
    <div id="main" data-name="main" class="active">
        <img src="Images/Middle_Foreground.png" />
    </div>
    <!-- 정보 페이지 -->
    <div id="information" data-name="information">
        <img src="Images/Information_Image.png" />
        <div class="description">
            <p>Lorem ipsum dolor sit amet, consectetur adipiscing elit.</p>
            <p>Lorem ipsum dolor sit amet, consectetur adipiscing elit.</p>
        </div>
    </div>
    <!-- 캐릭터 페이지 -->
    <div id="character" data-name="character">
```

```
    </div>
    <!-- 영상 페이지 -->
    <div id="multimedia" data-name="multimedia">
        <video width="940" height="480" controls="controls"></video>
    </div>
</section>
```

그리고 코드 C-24처럼 스타일시트를 입력해 애니메이션을 적용합니다.

코드 C-24 #container 태그의 스타일 사용

```
#container {
    /* 자식의 position 속성값이 absolute 키워드이므로 적용 */
    position: relative;

    /* 내부의 그림이 좌우로 잘리는 것을 방지 */
    width: 100%;
    padding: 0 40px;
    margin-left: -40px;

    /* 크기 설정 및 안 보이게 */
    height: 500px;
    overflow: hidden;
}

div[data-name] {
    /* 위치 설정 */
    position: absolute;
    left: 40px; top: 550px;

    /* 크기 설정 */
    width: 960px; height: 500px;

    /* 애니메이션 설정 */
    transition-duration: 2s;
}
div[data-name].active { top: 0; }
```

코드를 실행하고 각각의 버튼을 눌러보세요. 그림 C-11처럼 페이지가 교체됩니다.

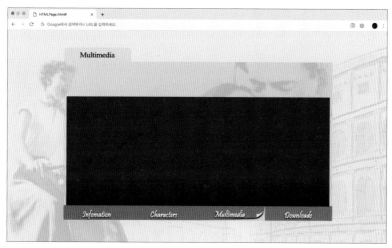

그림 C-11 스타일을 적용한 #container 태그

전체 페이지에 사용될 스타일을 살펴봤으므로 이제부터 세부 페이지에 사용될 스타일을 살펴보겠습니다. 우선 코드 C-25처럼 메인 페이지를 구성합니다.

코드 C-25 메인 페이지의 스타일 사용

```
div[data-name=main] > img {
    /* 위치 설정 */
    position: absolute;
    left: -50px; bottom: 0;
}
```

코드를 실행하면 그림 C-12처럼 메인 페이지를 출력합니다.

그림 C-12 스타일을 사용한 메인 페이지

정보 페이지는 코드 C-26처럼 스타일을 사용합니다.

코드 C-26 정보 페이지의 스타일 사용

```
div[data-name=information] > img {
    /* 위치 설정 */
    position: absolute;
    left: 20px; top: 20px;
}

div[data-name=information] > div {
    /* 위치 설정 */
    position: absolute;
    left: 450px; top: 30px;

    /* 크기 설정 */
    width: 480px
}
```

코드를 실행하고 〈Information〉 버튼을 눌러보세요. 그림 C-13처럼 정보 페이지를 출력합니다.

그림 C-13 스타일을 사용한 정보 페이지

마지막으로 영상 페이지는 코드 C-27처럼 스타일을 사용합니다.

코드 C-27 영상 페이지의 스타일 사용

```
div[data-name=multimedia] {
    padding: 10px;
}
```

코드를 실행하면 그림 C-14처럼 영상 페이지를 출력합니다.

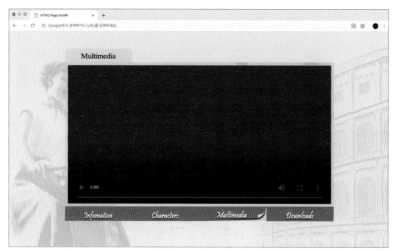

그림 C-14 스타일을 사용한 영상 페이지

캐릭터 페이지 구성

이제 마지막으로 캐릭터 페이지를 구성하겠습니다. 우선 코드 C-28처럼 캐릭터 페이지 내부의 영역
을 분리합니다.

코드 C-28 캐릭터 페이지의 영역 분할

```
<!-- 캐릭터 페이지 -->
<div id="character" data-name="character">
    <a href="#">Left Button</a>
    <a href="#">Right Button</a>
    <article>

    </article>
    <article>
```

```
    </article>
    <article>

    </article>
</div>
```

이어서 각각의 영역에 내용을 입력합니다.

코드 C-29 캐릭터 페이지의 내용 입력

```
<!-- 캐릭터 페이지 -->
<div id="character" data-name="character">
    <a href="#">Left Button</a>
    <a href="#">Right Button</a>
    <article class="show">
        <h1>Princess Ann</h1>
        <img src="Images/Character_Text_1.png" />
        <img src="Images/Character_1.png" />
        <p>Lorem ipsum dolor sit amet, consectetur adipiscing elit.</p>
    </article>
    <article>
        <h1>Joe Bradley</h1>
        <img src="Images/Character_Text_2.png" />
        <img src="Images/Character_2.png" />
        <p>Lorem ipsum dolor sit amet, consectetur adipiscing elit.</p>
    </article>
    <article>
        <h1>Radovich</h1>
        <img src="Images/Character_Text_3.png" />
        <img src="Images/Character_3.png" />
        <p>Lorem ipsum dolor sit amet, consectetur adipiscing elit.</p>
    </article>
</div>
```

그럼 이제 스타일을 사용하겠습니다. 우선 a 태그부터 스타일을 사용합니다.

코드 C-30 캐릭터 이동 버튼의 스타일 사용

```
div[data-name=character] > a {
    /* 크기 설정 */
    display: block;
    width: 40px; height: 40px;
```

```
    /* 이미지 설정 및 글자 안 보이게 */
    text-indent: -9999px;
    background: url('Images/Arrow_Images.png');
}

div[data-name=character] > a:nth-child(1) {
    /* 스프라이트 이미지 설정 */
    background-position: 0px 0px;

    /* 위치 설정 */
    position: absolute;
    left: 10px; top: 50%;
    margin-top: -20px;
}

div[data-name=character] > a:nth-child(2) {
    /* 스프라이트 이미지 설정 */
    background-position: 0px -40px;

    /* 위치 설정 */
    position: absolute;
    right: 10px; top: 50%;
    margin-top: -20px;
}
```

코드를 실행하면 양쪽에 버튼이 들어갑니다.

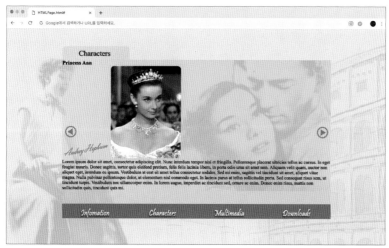

그림 C-15 스타일을 적용한 캐릭터 이동 버튼

이어서 코드 C-31처럼 자바스크립트 코드를 구성합니다. 캐릭터 페이지의 버튼을 사용해 article 태그에 show 클래스를 추가 또는 삭제하는 간단한 코드입니다.

코드 C-31 캐릭터 이동 버튼 구현

```
<script>
    $(document).ready(function () {
        // 내비게이션 버튼
        $('#main_navigation a').click(function () {
            // 변수를 선언합니다.
            var target = $(this).attr('data-target');

            // 클래스를 적용합니다.
            $(':not([data-name=' + target + '])').removeClass('active');
            $('[data-name=' + target + ']').addClass('active');
        });

        // 캐릭터 이동 버튼
        var currentPosition = 1;
        $('#character > a:nth-child(1)').click(function () {
            currentPosition -= 1;
            if (currentPosition < 1) {
                currentPosition = 3;
            }
            $('article').removeClass('show');
            $('article:nth-of-type(' + currentPosition + ')').addClass('show');
        });
        $('#character > a:nth-child(2)').click(function () {
            currentPosition += 1;
            if (currentPosition > 3) {
                currentPosition = 1;
            }
            $('article').removeClass('show');
            $('article:nth-of-type(' + currentPosition + ')').addClass('show');
        });
    });
</script>
```

이어서 코드 C-32처럼 article 태그에 스타일을 사용합니다.

코드 **C-32** 캐릭터 정보의 스타일 사용(1)

```css
div[data-name=character] > article {
    /* 크기 설정 */
    width: 960px; height: 500px;

    /* 위치 설정 */
    position: absolute;
    left: 0; top: 500px;

    /* 애니메이션 설정 */
    transition-duration: 2s;
}
div[data-name=character] > article.show {
    /* 위치 설정 */
    top: 0;
}
```

그리고 article 태그 내부의 내용은 코드 C-33처럼 스타일을 사용합니다.

코드 **C-33** 캐릭터 정보의 스타일 사용(2)

```css
article { position: relative; }
article > h1 {
    /* 위치 설정 */
    position: absolute;
    left: 90px; top: 40px;

    /* 크기 설정 */
    font-size: 30px;
}

article > img:nth-of-type(1) {
    /* 위치 설정 */
    position: absolute;
    left: 200px; top: 50px;
}

article > img:nth-of-type(2) {
    /* 위치 설정 */
    position: absolute;
    left: 100px; top: 120px;

    /* 그림자 설정 */
    box-shadow: 0 5px 10px 0px;
    border-radius: 10px;
```

```
}

article > p {
    /* 위치 설정 */
    position: absolute;
    left: 400px; top: 110px;

    /* 크기 설정 */
    width:500px;
}
```

코드를 실행하면 그림 C–16처럼 출력합니다.

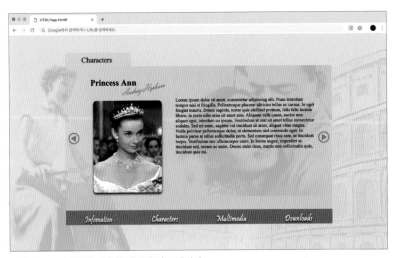

그림 C-16 스타일을 사용한 캐릭터 정보 페이지

그런데 양쪽의 버튼을 눌러도 버튼이 눌리지 않을 것입니다. 현재 버튼을 구성하는 a 태그가
article 태그보다 z-index 속성이 낮아 article 태그가 a 태그를 가리고 있기 때문입니다.

"z-index 속성을 지정한 적이 없는데 왜 더 낮아요?"

HTML 페이지에서 아래에 입력한 태그일수록 z-index 속성이 높게 자동으로 책정되니까요! 따라서
코드 C–34처럼 a 태그의 z-index 속성을 범접할 수 없는 영역으로 끌어올립니다.

코드 C-34 a 태그의 z-index 속성 사용

```
a {
    z-index: 9999;
}
```

코드를 실행하면 그림 C-17처럼 완성된 결과를 확인할 수 있습니다.

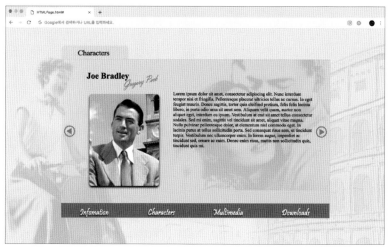

그림 C-17 실행 결과

HTML5를 사용해 만들었으므로 오래된 웹 브라우저에서는 작동하지 않습니다. 하지만 그림 C-18 처럼 아이패드를 포함한 다양한 태블릿 PC에서 작동합니다(화면이 작지만 스마트폰에서도 동작하기는 합니다).

그림 C-18 태블릿 PC에서 실행한 예제

이번 장을 진행한 기존 자바스크립트 개발자는 다음과 같이 생각할 수 있습니다.

"그냥 자바스크립트로 다 처리해도 되는 것 아닌가?"

물론 jQuery의 animate() 메서드를 사용하면 이 절에서 만든 것과 같은 예제를 처리할 수 있습니다. 그렇지만 대부분의 디자이너는 자바스크립트를 잘 다루지 못하므로 화면의 객체를 움직이는 것까지 모두 개발자의 몫이 되어버립니다. 따라서 이렇게 CSS3 코드를 활용하면 개발자와 디자이너가 분업하여 동적으로 움직이는 웹 페이지를 개발할 수 있답니다.

사실 아직 HTML5를 사용해 영화 소개 페이지를 만드는 것은 시기가 이릅니다. 하지만 HTML5를 공부하고 있다는 것 자체가 미래를 보고 공부하는 것이므로 부록으로 넣어보았습니다.

APPENDIX

D

SVG 태그

SVG^{Scalable Vector Graphics}는 벡터 그래픽을 표현할 때 사용하는 형식입니다. 원래 SVG 태그는 인터넷 익스플로러 8 버전 이후의 인터넷 익스플로러에서만 지원하는 기능입니다. 하지만 HTML5부터는 SVG 태그가 표준으로 제정되어 모든 웹 브라우저에서 사용할 수 있게 되었습니다. 기존의 플래시가 벡터 이미지를 사용했으므로 SVG 태그를 사용하면 플래시 콘텐츠를 쉽게 HTML5로 변환할 수 있습니다.

D.1 기본

이 절에서는 SVG 태그가 무엇이고 어떻게 사용하는지 간단하게 살펴봅시다.

우선 HTML 페이지를 구성하고 코드 D-1처럼 body 태그 안에 svg 태그를 입력합니다. svg 태그는 width 속성과 height 속성을 반드시 사용해야 합니다.

코드 D-1 SVG 태그

```
<body>
    <svg width="700" height="500">

    </svg>
</body>
```

svg 태그 내부에는 SVG 관련 태그를 입력합니다. 어차피 일러스트레이터 같은 프로그램을 사용해 SVG 태그를 추출할 수 있으므로 SVG 관련 태그를 모두 외우는 것은 시간 낭비입니다(말은 이렇게 했지만 공부해두면 좋습니다).

이 책에서는 간단히 rect 태그와 circle 태그를 사용하겠습니다. svg 태그에 코드 D-2처럼 입력합니다.

코드 D-2 SVG 관련 태그

```
<body>
    <svg width="700" height="300">
        <rect width="700" height="300" />
        <circle cx="350" cy="150" r="100" />
    </svg>
</body>
```

이어서 코드 D-3처럼 fill 속성을 사용해 색을 칠합니다. 선은 stroke 속성을 사용해 그립니다.

코드 D-3 SVG 관련 태그에 색상 적용

```
<body>
    <svg width="700" height="300">
        <rect width="700" height="300" fill="red" />
        <circle cx="350" cy="150" r="100" fill="orange" />
    </svg>
</body>
```

코드를 실행하면 다음과 같이 붉은 사각형 위에 주황색 원이 생성됩니다.

그림 D-1 생성된 SVG 태그

그렇다면 이미지를 사용했을 경우와 SVG 태그를 사용했을 경우의 차이는 무엇일까요? SVG는 Scalable Vector Graphics의 약자입니다. 즉, 벡터 그래픽을 표현할 때 사용하는 코드입니다. 일반 적인 래스터 그래픽 이미지는 확대했을 경우 그림 D-2처럼 그림이 계단처럼 끊기는 것을 볼 수 있습 니다.

그림 D-2 래스터 그래픽 이미지

하지만 벡터 이미지는 다릅니다. 웹 브라우저에서 [Ctrl] 키를 누르고 마우스를 드래그해서 확대시켜 보세요. 그림 D-3처럼 비트맵 잔상 없이 부드러운 곡선이 만들어지는 것을 볼 수 있습니다.

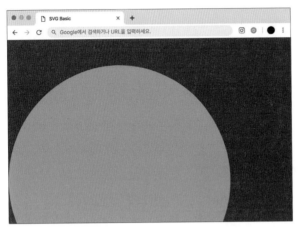

그림 D-3 벡터 이미지

게다가 SVG 태그는 이벤트를 연결해 사용자와 동적으로 반응할 수 있습니다. 또한 서버에서 실시간으로 데이터를 받아 반영하는 것도 가능합니다.

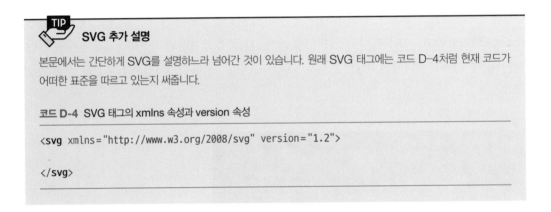

TIP
SVG 추가 설명

본문에서는 간단하게 SVG를 설명하느라 넘어간 것이 있습니다. 원래 SVG 태그에는 코드 D-4처럼 현재 코드가 어떠한 표준을 따르고 있는지 써줍니다.

코드 D-4 SVG 태그의 xmlns 속성과 version 속성

```
<svg xmlns="http://www.w3.org/2008/svg" version="1.2">

</svg>
```

라파엘 플러그인

라파엘 플러그인은 자바스크립트를 사용해 SVG 태그를 쉽게 생성할 수 있는 플러그인입니다. 라파엘 플러그인의 공식 홈페이지는 http://dmitrybaranovskiy.github.io/raphael/입니다.

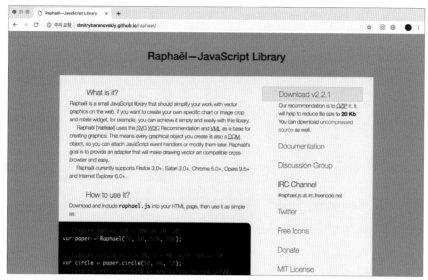

그림 D-4 라파엘 플러그인(http://dmitrybaranovskiy.github.io/raphael/)

공식 홈페이지에서 라파엘 플러그인을 내려받고 그림 D-5처럼 폴더를 구성합니다.

이어서 HTMLPage.html 파일에는 코드 D-5처럼 jQuery 파일과 라파엘 플러그인을 추가합니다.

HTMLPage.html

raphael.min.js

그림 D-5 폴더 구성

코드 D-5 HTML 페이지 구성

```
<!DOCTYPE html>
<html>
<head>
    <title>SVG With Rapael</title>
    <script src="http://code.jquery.com/jquery-3.3.1.slim.min.js"></script>
    <script src="raphael-min.js"></script>
    <script>
        $(document).ready(function () {

        });
    </script>
</head>
<body>

</body>
</html>
```

라파엘 플러그인을 사용할 때는 우선 코드 D-6처럼 SVG 태그를 올려 놓을 div 태그를 생성합니다.

코드 D-6 #canvas 태그 생성

```
<body>
    <div id="canvas"></div>
</body>
```

그리고 코드 D-7처럼 자바스크립트를 사용해 #canvas 태그를 가져오고 Raphael() 함수를 사용해 SVG 태그를 생성합니다. Raphael() 함수의 첫 번째 매개변수에는 SVG 태그를 놓을 태그를 입력합니다. 두 번째 매개변수와 세 번째 매개변수는 SVG 태그의 너비와 높이를 입력합니다.

코드 D-7 라파엘 플러그인을 사용한 SVG 태그 생성

```
<script>
    $(document).ready(function () {
        // 변수를 선언합니다.
        var canvas = document.getElementById('canvas');
        var paper = Raphael(canvas, 700, 400);
    });
</script>
```

SVG 관련 태그의 이름과 같은 함수를 사용해 벡터 이미지를 그릴 수 있습니다.

코드 D-8 벡터 이미지 태그 생성

```
<script>
    $(document).ready(function () {
        // 변수를 선언합니다.
        var canvas = document.getElementById('canvas');
        var paper = Raphael(canvas, 700, 400);

        // 원을 생성합니다.
        var rect = paper.rect(0, 0, 700, 300);
        var circle = paper.circle(350, 150, 100);
    });
</script>
```

생성한 벡터 이미지는 attr() 함수를 사용해 색상이나 선을 지정할 수 있습니다.

코드 D-9 속성 추가

```
<script>
    $(document).ready(function () {
        // 변수를 선언합니다.
        var canvas = document.getElementById('canvas');
        var paper = Raphael(canvas, 700, 400);

        // 원을 생성합니다.
        var rect = paper.rect(0, 0, 700, 300);
        var circle = paper.circle(350, 150, 100);

        // 색상 및 선을 지정합니다.
        rect.attr('fill', 'red');

        circle.attr('fill', 'orange');
        circle.attr('stroke', 'black');
    });
</script>
```

코드를 실행하면 그림 D-6처럼 출력합니다.

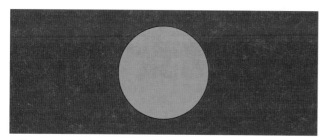

그림 D-6 생성된 벡터 이미지

각각의 태그에 이벤트를 연결할 때는 코드 D-10처럼 이벤트 이름과 같은 이름의 함수를 사용합니다.

코드 D-10 이벤트 연결

```
// 이벤트를 연결합니다.
circle.mousedown(function () {

}).mouseup(function () {

}).mouseover(function () {

}).mouseout(function () {

});
```

SVG 태그가 애니메이션을 지원하므로 라파엘 플러그인을 사용해 애니메이션도 만들 수 있습니다. 라파엘 플러그인과 관련된 추가적인 내용은 라파엘 플러그인의 레퍼런스 페이지를 참고하세요.

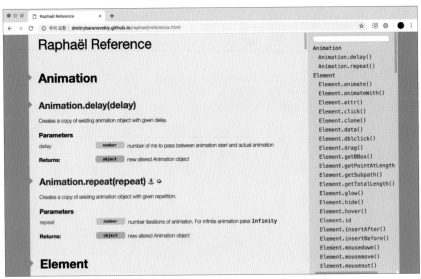

그림 D-7 라파엘 플러그인 레퍼런스(http://dmitrybaranovskiy.github.io/raphael/reference.html)

이 책에서는 라파엘 플러그인을 사용해 복잡한 지도를 그리는 법을 다룹니다. 하지만 일반 동적 그래프를 표현할 때도 라파엘 플러그인을 사용할 수 있습니다. 부록 D를 모두 읽고 라파엘 플러그인을 별도로 공부하는 것도 좋습니다.

SVG 태그를 사용한 지도

지금까지는 원 또는 사각형과 같은 간단한 도형을 그렸습니다. 이제 복잡한 도형을 만들어보겠습니다. 지금까지 살펴본 것처럼 글자로 SVG 태그를 입력하는 것은 불가능합니다.

"그럼 지금까지 왜 공부한 거죠?"

기본적인 내용은 알아야 하니까요. 일반적으로 어도비 일러스트레이터를 사용해 그림을 그리고 SVG 태그로 저장하면 됩니다. 이 절에서는 대한민국 지도를 SVG 태그로 생성하겠습니다.

SVG 파일이 필요한데요. 대한민국 지도의 SVG 파일은 http://goo.gl/vDDdM에서 구할 수 있습니다.

그림 D-8 대한민국 지도

벡터 이미지를 SVG 파일로 변환할 때는 어도비 일러스트레이터를 사용하면 됩니다. 그리고 SVG 파일은 JSON 파일로 변환해야 쉽게 자바스크립트에서 활용할 수 있습니다.

그냥 SVG 파일에서 불필요한 부분을 제거하고 XML to JSON 플러그인을 사용해 변경하면 됩니다. 하지만 파일 형식 구조를 정확히 알아야 변경할 수 있는 내용이므로 쉽게 사용할 수 있게 그림 D-9의 웹 페이지를 만들어 두었습니다. http://download.hanbit.co.kr/exam/2161/raphaelhelper.html에 접속해서 사용하세요.

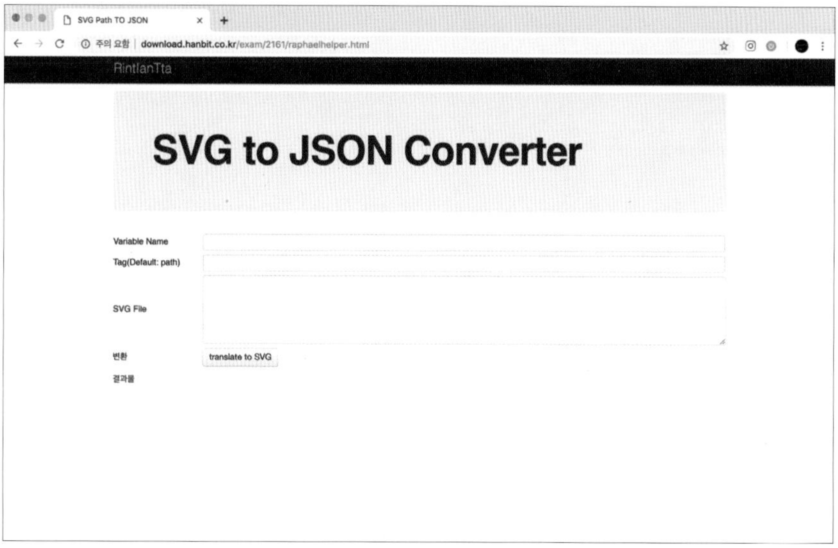

그림 D-9 SVG 파일 변환 페이지

변수 이름을 koreaMapPathData로 설정하고 SVG 파일을 붙여 넣습니다. 변환 버튼을 누르면 잠시 페이지가 이동했다가 돌아오는데, 이때 아래에 생성된 글자를 복사해서 사용하면 됩니다.

"파일을 붙여 넣었는데, 시간이 오래 걸려요!"

제가 만든 게 느린 것이 아니라, 웹 브라우저가 느려서 일어나는 일입니다. 조금만 기다리면 됩니다. 글자가 생성되면 자바스크립트 파일을 만들고 글자를 붙여 넣습니다. 파일 이름은 KoreaMapPathData.js로 저장합니다.

그림 D-10 KoreaMapPathData.js 파일

이렇게 만든 자바스크립트 파일을 사용해 그림 D-11처럼 폴더를 구성합니다.

HTMLPage.html   KoreaMapPathData.js   raphael.min.js

그림 D-11 폴더 구성

코드 D-11처럼 입력해서 jQuery 플러그인과 라파엘 플러그인을 사용합니다. 또한 방금 만든 KoreaMapPathData.js 파일을 추가합니다.

코드 D-11 HTML 페이지 구성

```html
<!DOCTYPE html>
<html>
<head>
    <title>SVG Map With Rapael</title>
    <style>

    </style>
    <script src="http://code.jquery.com/jquery-3.3.1.slim.min.js"></script>
    <script src="KoreaMapPathData.js"></script>
    <script src="raphael-min.js"></script>
    <script>

    </script>
</head>
<body>

</body>
</html>
```

body 태그는 코드 D-12처럼 구성합니다.

코드 D-12 body 태그 구성

```html
<body>
    <header id="main_header">
        <h1>Korea Map Path Data</h1>
    </header>
    <section id="main_section">
        <article id="main_article">
            <p>Lorem ipsum dolor sit amet, consectetur adipiscing elit.</p>
            <p>Lorem ipsum dolor sit amet, consectetur adipiscing elit.</p>
            <p>Lorem ipsum dolor sit amet, consectetur adipiscing elit.</p>
        </article>
        <figure id="map_image">

        </figure>
    </section>
</body>
```

이어서 style 태그를 코드 D-13처럼 구성해 위치를 잡아줍니다.

코드 D-13 스타일시트 구성

```
<style>
    body {
        width: 960px;
        margin: 0 auto;
    }

    #main_section { overflow: hidden; }
    #main_article {
        width: 460px;
        float: left;
    }
    #map_image {
        width: 500px;
        float: right;
    }

    figure { margin: 0; padding: 0; }
</style>
```

코드를 실행하면 그림 D-12처럼 간단한 웹 페이지가 나옵니다.

그림 D-12 스타일을 사용한 웹 페이지

이제 이 웹 페이지에 지도를 올려보겠습니다. 코드 D-14처럼 라파엘 플러그인을 사용해 SVG 태그를 생성합니다.

코드 D-14 라파엘 플러그인을 사용한 SVG 태그 생성

```
<script>
    $(document).ready(function () {
        var canvas = document.getElementById('map_image');
        var paper = Raphael(canvas, 500, 716);
    });
</script>
```

그리고 반복문을 사용해 변수 koreaMapPathData로 그림을 그립니다.

코드 D-15 라파엘 플러그인을 사용한 지도 생성

```
<script>
    $(document).ready(function () {
        var canvas = document.getElementById('map_image');
        var paper = Raphael(canvas, 500, 716);

        $.each(koreaMapPathData, function (index, item) {
            // Create Path
            var path = paper.path(item['d']);

            // Fill & Stroke Path
            path.attr('fill', item['fill']);
            path.attr('stroke', item['stroke']);
        });
    });
</script>
```

코드를 실행하면 그림 D-13처럼 멋진 지도가 완성됩니다.

그림 D-13 SVG 태그를 사용한 지도

이렇게 SVG 태그를 사용하면 색상을 마음대로 입력할 수 있고 이벤트도 연결할 수 있습니다. 간단하게 코드 D-16처럼 색상을 랜덤하게 적용하겠습니다.

코드 D-16 색상 적용

```
<script>
    $(document).ready(function () {
        // Create Function
        function randomColor() {
            var letters = '0123456789ABCDEF'.split('');
            var color = '#';
            for (var i = 0; i < 6; i++)
                color += letters[Math.round(Math.random() * 15)];
            return color;
        }

        // Create Variable
        var canvas = document.getElementById('map_image');
        var paper = Raphael(canvas, 500, 716);

        $.each(koreaMapPathData, function (index, item) {
            // Create Path
            var path = paper.path(item['d']);

            // Stroke Path
            path.attr('stroke', item['stroke']);
```

```
        // Fill Path
        if (item['fill'] != 'none') {
            path.attr('fill', randomColor());
        }
    });
  });
</script>
```

코드를 실행하면 그림 D-14처럼 멋진 지도를 출력합니다.

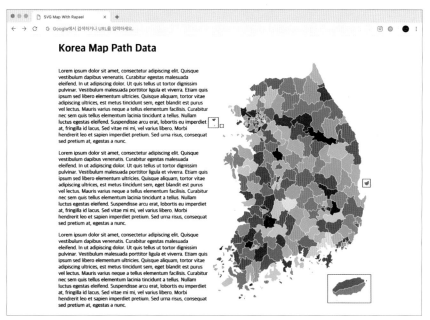

그림 D-14 SVG 태그를 사용해 색상을 적용한 지도

다른 SVG 파일을 사용해서 비슷한 예제를 만들어보세요.

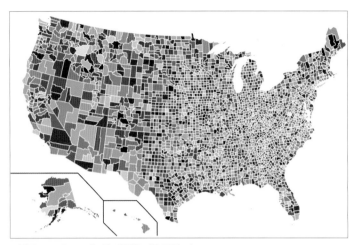

그림 D-15 SVG 태그를 사용한 미국 구역 지도

다른 사람이 만든 SVG 파일을 사용할 경우 파일마다 색상을 구분하는 방법이나 선을 구분하는 방법이 다를 수 있으니 유의하세요.

"그래서 이 지도로 뭘 하나요?"

최근 데이터 시각화가 뜨면서 통계 자료와 SVG 태그를 합치는 일이 늘어나고 있답니다. SVG 태그와 통계 자료를 사용하면 실시간으로 반응하는 데이터 시각화 프로그램을 만들 수 있습니다. 또한 이벤트를 넣을 수 있으므로 각각의 지역을 클릭했을 때 팝업 화면도 띄울 수 있습니다. 다음 절에서는 통계 자료와 SVG 태그를 합쳐봅시다.

SVG 태그를 사용한 지도와 통계 자료

2012년 총선 때 Daum에 들어가본 적이 있나요? 당시 저는 아침 일찍 투표를 한 후 열심히 일하고 있었습니다. 계속 일을 하고 있는 저를 보고 심심했는지 동료가 아이패드를 들고 찾아왔었습니다. 제가 아이패드를 보는 순간 플래시 콘텐츠가 아이패드 위에서 돌고 있는 것에 놀랐습니다.

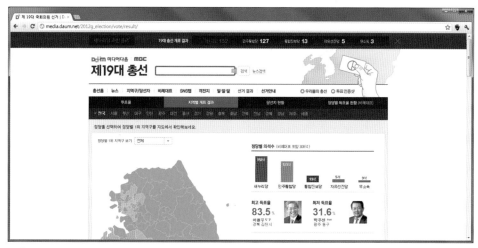

그림 D-16 Daum 19대 총선 애플리케이션

실시간으로 데이터를 추가하고 사용자와 완벽하게 동적 반응을 하는 것을 보고 무의식적으로 플래시라고 생각한 것입니다. 깜짝 놀라 다음 웹 페이지에 들어가보니 순수 SVG 태그를 사용해 개발된 애플리케이션이었습니다.

이번 절에서는 Daum에서 만들었던 총선 프로그램이 어떠한 식으로 동작하는지 살펴보고 살짝 만들어봅시다. 이전 절의 내용과 차이가 없으므로 쉽게 진행할 수 있을 것입니다.

우선 Daum 총선 애플리케이션의 지도 데이터는 다음과 같은 객체의 뭉치로 이루어져 있습니다.

코드 D-17 Daum 19대 총선 애플리케이션의 지도 데이터

```
{
    "sgcode": "2111601",
    "districtName": "강서갑",
    "x": "0",
    "y": "0",
    "text": {
        "x": "131.68647",
        "y": "252.66077"
    },
    "path": "생략"
}
```

실시간으로 서버에서 받아오는 데이터는 다음과 같은 객체의 뭉치로 구성됩니다.

코드 D-18 Daum 19대 총선 애플리케이션의 실시간 데이터

```
{
    "status": 1,
    "sidoCd": 11,
    "sidoName": "서울특별시",
    "cpElectionDistrictId": "2111601",
    "electionDistrictName": "강서구갑",
    "imageUrl": "1267EF3743AC94CC1F64C5",
    "sidoShortName": "서울",
    "electionDistrictShortName": "강서갑",
    "cpPartyId": "100",
    "partyName": "민주통합당",
    "partyShortName": "민주",
    "pollingScore": "64187",
    "scoringRate": "48.7",
    "cpPersonId": "100101102",
    "electionSymbol": "2",
    "candidateName": "신기남",
    "ranking": 0,
    "statusName": "당선",
    "countRate": "100.0"
}
```

두 코드를 보면 코드 D-17의 `sgcode` 속성과 코드 D-18의 `cpElectionDistricdId` 속성이 일치하는 것을 확인할 수 있습니다. 라이선스 문제로 인해 Daum의 지도 데이터는 공개하지 못합니다.

코드 D-19와 같은 코드를 사용해 지도를 그리고 통계 자료를 실시간으로 업데이트할 수 있습니다(참고로 Daum은 jQuery를 사용하지 않습니다).

코드 D-19 19대 총선 통계 지도

```html
<!DOCTYPE html>
<html>
<head>
    <title>SVG Map With Rapael</title>
    <script src="http://code.jquery.com/jquery-3.3.1.slim.min.js"></script>
    <script src="ElectionMapData.js"></script>
    <script src="election_result.js"></script>
    <script src="raphael-min.js"></script>
    <script>
        var PARTY_COLOR = {
            "100": { normal: "#d1e7a4", fill1: "#b9d87b", fill2: "#a5cb5a" },
            "200": { normal: "#ffc3be", fill1: "#fba19a", fill2: "#f9847c" },
            "300": { normal: "#e0c1f8", fill1: "#cea0f1", fill2: "#bc80e9" },
            "550": { normal: "#bdcbf5", fill1: "#718cdb", fill2: "#4b6bc5" },
```

```
            "9999": { normal: "#bec2cc", fill1: "#a9aeb8", fill2: "#9fa4af" }
        };

        $(document).ready(function () {
            // 변수 생성
            var canvas = document.getElementById('map_image');
            var paper = Raphael(canvas, 500, 800);

            // 지도 생성
            $.each(electionlMapPathData, function (index, item) {
                // 선 생성
                var path = paper.path(item['path']);

                // 기본 색상 적용
                path.attr('fill', '#E0E0E0');
                path.attr('stroke', '#FFFFFF');

                // id 속성 사용
                path.id = item['sgcode'];

            });

            // 색상을 지정합니다.
            var array = electionResult.gElectionRealtimeCountNationalCandidateList;
            $.each(array, function (index, item) {
                // 변수를 선언합니다.
                var path = paper.getById(item.cpElectionDistrictId);
                var color = PARTY_COLOR[item.cpPartyId];

                // 기본 색상 적용
                path.attr('fill', color.normal);
                path.attr('stroke', '#FFFFFF');

                // 이벤트 색상 적용
                path.hover(function () {
                    path.attr('fill', color.fill2);
                }, function () {
                    path.attr('fill', color.fill1);

                    // 서서히 사라지는 효과를 부여합니다.
                    setTimeout(function () { path.attr('fill', color.normal); }, 100);
                });
            });
        });
    </script>
```

```
    </head>
    <body>
        <div id="map_image"></div>
    </body>
</html>
```

이 코드를 실행하면 그림 D-17처럼 지도가 생성됩니다. 코드 D-19에서 "색상을 지정합니다."부분에 Reverse-Ajax 기술을 사용하면 실시간으로 업데이트되는 지도로 만들 수 있습니다.

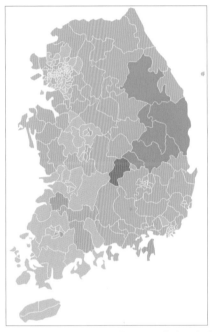

그림 D-17 SVG 태그를 사용한 19대 총선 통계 지도

이를 활용하면 통계 자료를 보여주거나 각각의 지역을 설명하는 토스트가 나오도록 바꿀 수도 있습니다. 참고로 미국의 데이터가 굉장히 많으므로 연습할 때는 미국 통계청의 데이터를 사용하는 것이 쉽습니다(미국 통계 지도의 FIPS 코드를 사용하면 데이터와 지도를 쉽게 맵핑할 수 있습니다).

INDEX

INDEX

INDEX